清史論集

（二十二）

莊吉發著

文史哲學集成
文史哲出版社印行

國家圖書館出版品預行編目資料

清史論集 / 莊吉發著. -- 初版. -- 臺北市 ：文史哲，
民 86 –
　冊；　公分. -- (文史哲學集成 ；388–)
　含參考書目
　ISBN 957-549-110-6 (第一冊：平裝) .-- ISBN957-549-
111-4(第二冊) .--ISBN957-549-166-1 (第三冊) . --ISBN 957-
549-271-4 (第四冊) .-- ISBN957-549-272-2(第五冊) .--ISBN
957-549-325-7 (第六冊).--ISBN957-549-326-5 (第七冊) --
ISBN 957-549-331-1(第八冊).--ISBN957-549-421-0(第九冊)
.--ISBN957-549-422-9(第十冊) .--ISBN957-549-512-8(第十一
冊)-- ISBN 957-549-513-6(第十二冊) .--ISBN957-549-551-9
(第十三冊).--ISBN957-549-576-4(第十四冊) -- ISBN957-549-
605-1(第十五冊) .-- ISBN957-549- 671-x (第十六冊) ISBN 978-
957-549-725-5(第十七冊) .--ISBN978-957-549-785-9(第十八
冊) ISBN978-957-549-786-6 (第十九冊) ISBN978-957-549-
912-9 (第二十冊) ISBN978-957-549-973-0 (第二十一冊：平裝)
--ISBN978-986-314-035-1 (第二十二冊：平裝)

1.中國 – 歷史 – 清 (1644-1912) – 論文，講詞等

627.007　　　　　　　　　　　　　　　86015915

文史哲學集成　　　616

清 史 論 集 (二十二)

著　　　者：莊　　　吉　　　發
出 版 者：文　史　哲　出　版　社
http://www.lapen.com.tw
登記證字號：行政院新聞局版臺業字五三三七號
發 行 人：彭　　　正　　　雄
發 行 所：文　史　哲　出　版　社
印 刷 者：文　史　哲　出　版　社
臺北市羅斯福路一段七十二巷四號
郵政劃撥帳號：一六一八○一七五
電話 886-2-23511028・傳真 886-2-23965656

實價新臺幣五六○元

中華民國一○一年（2012）六月初版

ISBN 978-986-314-035-1　　　00616

清　史　論　集

(圭)

目　　　次

出版說明

　　我國歷代以來，就是一個多民族的國家，各民族的社會、經濟及文化方面，雖然存在著多樣性及差異性的特徵，但各兄弟民族對我國歷史文化的締造，都有直接或間接的貢獻。滿族以非漢部族入主中原，建立清朝，參漢酌金，一方面接受儒家傳統的政治理念，一方面又具有滿族特有的統治方式，在多民族統一國家發展過程中有其重要的地位。在清朝長期的統治下，邊疆與內地逐漸打成一片，文治武功之盛，不僅堪與漢唐相比，同時在我國傳統社會、政治、經濟、文化的發展過程中亦處於承先啟後的發展階段。蕭一山先生著《清代通史》敘例中已指出原書所述，為清代社會的變遷，而非愛新一朝的興亡。換言之，所述為清國史，亦即清代的中國史，而非清室史。同書導言分析清朝享國長久的原因時，歸納為兩方面：一方面是君主多賢明；一方面是政策獲成功。《清史稿》十二朝本紀論贊，尤多溢美之辭。清朝政權被推翻以後，政治上的禁忌，雖然已經解除，但是反滿的清緒，仍然十分高昂，應否為清人修史，成為爭論的焦點。清朝政府的功過及是非論斷，人言嘖嘖。然而一朝掌故，文獻足徵，可為後世殷鑒，筆則筆，削則削，不可從闕，亦即孔子作《春秋》之意。孟森先生著《清代史》指出，「近日淺學之士，承革命時期之態度，對清或作仇敵之詞，既認為仇敵，即無代為修史之任務。若已認為應代修史，即認為現代所繼承之前代，尊重現代，必不厭薄於

所繼承之前代，而後覺承統之有自。清一代武功文治，幅員人材，皆有可觀。明初代元，以胡俗為厭，天下既定，即表章元世祖之治，惜其子孫不能遵守。後代於前代，評量政治之得失以為法戒，乃所以為史學。革命時之鼓煽種族以作敵愾之氣，乃軍旅之事，非學問之事也。故史學上之清史，自當占中國累朝史中較盛之一朝，不應故為貶抑，自失學者態度。」錢穆先生著《國史大綱》亦稱，我國為世界上歷史體裁最完備的國家，悠久、無間斷、詳密，就是我國歷史的三大特點。我國歷史所包地域最廣大，所含民族份子最複雜。因此，益形成其繁富。有清一代，能統一國土，能治理人民，能行使政權，能綿歷年歲，其文治武功，幅員人材，既有可觀，清代歷史確實有其地位，貶抑清代史，無異自形縮短中國歷史。《清史稿》的既修而復禁，反映清代史是非論定的紛歧。

歷史學並非單純史料的堆砌，也不僅是史事的整理。史學研究者和檔案工作者，都應當儘可能重視理論研究，但不能以論代史，無視原始檔案資料的存在，不尊重客觀的歷史事實。治古史之難，難於在會通，主要原因就是由於文獻不足；治清史之難，難在審辨，主要原因就是由於史料氾濫。有清一代，史料浩如煙海，私家收藏，固不待論，即官方歷史檔案，可謂汗牛充棟。近人討論纂修清代史，曾鑒於清史範圍既廣，其材料尤夥，若用紀、志、表、傳舊體裁，則卷帙必多，重見牴牾之病，勢必難免，而事蹟反不能備載，於是主張採用通史體裁，以期達到文省事增之目的。但是一方面由於海峽兩岸現藏清代滿漢文檔案資料，數量龐大，整理公佈，尚需時日；一方面由於清史專題研究，在質量上仍不夠深入。因此，纂修大型清代通史的條件，還不十分具備。近年以來因出席國際學術研討會，所發表的論文，多涉及清代的歷史人物、文獻檔案、滿洲語文、宗教信仰、族群關係、人口流

動、地方吏治等範圍，俱屬專題研究，題為《清史論集》。雖然只是清史的片羽鱗爪，缺乏系統，不能成一家之言。然而每篇都充分利用原始資料，尊重客觀的歷史事實，認真撰寫，不作空論。所愧的是學養不足，研究仍不夠深入，錯謬疏漏，在所難免，尚祈讀者不吝教正。

二〇一二年五月　**莊吉發**

互動與對話 ──
從康熙年間的滿文史料探討中西文化交流

一、前　言

　　明神宗萬曆二十七年（1599）二月，清太祖努爾哈齊為了文書往來及記注政事的需要，曾命巴克什額爾德尼、札爾固齊噶蓋倣照老蒙文創造滿文，以老蒙文字母拼寫女真語音，聯綴成句。這種由老蒙文脫胎而來的初期滿文，在字旁未置圈點，習稱老滿文。清太宗天聰六年（1632）三月，皇太極命巴克什達海將老滿文在字旁加置圈點，習稱新滿文。滿洲入關以後，滿洲語文一躍而成為清朝的清文國語，對外表國家，對內比漢文的地位更為特殊。

　　滿文是一種拼音文字，由上而下，由左而右，直行書寫。由於滿文的創製及改進，更加促進了滿洲文化的發展。西洋傳教士相對學習漢語而言，以歐洲語音學習滿語。閱讀滿文，確實較容易。在耶穌會士書信中，討論滿文的內容，佔了很大的篇幅。

　　康熙皇帝在位期間（1662-1722），勵精圖治，國力強盛，政局穩定，為中西文化交流，提供了非常有利的條件。來華的西洋人，凡有一技之長者，多奉召入京，供職於內廷，或佐理曆政，

或測繪地圖，或幫辦外交，或扈駕巡幸，或進講西學，或從事美術工藝的創作。康熙年間，就是中西文化交流的鼎盛時期。

入京供職的西洋傳教士，大都精通滿洲語文，能說滿語，也能寫滿文。康熙皇帝曾經稱讚張誠等人的滿語，「講得好，口音像。」張誠指出滿語有動詞變化，語尾變化以及連接詞等，而漢語缺乏這些，滿語因此勝過漢語。康熙皇帝很欣賞這句話，他認為這種缺陷，使漢語比滿語難學。徐日昇、白晉、安多、張誠等人奉召或每日，或間日輪班至養心殿、暢春園等處以滿語講授西學，講解傳教士所進獻歐式數學儀器的用途。歐幾里德定律的講稿，用滿文撰寫，而用滿語解釋幾何原理。康熙皇帝曾命張誠等人以滿語講授哲學，用滿文撰寫哲學論文。耶穌會士書簡中保存了頗多的滿文史料，巴多明已指出，滿洲語文的詞彙非常豐富，也有充分的表達能力。他曾奉命將天主教的祈禱詞譯出滿文，以供蘇努家中信教婦女閱讀。滿洲語文在中西文化交流舞臺上扮演了十分重要的角色，從滿洲語文的視角考察中西文化的交流過程，可以擴大研究視野。

本文嘗試利用海峽兩岸現存宮中檔滿漢文硃批奏摺、滿漢文起居注冊、耶穌會傳教士書信日記、故宮俄文史料、故宮珍本叢刊等文獻，分別就西洋傳教士對滿洲語文的分析、康熙皇帝採行西洋曆法的經過、耶穌會士進講西學、故宮俄文史料中的滿文檔案、西洋傳教士與滿文輿圖的繪製、中藥與西洋藥書的簡介、人體解剖圖的分析等小節進行初探。

康熙年間，清朝對西方外部文化的接觸，通過選擇、改造而豐富了傳統文化的養分。在吸收、融合西方文化的過程中，滿洲語文扮演了重要的媒介角色。同時通過滿文譯本的流傳，也有助於傳統文化及西方文化的保存。

二、清文國語 ── 西洋傳教士對滿洲語文的分析

　　西洋傳教士入京効力之前，須學習滿、漢語文。康熙皇帝常以「你認得中國字麼？」「你曾讀漢書麼？」「會說滿洲話麼？」「會說漢話麼？」等語詢問西洋傳教士，在西洋傳教士往來書信中也常提及中國語文的學習經驗。譬如晁俊秀神父致某貴婦人信中曾經指出，漢語艱深難學，可以保證，漢語與世界其他已知語言沒有絲毫相似之處。同樣的字永遠只有一種詞尾，其中找不到我們講話中通常所見的性、數、格的變化。在動詞上，沒有任何東西能幫助我們發現這是誰發出的動作？他如何動作和何時動作以及他是一個人動作，還是和其他人一起動作。總之，在漢語中，同一個詞它既可以是名詞，也可以是形容詞，可以是動詞和副詞，可以是單數，也可以指複數，可以是陽性，也可以是陰性等等，全憑你根據上下文去聽去猜度。信中又指出，這還不夠，這些單音節字的排列組合全無定規。因此你要懂得這種語言，不懂要學會所有的詞，還必須學會每句特殊的句子。人們是否可以通過讀書來自學呢？這也不行，因為書中的語言不是簡單地交談的語言。而對所有歐洲人來說特別困難而且永遠是一種障礙的是漢語的讀音。首先，每個字有五種不同的讀法，而且單音節詞發出來，出奇地快。他們不知省略掉多少元音的發音。在一個送氣音後，就要緊跟一個平音；在一個齒擦音後，要緊跟一個凹音。人們有時用嗓子發音，有時用上腭發音，鼻子則幾乎總是要用到的。

　　相對西洋傳教士學習漢語而言，學習滿語，則較容易得多。洪若翰神父致拉雪茲神父信中指出，康熙皇帝南巡期間，曾經鼓勵耶穌會神父學習滿文，以便能與他交談。康熙皇帝還為他們請

了老師，並格外關心他們的學業。在西洋傳教士中，對滿洲語文產生興趣的，固然不乏其人，其滿文造詣頗高的西洋傳教士，也受到康熙皇帝的肯定。

耶穌會傳教士巴多明（Fr. Dominique Parennin, 1665-1741）神父致法蘭西科學院的書信中，討論滿洲語文的內容，佔了很大的篇幅。將巴多明神父討論滿文字母的內容節錄一段文字如下：

> 韃靼文字中每個字都有一筆自字首垂直貫通至字末的主筆畫，這一畫左側是表示元音 a、e、i、o、u 的鋸齒筆狀符號，由放在這一畫右側的附點的不同位置決定其發音。如在一個鋸齒對面放一個附點，就發元音 e；如省略附點，則發元音 a；如在字左側鋸齒旁放一附點，這一附點就充當了字母 n，因而要讀作 ne；如右側對面有一個附點，則要讀作 na。此外，若字右側不是附點，而是 o，這便是發送氣音的符號，因而要讀作送氣的 ha、he，就像西班牙語中常見的那樣[1]。

引文中所談的是滿文元音字母的基本知識。引文中的「韃靼文字」，是指滿文。滿文有字頭、字中、字尾的字形變化。引文中「字首」，就是字頭，「字末」就是字尾。滿文元音字母有六個，依次是："ᡄ"（a）、"ᠠ"（e）、"ᡳ"（i）、"ᠣ"（o）、"ᡠ"（u）、"ᡡ"（ū）。巴多明神父在信中所介紹的是元音字母中的前五個。他指出，滿文每個字都有一筆自字頭垂直貫通至字尾的主筆畫，這一畫左側是表示 a、e、i、o 的鋸齒筆狀符號，由放在主筆畫右側的圈、點決定其發音。譬如在一個鋸齒對面即右側放

---

1 〈耶穌會傳教士巴多明神父致法蘭西科學院諸位先生的信〉，1723 年 5 月 1 日於北京。見杜赫德編、鄭德弟譯《耶穌會士中國書簡集 —— 中國回憶錄》（鄭州：大象出版社，2001 年 1 月），第二卷，頁 302。

一個附點，形成 " 🔸 " 狀符號，就發原音 "e"（ㄜ）；如省略附點，則形成 " 🔹 " 狀符號，就發元音 "a"（ㄚ）；如在 " 🔸 " 字母左側鋸齒旁放一附點，則形成 " 🔻 " 狀符號，左側鋸齒旁這一附點就充當了字母 "n"（ㄋ），因而要讀作 "ne"（ㄋㄜ）；如 " 🔹 " 左側鋸齒放一附點就成 " 🔻 " 狀符號，則要讀作 "na"（ㄋㄚ）。若字母右側不是附點，而是放圈 "o"（ㄏ），這便是發送氣音的符號，如 " 🔵° " 要讀作送氣的 "ha"（ㄏㄚ）；如 " 🔵 " 要讀作送氣的 "he"（ㄏㄜ）。

　　書寫滿文，有多種不同的字體。巴多明神父指出，滿人只有一種文字，但有四種書寫方法。第一種方法，很費時間，要得能進呈御覽，一個司書一天只能寫出二十到二十五行字。倘若落筆太重因而某一筆畫變得過寬或過粗，倘若因紙張不好而筆畫不清，倘若遺漏了一個字等等情況下，都需要重新抄寫。文中不得使用附注，也不得寫到紙的邊緣，否則便是對君主不恭。因此，主事人發現某一頁紙寫得稍有瑕疵也不會收下。以半個字另起一行也是不允許的，必須時刻謹慎小心，並準確估計每個字所佔的空間才能避免這種麻煩。第二種書寫方法，不必把每個字最後一筆寫成雙筆畫，也不必因某一筆畫比其他筆畫細瘦或略寫模糊而加以修飾。第三種書寫方法是通常的書寫方法，速度很快，不一會兒就能寫滿一頁紙的正反兩面。由於毛筆比西洋羽筆更留得住墨水，蘸墨水所費的時間很少。倘若給司書口授文稿，只見他飛快地在紙上筆走龍蛇，無一刻停頓。衙門裡的文書、訴訟案及其他尋常事務的記錄最常用的就是這種字體。第四種寫法是所有寫法中最粗俗的，但也最簡略，對著書者或撰寫底稿及摘錄者最為合適。巴多明神父所稱第一種滿文字體就是進呈御覽的正式文書所使用的印刷體滿文。其餘為楷書或草書的書寫體。

　　人們通常用毛筆書寫，但也有些滿人使用一種竹製的削成歐洲羽毛狀的筆。巴多明神父用不到一年時間就像一個上了年歲的滿人熟練地使用這種竹筆寫出了一手好字。巴多明神父指出，因中國紙張不含礬而且很薄，所以毛筆比羽筆更合用。若想用羽筆書寫滿文或畫中國式的花草、樹木、山水等等，事先須在紙面上塗一層溶有少許明礬的水，以防止墨水滲入紙中。

　　提倡國語騎射，是清初諸帝的施政方針。巴多明神父對順治、康熙年間（1644-1722）編纂滿文辭典的經過，作了簡單的說明。巴多明神父在〈致法蘭西科學院諸位先生的信〉中指出，清朝入關後，滿洲人擔心自己的語言變得貧乏或完全消失，其原因與其說怕漢語與滿語相混，不如說怕他們自己遺忘。年老的滿洲人在關內漸漸凋謝，他們的子女更容易學習被征服地區的語言而不是父輩的語言。為避免由此造成的妨害，在第一位皇帝順治皇帝統治時期（1644-1661），人們開始繙譯中國古籍，並按字母排列順序編纂滿語辭典。因詞義解釋部分的文字是漢語，而漢語無法表達滿語的發音及某些詞義，所以這項工作鮮有成效。為此，他讓其中一些人繼續繙譯史書、典籍，另一些人繙譯雄辯術篇章，而多數人員則編纂滿語寶典。這項工作進行得極為認真。如出現某個疑問，就請教滿洲八旗的老人；若需進一步研究，便垂詢剛從滿洲腹地前來的人。誰發現了某個古詞或宜於編入辭典的古老熟語，便可獲獎。隨之便規定使用這些古老詞彙和熟語，以便把它們教給已將其遺忘、或更確切地說從未知道過它們的人。等這些詞彙全都歸到了一起，便予以分類整理。巴多明神父在信中列出辭典中的類別，照錄於下：

　　　　第一類詞講的是天，第二類講時間，第三類講大地，第四
　　　　類講皇帝、政府、官員、禮儀、習俗、音樂、書籍、戰爭、

狩獵、人、土地、絲綢、服裝、工具、勞動、工人、船隻、
飲酒、食物、穀類、草、鳥類、家畜及野獸、魚類、蟲類
等等[2]。

　　由引文內容可知巴多明神父信中所稱，滿語寶典，就是《御
製清文鑑》（han i araha manju gisun i buleku bithe）。江橋著《康熙
御製清文鑑研究》已指出《御製清文鑑》的編纂道路是漫長的，
經歷了查經史、訪古人、對舊檔等艱苦的歷程[3]。康熙十二年（1673）
四月十二日，康熙皇帝對侍臣說了一段話：

> 此時滿洲，朕不慮其不知滿語，但恐後生子弟漸習漢語，
> 竟忘滿語亦未可知，且滿漢文義照字翻譯可通用者甚多，
> 今之翻譯者尚知辭意，酌而用之，後生子弟未必知此，不
> 待差失大意，抑且言語欠當，關係不小。因顧謂翰林院學
> 士傅達禮曰：爾任翰苑之職，可體朕此意，將滿語炤漢文
> 字彙發明，某字應如何用？某字當某處用，集成一書，使
> 有益於後學。傅達禮奏曰：皇上此旨誠立教善後之盛心也，
> 臣等雖不才，當祗遵俞旨編輯成書，敬呈御覽。上諭曰：
> 此書不必太急，宜詳慎為之，務致永遠可傳方為善也[4]。

　　康熙年間的滿文，處在發展階段，不必擔心滿人不知滿語。
康熙皇帝擔心的是後生滿洲子弟漸習漢語，竟忘滿語。現刊《御
製清文鑑》成書於康熙四十七年（1708），在《御製清文鑑》序中
已指出，「近來老成耆舊漸就凋謝，因而微文奧旨，久而弗彰，承
譌襲舛，習而不察，字句偶有失落，語音或有不正。國書所關至

2　《耶穌會士中國書簡集 —— 中國回憶錄》，第二卷，頁 298。
3　江橋著《康熙御製清文鑑研究》（北京：北京燕山出版社，2001 年 7 月），
　　頁 26。
4　《清代起居注冊》，康熙朝，第二冊（北京：中華書局，2009 年 9 月），
　　頁 B00657。康熙十二年四月十二日，諭旨。

鉅，政事文章，皆由此出，非詳加釐定，何所折衷。非編輯成書，
何以取法。爰詔儒臣分類排纂，日以繕槀進呈，朕親御丹黃，逐
一審訂，解詁之疑似者，必晰同異於毫芒。引據之闕遺者，必援
經史以互證，或博咨於故老，或參考於舊編。大而天文地理，小
而名物象數。十二字母，五聲切音，具載集中，名曰清文鑑，用
探音聲之本原，究字畫之詳盡。為部三十有六，為類二百八十，
為書二十一卷，清文得此而無餘蘊，凡以明祖德之源流敬本之深
意也[5]。」武英殿刊本《御製清文鑑》共計二十卷，後序一卷，三
十六部，二百八十類，四百段。其體例具有分類、單語、百科性
三大特徵。

　　巴多明神父信中所提到的類別，第一類詞「天」，就是天部、
天文類，計四段。第二類「時間」，就是時令類，計七段。第三類
「大地」，就是地輿類，計九段。第四類「皇帝」，就是君類，計
一段。政府類，似指政事類（dasan i hacin）。官員類，似即官差
類（alban takūran i hacin）。禮儀類，滿文讀如（dorolon i hacin），
計八段，內含習俗。音樂類，滿文讀如 "kumun i hacin" ，計二
段。書籍類，即書文類，計六段。戰爭類，包括軍旅類（coohai
hacin）、防守類（tuwakiyara seremšere hacin）、征伐類（afara dailara
hacin）、計十段。狩獵類，包括步射類（gabtara hacin）、騎射類
（niyamaniyara hacin）、畋獵類（aba saha i hacin）、頑鷹犬類
（giyahun indahun efire hacin）、撲跤類（jafunure hacin）、軍器類
（coohai agūra i hacin）等，計七段。「人」，即人部（niyalmai
šošohon），包括人事類（niyalmai hacin）、人倫類（niyalmai ciktan）、
親戚類（niyaman hūncihin i hacin）、朋友類（gucu gargan i hacin）、

---

5 《清聖祖御製文》，第三集（長沙：湖南出版社，2000 年 6 月），卷二十，
　　序，頁 12。滿文御製序繫於康熙四十七年六月二十二日。

老少類（sakda asihan i hacin）、身體類（niyalmai beye i hacin）等一一六類。另有神佛、鬼怪、療治、賭戲等類。「土地」，包括城廓、街道、宮殿、室家、田地、農工、收藏、貨藏等類。「絲綢」，即布帛類（suje boso i hacin），包括絨綿、采色、紡織等類。「服裝」，包括冠帽、衣服、巾帶、靴襪、皮革、穿脫、鋪蓋、梳粧等類。「工具」，包括器用、量度等類。「勞動」、「工人」，包括營造、鏇鑽等類。「船隻」，包括舟船、車轎等類。「飲酒」、「食物」，包括飯肉、菜殽、茶酒、糕饞、飲食等類。「穀類」，包括米穀、果品等類。「草」，包括花草、樹木等類。「鳥類」，包括飛禽、雀鳥等類。「家畜」，包括牲畜孳生、馬匹、牛隻等類。「野獸」，包括龍蛇等類。「魚類」，即河魚類（birai nimaha i hacin）。「蟲類」，即蟲蟻類。巴多明神父將《御製清文鑑》的類別作了簡單的介紹。

　　巴多明神父指出《御製清文鑑》每個類別還分「章節」，句中的「章節」，滿文讀如“meyen”，意即「段」，或「則」。信中還指出，所有詞彙都是以大寫字母書寫的，每個詞條下面的定義、解釋及使用方法則以小號字寫成。解釋寫得明確、優美、文筆簡練，人們通過模仿它們來學習作。但因《御製清文鑑》以滿文編纂，因此對初學者並無用處，只有已經懂得這種語言、希望進一步完善或撰寫著作的人才能使用它。主要意圖在於提供這種語言的一個集錦，使之只要寶典存在，便不至消亡。探討盛清諸帝重視國語騎射，《御製清文鑑》的編纂，確實具有時代的意義。

　　西洋傳教士固然以滿文講解算術、幾何，同時也將天主教的祈禱詞譯出滿文。巴多明神父致耶穌會神父信中已指出，由於基督教徒中的福晉（fujin）們和其他的夫人們很少認得漢字，她們希望聽懂祈禱的內容，她們請求她們的懺悔神父為她們找祈禱詞的滿語譯文。蘇霖神父即委派巴多明神父擔任這項工作，巴多明

神父也很願意擔任。當巴多明神父將祈禱詞的精華部分翻譯出來後，就派人送給若望親王和保祿親王審閱，修改語言上可能有的疏漏謬誤。巴多明神父嘗試讓他們自己把有關基督教的書籍翻譯成滿語[6]。

《耶穌會士中國書簡集》中不乏西洋傳教士討論滿文的內容。〈巴多明神父致法蘭西科學院的信〉中記載巴多明神父與康熙皇帝長子胤禔辯論滿文的對話。信中討論滿洲語文中用以過渡轉換詞彙缺乏的問題，巴多明神父指出，滿語中 "yala" 是個無意義的詞彙。巴多明神父指出，「如在一次交談中他們僅重復兩三次 "yala" 這個無意義的詞，他們就認為別人應為此感激他們了。[7]」誠然， "yala" 一詞是腹地滿人頻繁使用的詞彙。 "yala"可作過渡轉換詞彙使用，譬如「所言果真不假」，滿文讀如 "gisurehengge yala tašan akū" 句中 "yala" ，一方面可理解為「果真」，一方面也是個無意義的詞彙。西洋傳教士用滿語進講西學，康熙皇帝很容易聽懂傳教士給他進講的教材。傳教士把天主教的祈禱詞譯出滿文，信徒們也很容易聽懂神父們祈禱的內容。在中西文化交流過程中，滿洲語文的重要性，確實不容忽視。

耶穌會士巴多明神父致法蘭西科學院諸位先生的信中指出，清朝滿文有豐富的詞彙和表達能力，節錄一段內容如下：

> 我以狗為例，韃靼人用以表示狗的詞彙是所有家畜中最少的，但仍比我們多得多。除了常用的大狗、小狗、看門狗、獵兔狗、卷毛獵狗等等稱呼外，他們還有用以表示狗的年齡、皮毛、質量好壞等等的專門詞彙。您若想說一隻狗耳

6　〈巴多明神父教本會某神父的信〉，《耶穌會士中國書簡集 ── 中國回憶錄》，第三卷，頁 18。
7　〈耶穌會傳教士巴多明神父致法蘭西科學院諸位先生的信〉，《耶蘇會士中國書簡集 ── 中國回憶錄》，第二卷，頁 293。

朵和尾巴上長著長而密的毛，那麼用 "taiha" 一詞就夠
了。若狗的口鼻部位長而大，尾巴也一樣，耳朵很大，嘴
唇下垂，那麼 "yolo" 這個詞便說明了這一切。若是這隻
狗與無任何此類特徵的普通母狗交配生下的小狗就叫
"peseri"。不管什麼狗，公母也不論，只要眉毛上方有兩
簇金粟色或黃色的毛，那就只管叫它 "tourbe"；若長著
豹樣的毛色，便叫做 "couri"；若僅在口鼻部位有斑點，
其餘部位毛色是一致的，便叫 "palla"；頸部全白的稱為
"tchacou"；如頭上有些毛向後倒，便叫 "kalia"；眼珠
半白半藍的喚做 "tchikire"；個頭低矮，腿短，軀體笨拙，
頭部昂起的稱做 "capari" 等等。"indagon" 是狗的統
稱；"nieguen" 則是母狗統稱。七個月以下的小狗叫
"niaha"，七至十一個月的小狗叫 "nouquere"，十六個
月以上的狗便統稱為 "indagon" 了。若要表示其質量好壞
也是這樣，一個詞就能說明其兩三種特性。[8]

　　探討中西文化交流，滿洲語文扮演了重要的角色。《耶穌會士
中國書簡集》保存了豐富的滿洲語文資料。為了便於說明，先將
引文中的羅馬拼音轉寫滿文，並列表於下。

8　《耶穌會士中國書簡集 —— 中國回憶錄》，第二卷，頁 296。

耶穌會士巴多明書信中狗類詞彙簡表

原書拼音	滿文	羅馬拼音	漢文辭義
taiha		taiha	臺哈狗
yolo		yolo	藏　狗
pereri		beserei	混血的
couri		kuri	斑花紋的
palla		balta	花鼻樑的
tchacou		cakū	白頸項的
tchikiri		cikiri	白眼珠的
capari		kabari	哈巴狗
niequen		eniyehen	母　狗
niaha		niyahan	狗　崽
nouquere		nuhere	七、八個月的小狗
indagon		indahūn	十六個月以上的狗
tourbe		durbe	四眼狗
kalia		kalja	白鼻狗

資料來源：杜赫德編、鄭德弟譯《耶穌會士中國書簡集——中國回憶錄》，
　　　鄭州，大象出版社，第二卷，頁 296。

　　表中 "taiha"，意即臺哈狗，是一種獵狗名，狗耳朵和尾巴
上都長著長而密的毛。表中 "yolo"，意即藏狗，嘴尾粗，唇垂
耳大。原書所描述的特徵，十分相符。國立故宮博物院珍藏「蒼
猊」圖，就是一種藏狗。副都統傅清（meiren i janggin fucing）在
駐藏辦事大臣任內進貢了一隻名犬，郎世寧設色繪絹本一幅，漢
字標名「蒼猊」，滿文讀如 "kara arsalan"，蒙文名字讀如 "hara
arslan"，意思都是「黑獅子」，與 "yolo" 的特徵相近。原書
"peseri"，滿文讀如 "beserei"，意即混血的，或雜種的。臺哈
狗與平常狗交配後所生的混血狗，就叫做 "beserei indahūn"，習
稱二姓子狗。原書 "couri"，滿文讀如 "kuri"，意即有斑紋的，
有花紋的，"kuri indahūn"，習稱黎狗，或黎花狗。長著豹樣的
毛色，也叫做 "kuri indahūn"。原書對 "palla" 的描述是在口鼻
部位有斑點的特徵，"palla"，滿文讀如 "balta"，意即花鼻樑
的，花鼻樑的狗，就叫做 "balta indahūn"。原書 "tchacou" 是
指頸項部全白的狗。"tchacou"，滿文讀如 "cakū"，意即白脖
子的，或白頸項的，白頸項的狗，就叫做 "cakū indahūn"。原書
"tchikiri" 的特徵是半白半藍的眼珠。"tchikiri"，滿文讀如
"cikiri"，意即白眼珠的，"cikiri indahūn"，習稱玉眼狗，就
是一種白眼珠的狗，其特徵也是在眼珠的白色。原書 "capari" 的
特徵是指個頭低矮、腿短、軀體笨拙、頭部昂起的狗。"capari"，
滿文讀如 "kabari"，意即哈巴狗，也作哈叭狗，俗名獅子狗。
原書 "niequen" 滿文讀如 "eniyehen"，意即母狗，也是母狗的
通稱。"indagon"，滿文讀如 "indahūn"，是狗的通稱。原書
"niaha"，滿文讀如 "niyahan"，習稱狗崽，是指七個月以下的
小狗。原書 "nouquere"，滿文讀如 "nuhere"，意即七、八個月
至十一個月的小狗，十六個月以上的狗，便通稱 "indahūn"。將

原書所舉狗類詞彙，還原滿文後，可以說明耶穌會士巴多明神父書信保存了豐富的滿洲語文資料，可以增補滿文辭書的疏漏。

三、時憲曆書 ── 康熙皇帝採行西洋曆法的經過

　　明清之際，中西海道大通，西洋耶穌會士接踵東來，他們不僅富於宗教熱忱，而且也具備豐富的西方科學知識，他們博通天文、曆法、算學、醫學、輿地，理化、工藝、美術等西學。西洋耶穌會士或任職於欽天監，或供奉內廷，或幫辦外交，他們在清初的歷史舞臺上扮演了重要的角色。他們一方面輸入西學，一方面將中國思想文化傳播到西方，他們對中西文化的交流，作出了重要的貢獻。康熙皇帝親政後，奉召入京的耶穌會士，更是絡繹於途。康熙皇帝嚮往西學，善遇西人，曲賜優容，康熙皇帝與耶穌會士互動良好。康熙年間（1662-1722），中西文化便在一種和諧、融洽的氛圍中蓬勃發展。臺北國立故宮博物院典藏滿漢文史料中含有湯若望、南懷仁等人的資料，為了便於說明，可列簡表如下。

西洋傳教士滿漢文名字對照表

西洋名	漢文	滿文	羅馬拼音	備註
Joannes Adam Schall von Bell	湯若望		tang žo wang	
Ferdinandus Verbiest	南懷仁		nan hūwai žin	
Thomas Pereira	徐日昇		sioi ži šeng	
Xaverius Ehrenbertus Fridelli	費隱		fei in	又作費殷
Philippus Maria Grimaldi	閔明我		ming ming o	
Antonius Thomas	安多		an do	

資料來源：《起居注冊》，滿文本，康熙朝，臺北，國立故宮博物院。

　　簡表中列出耶穌會傳教士西洋名、漢文名、滿文名，並將滿文轉寫羅馬拼音，其滿文名是按漢文讀音拼寫，不是按西洋名拼寫滿文，一方面可以說是入境隨俗，一方面也是將西洋人視同華人。湯若望（Joannes Adam Schall von Bell, 1591-1666）出身於日爾曼國世家。明熹宗天啟二年（1622），來華。明思宗崇禎三年（1630）五月，因鄧玉函（Joannes Terrens）去世，徐光啟舉湯若望等進入曆局，參預改革曆法的工作。湯若望先後進呈曆書多卷，

並且製造渾天儀、望遠鏡等儀器。崇禎年間，明朝曆法，分為大統、回回、東局、西局等曆局，各傳所學，聚訟紛紜。西洋新法雖然精密正確，然而終明之世，新法並未付諸實行。明朝政權覆亡後，新舊曆法的紛爭，並未終止。

清世祖順治元年（1644），湯若望疏請攝政王多爾袞保護修曆儀器及已刻書版[9]，並進呈渾天儀星球一座、地平日晷及望遠鏡各一具、輿地屏圖一幅。同年六月，新舊法同時推算是年八月初一日丙辰朔日食分秒時刻及起復方位。湯若望依西洋新法推算京師順天府所見食限分秒，因推算密合天象，而定為時憲曆。同年十月，清朝頒行順治二年（1645）《時憲書》，其面頁開載「欽天監依西洋新法印造時憲曆日頒行天下」字樣。順治元年十一月，命湯若望為欽天監監正，掌管印信。順治九年（1652）七月，賜湯若望朝衣朝帽。順治十年（1653）三月，賜湯若望「通玄教師」號。後又賜御製天主堂匾額一方曰「通玄佳境」。康熙初年因避御名諱改「通玄教師」為「通微教師」。

順治皇帝優禮湯若望，每有諮詢，隨時宣召，君臣互動良好。順治皇帝喜考天文格致之學，並令湯若望詳加解釋。《正教奉褒》一書記載：「恭溯世祖章皇帝寵眷湯若望，迴逾常格，召對不名，而稱以瑪法，即清語謂貴叟也。」[10]句中「瑪法」滿文作「ᠮᠠᡶᠠ」，讀如"mafa"，意即老翁、老叟、爺爺、祖父。順治皇帝以「湯瑪法」即湯爺爺尊稱湯若望，正是所謂「中外一家」，將西洋人視同一家人。

9　《中國主教史人物傳清代篇》（臺北：明文書局，民國七十四年五月），頁6。
10　《正教奉褒》，《中國天主教史籍彙編》（臺北：輔仁大學出版社，民國九十二年七月），頁484。

　　順治十八年（1661）正月初七日，順治皇帝崩殂，正月初九
日，年方八歲的第三子玄燁奉遺詔即位，由鰲拜等四人為輔政大
臣。鰲拜等人不喜西洋人，仇視天主教。江蘇徽州府新安衛官生
楊光先既仇教，尤惡西學。康熙三年（1664），楊光先叩閽，進呈
所著《摘謬論》、《選擇議》各一篇，指摘湯若望新法謬誤。議政
王顛倒是非，誣指湯若望悖妄，清朝國祚久暫，不可預知，湯若
望只進二百年曆，暗示國祚年限，觸犯政治忌諱。順治皇帝第四
子為寵妃董鄂氏所生，生後二歲，尚未命名，即已薨逝，追封榮
親王。湯若望選擇榮親王殯葬時刻，不用正五行，反用洪範五行，
山向年月，不大吉利，以致累及父母。鰲拜等人以事犯重大，即
將湯若望及欽天監曆科李祖白等三十餘人，分別擬斬立決[11]。南
懷仁等人亦被挐問治罪。湯若望被提審二次，定罪凌遲，幸經孝
莊太皇太后代為求免，但李祖白等五人奉旨處斬。湯若望雖然免
除死刑，但他年已七十四歲，身繫囹圄，猝患痿痺，口舌結塞，
病情惡化。康熙五年（1666），西曆八月十五日，湯若望卒於北京，
享年七十五歲。

　　南懷仁（Ferdinandus Verbiest, 1623-1688），字伯敦，比利時
國人。順治十五年（1658），南懷仁來華，抵澳門。次年，在西安
傳教[12]。順治十七年（1660）五月，南懷仁奉召入京纂修曆法。
楊光先補授欽天監監正後，因恢復舊法，所以推算曆法，俱與天
象不合。康熙七年（1668）十一月二十六日，康熙皇帝將欽天監
監副吳明烜所造曆書發交南懷仁查對差錯。同年十二月，南懷仁

11　《聖祖仁皇帝實錄》（臺北：華聯出版社，民國五十三年九月），卷14，
　　頁27。康熙四年三月壬寅，諭旨。
12　顧保鵠著《天主教史大事年表》（臺中：光啟社出版社，民國五十九年二
　　月），頁28。

劾奏吳明烜所造七政、時憲書舛錯。康熙皇帝命大臣會同南懷仁、吳明烜赴觀象臺測驗立春、雨水。吳明烜不能計算日晷，南懷仁預推度數，俱合天象。康熙八年（1669）二月初七日，楊光先左祖吳明烜，奉旨革職。二月十七日，授南懷仁為欽天監監副[13]。同年八月，湯若望恢復「通微教師」美號。康熙皇帝親政以前的冤獄，至此平反。自從以後，大統、回回舊法，俱停止使用，專用西洋新法。

　　康熙十一年（1672），因楊燝南編造《真曆言》一書，遂引發楊燝南譏刺欽天監曆法一案。楊燝南以欽天監所頒曆書開載康熙八年立春、立秋、閏月俱謬誤，而南懷仁則指楊燝南蓄意譏刺欽天監曆書。康熙十一年八月初十日，康熙皇帝命大學士圖海等會同測驗。同年八月十二日，康熙皇帝召見兵部尚書明珠等人，就南懷仁、楊燝南互相參告一案，面諭諸臣交換意見，《起居注冊》詳盡地記載了君臣的對話。為了便於說明，先將滿文影印於下，並轉寫羅馬拼音。

13　《聖祖仁皇帝實錄》，卷 28，頁 15。康熙八年三月庚戌，諭旨。

ᠵᠠᠢ ᠶᠣᠣᠨᠢᠩᠭᠠ ᠰᠠᡳᠴᠤᠩᡴᠠ ᠶ᠇ ᠠᡥ᠇ᠰᠠᡳᠶᠠ ᠮ᠇ ᠰᠠᡴᠴᡳ᠂᠇᠅

ᠶᠣᠩᡴᠠᠯᠠᠩ ᠮᠠᡳᠠ ᠮᠠᡳ᠇ ᠮ᠇ ᠬᠠᡩᠠᠯᠠᠨ ᠮ᠇ ᠰᠠᡳ᠂᠅ ᠶᠠᡥᠠᠴᠠᡤ᠇ ᡴᠠᠯᠠᡴᠠ ᠮ᠇ ᠬᠠᠰᠠᠮ᠇ ᡴᠠᠯᠠᡴᠠ ᠮ᠇᠅

ᠶᠣᠣᠨᠢ ᠮ᠇ ᠮᡳᠠᠰᠠᠰᠠᡴᠠᠮ᠇ ᡴᠠᠰᠠᠩᡴᠠ ᡥ᠇ ᠰᠠᠯ᠇ᠮᠠᠴᠠᠯ᠇ ᡴᠠᠰᠠᠮ᠇᠅ ᡴᠠᠰᠠᠮ᠇᠅

ᡥᠠᡴᠠᡥᠠᡳ᠇ ᠰᠠᠯᠠᠩ ᠮᠠᡳᠠ ᠮᠠᡳᠠ ᡥ᠇ᡴᠠᡴᠠᠩᡴᠠ᠇ ᡴᠠᠯᠠ᠇ ᡴᠠᠰᠠᠯ᠇ᠠᡴᠠᡳ᠇ ᡴᠠᠰᠠᠨ ᡴ᠇᠇ ᠶᠠᡴᠠᡴᠠᡳᠠᡳ᠇᠇ ᠶᠠᡴᠠᡥᠠᠯᠠᡴᠠ ᡴᠠᠰᠠᠮ᠇᠅

ᠬᠠᠰᠠᡥ᠇ ᠬᠠᠴᠠᡴᠠᡳ᠇ᠠᠯᡳ᠇᠅ ᠶᠠᡳᠠᠴᠠᡳᠠᠯ᠇᠇ ᡴᠠᠰᠠᠴ᠇ ᡴᠠᠰᠠᡴᠠᠩᠨ᠇ ᡴᠠᠯᠠᠴᠠᡳᠠᡥ᠇ ᠬᠠᡳᠠᡴᠠᠩᠨ᠇ ᠬᠠᠴᠠᡴᠠᡳ᠇ ᠬᠠᠯᠠᡳᠠᡴᠠᠮ᠇᠅

ᠶ᠇ᠰᠠ᠇ ᠬᠠᡳᠠᡴᠠ ᠬ᠇ ᠶᠠᡥᠠᡴᠠᠩᡴᠠ ᠮ᠇ ᠰᠠᠴᠠᠮᠠᡴᠠ᠇ ᠶᠠᡥᠠᠴᠠᡤᠠᡳᠠ᠇ ᠬᠠᠴᠠᠯᠠᡴᠠᡥ᠇᠅

ᠵᠠᡳᠠᠯᠠᠯᠠ᠇ ᠶᠠᠯᠠᡥᠠ ᠬᠠᠴᠠᠮᠠᡴᠠᠴᠠ᠇ ᠬᠠᡳᠠᠨ ᠬ᠇ ᠰᠠᠯᠠᡳᠠᡴᠠᡳᠠᠴ᠇ ᡴᠠᠯᠠᠴᠠᠴᠠᡳ᠇ ᠶᠠᡳᠠᡴᠠᠩᡴᠠᠨ ᠬᠠᠰᠠᠮ᠇᠅ ᠬᠠᠰᠠᡴᠠᠩ᠇ ᠬᠠᠰᠠᡴᠠᠴᠠᠯ᠇᠇ ᠶᠠᡳᠠᠴ᠇ᠯᠠᡴᠠᡴᠠᠮ᠇᠅

ᠪᡳᡨᡥᡝᡳ᠂ ᡝᠵᡝᠨ ᠪᠠᡩᠠᡵᠠᡴᠠ ᡳᠨᡝᠩᡤᡳ᠂ ᠪᠠ

ᠪᠠᡳ᠂ ᠪᠠᡩᠠᠷᠠᠴᡳ ᠪᡳᡨᡥᡝᡳ᠂ ᡝᠵᡝᠨ ᠨᡳ᠂ ᠪᠠᠶᠠᠯᡳ

ᠨᡳᠶᠠᠯᠮᠠ ᠪᠠᡳᡨᠠ ᠪᡝᠩ᠂ ᠶᠠᠪᡠᠮᡝ᠂ ᠪᠠᡳ᠂

ᠪᠠᡳᡨᠠ ᠪᡝᠩ᠂ ᠶᠠᠪᡠᠮᡝ᠂ ᠪᠠᠶᠠᠯᡳ ᠪᡳᠨ᠂

ᠪᠠᡩᠠᠷᠠᠴᡳ ᠪᡳᡨᡥᡝᠶᡝᠨ ᠮᠠᠶᠠᠯᡳ᠂ ᠨᡳᠶᠠᠯᠮᠠ ᠪᠠᡳᡨᠠ᠂

ᠪᠠᠯᠠᠷᠠ ᠪᡳ᠂ ᠮᠠᠨ ᠪᠠᡳ᠂ ᠪᠠᡩᠠᠷᠠᠴᡳ ᠪᠠᠶᠠᠯᡳ᠂

ᠪᠠᠶᠠᠯᡳ ᠨᡳᠶᠠᠯᠮᠠ ᠪᠠᡳᡨᠠ ᠪᡝᠩ᠂ ᠶᠠᠪᡠᠮᡝ ᠪᠠᡳ᠂

ᠪᠠᡩᠠᠷᠠᠴᡳ ᠪᡳᡨᡥᡝ᠂ ᠪᠠᠶᠠᠯᡳ ᠨᡳᠶᠠᠯᠮᠠ ᠪᠠᡳᡨᠠ ᠪᡝᠩ᠂

ᠪᡳᡨᡥᡝ ᠨᡳᠴᡠᡥᡝ ᠂ ᠵᡠᠸᡝ ᡥᠠᠴᡳᠨ ᠨᡳ ᠪᡝᠶᡝ ᠰᡝᠯᡤᡳᠶᡝᠮᡝ ᠁ ᠵᡠᡥᡝᡵᡳ ᠪᡝ ᡴᠠᡳ ᠮᡝᠨᡩᡠᡵᡳ

ᡠᡨᡥᠠᡳ ᡝᠨᡩᡠᡵᡳ ᠨᡳ ᠵᠠᠮᠠ ᠨᡳ ᠪᡝ ᠵᡠᠸᡝᡥᡝ ᠂ ᠵᡠᠸᡝ ᡥᠠᠴᡳᠨ ᠨᡳ ᠪᡝ ᠂ ᠵᡠᠸᡝ ᠨᡳ

ᠵᡠᡥᡝᡵᡳ ᠨᡳ ᠵᠠᠮᠠ ᠨᡳ ᠪᡝ ᠂ ᡝᡳᠮᡠᠯᡳ ᠨᡳ ᠪᡝ ᠂ ᡝᡳᠮᡠᠯᡳ ᠨᡳ ᠵᠠᠮᠠ ᠨᡳ ᠪᡝ ᡝᠮ ᠠᠯᡳ ᠂ ᠵᡠᠸᡝᡥᡝ

ᡴᠠᡳ ᠂ ᡨᡝᠯᡝᠮᡝ ᡴᠠᡴᠠᠮᡝ ᠨᡳᠨᡤ ᠂ ᡤᡝᠮᡝ ᠰᡝᠯᡤᡳᠶᡝᠮᡝ ᠂ ᡝᡳᠮᡠᠯᡳ ᡨᡝ ᡝᠮ ᠁ ᡝᠮ ᠠᠯᡳ ᠨ ᡴᠠᡳ ᠂

ᡝᠮᡠ ᠨᡳ ᡨᡝ ᠮᡝᠨᡩᡠᡵᡳ ᠂ ᠶᠠᡳ ᠶᠠᡳ ᠂ ᠵᡠᠸᡝ ᠮᡝᠨᡩᡠᡵᡳ ᠁ ᡨᡝᠯᡝᠮᡝ ᡴᠠᡴᠠᠮᡝ ᠂ ᠰᡝᠯᡤᡳᠶᡝᠮᡝ

ᠵᡠᠸᡝᡥᡝ ᠨᡳ ᠂ ᠰᡝᠯᡤᡳᠶᡝᠮᡝ ᠂ ᠶᠠᡳ ᠶᠠᡳ ᡝᠮᡠ ᠨᡳ ᡨᡝ ᠂

ᡝᠮᡠ ᡨᡝ ᡝᠮᡠ ᠨᡳ ᡨᡝ ᡝᠮᡠ ᠂ ᠶᠠᡳ ᠶᠠᡳ ᠂ ᡝᠮᡠ ᡨᡝ ᠵᡠᠸᡝᡥᡝ ᠨᡳ ᠰᡝᠯᡤᡳᠶᡝᠮᡝ

（滿文）

dele, coohai jurgan i aliha amban mingju uheri be baicara
yamun i hashū ergi alifi baicara amban dono be hanci hūlafi, hese
wasimbuhangge, hūwangli fa serengge gurun booi oyonggo baita
holbobubangge weihuken akū, suwembe nan hūwai žin, yang ging
nan i ishunde habšaha baita be acafi gisure seme hese wasimbuha, bi,
manju, nikan, dorgi tulergi be emu adali tuwara be dahame, suwe
urunakū mini gūnin de acabume, emhun saha babe ume memerere,
we uru, we waka be kumdu i tondoi tuwa, urunakū enteheme
yabubume jaka akū obu, jai fulenggi dekdebume, sukdun be tuwara
fa be ulahakū goidaha be dahame akdarengge mangga, suwe erebe
saci acambi sehe manggi. mingju, dono i wesimbuhengge amban be,
sonjoho hese be alifi, geli dere de hese wasimbuha be dahame, damu
tondo ginggun be akūmbume kimcime tuwafi, enduringge gūnin de
acabuki sehe. geli ashan i bithei da hiong sy li be moo kin diyan de
gamafi hese wasimbuhangge, simbe daci hūwangli fa be sambi seme
donjifi, tuttu simbe uyun king, k'o, doo i jergi hafasai emgi nan
hūwai žin, yang gin nan sei tuwaha babe acafi tuwakini seme
tucibuhe. hūwangli arafi erin be getukelerengge gurun boo i oyonggo
baita ginggule sehe. hiong sy li wesimbume, hūwangli i doro narhūn
somishūn, hūwangli i ton largin facubūn, ilan jalan ci ebsi hūwangli
arahangge nadanju funcere boo ci eberi akū, abkai yabun de acanaha,
jaka akū seme maktahangge be kimcici, tang gurun i da yan, yuwan i
gurun i šeo ši hūmwangli ci tulgiyen gūwa be asuru sahakū, amban bi
afaha fiyelen be taciha buya bithei niyalma, ai jaka be hafure tacin be
sithūme ofi, tuttu aname bodoro, erin be tuwara hacin be inu kemuni
terei giyan be baime giyangnaha bihe, tuttu seme amba muru be

muwašame sara gojime, terei narhūn somishūn be hafu ulgime muterakū, te enduringge hese be alifi ai gelgun akū mujilen be akūmbume tuwafi sonjoho hese de acaburakū. dele, hendume ice fa, fe fa seme der seme habšandumbi. terei jurcenjehe encu oho ba adarame, jabume, erei dorgi hacin meyen umesi ambula, emke emken i tucibuci mangga, te bicibe aniyai jurcen be fe fa de šun i bederere ton obufi, gung be halara gojime, oron be halarakū, šun i gung be halara gojime, ging usiha i gung be halarakū, ice fa de ging usiha i dosire ton obufi, oron be halambime, geli gung be halambi. ging usiha i gung be halara gojime, šun i gung be halarakū. tuttu fe fa de udu aniyai jurcen bicibe gung oron be aššaburakū. ice fa de inenggi be isabume biya be iktambume ofi, gung oron be acinggiyambi. damu gung oron be acinggiyara turgunde, tuttu daci jihe, yaya hacin i aname bodoro erin be tuwara, in yang, sunja feten, banjire anara, eberere yendere leolen, gemu acanarakū ohobi. ere inu habšan banjinaha emu hacin, jai aniyai yargiyan jurcenjere, aniyai jurcen šurdere, ton sukdun halanjara, dz, šen usiha forgošobure ba, hacin hacin i adali akū cingkai encu ojoro jakade, tuttu der seme sume gisuremdumbi.[14]

　　上召兵部尚書明珠、都察院左都御史多諾面諭曰：「曆法乃國家要務，關係匪輕，已有旨命爾等會議南懷仁、楊燝南互相參告之事。朕於滿漢內外總無異視，爾等體朕心，勿執偏見，孰是孰非，虛公看驗，務期永行無弊。至飛灰候氣法，久不傳，難以憑信，爾等其知之。」明珠、多諾對曰：「臣等既蒙簡命，又承面論，

14　《起居注冊》，滿文本（臺北：國立故宮博物院），康熙十一年八月十二
　　日，記事。

惟有矢公矢慎，加意看驗，以副聖懷。」上又召學士熊賜履至懋
勤殿，諭之曰：「聞爾素通曆法，故命爾同九卿、科、道等官，會
看南懷仁、楊燝南等測驗。治曆明時，國家重務，尚其欽哉。」
賜履對曰：「曆理精微，曆數繁賾。三代而後，作曆者不下七十餘
家，求其合於天行，號稱無弊者，唐之《大衍》，元之《授時》而
外，未之概見。臣章句小儒，從事於格物之學，故如步算占候之
類，亦嘗講求其理，然不過粗知梗概，未能洞悉精微。今既承聖
諭，敢不盡心看驗，以副簡命。」上曰：「新法、舊法是太陽退數，
換宮不換宿，換太陽宮，不換經星宮；新法是經星進數，換宿兼
換宮，換經星宮，不換太陽宮。所以舊法雖有歲差，宮宿不動，
新法日積月累，宮宿郵移。惟其宮宿郵移，是以向來一切推算占
候，陰陽五行，生剋衰旺之說，都難以取合，此亦聚訟之一端也。
至於歲實參差，歲差環轉，節氣遊移，觜參顛倒，種種不同，大
相逕庭，是以紛紛辯論[15]。

引文中「南懷仁」，滿文讀如 "nan hūwai žin"，按照漢字讀
音拼寫滿文。康熙皇帝在諭旨中指出，「朕於滿漢內外總無異視」，
南懷仁（nan hūwai žin）雖然是西洋外國人，但是康熙皇帝不分
內外，對南懷仁並無異視。「飛灰候氣法」，滿文讀如 "fulenggi
dekdebume sukdun be tuwara fa"，意即揚灰觀察節氣法。「曆法」，
滿文讀如 "hūwangli fa"，意即皇曆法。「治曆」滿文讀如
"hūwangli arambi"，意即造皇曆，或作皇曆。「無弊」，滿文讀
如 "jaka akū"，意即沒有縫隙。「大元」，滿文音譯讀如 "da
yan"，「授時曆」，滿文讀如 "šeo ši hūwangli"。「換宮不換宿」，
滿文讀如 "gung be halara gojime, oron be halarakū"，句中「宿」

---

15 《起居注冊》，漢文本（北京：中華書局，2009 年 9 月），第一冊，頁
 B000364。康熙十一年八月十二日，記事。

（oron），即星座。「占候」，滿文讀如 "erin be tuwara"，亦即觀察時刻，或作候時，清朝有「漏刻科」（erin tuwara hontoho），隸欽天監，掌候時擇日之事。《起居注冊》滿漢文本中含有頗多天文曆算詞彙，值得重視。楊燝南不諳飛灰候氣法，無法測驗。刑部以楊燝南並非天文生，私習天文，任意造刻《真曆言》一書，妄稱欽天監曆日舛錯，將楊燝南杖一百，折責四十板，徒三年，奉旨「依議」。

　　康熙十三年（1674）二月，欽天監具題，欽造儀象告成，進呈新製《靈臺儀象誌》，奉旨加南懷仁太常寺卿銜，仍治理曆法。三藩之亂，南懷仁遵旨鑄成戰礮數百尊，礮位堅固，加速了三藩的敗亡。康熙十七年（1678）七月，南懷仁奉旨加太常寺卿。同年九月，南懷仁奉旨加通政使司通政使職銜。康熙二十一年（1682）四月，以製造礮位精堅議敘，加南懷仁工部侍郎銜。康熙二十二年（1683）六月，南懷仁、閔明我奉命隨駕北巡塞外。康熙二十六年十二月二十八日（1688.01.30），南懷仁病逝。欽天監以西法治曆，在南懷仁供職內廷期間奠定了穩固的基礎，同時更堅定了康熙皇帝採行西洋新法的主張。

　　閔明我，字德先，義大利國人，西洋名為 "Philippus Maria Grimaldi"，滿文名按照漢文名讀音拼寫，讀如 "min ming o"。康熙十年（1671）九月，兩廣總督金光祖移咨禮部恩理格、閔明我二名通曉曆法照例送京。康熙十一年四月，南懷仁疏請恩理格、閔明我所需食用等項，相應照例請給，奉旨依議。

　　徐日昇，字寅公，葡萄牙國人，西洋名為 "Thomas Pereira"，滿文名按照漢文名讀音拼寫，讀如 "sioi ži šing"。康熙十一年（1672）閏七月，禮部遵旨移咨兵部取廣東香山墺通曉曆法的徐日昇入京。兵部遵旨差遣五品主事錫忒庫等護送徐日昇入京，所

用驛馬，沿途口糧，照常給發。

安多，字平施，比利時國人，西洋名為 "Antonius Thomas"，滿文名按照漢文名讀音拼寫，讀如 "an do"。康熙二十四年（1685）二月十二日，大學士勒德洪、明珠奉上諭：「今南懷仁已有年紀，聞香山墺尚有同南懷仁一樣才能，熟練曆法等事及年少者，一併具奏，問南懷仁是何姓名？舉出具奏。」[16]南懷仁覆以熟練曆法者，僅有安多一人。二月十三日，奉旨著閔明我赴粵接取安多入京。二月十四日，遣御前太監奉銀五十兩賜閔明我，傳旨云：「今萬歲賜爾做衣服，凡涉水過山，須要保重，途中不宜太速。」翌日，閔明我奉旨同禮部郎中黃懋赴粵。同年十月十二日，安多抵京引見。奉旨安多食用，即於是日起由光祿寺給發。

康熙二十五年（1686），康熙皇帝遣閔明我執兵部文泛海由歐洲往俄羅斯，會商交涉事宜。康熙二十七年（1688）二月二十九日，以閔明我諳練曆法，奉旨頂補南懷仁治理曆法。同年五月初二日，徐日昇、張誠奉命隨同內大臣索額圖等與俄羅斯會議中俄兩國邊界。康熙二十八年（1689）十二月二十五日，康熙皇帝召徐日昇、張誠、白晉、安多等至內廷，諭以自後每日輪班至養心殿，以清語講授西學。康熙三十三年（1964）十月，閔明我從俄羅斯返回北京，途經義大利，由義大利遣人護送。義大利，《起居注冊》作「伊大里雅」，滿文讀如 "i da li ya"。康熙三十七年（1698）三月十六日，《起居注冊》記載，康熙皇帝御暢春園內澹寧居，直隸巡撫于成龍以渾河圖形呈覽，並奏聞同西洋安多等勘查河道經過。《聖祖仁皇帝庭訓格言》記載，康熙皇帝一日指案上所置賀蘭國鐵尺訓曰：「此鐵尺既不曲，且無鐵繡氣味，爾等其知

---

16 《中國天主教史籍彙編》，頁 536。

此乎？乃琢賀蘭國刀而為之者。夫改兵器而設於書案，亦偃武修文之意也。曩者西洋人安多見之，曾謂刀者，兵器，人人見而畏之。今設於書案，人人見而喜持焉，亦極吉祥之事，斯言最得理也。」[17]引文中「賀蘭國」，又作荷蘭國，滿文讀如"ho lan gurun"。「鐵尺」，滿文讀如"selei c'y"。「鐵繡氣味」，滿文讀如"teišun i gese wa"，意即似銅氣味。

　　費隱，又作費殷，西洋名為"Xaverius Ehrenbertus Fridelli"，滿文名按照漢文名讀音拼寫，讀如"fei in"，正是所謂滿漢一體，中外一家。康熙五十年（1711）九月二十日，《起居注冊》記載，刑部等衙門題，以差往丈量路程，繪畫輿圖護軍參領德克精格等家人關保等騷擾驛遞，應將關保等枷號一個月，鞭八十，德克精格等照例革職，繪畫輿圖西洋人費殷應當議處，因差往鄂爾多斯等處繪畫輿圖，俟回京日另結云云。奉旨：「黑木葉丈量路程、繪畫輿圖，頗有勞績，黑木葉從寬免革職，著罰俸三年，西洋人費殷亦從寬免治罪，餘依議。」[18]康熙皇帝優遇西洋人，諸凡從寬，互動良好，常召西洋人徐日昇等至養心殿閒談。康熙皇帝謂「朕雖於談笑小節，亦必循理。」因為「一言可以得人心，而一言亦可以失人心也。」[19]

四、文化交流 —— 西洋傳教士以滿語進講西學

　　歷代舉行經筵大典的主要用意是要求帝王留心學問，儒臣進

17　《聖祖仁皇帝庭訓格言》，頁 55。《欽定四庫全書》（臺北：臺灣商務印書館），第 717 冊，頁 643。

18　《起居注冊》（臺北：國立故宮博物院），第 19 冊，頁 T10936。康熙五十年九月二十日，諭旨。

19　《聖祖仁皇帝庭訓格言》，頁 46。《欽定四庫全書》，第 717 冊，頁 633。

講的內容，主要為四書、五經等儒家經典。康熙皇帝好學的精神，
實非明代君主所能望其項背。據《起居注冊》的記載，康熙十一
年（1672）四月二十四日清早，康熙皇帝在乾清門聽理政事，上
午辰時（上午七點鐘至九點鐘），御弘德殿，講官熊賜履、史大成、
孫在豐進講：「子禽問於子貢曰夫子至於是邦也」一節；康熙二十
三年（1684）三月初七日清早，康熙皇帝御乾清宮，講官牛鈕、
孫在豐、歸允肅進講：「六三未濟、征凶」二節；「九四貞吉、悔
亡」二節。辰時，御乾清門聽政。康熙皇帝提倡崇儒重道，勤讀
儒家經典，但他同時也重視西學，西洋傳教士也奉召入宮進講西
學，其進講西學的活動，《起居注冊》並未記載。

　　白晉（Joachin Bouvet, 1656-1730），耶穌會士。康熙二十四
年（1685），法王路易十四派遣以洪若翰（Joan. De Fontaney）為
團長的法蘭西傳教團到清朝進行活動，白晉是其中的一員。康熙
二十七年（1688）正月，白晉等人抵達北京。康熙三十二年（1693），
白晉奉康熙皇帝之命返回法蘭西。《康熙帝傳》是白晉於康熙三十
六年（1697）向路易十四撰寫的一份秘密報告，都是他耳聞目覩
的第一手史料，可補清朝官方文書的不足，其內容涉及的範圍很
廣，其中康熙皇帝對西學的興趣及學習過程，佔了頗大的篇幅。
原書指出，數學在中國是很受重視的，康熙皇帝致力於學習數學，
把學習西學當作他最大的樂趣。南懷仁神父曾給他講解了一些主
要數學儀器的應用，並講解幾何學、靜力學、天文學中最有趣的
和最容易理解的東西，還專門編寫了一些最通俗易懂的書籍。康
熙皇帝還想學西洋的樂理，為此，徐日昇（Thomas Pereira,
1645-1708）神父就為他用漢文寫了有關這方面的著作。康熙皇帝
命工匠為他製作了各種樂器，還教他用這些樂器來演奏一些樂曲。

　　清朝與俄羅斯簽訂《尼布楚條約》後，西洋人徐日昇、張誠

等回京復命。《正教奉褒》一書記載，康熙二十八年（1689）十二月二十五日，康熙皇帝召徐日昇、張誠、白晉、安多等西洋人至內廷，諭以自後，每日輪班至養心殿，以滿語講授量法、測算、天文、格致等西學，並將講授內容，繙譯滿文成冊。白晉著《康熙帝傳》也有一段較詳盡的描述，原書指出，我們四個住在北京的耶穌會傳教士有幸被康熙皇帝召去為他講解歐洲科學，有的用漢語講，有的用滿語講，因為滿文比漢文更容易，更清楚。康熙皇帝知道張誠和白晉經過七、八個月的學習，在掌握滿語方面取得了相當的進步，足以使人聽懂白晉等人所說的滿語。康熙皇帝要白晉、張誠兩人以滿語為他講解西洋的科學。康熙皇帝指令白晉、張誠用滿語講解他早就一直想學的歐幾里德幾何學的原理。為了便於教學，康熙皇帝把過去順治皇帝曾經住過的房間賞給了白晉和張誠。康熙皇帝還下令侍從，每天清晨牽馬接白晉、張誠到皇宮裡，晚上又送回住所。康熙皇帝又令內務府兩個精通滿語和漢語的大臣幫白晉、張誠寫講稿，並指定專人加以謄清。康熙皇帝還叫白晉、張誠為他口述這些文章。

康熙皇帝對西學的興趣，非常濃厚。白晉指出，康熙皇帝整天和白晉、張誠一起度過：聽課、復習，並親自繪圖，他非常專心學習。他學習了幾何原理之後，又要白晉、張誠用滿文給他編寫一本實用幾何學綱要，包括有關全部理論，並為他講解這些理論。康熙皇帝興致勃勃地學習幾何學，除了跟白晉、張誠一起度過的二、三小時之外，無論白天還是晚上，康熙皇帝自己還花了不少自學時間。使人感到驚訝的是，他努力親自去找一些同已經講過的相類似的新問題，康熙皇帝把幾何學中學到最有趣的東西運用到實踐中去，以及練習使用一些數學儀器，當作一種樂趣。

學完幾何後，康熙皇帝又要學習哲學。所以指令張誠、白晉

兩人用滿文編寫一本哲學書，並採用學習幾何時的講授方法。白晉、張誠查閱了各種古今哲學書籍，在這些書中，沒有一本能比皇家學院杜阿梅院士所著的《古今哲學》更為合適。因為杜阿梅院士的哲理嚴密、清晰、純粹，因此，白晉、張誠就以《古今哲學》作為編寫的藍本。

　　除了哲學外，康熙皇帝還想了解人體結構、功能及其微妙運動的原理。為了從事講解人體結構，白晉等人編寫了一本內容廣泛的專門著作。康熙皇帝閱讀了白等人進呈給他的十二條和十五條附有用線條鈎勒的圖和解釋的初階著作。康熙皇帝非常滿意，極為重視，而指派他最好的一個畫家，專畫人體解剖圖像。康熙皇帝令白晉等人用歐洲的醫學給他講解患病的生理原因。在二、三個月裡，白晉等人遵旨編寫了十八至二十篇關於各種不同疾病的醫學著作。白晉等人在康熙皇帝指定的一個宮殿裡建立了一個實驗室，在那裡排著各種不同式樣的爐灶，擺著化學製藥用的工具和器皿。康熙皇帝不惜開支，指令所用的工具和器皿都要銀製的。在三個月裡，在白晉等人主持下，製造了許多種丸、散、膏、丹。在試製過程中，康熙皇帝多次駕臨參觀。當藥物試驗獲得成功時，康熙皇帝極其高興，並指令所製的藥物都歸他支配使用。

　　《康熙帝傳》一書記載，若干年來，無論在北京皇宮、京外御苑、塞外地區，都經常可以看到康熙皇帝讓侍從帶著儀器隨侍左右，當著朝臣的面專心致志於天體觀測與幾何學的研究。有時用四分象限儀觀測太陽子午線的高度；有時用天文環測定時刻，而後從這些觀察中推測出當地極點的高度；有時計算一座寶塔，一個山峰的高度；有時測量兩個地點間的距離。另外，康熙皇帝經常讓人攜帶著日晷，通過親自計算，在日晷上找出某日正午日晷針影子的長度。康熙皇帝計算的結果和張誠所觀察的結果，往

往非常一致。

　　洪若翰、劉應入京時，康熙皇帝向洪若翰、劉應學習了為觀察天體用的秒鐘、水平儀和其它一些儀器的使用方法。這些儀器都是洪若翰、劉應進京時呈獻的。卡西尼（1625-1712），是義大利天文學家，應路易十四之聘赴法蘭西，曾任第一任巴黎天文臺臺長。德拉伊爾（1640-1718），是法蘭西數學家。洪若翰、劉應講解卡西尼和德拉伊爾發現的兩種判斷日蝕和月蝕的新方法，從而引起了康熙皇帝學習的熱忱。

　　張誠（1654-1707），法蘭西耶穌會士，康熙二十七年（1688），受法王路易十四之命隨洪若翰等來華，入京供職。《張誠日記》記載，康熙二十八年十二月初八日（1690.01.17），這天很早康熙皇帝就召張誠等人進宮，張誠在宮裡停留兩小時以上，解釋幾何學上的問題。全部談話中，康熙皇帝都極其慈祥可親。張誠和康熙皇帝交談時經常用滿語。張誠說滿語有動詞變化、語尾變化以及連貫語句時所用的連接詞等，而漢語缺乏這些，滿語因此勝過漢語。康熙皇帝聽見這話似乎很欣賞，他轉向周圍的人們說：「這對了，這種缺陷使漢語比滿言難學。」十二月初九日，張誠等四人全都進宮，在那裡向趙昌講解一些幾何題。十二月初十日，張誠等人按時進宮，在養心殿用由南懷仁為康熙皇帝製作的等高儀，為他講解了好些幾何學上的問題。十二月十一日，康熙皇帝再駕臨養心殿，與張誠等人在一起三小時左右。這一天，康熙皇帝對張誠等人表示了極大的關懷，親密過於前幾天。康熙皇帝問張誠許多問題，並向張誠說了最使人感激的話。康熙皇帝對於張誠在短促時間內學習滿語獲得進益，似乎覺得詫異。後來，康熙皇帝又和張誠等人一起測量距離與高度。最後，康熙皇帝問張誠說白晉有什麼本事？張誠覆奏，白晉和張誠一樣學習滿語獲有進益，

也精於數學和歐洲的其他科學。十二月十二日，張誠等退出大內養心殿後，康熙皇帝又把安多、徐日昇叫回去，為他把這一天所講的課，重新講解一遍。十二月十三日，康熙皇帝傳旨問白晉和張誠研究學習滿語的最簡捷辦法，並問是否應當每天去內務府大臣的衙門，那裡完全用滿語辦事，還是到滿洲去一趟。十二月十四日，趙昌引張誠等人去內務府，介紹張誠等人與內務府大臣和總管相見。各位長官對待張誠等人極好，把他們議事大廳對面的房間指派給張誠等人。

同年十二月十五日，張誠等人初次到內務府衙門去學習。《張誠日記》有一段記載，內務府總管指派兩位出生在滿洲地方的低級官員指導張誠等人學習滿語，又另外增派一位官階較高對兩種語言都精通的官員，每天來解答那兩位官員不能講清楚的問題。

康熙二十九年（1690）正月初五日，白晉和張誠應召進宮到養心殿，進呈一座可以自動熄滅蠟燭的燭臺模型。康熙皇帝問張誠學習滿語有無長進？張誠用滿語覆奏：「我們正在努力學習，以求不負皇上的期望。」康熙皇帝回頭向周圍的人們說：「他們確有長進，他們說得好了一些，容易聽懂了。」張誠又啟奏說：「歐洲人學滿語最困難的是發音和音節的輕重。」康熙皇帝回答：「你說的對，音節輕重確不容易。」正月十八日，康熙皇帝令張誠等著手用書面解說哲學。正月二十五日，康熙皇帝回京。正月二十七日，諭令張誠等於第二天早晨把已寫成滿文的稿子和用滿文解釋的一些歐幾里德定律帶進宮去。正月二十八日，白晉、張誠、徐日昇、安多同到養心殿，康熙皇帝閱讀了他們用滿文寫出的歐幾里德第一條定律，令張誠等人解釋給他聽。正月二十九日，張誠等人奉召赴乾清宮講解第二條定律，這比第一條定律複雜難懂，康熙皇帝不太容易理解，因此推遲到第二天早上再講解一遍，然

後默寫。

　　康熙二十九年（1690）二月初十日，張誠等再次對第二條定律作了講解，直到康熙皇帝透徹理解其意義。然後由張誠等口授，康熙皇帝默寫，再改定文字。三月初三日，張誠等對第三條定律講解細致，圖解明白，康熙皇帝甚為喜悅。三月初四、初五等日，張誠等人繼續講解歐幾里德定律。巴蒂氏（P. Pardies）是法蘭西數學家，著有《實用和理論幾何學》等書。康熙二十九年（1690）三月十八日，張誠等人開始講授巴蒂氏的基本定律。《張誠日記》記載，「皇上煞費苦心地驗證二者之間的差別，並比較化們的表述方法。皇上用硃筆改正一些字，並向他的侍從們說，這是一本不平常的書，我們所要做的工作，也不可等閑視之。可見皇上對它的重視。」

　　暢春園，意即春日常在的花園，是清朝的皇家園林，位於北京西直門外海淀附近，周圍長約十里，是康熙皇帝駐蹕之所，景致優美。康熙皇帝駐蹕暢春園期間，張誠等人繼續為講解對數等課，而採用對數演算乘法，康熙皇帝很容易地就學會了。因此康熙皇帝認為對數法的發明很妙，希望自己能夠學會應用它。張誠等人講解幾何，是以用對數推算問題作為開端。他們也用對數表分析三角。康熙皇帝還令張誠等人用滿文撰寫哲學講稿。

　　《張誠日記》記載，康熙三十年（1691）三月初三日，張誠等第一次向康熙皇帝進講哲學。張誠等在引言裡闡明這門科學的用處，為什麼要把它分為邏輯、物理、倫理三個部分，和每一部分所論述的內容是什麼？康熙皇帝對這種講課方法深表滿意，他囑咐張誠等不可性急，而要耐心詳盡地進行。康聖皇帝還說只要工作能做得好，他即使多費點功夫也不會吝惜。這一天，康熙皇帝滿面笑容，使張誠等人感覺到康熙皇帝對待他們似較往常更好

[20] 。在進講西學過程中，滿洲語文確實扮演了非常重要的角色。

五、折衝尊俎 ── 故宮俄文史料中的滿文檔案

明末清初，俄人入侵西伯利亞，深入黑龍江流域，中俄邊界糾紛，日益頻繁，終於引起雅克薩之役。康熙二十七年（1688），清朝以索額圖為全權代表，與俄羅斯會議。翌年，訂定尼布楚條約。此後，雙方邊境交涉，商務交涉，文書往來，更加密切。民國二十五年（1936）八月，國立北平故宮博物院文獻館將清朝康熙乾隆年間俄羅斯來文原檔整理出版《故宮俄文史料》一冊。王之相在序言中指出，當時關於中俄事務，中國方面是由蒙古大員及黑龍江將軍分任辦理之責，俄方則以尼布楚將軍及伊爾庫次克總督首當其衝，各自奏明本國君主，請旨定奪。中國對俄行文，多用蒙文及斯拉夫文，間用滿文及拉丁文，俄方來文則多為斯拉夫文。此種文件，因年代稍遠，蒐集均已不易。文件中所用俄文，皆為大彼得後兩次改革前之文字，去古寺院斯拉夫文之文體未遠，故其文法、字形、書法及字義，較之現代俄文，多有不同之點。就史料關係而言，其內容涉及遣使、通商、欠債、徵稅、越界、逃亡、損害賠償、犯人交付等項，藉此可知當時邊疆事務之頻繁，及其交涉問題之中心。序言中同時指出，先由劉紹周將俄文原件譯成現代書法之文字，再由王之相譯成中文，共同加以審定，依年月先後為序，將影印俄文原件，現代書法俄文，及所譯中文，合併列入，附以目錄，以便對照檢查。為了便於說明，先將原書目錄影印於下。

---

20 陳霞飛譯，《張誠日記》（北京：商務印書館，1973 年 11 月），頁 97。

康乾俄國來文原檔目錄表

編號	一	二	三	四	五	六	七
文別	密諭	公函	仝上	仝上	仝上	仝上	仝上
發文者	發 俄皇阿列克歐伊密哈依洛維赤 令將軍阿爾粵斯頼	夫 俄國內廷大臣兼伊爾庫次克省長阿弗那歐尹薩威洛	威洛夫 俄內廷大臣兼省長安頓薩	鄂勃連斯基 俄內廷大臣兼總督列波寧	秘書長安德留委尼尤斯 莫斯科西比利亞事務衙門	世僉 俄尼布楚將軍密哈伊勒石	仝上
收文者	長伊格那特等 俄尼布楚哥薩克人排	圖 清內廷貴族大臣索頟	仝上	仝上	仝上	黑龍江將軍薩納海	仝上
事由	諭令勸說中國皇帝歸依俄皇由	保護並解釋雅克薩城事件由	函達蒙人越界劫奪畜羣殺死 俄人委派專使交涉由	函達由莫斯科派遣商人前往 中國貿易請照約辦理由	函達由莫斯科派遣商務委員 鄂古索福前往中國北京貿易 由	函覆對於逃民謝連科及其家 鄂人等已飭麗查拏由	江守俄膽轉函北京權予入境 函達由莫斯科派遣商隊在纜 由
年月日	一六七〇年四月十三日 即清康熙九年	一六九五年四月 即清康熙三十四年	一六九五年八月二日 即清康熙三十四年	一六九七年二月 即清康熙三十六年	一六九九年二月十一日 即清康熙三十八年	一七〇三年七月十五日 即清康熙四十二年	一七〇三年七月十七日 即清康熙四十二年
備考				原件係拉丁文	俄文係由拉丁文俄復		

十五	十四	十三	十二	十一	十	九	八
仝上	仝上	仝上	仝上	仝上	仝上	仝上	仝上
資諾甫／俄尼布楚將軍弗菟多爾卡	維依嘎嘎休／俄西比利亞省長王爵碼特	嘎休／利亞省長王爵碼恃維依嘎	全／俄莫斯科衛戍司令象西比	仝上	仝上	仝上	什仑／俄尼布楚將軍彼得隆新著
臣宗額圖／清各國務大臣貴族大	清各國務大臣	臣／清各國務大臣近侍大	仝上	仝上	仝上	清管理巖古事務衙門	清各貴族近侍大臣
人逃入蒙境請查緝交回由／俄國哥薩克首領所用奴俟二	勒闊夫帶回由／請乞追索萬利郭電郭斯科	待並照約保護由／斯科勒闊夫辦理商務請于接／函達奉官派貴族萬利郭里郭	俄鳥諭旨由／關夫前往中國貿易礎係遲率／函達俄商萬利郭里郭斯科勒	夫等現在蒙境請緝捕捉交付由／函達俄國逃商彼得昆奇託	宜懲處由／弒多爾兄弟並無藏匿之事不／圉克已經繼獲交付俄貴族弗／函覆逃民辦速圉克及科爾臣	仟由／及從未扣留發往莫斯科之函／商覆通古斯人被殺實只一人	由稅關長官到任及徵收什一稅／嫩江通行並通知尼布楚新任／函覆俄商奉官綜應由尼布楚
卽清康熙五十二年／一七一三年十月八日	卽清康熙五十二年／一七一三年五月十五日	卽清康熙五十年／一七一一年三月一日	全	仝上	仝上	卽清康熙四十五年／一七〇六年八月十八日	卽清康熙四十四年／一七〇五年十二月三十日
仝上	仝上	附拉丁文		仝上	仝上		

二三	二二	二一	二〇	十九	十八	十七	十六
仝上	仝上	仝上	仝上	仝上	仝上	仝（上）	仝上
全　　上	全　　上	全　　上	俄樞密院各大臣　　上	全　　上	洛夫 俄特命欽使到福伊茲瑪依	克歇伊赤爾卡斯基 俄西比利亞省長王爵阿列	林 俄西比利亞省長王爵阿列烏緩
上	清各國務大臣	全　　上	清各國務大臣總理外藩事務大臣	蒙古土謝圖汗	全　　上	清各國務大臣	清駐邊疆辦事大員
件由 函覆準噶爾及烏梁海逃犯事	已飭屬緝捕交付由 函覆蒙人臣恭扎布逃入俄境	咎海關卡倫由 員乘公廢辦賠償並請添設粗 蒙人越界奪去馬四牛羊請派	函覆瑤藩院廢止舊滿文印信由 更換新印及對交還華人吳世 義中謝已經跪恭由	全　　上	函知奉俄皇派克欽使行抵色 為金斯克請接待由 楞金斯克請接待由	函達俄商在中國境內所有妄為舉動應加懲鵬仍舊照約 將俄商放行入境由	函達派貴族斯切凡鄂熱果夫 約放行由 帶同商賈前往北京貿易請照
即清乾隆二十二年 一七五七年五月二十日	即清乾隆二十二年 一七五七年四月十七日	全　　上	即清乾隆十七年 一七五二年三月十九日	全　　上	即清康熙五十九年 一七二〇年六月四日	即清康熙五十九年 一七二〇年一月九日	即清康熙五十五年 一七一六年五月一日
		全　　上	附拉丁文				

　　原書引言指出北京故宮中所發現的俄文檔案資料，包含許多原本及抄本之手書，原書加以漢文譯文所印行者，僅為其中保存原本之各文件而已。表中所列二十三件文書中，康熙朝共十九件，乾隆朝共四件。其中第四號原件是拉丁文，俄文是由拉丁文恢復。第十三號、十四號，俄文、拉丁文各一頁。第二十號，俄文、拉丁文各二頁。第二十一號，俄文七頁，拉丁文六頁。原書含有滿文十件，第一號，標注「與影印俄文第二號同」等字樣。第二號，與影印俄文第三號同。第三號，與影印俄文第四號同。第四號，與影印俄文第五號同。第五號，與影印俄文第六號同。第六號，與影印俄文第七號同。第七號，與影印俄文第九號同。第八號，與影印俄文第十號同。第九號，與影印俄文第十一號同。第十號，與影印俄文第十二號同。因原書已將俄文譯出中文，可將滿文與所譯文互相對照，說明滿文史料的價值。

　　一九六四年，《歷史研究》編輯部編印《清史譯文新編》第一輯《故宮俄文史料》，原書「說明」指出，過去出版的《故宮俄文史料》只是清季內閣大庫所存原檔的一小部分。後因七七事變發生，翻譯工作未能完成，抄件均由王之相保存。抗戰期間，王之相又譯出二百多頁，後來又將其餘部分全部譯出，新譯稿共收一百八十一件。其中第三十九件和第四十二件是舊譯第二十二件、第二十三件的新譯文。因此，將舊譯二十三件連同新譯的文件共二百零二件，彙為一編，年代是從康熙九年（1670）至道光二十六年（1846），前後共歷一百七十六年，這些文件絕大部分從未公布或發表過，是研究中俄外交史的珍貴史料。原書未附俄文、拉丁文、滿文，無從查對譯文的信雅達。

　　舊譯文件第二號，收文者標明為「致中國大皇帝陛下御前暨內廷貴族大臣索額圖兼總管大臣及各大臣」。查閱滿文第一號，讀

如 "amba dulimbai gurun i enduringe han i hebei amban bime hiya be kadalara dorgi amban songgotu"，意即「大中國至聖皇帝陛下議政大臣兼領侍衛內大臣索額圖」。舊譯「雅羅斯拉夫」，新譯作「雅羅斯拉失」。舊譯「班第阿列罕巴」，滿文讀如 "aliha amban bandi"，意即「尚書班第」，即「理藩院尚書班第」，舊譯注釋「阿列罕巴」係滿洲語『尚書』之譯音」，文義相合。舊譯「未久」，滿文讀如 "hūdun"，意即「快速」，新譯訛為「來久」。舊譯「將馬匹角畜及各種牲畜全數奪去無餘」，句中「馬匹角畜」，新譯作「馬匹牛羊」，查閱滿文原件，讀如 "morin ihan"，意即「馬牛」，新譯略有出入。舊譯「新入耶教人等」，滿文讀如 "ice meni oros i doro de dosika niyalma"，意即「新入我俄羅斯教之人」。舊譯「尼布楚」，滿文讀如 "nibcoo"，康熙二十八年（1689），《聖祖仁皇帝實錄》作「尼布潮」。舊譯「引路人」，滿文讀如 "gajarci"，意即「嚮導」。原書「說明」已指出，由於條件關係，個別滿蒙官員職稱、人名、地名可能譯得不正確。對照滿文，因俄文原件已經遺失，所以原書俄文是由拉丁文恢復。為了便於比較，先將舊譯漢文照錄於下：

> 奉天承運至聖神威大君主皇帝大王彼得阿列克歇伊，領有全部大俄羅斯，小俄羅斯，白俄羅斯及多數國家暨東方西方北方各地獨裁君主，子子孫孫世襲罔替，大皇帝陛下親近貴族兼羅斯脫夫斯克地方留守王爵伊完鮑利索維赤列波寧鄂勃連斯基，特向領有亞細亞洲，中國及秦國各地至聖皇帝殿下國務會議貴族大臣兼內政大臣大索額圖，敬致友愛問候之意。敬啟者：本年創世紀七二〇五年（按即一六九七年）二月日，欽奉我深仁厚澤大君主大皇帝陛下諭旨，特派辦理商務委員斯皮里敦郎古索福及隨從人等，攜帶公

款貨物，由皇都莫斯科前往中國皇帝殿下境內，一俟該委
員斯皮里敦攜帶我深仁厚澤大君主大皇帝陛下公款貨物及
全體商隊，來至中國國境及行抵首都北京之時，務請依照
俄國大皇帝陛下中國皇帝殿下之友誼關係，准在嫩江給與
馬匹，糧食及護送人員，以及一切之協助；其在北京之時，
亦請對該委員及全體俄國商民人等，與以自由貿易，出賣
貨物及購買一切所需之品，均聽自便。再者自由貿易，賣
買貨物，一如往年之例，勿為任何的欺侮及交易上的妨礙。
該委員及商民人等將其貨物賣出及將其所需之物品購妥，
並預備回國之時，務使彼等得到糧食及車馬之供給，並依
照從來之慣例，與以一切協助，加派妥人護送，以期彼等
取得安全自由之歸途。為相互起見，將來中國皇帝殿下所
屬人等，為辦理某種事物，被派至我深仁厚澤大君主大皇
帝陛下境內之時，亦得享受相同之優待及協助。創世紀第
七二○五年（按即一六九七年）二月日書於皇都莫斯科[21]。

舊譯《故宮俄文史料》滿文第三號，標明與影印俄文第四號
同。為了便於比較，可將滿文第三號譯出漢文，然後再與第四號
中文進行比較。先將滿文第三號影印於下，並轉寫羅馬拼音，然
後譯出漢文。

---

21 《故宮俄文史料》（北平：國立北平故宮博物院，民國二十五年八月），
　　頁 269；《故宮俄文史料》（北京：《歷史研究》編譯部，1964 年），頁 3。

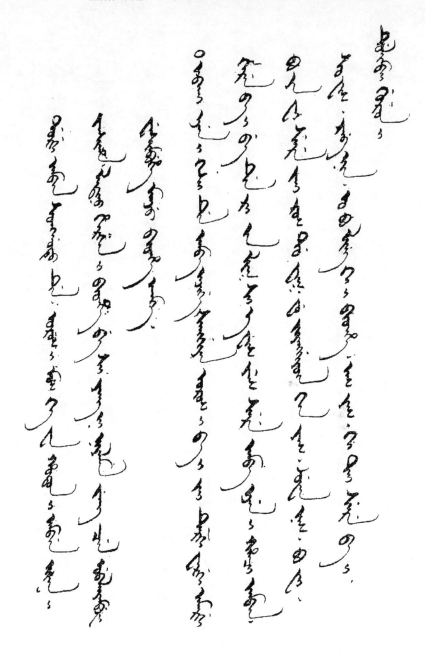

ᠠᠷᠠᠮᠪᠠ ᡳ ᠵᠠᠩ
ᡳᠨᡝᠩᡤᡳ ᠰᡝᡵᡝ
ᡳ ᠪᠠᡳ ᠪᠠᠨᠵᡳᠨ
ᡳ ᡤᠠᠰᠠᠨ ᠪᠠᡳ
ᠰᠠᡵᠠᠮᠪᠠ ᡠ ᡵᡝ
ᡝᠮᡠ ᠪᠠᠨᠵᡳᠨ
ᡳ ᠪᠠᡳ ᠪᠠᠨᠵᡳᠨ

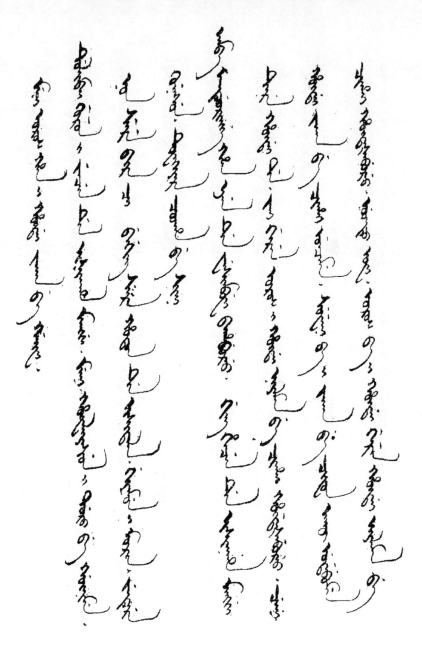

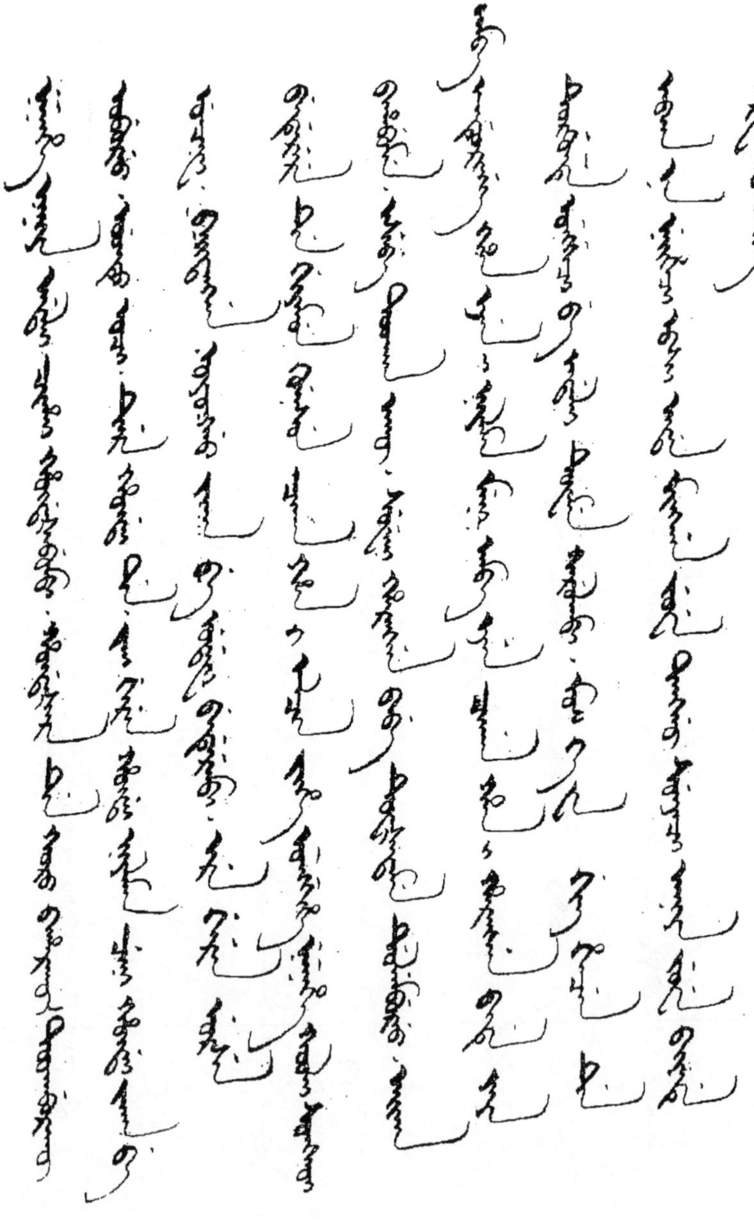

dorgi amban songgotu de, oros i mos ke wa hoton i maban ifan i
jasiha, latino hergen i bithe be si yang ni niyalma jang cen
ubaliyambufi wesimbuhe manju bithe emke. abkai ejen i kesi de
amba ajige šanggiyan oros i ba i jai dergi wargi amargi geren ba i be
〔ba〕de ri ja lik si e fis yes sere amba ejen i hanci amban, bo ja fi
sere jai ros do fik, fu jiyanggiyūn ken yas, žuwan nas, bo fi, so fis,
reb nin, o bo ling ki i bithe, as yas, ki ti sere ba i dulimbai gurun i
amba enduringge han ejen i hebei amban bime hiya be kadalara dorgi
amban songgotu de jasiha bithe, ubaliyambuhangge, ere bithe be
jasire de sini sain be fonjimbi, jai abka na neiheci ebsi, nadan
minggan juwe tanggū sunjaci aniya juwe biyade meni amba cagan
han ejen i gisun de mos ke sere ging hecen ci amba hūdai da sy bi ri
don lang gu su sere ududu niyalma be guilefi hacin hacin i hūdai jaka
be gaifi, sini amba enduringge han ejen i gurun de unggimbi. ere sy
bi ri don sere niyalma meni oros han i hūdai jaka be gaifi. dulimbai
gurun i jecen de isinaha manggi. meni hūwaliyasun i doro be gūnime,
non ere bira ci beging sere hoton de isitala, giyamun i morin, jetere
kunesun, tuwakiyara cooha be sini amba enduringge han ejen de
wasimbufi bahabureo, ging hecen de isinaha manggi tere hūdai da,
jai geren oros i hūdai niyalma be cihai hūdašabureo, ceni hūdai jaka
be cihai uncame, suweni ba i jaka be cifun akū udabume cihai
hūdašabureo, uttu ofi. oros ba i hūdai geren hūdai niyalma be nenehe
aniya adali cihai hūdašabumbi, hūdašara de koro baharakū tookaburakū
obureo, uttu oci, tere hūdai da, jai geren hūdai niyalma ceni hūdai
jaka be uncafi, baitangga oyonggo jaka be udafi bederembi. ere geren
urse bederere de giyamun kunesun cagan han i elcin jihe unggihe

nenehe kooli songkoi bahabume, esebe tookan akū, suweni harangga babe tuwašatame dulembureo, aika amba enduringge han ejen i niyalma meni amba ejen cagan han i harangga bade yaya turgunde unggici be adali tuwame karulambi, mos ke wa ging hecen de abka na neiheci ebsi nadan minggan juwe tanggū sunjaci aniya juwe biyade arafi unggihe.

　　俄羅斯莫斯科窪城大臣伊凡寄內大臣索額圖拉體諾文由西洋人張誠譯出滿文一件具奏。欽奉天主之恩，領有大小白俄羅斯地方暨東方西方北方各處里扎里克西厄非斯也斯大皇帝親近大臣波雅非暨羅斯朵非克、福將軍雅斯、阮那斯、波非、索非斯、勒布寧、鄂波林奇之文，至亞細亞細、秦地中國至聖大皇帝陛下議政大臣兼領侍衛內大臣索額圖文譯曰，寄此文致問候之意。又創世紀以來七千二百五年二月，欽奉我大皇帝察罕汗之言，商務大頭人斯皮里郭郎古索會同數人自京城莫斯科攜帶各色商品，打發前往爾至聖大皇帝之國，斯皮里敦等人攜帶我俄羅斯商品，來自中國邊境之時，念及我等友好關係，自嫩江至北京城，請具奏爾至聖大皇帝給與驛馬、口糧、守兵。抵達京城之時，亦請給與商務頭人及俄羅斯商民人等隨意買賣。隨意出售彼等商品，免稅購買爾處商品，隨意買賣。因此，俄羅斯地方商民人等一如往年隨意買賣，交易時不受傷害，不受妨礙。如此，其商務頭人及商民人等出隻彼等商品，購買所需重要物品而回。彼等眾人返回時驛、糧，察罕汗使者差遣前來依照前例供給，彼等不受延誤。經過爾屬地請派人護送。設若至聖大皇帝之人，不拘什麼緣由派往我大皇帝察罕汗所屬境內時，亦獲得相同看待。創世紀以來第七千二百五年二月於京城莫斯科窪書寫發送。

　　對照滿文，有助於了解文書的處理過程，舊譯第四號函原件

拉丁文，俄文是根據拉丁文恢復。滿文第三號函道幅填註 "dorgi amban songgotu de, oros i mos ke wa hoton i amban ifan i jashiha, latino hergen i bithe be si yang ni niyalma jang cen ubaliyambufi wesimbuhe manju bithe emke." 意即「俄羅斯莫斯科窪城大臣伊凡寄內大臣索額圖拉體諾文由西洋人張誠譯出滿文一件具奏」，舊譯漢文「伊完」，滿文讀如 "ifan" ，漢字可譯作「伊凡」。拉丁文，滿文讀如 "latino hergen" ，漢譯可作「拉體諾字」。由滿文註記，可知滿文第三號函是由西洋人張誠（Joan. Francisicus Gerbillon）據拉丁文譯出滿文。舊譯「國務會議貴族大臣兼內政大臣索額圖」，滿文讀如 "hebei amban bime hiya be kadalara dorgi amban songgotu" ，意即「議政大臣兼領侍衛內大臣索額圖」。舊譯「大君主大皇帝」，滿文讀如 "amba cagan han ejen" ，意即「大皇帝察罕汗」。「察罕」（cagan），是蒙古語，意即「白色的」，「察罕汗」（cagan han），即沙皇。舊譯「公款貨物」，滿文讀如 "hūdai jaka" ，意即「商品」，或「買賣貨物」。舊譯「購買一切所需之品」，滿文讀如 "suweni ba i jakabe cifun akū udabume" ，意即「免稅購買爾處商品」。通過滿文的繙譯，有助於了解舊譯文字的出入，因此，為充分掌握史料，提高譯文的信雅達，將滿文函件逐一進行校注，不失為解讀史料的一種方法。

　　中俄邊境交涉經過及尼布楚條約要點，見於滿漢文本《聖祖仁皇帝實錄》。為了便於比較，可影印滿文內容轉寫羅馬拼音，照錄漢文於後。

先是，領
侍衛內大臣索
額圖等奏，臣
等抵尼布潮
城，與鄂羅斯
國來使費要多
羅、額禮克謝
會議。彼初猶
以尼布潮、雅
克薩為所拓之
地，固執爭
辯。臣等以鄂
嫩、尼布潮係
我國所屬毛明
安諸部落舊
址。雅克薩係
我國虞人阿爾
巴西等故居，
後為所竊據，
細述其原委，
開示之。

erei onggolo, hiya kadalan dorgi amban songgotu sei wesimbuhengge, amban be, nibcoo i hoton de isinafi, oros ci takūraha elcin fiyoodoro, eliksiyei i emgi acafi gisurere de, tese tuktan de nibcoo, yaksa i babe kemuni ceni badarambume feshelehe ba, memerefi temšeme gisurembihe, amban be, onon﹑nibcoo serengge, meni harangga moominggan i jergi geren aiman i da tehe ba, yaksa serengge, meni harangga buthai niyalma albasi sei da tehe ba bihe, amala suwe hūlhame ejelefi tehe seme, da trugun be giyan giyan i tucibume, tesei ejelefi tehe

因斥其侵
犯之非，復宣
諭皇上好生德
意。於是費要
多羅等，及鄂
羅斯國人眾，
皆歡呼誠服。
遂出其地圖，
議分界事宜，
共相盟誓，永
歸和好。疏
入，上命議政
王大臣集議。
議政王大臣等
奏言，羅剎潛
據雅克薩諸
地，擾我虞
人，

waka babe feteme, geli hūwangdi i banjibure de amuran gosingga
gūnin be hafukiyame gisuerehe manggi, fiyoodoro se, jai oros i gubci
geren niyalma gemu dur seme urgunjendume gūnin dahafi, uthai ceni
gurun i ba na i nirugan be tucibufi, hešen ilibure baita be getukeleme
gisurefi, enteheme hūwaliyasun sain oki seme uhei gashūfi toktoho
seme donjibume wesimbuhede, dergici, hebei wang ambasa be acafi
gisure seme afabuha, hebei wang abasai gisurefi wesimbuhengge,
loca、yaksa i jergi babe hūlhame ejelefi, musei buthai urse be nungneme,
gūsin

三十餘年矣。皇上念其冥頑無知，不忍興師剿滅，發官兵駐黑龍江，待其悔罪。因執迷不悟，乃命攻取雅克薩城，所俘概行釋放。未幾，羅剎重至雅克薩，築城盤踞，復令官兵圍困，勢極窮蹙，會其主

aniya funcehe, hūwangdi tesebe mentuhun farhūn ulhicun akū seme, uthai cooha unggifi wame mukiyebume jenderakū, hafan cooha tucibufi, sahaliyan ula de tebufi, ini cisui ulhifi waka be alire be aliyame bihe, kemuni liyeliyefi umai ulhirakū ojoro jakade, teni hese wasimbufi, yaksa i hoton be afame gaibucibe, kemuni jafaha urse be gemu sindafi amasi unggihe, goidahakū loca dasame yaksa i bade jifi, hoton sahafi tehe manggi, geli hafan cooha unggifi, hoton be kafi, umesi mohoro oitobure de isibuha bihe, ini gurun i ejen acaki seme

遣使乞和，皇上即許撤圍，兼令大臣以義理曉譬之。鄂羅斯國人，始感戴覆載洪恩，傾心歸化，悉遵往議大臣指示，定其邊界。此皆我皇上睿慮周詳，德威遐播之所致也。應於議定格爾必齊河諸地，立碑以垂永久，勒滿漢字，

baime wesimbume elcin takūraha turgunde, hūwangdi uthai kaha be sufi, geli ambasa be takūrafi, jurgan giyan be neileme ulhibume gisurebuhe. ede oros i niyalma teni abka na i gese ferguwecuke kesi be hukšeme, gūnin hungkereme wen de dahafi, yooni musei gisureme genehe abasai joriha be tuwame hešen ilibuha, ere gemu hūwangdi i eiten babe akūmbume bodoho, erdemu horon goroki bade selgiyebuhe ci banjinahangge, uttu be dahame, ne toktobuha hešen gerbici birai jergi bade bei wehe ilibufi, enteheme tutabuci acambi, bei de, manju, nikan bithe, jai

及鄂羅斯、
喇第訥、蒙古字
於上。今雖與鄂
羅斯和好，邊界
已定。但各省有
官兵駐防例，應
仍照前議，於墨
勒根、黑龍江設
官兵駐防。至
是，遣官立碑於
界，碑曰，大清
國遣大臣與鄂羅
斯國議定邊界之
碑。一、將由北
流入黑龍江之綽
爾納，即烏倫穆
河，相近格爾必
齊河為界

oros i bithe, latino gurun i bithe, monggo bithe arabuki, te udu oros i emgi acafi jecen ilibume gisureme toktobucibe, geren golo de seremšebume cooha tebuhe ba bisire be dahame, kemuni neneme gisurehe songkoi mergen, sahaliyan ula de seremšebume hafan cooha be tebuki seme wesimbuhede, yabubuha bihe, ede isinjifi, hafan takūrafi jecen i bade bei ilibuha, bei bithei gisun, daicing gurun i ambasa be takrūafi ,oros gurin i emgi jecen hešen be gisurefi. toktobuha bei bithe, emu hacin, sahaliyan ula de amargici eyeme dosinjiha corna sere urum birai hanci bisire gerbici bira be jecen obufi, ere birai

循此河上流不毛之地，有石大興安以至於海，凡山南一帶，流入黑龍江之溪河，盡屬中國，山北一帶之溪河，盡屬鄂羅斯。

一、將流入黑龍江之額爾古納河為界，河之南岸，屬於中國，河之北岸，屬於鄂羅斯。其南岸之眉勒爾客河口，所有鄂羅斯房舍，遷移北岸。

一、將雅克薩地方鄂羅斯所修之城，盡行除毀。

sekiyen i ergi orho banjihakū wehe noho amba hinggan i mudun be jafahai mederi de niketele, antu i ergi sahaliyan ula de eyeme dosikale bira birgan be gemu dulimbai gurun i harangga obume, bosoi ergi gūwa yaya bira birgan be gemu oros i harangga obuha. emu hacin, sahaliyan ula de eyeme dosinjiha ergune bira be jecen obufi, julergi dalin be dulimbai gurun i harangga, amargi dalin be oros i harangga obume, julergi dalin i meirelke birai angga be ne bisire oros i boo be amargi dalin de guribuhe. emu hacin, ne yaksa i bade oros i araha hoton be yooni necihiyeme efulefi yaksa i

雅克薩所居
鄂羅斯人民，及
諸物，盡行撤往
察漢之地。一、
凡獵戶人等，斷
不許越界，如有
一、二小人，擅
自越界捕獵倫盜
者，即行擒拏，
送各地方該管
官，照所犯輕重
懲處，或十人，
或十五人，相聚
持械捕獵，殺人
搶掠者，必奏聞
即行正法，不以
小故沮壞大事，

bede tehe oros i niyalma, eiten jaka be gemu cagan han i bade
amasi gocibuha. emu hacin, ere toktobuha jecen be yaya buthašara urse
be ainaha seme dababurakū obufi, emu juwe buya urse cisui jecen be
dabame buthašara, hūlhame yaburengge bici, jafafi meni meni ba na i
harangga kadalara hafasa de benekini, ba na i hafasa, terei araha weile i
ujen weihuken be ilgame isebukini, ereci fulu juwan tofohon i hokilafi
coohai agura jafafi buthašame yabure, niyalma wame durime
cuwangname yaburengge bici, urunakū donjibume wesimbufi uthai
fafun i gamakini, buya baitai turgunde, amba baita be

ᠮᠠᠨᠵᡠ

efulerakū, kemuni dulimbai gurun i emgi hūwaliyasun i banjime afara dailara be deriburakū oki. emu hacin, neneme yabuha yaya hacin i fe baita be gisurerakūci tulgiyen, ne dullimbai gurun de bisire oros i niyalma, oros de bisire dulimbai gurun i niyalma be ishunde gaire be nakafi, uthai bibuki. emu hacin, te enteheme goidame hūwaliyafi acaha be dahame, ereci amasi yaya amasi julesi yabure niyalma, jugūn yabure temgetu bithe bisirengge oci, terei udara uncara be iliburakū. emu hacin, doro arame gashūha inenggi ci amasi ukarangge bici, aninaha seme singgeburakū. jafafi amasi bumbi sehe.

仍與中國和好，毋起爭端。一、從前一切舊事不議外，中國所有鄂羅斯之人，鄂羅斯所有中國之人，仍留不必遣還。一、今既永相和好，以後一切行旅，有准令往來文票者，許其貿易不禁。一、和好會盟之後，有逃亡者，不許收留，即行送還[22]。

對照滿漢文內容，可知康熙年間，尼布楚，滿文讀如 "nibcoo"，漢字音譯作「尼布潮」。"oros"，漢字音譯作「鄂羅斯」。鄂羅斯使臣 "fiyoo doro"，漢字音譯作「費要多羅」，"eliksiyei"，漢字音譯作「額禮克謝」。漢字「虞人阿爾巴西」，滿文讀如 "buthai niyalma albasi"，意即打牲人官差或當差人。清朝與鄂羅斯議定在格爾必齊河（gerbici bira）地方立碑，碑文曰：「大清國遣大臣與鄂羅斯國議定邊界之碑」。《聖祖仁皇帝實錄》記載，「勒滿漢字，及鄂羅斯、喇第訥、蒙古字於上」，滿文讀如 "bei de, manju, nikan bithe, jai oros i bithe, latino gurun i bithe, monggo bithe arabuki." 意即「勒滿字、漢字及鄂羅斯字、喇體諾國字，蒙古字於碑上。」界碑上所勒文字包括滿文、漢文、俄文、

---

22 《聖祖仁皇帝實錄》，卷143，頁14。康熙二十八年十二月丙子，記事。

拉丁文、蒙古文五體文字。滿文與漢文內容雖然對譯，但滿文與漢文是兩種文字，對照滿文，有助於理解漢文的記載。

六、尺幅千里 —— 西洋傳教士與滿文輿圖的繪製

　　西洋傳教士白晉（Joachim Bouvet）、杜德美（Petrus Jartroux）、雷孝思（Joan. Bapt. Regis）、費隱（Xaverius Ehrenbertus Fridelli）、山遙瞻（Bonjour, Guilaume Babre）、安多（Antonius Tomas）等人擅長測繪地圖。康熙四十七年（1708）四月，白晉、費隱、雷孝思、杜德美等奉命測繪萬里長城位置及附近河流，並前往蒙古繪製地圖。同年十月，費隱、雷孝思、杜德美等奉命往北直隸各地測繪地圖。康熙四十九年（1710）六月，費隱、雷孝思、杜德美等奉命前往黑龍江一帶測繪地圖。康熙五十年（1711），雷孝思、麥大成（Joanner Fr.Cardoso）奉命前往山東測繪地圖；杜德美、費隱、白晉、山遙瞻等奉命前往山西、陝西、甘肅等省測繪地圖。康熙五十一年（1712），雷孝思、馮秉正（Jos. Francisicus Moyra de Maillac）、德瑪諾（Romanus Hinderer）奉命測繪河南、江南、浙江、福建地圖。康熙五十二年（1713）五月，命雷孝思、德瑪諾、馮秉正測繪河南、江南輿圖完成後即往浙江舟山及福建、臺灣等處測繪輿圖。命麥大成等往山西、廣東、廣西測繪地圖，又命費隱、山遙瞻等前往四川、雲南、貴州、湖廣測繪輿圖。康熙五十三年（1714）二月十九日，雷孝思、德瑪諾、馮秉正等在廈門上船，赴澎湖群島及臺灣測繪地圖。是年十一月十九日，山遙瞻因辛勞過度，為瘴氣所害殉職。康熙五十四年（1715）三月，命雷孝思前往雲南繪圖，以繼續山遙瞻未竟的工作。康熙五十六年（1717），赴各省繪圖的西洋傳教士陸續返回京師，將所繪地圖

交由白晉、杜德美等進行整理編纂。康熙五十八年（1719），清廷
頒發《皇輿全覽圖》及分省地圖，由馬國賢（Matteo Ripa）攜往
歐洲，製成銅版，共刷印四十一幅。

　　現存康熙年間輿圖含有頗多滿文輿圖及滿漢兼書輿圖，查閱
輿圖，不能忽現滿文的重要性。承志撰〈滿文《烏喇等處地方圖》
考〉一文已指出，「康熙年間視察及反覆調查黑龍江等地的人文、
地理等資料，並未反映在同一時代的漢文編纂資料及方志資料之
中。特別是滿文檔案內容，基本未編入漢文編纂資料之中。」[23]誠
然，研究康熙年間的輿圖，有必要繼續深入發掘相關滿文資料，
查閱康熙年間的輿圖，確實不能忽視滿文的重要性。

　　洪若翰神父致拉雪茲神父信中曾指出，張誠神父奉康熙皇帝
之命與安多神父前往韃靼，以便繪製一張精確的地圖。由於他懂
滿文，能夠與當地人提問，並與他們交談，所以他可以從當地人
那裡得到許多有關那些不屬中國管轄的省分之知識[24]。張誠在接
近克魯倫河的發源地時病倒了。在調查各處自然地理及人文地理
過程中，能夠與當地人以滿語交談，可以繪製較精確的地圖。康
熙年間的許多滿文地圖，其繪製編纂，西洋傳教士作出了重要的
貢獻。

　　錢德明神父致科學院德里斯勒神父信中指出，在所有的歐洲
的宮廷裡面，只要懂得兩種語言就足以勝任地圖繪製的工作。但
在北京的宮殿裡，人們還應該有充分的機智、無限的耐心，並且
熟知地名、蒙古遊牧部落以及在中俄邊境之間居住的各個小的韃

---

23 承志撰〈滿文《烏喇等處地方圖》考〉，《故宮學術季刊》，第二十六卷，
　　第四期（臺北：國立故宮博物院，民國九十八年夏季），頁 52。
24 〈洪若翰神父致拉雪茲神父的信〉，《耶穌會士中國書簡集 —— 中國回憶
　　錄》，第一卷，頁 297。

鈤王公的特殊名稱，否則的話，人們就可能經常會把某一整個地區的名字與一座山的山名、一條河流的名字搞混，或者把一座山的山名或一條河流的名字與某個人或某個蒙古遊牧部落的名字搞混等等。此外，在翻譯時既缺少充裕的時間，也無法獨自待在書房裡，或置身於書籍和地圖中，而是往往得在皇宮裡面，或在辦理公務的衙門裡迅速地進行[25]。康熙年間，繪製輿圖，除了到各地調查測量繪製外，其翻譯及編纂工作，常在京師皇宮或衙門處理。有許多山名、河名、部落名稱等，必須相當熟悉，以免混淆。

　　洪若翰神父致拉雪茲神父信中記載俄羅斯人進入色楞格河，「直入韃靼人稱為桑加利恩烏拉（sangalien-oula），中國人稱為黑龍江，即黑色的龍的江的那條河流。」承志撰〈滿文《烏喇等處地方圖》考〉一文已指出，杜赫德《中華帝國誌》第四卷，第九圖西北部，黑龍江兩岸注有法文「該河莫斯科瓦人稱之為阿穆爾（Amur），中國（Chinois）稱黑龍江（He long kiang），中國韃靼人（Tartares Chinois）稱薩哈連烏喇（saghalien oula）[26]。「阿穆爾」，是蒙古語，意即平安的、安寧的、安靜的。阿穆爾河，《吉林九河圖》黃簽讀如 "Amal bira"。

　　國立故宮博物院典藏《黑龍江流域圖》一幅，滿文紙本彩繪，縱 159.2 公分，橫 139.2 公分。盧雪燕撰〈院藏康熙滿文《黑龍江流域圖》考介〉一文指出，《黑龍江流域圖》的內容主要凸顯黑龍江流域水系、山峰及城鎮、關隘、界碑等。全圖除圖中左上標明「康熙四十九年十一月二十五日」漢字外，其餘地理要素，皆

25　〈錢德明神父致科學院德里斯神父的信〉，《耶穌會上中國書簡集 —— 中國回憶錄》（鄭州：大象出版社，2005 年 5 月），第五卷，頁 72。
26　《故宮學術季刊》，第二十六卷，第四期，頁 50。

以滿文標注[27]。孫喆撰〈從兩幅地圖看十八世紀初期清人對黑龍
江流域的認識〉一文推測《黑龍江流域圖》可能是傳教士的測量
成果，其繪製時間大概是在康熙三十一年（1692）至康熙四十八
年（1709）之間。承志撰〈滿文《黑龍江流域圖》〉一文結合同一
時代的滿文檔案資料，介紹此圖繪製的歷史背景和繪製過程，闡
明了此圖是在編纂《大清一統志》過程中，調查黑龍江將軍轄區
山川之後繪製而成的滿文輿圖[28]。滿文《黑龍江流域圖》居中上
方標明 "amargi"（北），下方標明 "julergi"（南），居中右方標
明 "dergi"（東），居中左方標明 "wargi"（西）。圖中繪明以
"gerbici bira"（格爾必齊河）、"ergune bira"（額爾古納河）
為界，在格爾必齊河南側樹立石碑，碑上標注 "oros〔i〕emgi hešen
be faksalame ilibuha wehe bei"，意即「與鄂羅斯分別立界石碑」。
圖中所繪河名、碑址，與滿、漢文實錄所載相合。

　　《黑龍江流域圖》以水系繪製較詳，其中額爾古納河出
"hulun"，即 "hulun omo"，是蒙古名，漢譯作「呼倫湖」，又
作「庫楞湖」。額爾古納河自西南流向東北，東折後經 "yaksa
hoton"，漢譯作「雅克薩城」。「雅克薩」，索倫名，意即河彎坍
塌處。額爾古納河經雅克薩城後折向東南，經 "ulusu mudan"，
漢譯作「烏魯蘇穆丹」，是達呼爾名。"ulusu"，意即「全」，
"mudan"，意即「彎曲」，黑龍江中遊北岸有一環繞處就是烏魯
蘇穆丹（ulusu mudan）。"jingkiri ula"，漢譯作「精奇哩江」，
源出北興安嶺，南流入黑龍江，過 "sahaliyan ulai hoton"（黑龍
江城）後折向東流至 "sahalliyan ulai angga"（黑龍江口），與

27　盧雪燕撰〈院藏康熙滿文本「黑龍江流域圖」考介〉，《故宮文物月刊》，
　　第十九卷，第九期（臺北：國立故宮博物院，民國九十年十二月），頁96。
28　《故宮學術季刊》，第二十六卷，第四期，頁10。

"suggari ula"（松花江）交會後進入吉林。

　　國立故宮博物院典藏《寧古塔圖》一幅，滿文紙本彩繪 223×254 公分。《寧古塔地圖》二幅，滿漢文紙本墨繪，254×155.5+156 公分。其中滿文紙本清楚標示"ningguta"字樣。承志撰〈滿文《烏喇等處地方圖》考〉一文指出，順治十年（1653），為了防禦俄羅斯南下，設置了寧古塔昂邦章京和副都統，鎮守寧古塔等處。康熙元年（1662），改為寧古塔將軍，由巴海為首任將軍。吳桭臣著《寧古塔紀略》一書指出，寧古塔在大漠之東，過黃龍府七百里，與高麗之會寧府接壤。相傳昔有兄弟六箇，各占一方，滿洲稱「六」為「寧古」，「箇」為塔，其言寧古塔猶華言六箇[29]。康熙二十二年（1683），都統拜布善（baibušan）咨文內詳述調查寧古塔過程。承志撰〈滿文《烏喇等處地方圖》考〉節譯《寧古塔檔》略謂，不知朝鮮會寧城是否藏有文書，若有文書，今年到朝鮮貿易官員攜來之後，日後送還。寧古塔城東北角四里之地，原先有覺羅（gioro）村落住地，村東界有一城。南三里之外，虎爾哈河（hūrha bira）沿岸有一城。寧古塔城之外，界內（jase dolo）南有一城。此等城皆廢，只存壕跡，周圍有五十、六十廐，無城門形，無人居住。此等地皆稱覺羅。因何名之為覺羅？寧古塔因何稱之為寧古塔？始祖皇帝龍興之地如何稱呼？等因。逐一詳問耆老，皆答不知。自寧古塔城西五十餘里之外，海蘭河（hairan bira）之南，有舊寧古塔石城。查閱《寧古塔圖》，可知《寧古塔檔》記載相合。原圖粘簽松阿立烏喇（sunggari ula）南屬寧古塔，北屬蒙古邊界。海蘭河，原圖作「海攬河」，同音異譯，海攬河北岸有海攬城，似即舊寧古塔石城。在原圖雞林崖粘簽標明「此三處俱

---

29 吳桭臣著《寧古塔紀略》，《清朝藩屬輿地叢書》（臺北：臺聯國風出版社，民國五十六年十二月），第三冊，頁 1477。

謂覺羅城」等字樣。《寧古塔紀略》引楊賓《柳邊紀略》指出「寧
古塔城舊在覺羅城北五十二里，康熙五年移於覺羅城。」寧古塔
因建新城，舊城遂廢。「覺邏即我朝發祥地也。」惟據《寧古塔檔》
記載，因何稱之為寧古塔？始祖皇帝龍興之地如何稱呼？耆老皆
答「不知」。原圖「活掄林」，滿文讀如 "horon weji"，意即活掄
窩集，窩集即深山老林。《寧古塔紀略》作「烏稽」，同音異譯。
原書標明驛站各站名稱，例如第六站名「厄黑木」，原圖作「厄黑
穆驛」（ehemu giyamun）。第七站名「泥溼哈」，原圖作「泥什哈
驛」（nisiha giyamun）。寧古塔將軍後調吉林船廠，原圖作「雞林
烏喇城」（girin i ula hoton），第一站名「蘇通」，原圖作「叟鄧城」
（suweden giyamun）。第二站名「衣而門」，原圖作「宜爾們驛」
（ilmun giyamun），俱同音異譯。查閱地圖，因漢字同音異譯，
屢見不鮮，當以滿文讀音為憑。

七、望聞問切 —— 滿文西洋藥書的貢獻

　　巴多明神父在〈致法蘭西科學院諸位先生的第二封信〉中附
上了清代中國特有的一些植物，同時分別作了扼要的說明。第一
種植物叫做冬蟲夏草。巴多明神父指出，沒有東西比它更像一條
九法分長的黃色蟲子，人們可以看到完全成形的頭部、軀體、眼
睛、腹部兩側的腳及背各種皺紋。這種植物生長於西藏，川藏交
界處雖可找到，但數量很少。冬蟲夏草具有大致與人參相似的功
效，不同的是經常服用不會像人參那樣引起出血。它能增強和恢
復因勞累過度或久病而失去的體力。巴多明神父曾親身體驗，他
身體虛弱，在寒冷潮濕的季節裡必須時常外出遠行，以致食而無
味，夜不能眠，各種藥物都不管用。後來取五德拉克馬首尾齊全

的冬蟲夏草，嵌入一隻家鴨腹中，以溫火煮燒，煮好後從鴨腹中把它取出來，鴨子分八至十天於每天早晚食用。果然，胃口大開，體力也得以恢復。

第二種植物叫做三七，它比冬蟲夏草較易取得。這是野生於雲南、貴州、四川各省山區的一種植物，它長有八根莖，中間的莖最高，莖稈圓形，沒有分枝。莖端長有三片葉子，莖、葉間有細小葉柄相連。葉子光亮而無茸毛，色澤深綠。另外七根莖高度不超過一法尺半，莖稈呈三角形，一側三根，另一側四根，因為中間的莖有三片葉子，其他七根莖總共才只有七片，由此它才被稱為三七。主根直徑約四法寸，主根上長有許多小指般粗細的橢圓形小根，其表皮堅硬粗糙，內部暗黃色的物質卻很鬆軟，人們用以入藥的主要是這些小根。夏至時分取其莖稈葉子，搗碎後榨出其液汁，將液汁與普通消石灰摻合後做成團狀於陰暗處晾乾，然後就可用它治療傷口。搗碎的夜汁滲在酒內，可以治療咯血。

第三種植物叫做大黃，它生長於中國許多地方，其中最好的出自四川。大黃莖稈頗似小竹子，中空，易斷，高三至四法尺，深紫色。大黃的根部又粗又長，分量最重、內部大理石花紋最多的根乃為上品。這種根挖出洗淨後切成一段段一至二法寸長的小塊，放在底下升火的大石板上燻乾。生的和純的大黃，會破壞腸衣，引起腸絞痛。純的大黃按需要量取幾段，在米酒中浸一天一夜使其柔軟，以便能切成薄片。鍋裡放滿水，用一隻竹篾做的篩反扣在鍋上，大黃切片放在篩底，用木製鍋蓋全部蓋住，鍋蓋上再壓一塊毛氈，使水蒸氣不能外泄，然後升火把水燒開。水蒸氣透過篩子進入大黃切片，可去除其嗆人的氣味。最後，水蒸氣如同在蒸餾器中一樣又變成水，掉入沸騰的鍋內，使鍋裡的水變黃，把這種水保存起來可以治療皮膚病。八小時後，把大黃片取出曬

乾，然後再按同樣順序重復兩次，才算把大黃加工完畢，磨碎後即可製作催瀉丸藥。

　　第四種植物叫做當歸，以四川所產為佳。因為含油，所以它總是溼的，能補血，幫助血液循環和強身。第五種藥物稱為阿膠，就是黑驢皮的膠。在山東省東阿縣城附近有一口深井，從中打上來的水清冽異常，比重也比普通水大。從剛宰殺的黑毛驢上剝下皮來，浸入這種水裡，五天後撈出來內外都刮洗乾淨，切成小塊後仍放在這種井水裡，以溫水煮燒，直至其成為膠狀物，趁熱倒入粗布中過濾，把濾過的膠狀物做脫水處理，做成各種形狀。這種藥物有多種療效，能潤肺化痰，促進肺葉活動，化解氣悶，使上氣不接下氣的人呼吸自如，它還能補血、健全腸道功能、安胎、通氣驅熱、止血、利尿等等。空腹服用阿膠，對治療肺病，確實有效。阿膠是慢性藥，需長期服用。

　　巴多明神父在信中指出，康熙皇帝每次出巡塞外地區，巴多明神父都跟隨左右，先後和他做伴的有紅衣主教多羅（de Tournon）的醫生布爾蓋澤（Bourghese）大夫、法國人樊繼訓（Fraperie）和羅德先（Rhodes）助理修士、熱那亞人何多敏（Paramino）助理修士、卡拉布里亞人科斯塔（Costa）助理修士等，他們都是耶穌會士，有的是外科醫生，另一些是藥劑師。還有法國耶穌會士安泰（Rousset）助理修士和羅馬聖靈醫院外科醫生加里亞迪（Gagliardi）。他們在旅行中看到了林白芷、野茴香、白屈菜、龍牙草、地榆、除蚤薄荷、長生草、車前子等等。信中也提到僅在塞外某些地方才有的兩種野生果子。第一種果子，狀如大紅櫻桃叫「烏拉拿」，滿文作「ᠣᠯᠠᠨᠠ」，讀如 "ulana"，意即甌梨子。第二種果子，頗似科林斯小葡萄，一遇霜凍，就變成了紅

色，又酸又甜，十分可口[30]。

《起居注冊》記載，康熙皇帝重視養生，他指出，「養身者，但寬其心，食常食之物為佳。」大學士溫達奏稱，「皇上所見甚是，臣有時食適口之物，過多則膨悶，仍食照常之物，則易於消化。」[31]句中「膨悶」，《起居注冊》滿文本讀如 "kušun"，意即煩悶的；「消化」，滿文動詞讀如 "singgembi"，"singgesu"，滿文辭書未收此詞彙，可補辭書不足。鳥類中的鴇母，是鴛的別名，滿文讀如 "singgešu" 讀音與 "singesu" 相近，惟其詞義不同。

康熙皇帝自幼所見醫書頗多，他對醫學，頗有心得。他喜歡實驗，也懂得用藥。他指出，「藥惟與病相投，則有毒之藥，亦能救人。若不當，即人參亦受害。是故用藥貴與相宜也。」[32]凡人有病請醫療治，必以病之始末詳告醫者，乃可意會而治之。康熙皇帝反對使用偏方，他指出，近世之人，多有自稱家傳之方，可治某病，病家草率服之，往往藥不對症，以致誤事。康熙皇帝反對動輒服用溫補之藥。他指出，「朕前歲大病之後，乃知溫補之藥，大非平人所宜，且溫補亦非一法，如補肝者，即不利於脾；治心者，即不宜於腎，醫必深明乎此，然後可服其藥。」[33]人參就是一種溫補之藥。耶穌會傳教士杜德美神父（Petrus Jartoux）致印度和中國傳教區總巡閱使信中指出，人參能化淤活血，增加熱量，幫助消化，且有明顯滋補強身作用的上佳良藥。信中還指出，「我不知道中國人為何稱它為人參（意為人的展現），因為我並未見過

---

30 〈巴多明神父致法蘭西科學院諸位先生的第二封信〉，《耶穌會士中國書簡集 —— 中國回憶錄》，第二卷，頁 305。

31 《清代起居注冊》（臺北：國立故宮博物院），第 22 冊，頁 T12282。康熙五十二年六月二十九日，諭旨。

32 《聖祖仁皇帝庭訓格言》，《欽定四庫全書》，第 717 冊，頁 45。

33 《起居注冊》，第 19 冊，頁 T10634。康熙五十年四月初五日，諭旨。

稍一點似人形的人參。」信中進一步指出，其以稱為人參的原因，
「還是韃靼人對它的稱呼更有道理："orhota"，即植物之首。」
[34]引文中"orhota"，滿文讀如"orhoda"，意即人參。按
"orho"，意即草；"da"，意即首領或長官。人參為草本植物
之首領，亦即百草之王。杜德美信中釋人參（orhoda）為植物之
首，符合詞義。

康熙五十一年（1712）六月十四日，奏事治儀正傻子捧出御
筆硃書諭旨，交與領侍衛內大臣阿靈阿等，滿漢文本《起居注冊》
記載諭旨如下：

> Hesei bithe gisun, hiya kadalara dorgi amban, dorgi baita be
> uheri kadalara ambasa de wasimbuha, ere ucuri ilhi
> fefeliyenere, harkasi nimere urse bisirengge, gemu gaitai
> wasika alin i muke ci banjinaha be iun boljoci ojorakū, bi
> gūnici, agara onggolo šeri muke genggiyen bolgo beye de
> tusangga be niyalma hercun akū, agala amala seri muke
> suwaliyabufi duranggi ofi, muke hefeliyeneme, ilhi
> hefeliyeneme koro baharangge labdu be niyalma sarkū turgun,
> ereci amasi geren ba i alban de yabure urse, jai jangturi irgen
> de ulhibume selgiyefi bireme birai muke be ume omibure,
> tere anggala an i ucuri belheme fetebuhe hūcin inu komso akū,
> aide hafirabufi duranggi muke be baitalame nimere de
> isibumbini, suwe uthai ulhibume selgiyefi gemu hese be
> dahame yabubu, cohome wasimbuha sehe.[35]

34 〈耶穌會傳教士杜德美神父致印度和中國傳教區總巡閱使的信〉，《耶穌
　　會士中國書簡集 —— 中國回憶錄》，第二卷，頁 55。
35 《起居注冊》，滿文本（臺北：國立故宮博物院），康熙五十一年六月十
　　四日，滿文諭旨。

諭管侍衛內大臣、內務府總管等，近日頗有痢疾、熱病，皆因山水暴來之故，亦未可知。朕思未雨之前，泉水清潔，有益於身，而人不覺。既雨之後，泉水污濁，多致瀉痢損傷，而人亦不知也。可傳諭各處當差人等，並莊頭民間以後勿用河水，況素日所浚之井亦不少，何苦用濁水，以致疾病乎？爾等即行曉示，俱令遵旨，特諭。[36]

前引滿漢文諭旨，含有衛生疾病的詞彙，譬如「痢疾」，滿文讀如 "ilhi hefeliyenere nimeku"，意即排泄膿便的痢疾。滿文 "ilhi"，意即膿便。"hefeliyenere"，源自 "hefeli"，意即肚腹，其動詞原形為 "hefeliyenembi"，意即瀉肚 "hefeliyenere nimeku"，意即痢疾。痢疾，《錫漢教學詞典》、《滿和辭典》作 "ilhi"；《漢滿大辭典》作 "ilhi nimeku"，又作 "hefeliyenere nimeku"，又作 "ilhi hefeliyenere nimeku"。清潔，滿文讀如 "genggiyen bolgo"，可補辭書的疏漏。熱病，滿文讀如 "harkasi nimeku"，意即腹瀉。瀉痢損傷，滿文讀如 "muke hefeliyeneme, ilhi hefeliyeneme koro"，意即水瀉膿便痢疾損傷。探討疾病醫藥史，不能忽視滿漢文相關對譯詞彙。

康熙皇帝也很重視西洋醫藥。洪若翰神父致拉雪茲神父信中指出，一六九二年兩年來，康熙皇帝很注意研究歐洲的醫藥，尤其是法國分發給全國窮人的藥粉。「我（洪若翰）和劉應神父正是在此時到達皇宮的。我們帶了一斤金雞納霜，那是對我們充滿好意的多羅（dolu）神父從本地治里（印度東南部港口城市）給我們寄來的。這種藥在北京還不為人知。我們把此藥作為在歐洲最

36　《清代起居注冊》，漢文本（臺北：國立故宮博物院），第 20 冊，頁 T11470。康熙五十一年六月十四日，諭旨。

受人信賴的用於治療間歇熱的藥呈獻給皇帝。」[37]文中「間歇熱」是瘧疾病（yendehe nimeku）所引發的症狀，金雞納霜有退燒的功效。康熙中葉以前，金雞納霜對治療瘧疾的功效，尚未受到京師地區人們的重視。《正教奉褒》一書記載，康熙三十二年（1693）五月，康熙皇帝聖躬偶感瘧疾，張誠、白晉、洪若翰進金雞納，即治瘧西洋藥。康熙皇帝派四大臣試驗，給瘧者服用，服後即痊癒。四大臣又自服，亦皆無恙，康熙皇帝遂自用，不日即康復[38]。康熙五十一年（1712）六月十六日，江寧織造曹寅自江寧至揚州書局料理刻書事宜。七月初一日，曹寅感受風寒，臥病數日，轉而成瘧。七月十五日，蘇州織造李煦由儀真到揚州看視曹寅。曹寅以醫生用藥不能見效，託李煦具摺奏請康熙皇帝賜藥。原摺奉硃批：「爾奏得好，今欲賜治瘧疾的藥，恐遲延，所以賜驛馬星夜趕去。但瘧疾若未轉泄痢，還無妨。若轉了病，此藥用不得。南方庸醫，每每用補劑而傷人者不計其數，須要小心。曹寅元肯吃人參，今得此病，亦是人參中來的。『𡧑』專治瘧疾。用二錢末酒調服。若輕了些，再吃一服，必要住的。住後或一錢，或八分，連吃二服可以出根。若不是瘧疾，此藥用不得，須要認真，萬囑，萬囑，萬囑，萬囑！」[39]硃批中「元肯吃人參」，意即常吃人參。滿文「𡧑」，讀如 "gingina"，是 "Cinchona" 的滿文音寫，漢字音譯作「金雞納」，是原產於熱帶亞美利加金雞納樹皮所製金雞納霜（Cinchonine），即奎寧，可以解熱，治療瘧疾尤其有效。

37　〈洪若翰神父致拉雪茲神父的信〉，《耶穌會士中國書集 —— 中國回憶錄》，第一卷，頁 289。

38　《正教奉褒》，《中國天主教史籍彙編》（臺北：輔仁大學出版社，民國九十二年七月），頁 533。

39　《康熙朝漢文硃批奏摺彙編》，第四冊（北京：檔案出版社，1985 年 5月），頁 326。康熙五十一年七月十八日，李煦奏摺。

　　《故宮珍本叢刊》第七二七冊收錄《西洋藥書》，李歡撰〈清宮舊藏滿文《西洋藥書》〉等文對此書曾作介紹[40]。《西洋藥書》所載藥名及藥方共計三十六種，蔡名哲撰〈《西洋藥書‧祛毒藥油》譯註〉一文將三十六種藥方的首篇，進行譯註，介紹了〈祛毒藥油〉的八種療效與使用方法，譯文精確，足以反映《西洋藥書》確實是康熙年間的醫藥學重要成果[41]。為了便於說明，先將原書三十六種藥名，並譯註漢文，列出簡表如下。

滿文西洋藥書名稱簡表

順序	滿文藥名	羅馬拼音轉寫	漢譯藥名
第一		ehe horon be geterembure nimenggi okto	清除劇毒油藥
第二		guwejihe de acara nimenggi okto	調胃油藥
第三		feye be dasara nimenggi okto	療傷油藥

40　李歡撰〈清宮舊藏滿文《西洋藥書》〉，《紫禁城》（北京：紫禁城出版社），1999 年，第 4 期，頁 30。
41　蔡名哲撰〈《西洋藥書‧祛毒藥油》譯註〉，《中國邊政》，第 187 期（臺北：中國邊政編輯部，民國一〇〇年九月），頁 69。

		滿文			羅馬字	漢文
第四					hefeli i dorgi umiyaha be wasimbure nimenggi	下腹內蟲油
第五					sube i nimeku be dasara nimenggi okto	治療神經痛油藥
第六					jalgan de tusangga eliksir okto	益壽藥
第七					hefeli duha muribume nimere be dasara lu okto	治療肚腸絞痛滷藥
第八					wen ban moyo be geterembume tucibre lu okto	清出紋斑水痘滷藥
第九					booši be teliyehe lu okto	蒸煮寶石滷藥
第十					nicuhe be teliyehe lu okto	蒸煮珍珠滷藥

第十一	ehe horon be samsibure šuhi okto	解惡毒漿藥
第十二	tunggen ufuhu de tusa arara eliksir sere okto	助益胸肺藥
第十三	hoifan teliyehe muke, lio hūwang teliyehe muke	蒸煮染青水、蒸煮硫磺水
第十四	šuru be teliyehe lu okto	蒸煮珊瑚滷藥
第十五	ehe horon be samsibure lu okto	解劇毒滷藥
第十六	fahūn deliyehun be aitubure, guwejihe be niyecere lu okto	救肝脾補胃滷藥

第十七		deriyaka sere okto i teliyehe okto	蒸煮德力亞卡藥
第十八		lio hūwang teliyehe muke	蒸煮硫磺水
第十九		ehe horon be geterembure okto	清除劇毒藥
第二十		šuru i dabsun	珊瑚鹽
第二十一		geri nimeku be dasara g'sodz okto	治瘟疫膏藥
第二十二		feye be dasara sepaniola sere nimenggi	治傷油
第二十三		ehe horon be geterembure g'aodz okto	清除劇毒膏藥

第二十四		tuwai g'ao yo okto	火膏藥
第二十五		tana nicuhe i dabsun	珍珠鹽
第二十六		tuheke tantabuha de nioroke aibiha be dasara g'ao yo	治療跌打青腫膏藥
第二十七		geri be jailabure geterembure okto	避除瘟疫藥
第二十八		lio hūwang ilga okto	硫磺花藥
第二十九		sube i nimeku be dasara g'ao yo	治療神經疼痛膏藥
第三十		ehe horonggo jaka de oktolobuha be dasara ufa okto	治療被毒物下毒麵藥

第三十一		niowanggiyan tuwai g'ao yo okto	青火膏藥
第三十二		horonggo nimeku be dasara teliyehe lu okto	治療毒症蒸滷藥
第三十三		hūi hiyang ni nimenggi	茴香油
第三十四		senggi kaksire, senggi hefeliyenere jergi, senggi jun i nemeku be dasara g'aodz okto	治療咳血、血瀉等血管病膏藥
第三十五		senggi nimeku be dasara teliyehe lu okto	治療血症蒸滷藥
第三十六		sike karcabume nimere be dasara ufa okto	治療尿衝疼麵藥

資料來源：白晉、張誠撰《西洋藥書》（si yang ni okto i bithe），康熙年間內府精寫本。《故宮珍本叢刊》，北京，故宮博物院。

　　白晉（Joachin Bouvet S.J. Gallus）、張誠（Joan. Franciscus Gerbillon S.J. Gallus）撰《西洋藥書》（si yang ni okto i bithe），據《北京地區滿文圖書總目》著錄為康熙年間內府精寫本，三冊，滿文，線裝，白口。頁面 14.3×9.6cm，半葉版框 9.5×7.3cm。四周雙邊 6 行，版口有單魚尾，滿文篇目。全書詳列三十六種藥品名稱，並逐一說明用藥方法及其功效。第一種藥「清除惡毒油」，有八種藥方，其中一項方法是取一、二滴塗抹在心、胃各部位。第二種藥「調胃油」，有強胃，增加飲食，補心等功效。第三種藥「療傷油」，人們跌、打、砍、刺等傷，雖然甚重，使用此藥時，亦極有效。第四種藥「下腹蟲油」，腹內生長各種蟲時，把這種油加溫後，塗抹在肚臍、胃口部位、鼻子上時，沒多久腹內蟲皆排下。第五種藥「治療神經痛油」，人們跌倒被打，割破神經，神經扭結，疼痛、浮腫時，把這種油稍微加溫，在受傷神經上面，一天塗抹二、三次，可以有效。第六種藥「益壽藥」，此藥是將紅綠等寶石、珍珠、金子及有麝香等香味之物蒸煮葡萄酒摻雜蒸得的滷，可以強心補氣，能保精血不退化。第七種藥「治療肚腸絞痛滷」，倘若肚腸咕嚕咕嚕鳴叫疼痛，婦女子宮疼痛時，取此滷藥一錢以上、二錢以下，混和好酒服用。第八種藥「清出紋斑水痘滷藥」，人們若有傷寒症等、紋斑水痘穿透時，取此滷藥一錢三分以上，二錢以下，或煮笋雞湯，或混合與病相投飲料，疼痛發燒陣歇之際空腹服用，服用後一小時不能飲食任何東西。第九種藥「蒸煮寶石滷藥」，麝香有益心臟，蒸煮珍貴物品之滷時，放入寶石蒸煮後，即得此滷，此藥可口美味，可治傷寒、瘟疫、瘧疾等重病後血氣虛弱症狀。第十種藥「蒸煮珍珠滷藥」，此藥是蒸煮珍珠所得之滷，美味可口，可保血補心，強氣固精。第十一種藥「解惡毒漿藥」，人們若染患傷寒、瘟疫等毒病時，將此藥一錢以上一錢

四分以下混合與病相投服用之物，每天清晨空腹服用，惡毒可漸
消散痊癒。第十二種藥「助益胸肺藥」，此藥用於胸肺疾病，有奇
效。還能避免染患惡疾、瘟疫，排出體中惡血、痰等物、強化腸
胃。第十三種藥「蒸煮染青水、蒸煮硫磺水」，是兩種藥，都可強
胃促進食慾。傷寒、瘧疾等病，也能散熱。第十四種藥「蒸煮珊
瑚滷藥」，此滷是蒸煮珊瑚所得，人們排血、傷寒症排血，腎臟、
尿道有異物，咳血、吐血、婦女月經比平常多，將此滷藥或葡萄
酒、或與石榴汁，或與梨汁混合服用。第十五種藥「解惡毒滷藥」，
若得傷寒，瘟疫、水痘、紋斑等惡毒，取此滷藥三十滴以上，四
十滴以下，與引藥混合服用。第十六種藥「救肝脾補胃滷藥」，肝
脾壅塞，胃部虛弱，將此滷藥與調病飲料混合，於每天清晨空腹
服用為佳。第十七種藥「蒸煮德力亞卡藥」，此藥是將有劇毒的蛇
肉和去除劇毒的各種東西混合蒸煮製作而成，凡是被有劇毒之物
螫咬，瘟疫過後，病體內長蟲，婦女月經疼痛，肚子絞痛等病症，
俱可用此藥治療，藥力甚強。第十八種藥「蒸煮硫磺水」，此水所
治之病，與蒸煮青水相同。第十九種藥「清除劇毒藥」，此藥治療
傷寒、瘟疫等病為佳，體內若有劇毒時，此藥，能於出汗、小便
時把劇毒排出。第二十種藥「珊瑚鹽」，染患傷寒等病，此藥可強
心，使用時，視病情輕重，取四粒以上，七粒以下，將新生雞蛋
稍加烹煮，然後將此鹽放進蛋內，與引藥混合服用。第二十一種
藥「治瘟疫膏藥」，此藥治療瘟疫、傷寒等劇毒較佳。使用時，視
人濕熱，熱則少用，濕則多用。第二十二種藥「治傷油」，此藥能
治各種傷，治療頭傷最佳。第二十三種藥「清除劇毒膏藥」，人們
倘若吃了有劇毒之物時，先吐出食物，再用這種膏藥一錢九分以
上，二錢八分以下，或放進美酒裡服用，或混合別的藥服用，或
祇服用此藥皆可。第二十四種藥「火膏藥」，這種藥治療被火燙傷

療效甚好。若被火燒燙傷時，將此膏藥貼在傷口，既可止痛，又不起泡。第二十五種藥「珍珠鹽」，此藥治療傷寒症，焦躁症療效最好。使用時，視病情輕重，用六粒以上，十二粒以下，或與熱水，或與湯汁混合服用。第二十六種藥「治療跌打青腫膏藥」，人們跌打沒破皮，在發紫腫脹處擦抹，可以消腫。第二十七種藥「避除瘟疫藥」，人們遭瘟疫後，若欲避瘟疫，即取此藥一、二滴攙放黃酒或燒酒在飯前服用，等候出汗。第二十八種藥「硫磺花藥」，此藥避瘟疫、治瘟疫、受寒氣喘、咳嗽、胸疼、腸絞等病症甚佳。第二十九種藥「治療神經疼痛藥膏」，可治療抽筋、筋僵硬、跌打筋絞痛等病症。第三十種藥「治療毒物下毒麵藥」，人們被劇毒藥等物下毒汗流狹背、心裡焦躁、臟腑疼痛如斷裂、焦躁如焚等可將此麵藥一錢九分與好酒攪伴後服用，然後將去毒油，在心口、鼻孔擦抹可癒。第三十一種藥「青火膏藥」，此藥治療與第二十四種藥相同。第三十二種藥「治療毒症蒸滷藥」，人們傷寒症疼痛，水痘出透、被蛇、大馬蜂等有劇毒之物咬螫時，可將此藥十五滴以上，二十滴以內，視病毒輕重加減服用。服用此藥，或流汗排出劇毒，或小便排出劇毒而病可痊癒。第三十三種「茴香油」，若肚子受傷寒絞痛時，或在暖酒，或在肉湯裡放茴香油四、五滴服用。第三十四種藥「治療咳血、血瀉等血管病膏藥」，咳血、瀉血、血尿、胸內血脈斷裂後吐血、婦女月經較平常多時，取此膏藥服用，可以止血。第三十五種藥「治療血症蒸滷藥」，若咳血、脈斷吐血、遺精、婦女月經較平常多，取此滷藥八滴以上，十滴以下，早晚空腹服用。第三十六種藥「治療尿衝疼麵藥」，腎臟內，從腎臟通膀光血管內、膀胱內因類似沙石之物遮擋不能排尿而疼痛等症，可用此藥治療。

　　《西洋藥書》所收三十六種含有頗多油類藥品，譬如清除劇

毒油、調胃油、療傷油、下腹內蟲油、治療神經痛油、治傷油、
茴香油等等。其中茴香，是多年生草本，其果實長橢圓形，香氣
甚盛，可以榨油，以供藥用，又做香料。李時珍已指出，「茴香結
子，大如麥粒，輕而有細棱，俗呼大茴香，小者謂之小茴香。自
番舶來者，實大如柏實，裂成八瓣，曰八角茴香。」茴香油是一
種精油，是由歐茴香（Pimpinella anisum）的果實經蒸汽蒸餾而
成。主要產於蘇俄、西班牙、德國等地。茴香油是無色或淡黃色
液體，其主要成分為茴香腦，可供醫藥治療使用，肚子受涼引起
肚腸絞痛時，可將茴香油放入暖酒服用。將茴香油三分、酒精八
十分，氨水十七分混合製成的液劑，稱為茴香氨精，具有茴香與
氨的氣味，可用以治療咳痰困難的支氣管炎等症。「滷」，是一種
苦汁，或鹹汁。《西洋藥書》中含有治療肚腸絞痛滷藥、清出紋斑
水痘滷藥、蒸煮寶石滷藥、蒸煮珍珠滷藥、蒸煮珊瑚滷藥、解劇
毒滷藥、救肝脾補胃滷藥、治療毒症蒸滷藥、治療血症蒸煮滷藥
等。譬如蒸煮寶石所成的滷汁，可治療傷寒、瘧疾病後血氣虛弱
症。蒸煮珊瑚所得的滷汁，可治療咳血、吐血、婦女月經比平常
多等症。硫磺是黃色帶青的結晶性固體，不溶解於水，加熱至攝
氏一百度以上則熔解而成黃色透明液體，可供藥用，有消毒作用。
《西洋藥書》中的蒸煮染青、硫磺水、硫磺花藥等，可強胃，促
進食慾，傷寒、瘧疾發燒等症狀，可散熱，或避免瘟疫，治療氣
喘、咳嗽、胸痛、肚腸絞痛等症。「麵」，又作麪，原指麥類的屑
末，意即麵粉，粉末狀的藥品，稱為麵藥。《西洋藥書》中的治療
被毒物下毒麵藥、治療尿衝疼麵藥等，都是粉末狀的藥粉，其中
治療尿衝疼麵藥，可以治療因腎結石、膀胱結石阻礙排尿而引起
的疼痛症。使用時，可將麵藥放進醇酒攪拌服用。滿文本《西洋
藥書》的撰寫，在清初中西文化交流史上具有重要的時代意義。

八、五臟六腑 ── 人體解剖圖的分析

　　康熙皇帝熱愛西學，渴望獲得歐洲的知識，除天文學、幾何學、美術工藝外，他對解剖學也有濃厚的興趣。白晉著《康熙帝傳》一書指出，長期以來，中國人以有自己名醫而享有崇高名望。但是，他們對於現代解剖學只有極模糊的知識。為了使他們了解人體各部分的一般概念及每個部分的特殊概念，同時，使他們懂得人體各部分之間的相互關聯和協調一致，首先必須編寫一本內容廣泛的專門著作。在我們的著作中，引用了本世紀最有趣最有價值的發現，其中也有著名的韋爾內及其他皇家學院院士的發現。這些發現是非常著名的，正像其他方面一樣超越其他一切國家[42]。誠然，中國傳統醫學，對人體解剖學只有模糊的知識。因此，了解人體各部分之間的相互關聯，是新醫學的重要課題。

　　耶穌會士巴多明神父（Fr. Dominique Parennin）致法蘭西科學院書信中指出康熙皇帝已認識到在中醫添加解剖學知識的重要性，節錄一段內容如下：

　　　　這位於 1722 年 12 月 20 日去世的君主是人們在許多世紀中
　　　　才能見到一個的那種非凡人物之一，他對自己的知識面不
　　　　加任何限制，亞洲所有君主中從未有任何人像他這樣愛好
　　　　科學和藝術。向他介紹新的尤其是來自歐洲的發現，簡直
　　　　是對他的奉承與討好；而這一種新發現，只有在你們卓越
　　　　的科學院裡才能獲得這麼多。因此，耶穌會傳教士與這位
　　　　偉大君主談論得最多的也是你們科學院。二十五年我到達

42　白晉著、馬緒祥譯《康熙帝傳》，《清史資料》，第一輯（北京：中華書局，
　　1980 年 8 月），頁 229。

中國時，人們已經使他對經你們精心完善的天文學和幾何
學產生了重視，甚至向他呈上了在你們指導下製成的許多
或大或小的精美儀器並教他使用。你們在物理學上的研究
成果也未被遺忘。至於人體解剖和疾病方面的問題則剛剛
起步。這位熟諳中醫典籍的偉大君主清楚地知道。若不在
中醫知識中添加解剖學知識以指導醫生處方並指導外科醫
生進行手術，那麼中醫知識是不完善的。因此，他命我把
一部解剖學著作和一部醫學大全譯成韃靼語。此外，我說
他讓我譯成韃靼語，這指的是統治中國已達八十年之久的
滿洲人 —— 即東韃靼人的語言，而不是稱為西韃靼人的蒙
古人的語言[43]。

　　康熙皇帝重視西學，西洋解剖學，也未遺忘。康熙皇帝熟悉
中醫典籍，但他清楚知道，倘若不在中醫知識中添加解剖學，那
麼中醫知識是不完善的。因此，巴多明奉命把一部解剖學著作和
一剖醫學大全譯成滿文。

　　桑德史（John B. dec M. Saunders）、李瑞爽（Francis R. Lee）
合著《康熙硃批臟腑圖考釋》的內容，就是五臟六腑週身血脈圖，
計九十圖，其中六十圖附滿文注釋或圖說，可將各圖滿文術語或
詞彙列出簡表如下。

43　《耶穌會士中國書集－中國回憶錄》，第二卷，頁 300。

人體五臟六腑滿文詞彙簡表

圖次	滿文	羅馬拼音	漢文詞義	備註
圖3		yali farsi	肌肉	
圖5		suku nimenggi	皮脂層	
圖8		suksaha	大腿骨	
圖9		sudala	血管、動脈	
圖9		tobgiya	膝蓋、膝蓋骨	
圖11		dargiya	外頸	
圖11		meifen	內頸	
圖11		ebci	肋骨	
圖11		huhun	胸部、乳房	
圖11		delihun	脾臟	
圖11		bosho	腎臟	
圖11		duhen	睪丸	

圖 11		uncehen giranggi	尾脊椎骨	
圖 11		du giranggi	骨盆、胯骨	
圖 15		silhi	膽	
圖 15		kumdu	腦室	
圖 15		cilcin	錐形腺	
圖 15		dalgan	膨脹腺	
圖 17		fehi	腦	
圖 17		silemin alhūwa	硬腦膜	
圖 17		uhuken alhūwa	軟腦膜【蜘蛛膜】	
圖 19		ikūrsun	骨髓、脊髓	
圖 26		tuwara sube	視神經	

圖 29		hoto giranggi	頭蓋骨	
圖 30		šulu giranggi	顳顬骨	
圖 30		seksehe giranggi	後頂骨、枕骨	
圖 30		dokjihiyan giranggi	顱頂骨	
圖 30		šenggin i giranggi	前額骨	
圖 32		siseku giranggi	篩骨	
圖 32		kangsiri giranggi	鼻骨	

圖 41		semejen nimenggi	脂肪	
圖 42		dergi narhūn duha	十二指腸	
圖 42		amu	胰臟	
圖 45		huwejihe	胃	
圖 47		kerken duha	大腸	
圖 47		teru	直腸	
圖 51		yali monggon	食道	
圖 56		niyaman	心臟	
圖 57		jakūci jurui sube	迷走神經	

圖 61	ᠪᡠᡤᡝ ᠮᠣᠩᡤᠣᠨ	buge monggon	氣管	
圖 65		silhi fulhū	**膽囊**	
圖 74		oori	精蟲、精液	
圖 76		ergen	陽物、陰莖	
圖 78		fihata	龜頭、陰莖頭	
圖 79		jusei oron	子宮	
圖 80		jusei oron i bilha	子宮頸、陰道	
圖 81		duhen	卵巢	
圖 82		sube sirge	神經	
圖 83		tebku	胎盤	
圖 83		ulenggu	臍帶	

圖 86	᠊ᡳᠯᠠᠨ ᠰᠣᠰᠣᠩᡤᠣ ᡶᡠᠯᡥᡡ	ilan hošonggo fulhū	三角形囊	
圖 86	ᠰᠠᡥᠠᠯᡳᠶᠠᠨ ᠰᡳᠯᠯᡥᡳ ᡶᡠᠯᡥᡡ	sahaliyan sillhi fulhū	黑膽汁囊	
圖 86	ᡩᡠᡳᠨ ᡩᡠᡵᠪᡝᠵᡝᠩᡤᡝ ᡶᡠᠯᡥᡡ	duin durbejengge fulhū	四方形囊	

資料來源：桑德史（John B. dec M. Saunders）、李瑞爽（Francis R. Lee）
合著，The Manchu Anatomy and its historical origin, Li Ming
Cultural enterprise Co. Taipei, 1981《康熙硃批臟腑圖考釋》

　　五臟六腑圖，是人體解剖圖，詳載週身血脈，以滿文標注，
包括：正面所見人體全圖、背面所見人體全圖、側面所見人體肌
肉圖、皮脂層內全身血管圖、腿骨曲面圖、大腿骨圖、腿部動脈
圖、血脈循環系統圖、腦室圖、腦膜圖、大小腦圖、頭蓋骨圖、
鼻骨圖、頸椎骨圖、肺臟圖、大小腸圖、胰臟圖、脾臟圖、肝臟
圖、胃部圖、腎臟圖、心臟圖、氣管圖、膽囊圖、膀胱圖、尿道
圖、睪丸圖、陰莖圖、子宮圖、卵巢圖、胎盤圖等等。簡表列舉

人體五臟六腑解剖相關詞彙，圖 3 人體中的「肌肉」，滿文讀如
"yali farsi"，意即肉塊，原圖作「肌肉」，可補滿文辭書的不足。
圖 5 為皮脂層內全身血管圖，「皮脂層」，滿文讀如 "sūku
nimenggi"，意即皮油脂，詞義相合。圖 8 大腿骨，滿文讀如
"suksaha"，意即不腿，後腿，詞義相合。圖 9 血管、動脈，滿
文讀如 "sudala"，意即血脈、血管，詞義相合。膝蓋、膝蓋骨，
滿文讀如 "tobgiya"，詞義相合。圖 11 外頸，滿文讀如
"dargiya"，意即頸兩側，脖頸跳脈。內頸，滿文讀如 "meifen"，
意即頸項、脖項。原圖外頸、內頸分別清楚，可補滿文辭書的疏
略。肋骨，滿文讀如 "ebci"；乳房，滿文讀如 "huhun"；脾臟，
滿文讀如 "delihun"；腎臟，滿文讀如 "bosho"；尾脊椎骨，滿
文讀如 "uncehen giranggi"，意即尾骨；骨盆，滿文讀如 "du
giranggi"，意即胯骨，詞義俱相合。圖 11 "duhen"，意即睪丸。
圖 81 "duhen"，意即卵巢。遼寧民族出版社出版安雙成主編《滿
漢大辭典》睪丸、陰囊，滿文俱讀如 "uhala"，有待商榷。圖 15
腦室，滿文讀如 "kumdu"，意即空虛的。錐形腺，滿文讀如
"cilcin"，意即淋巴腺、淋巴結。膨脹線，滿文讀如 "dalgan"，
意即塊狀物。漢文罷軟、耐磨，滿文讀如 "silemin"。圖 17 硬腦
膜，滿文讀如 "silemin alhūwa"。軟腦膜，滿文讀如 "uhuken
alhūwa"。圖 19 骨髓，滿文讀如 "ikūrsun"，意即脊髓。漢文
「筋」，滿文讀如 "sube"。圖 26 視神經，滿文讀如 "tuwara
sube"，可補滿文辭書的不足。圖 29 "hoto giranggi"，意即頭蓋
骨。"hoto giranggi"，《滿漢大辭典》作「骷髏」，頗有出入。圖
30 顳顱骨，滿文讀如 "šulu giranggi"，意即顳骨，或太陽穴骨。
"seksehe giranggi"，意即後頂骨、枕骨。"dokjihiyan
giranggi"，意即顱頂骨、額角骨。"senggin i giranggi"，意即

前額骨，與滿文辭書詞義相合。圖 32 "siseku giranggi" ，意即篩骨。"kangsiri giranggi" ，意即鼻骨，與滿文辭書詞義相合。圖 41 "semejen nimenggi" ，意即脂肪，又作脂膏，滿文辭書詞義相合。圖 42 十二指腸，滿文讀如 "dergi narhūn duha" ，意即上細腸，可補滿文辭書的不足。"amu" ，意即胰臟，滿文辭書詞義相合。圖 45 "guwejihe" ，意即胃，滿文辭書詞義相合。漢文「直腸」，滿文讀如 "narhūn duha" ，又讀如 "tohoro duha" 。漢文「大腸」，滿文讀如 "muwa duka" 。圖 47 大腸，滿文讀如 "kerken duha" ，不見於滿文辭書。漢文「直腸」，滿文讀如 "tondo duha" 。圖 47 直腸，滿文讀如 "teru" 。"teru" ，滿文辭書作「肛門」。圖 51 食道，滿文讀如 "yali monggon" 。安雙成主編《漢滿大辭典》詞義相合，《滿漢大辭典》作「食嗓」。圖 56 心臟，滿文讀如 "niyaman" ，滿文辭書相合。圖 57 迷走神經，滿文讀如 "jakūci jurui sube" ，意即第八雙或第八對神經，不見於滿文辭書。圖 61 氣管，漢文讀如 "buge monggon" ，滿文辭書詞義相合。圖 65 膽囊，滿文讀如 "silhi fulhū" ，滿文辭書詞義相合。圖 74 精蟲、精液，滿文讀如 "oori" ，滿文辭書詞義相合。圖 76 陽物、陰莖，滿文讀如 "ergen" ，胡增益編《新滿漢大辭典》作「命根子」，詞義相合。圖 78 龜頭、陰莖頭，滿文讀如 "fihata" ，可補滿文辭書的不足。圖 79 子宮，滿文讀如 "jusei oron" ，不見於滿文辭書。圖 80 子宮頸、陰道，滿文讀如 "jusei oron i bilha" ，可補滿文辭書的不足。圖 81 卵巢，滿文讀如 "duhen" 。圖 11 "duhen" ，作「睪丸」。圖 82 神經，滿文讀如 "sube sirge" 。"sube" ，滿文辭書作「筋」。圖 83 胎盤，滿文讀如 "tebku" ；圖 83 臍帶，滿文讀如 "ulenggu" ，滿文辭書詞義相合。圖 86 三角形囊，滿文讀如 "ilan hošonggo fulhū" ；四方形囊，滿文讀如

"duin durbejengge fulhū"，可補滿文辭書的不足。黑膽汁囊，滿文讀如 "sahaliyan silhi fulhū"，滿文辭書詞義相合。前列人體五臟六腑解剖滿文詞彙中如肌肉（yali farsi）、睪丸（duhen）、卵巢（duhen）、硬腦膜（silemin alhūwa）、軟腦膜（uhuken alhūwa）、視神經（tuwara sube）、十二指腸（dergi narhūn duha）、大腸（kerken duha）、直腸（teru）、迷走神經（jakūci jurui sube）、龜頭（fihata）、子宮（jusei oron）、子宮頸（jusei oron i bilha）等等，俱可補滿文辭書的不足。

　　巴多明神父在信中指出在拉丁文、法文或義大利文寫作的解剖學家中，迪奧尼斯（Dionis）的著作，最清楚、最準確。巴托蘭（Bartolin）著作中的插圖，刻印較大、較好。因此，巴多明神父與康熙皇帝談到人體內部血液循環時，他根據原書的順序和方法，盡量模仿作者的清晰和明確作了解釋。因為康熙皇帝缺少解剖學必要的知識，所以巴多明神父為人體內部循環課程編寫一篇前言，由內侍太監送給康熙皇帝。康熙皇帝反復閱讀前言，並指出前言理論值得稱道，文筆清晰明白，詞語選得很好。內廷庫中藏有一尊約三法尺高的銅人像，上面佈滿表示血管穴道的線條。康熙皇帝下令取出，令巴多明神父看看它與迪奧尼斯等人的著作是否有關。巴多明神父在信中指出銅人像上面的所有線條都是平行的，而且幾乎全部同樣長短，全無靜脈或動脈之狀，也不符合血管所在的位置。宮中御醫多贊成巴多明神父的意見。御醫指出，人們想用這些線條表明在治療坐骨神經痛或足痛時應當下針的部位，巴多明神父肯定中國人一向是知道血液循環及淋巴的，但不知其如何運作，也不比當時在世的醫生們所知更多。康熙皇帝承認銅像上的線條一點也不像血管和其他經脈。康熙皇帝還對巴多明神父說過前明曾有人解剖一具屍體，康熙皇帝也承認解剖罪犯

屍體大有用處。康熙皇帝不斷像巴多明神父提問，而且遠遠超出
了解剖學範圍。有一天，康熙皇帝像巴多明神父談起了蜘蛛網。
巴多明神父不失時機地把蒙彼利埃法院首席院長邦先生（M.
Bon）的發現及德·雷奧米爾先生（M. de Reaumur）所做的實驗
告訴了康熙皇帝，因為巴多明神父在《特雷武報》（Trevoux）上
讀過實驗的細節。康熙皇帝命巴多明神父把報上內容翻譯出來。
康熙皇帝閱讀譯文時十分入迷，因此把譯文交給了三個兒子，要
他們三天後談讀後感。皇長子說：「只有歐洲人才能如此深入研
究，甚至連蜘蛛網也加以利用。」康熙皇帝對皇子們說道：「他們
在這方面比我們能幹，他們想知道自然界中的一切。」[44]巴多明
神父將西方解剖學知識向康熙皇帝介紹，康熙皇帝承認西方解剖
學比中國進步。他也注意到蜘蛛網，閱讀巴多明神父的譯文十分
入迷，還要皇子們閱讀實驗報告，並發表讀後感，耶穌會傳教士
對西學的輸入，確實扮演了重要的角色。

九、結　語

　　康熙年間的中西文化交流，是在清廷從容教到禁教的時空背
景下進行的。康熙皇帝一方面因禮儀之爭而禁教，一方面因西學
不涉及意識形態而優禮西洋人，互動良好，西學的輸入，西洋傳
教士扮演了重要的角色。

　　滿文是一種拼音文字，相對漢語的學習而言，西洋傳教士以
歐洲語音學習滿語，閱讀滿文，確實講得好，口音像。巴多明神
父致法蘭西科學院書信中指出，康熙年間編纂《御製清文鑑》的

---

44 〈耶穌會傳教士巴多明神父致法蘭西科學院諸位先生的信〉，《耶穌會士
　　中國書》，第二卷，頁 300。

工作進行得極為認真，倘若出現疑問，就請教滿洲八旗的老人；如果需要進一步研究，便垂詢剛從滿洲腹地前來的人員。誰發現了某個古老詞彙或熟語，便可獲獎。康熙皇帝深信《御製清文鑑》是重要寶典，只要寶典存在，滿洲語文便不至於消失。通過巴多明神父的描述，可知《御製清文鑑》的編纂，就是康熙皇帝提倡清文國語的具體表現，具有時代的意義。

　　順治初年，湯若望依照西洋新法推算日食分秒，符合天象，而定為時憲書，頒行天下。康熙初年，因新舊曆法之爭，而導致冤獄，湯若望繫獄。康熙皇帝親政後，平反冤獄，授南懷仁為欽天監監副，專用西洋新法。國立故宮博物院典藏滿漢文本《起居注冊》，對探討康熙皇帝採行西洋曆法的經過，提供了珍貴的史料。《起居注冊》中含有頗多天文曆算詞彙，譬如：漢字「曆法」，滿文讀如 "hūwangli fa"，意即皇曆法，或黃曆法。漢字「飛灰候氣法」，漢文讀如 "fulenggi dekdebume sukdun be tuwara fa"，意即揚灰觀察節氣法。漢字「治曆」，滿文讀如 "hūwangli arambi"，意即造曆，或製作皇曆。漢字「占候」，滿文讀如 "erin be tuwara"，意即觀察時刻，或作候時。漢字「換宮不換宿」，滿文讀如 "gung be halara gojime, oron be halarakū"，句中「宿」，滿文讀如 "oron"，意即星座，或星辰，換宮不換星座。熟悉天文曆算滿文術語，對查閱滿文曆算文獻，有其重要性。

　　康熙皇帝提倡崇儒重道，由儒臣進講儒家經典。康熙皇帝同時也重視西方文化，西洋傳教士多奉召輪班進講西學，以滿語清楚地講授天文、格致、量法、測算、幾何、哲學等西學，並將講授內容繙譯滿文成冊。康熙皇帝對西學的興趣，非常濃厚。他學習了幾何學原理之後，又要求白晉、張誠用滿文為他編寫一本實用幾何學綱要。歐幾里德定律除了滿文稿本外，還要用滿語解釋。

在西洋傳教士進講西學的過程中，清文國語確實扮演了非常重要的角色。

　　清初中俄交涉的範圍包括遣使、通商、欠債、徵稅、越界、逃亡、損害賠償、犯人交付等項。清朝方面是由蒙古大員、黑龍江將軍等人充任辦理之責；俄羅斯方面是以尼布楚將軍、伊爾庫次克總督首當其衝，清朝對俄羅斯行文多用蒙文、滿文、拉丁文等文字。民國二十五年（1936）出版的《故宮俄文史料》所收二十三件文書中，含有滿文十件，其中第三號滿文首幅標註「拉體諾文由西洋人張誠譯出滿文一件具奏」（latino hergen i bithe be si yang ni niyalma jang cen ubaliyambufi wesimbuhe manju bithe emke）等字樣。原書所附漢字是據俄文譯出，由於條件關係，個別滿蒙官員職稱、人名、地名等固然譯得欠當，其文義有待商榷之處也不少，對照滿文可以加強譯文的信雅達。現存康熙年間輿圖，含有頗多滿文輿圖及滿漢兼書輿圖，洪若翰指出，由於張誠等人懂滿洲語文，在調查各處地理時，能以滿語與當地人交談，可以繪製較精確的地圖。清初對俄羅斯的交涉，滿文輿圖的繪製，滿洲語文都扮演了十分重要的角色。

　　巴多明神父等人對冬蟲夏草等中藥的產地及其療效，曾經向西洋人作了介紹。康熙皇帝所見中醫書籍頗多，也懂得用藥，更重視西洋醫藥。白晉、張誠合著《西洋藥書》（si yang ni okto i bithe），共三冊，康熙年間內府滿文精寫本。全書詳列三十六種藥品名稱，並逐一說明用藥方法乃其功效。滿文本《西洋藥書》的撰寫，反映康熙皇帝對方醫學的重視，在清初中西文化交流過程中，滿文產生了相當重要的媒介作用。康熙皇帝深悉若不在中醫知識中添加解剖學，以指導中醫處方及外科醫生進行手術，則中醫知識是不完善的。因此，巴多明神父奉命把一剖解剖學著作

和醫學大全譯成滿文。桑德史（John B. de C. M. Saunders）等著
《康熙硃批臟腑圖考釋》的內容，就是人體五臟六腑週身血脈圖。
全書計九十圖，其中六十圖附滿文注釋、圖說，含有頗多不見於
滿文辭書的解剖學相關詞彙，譬如「迷走神經」（Vagus nerve），
滿文讀如 "jakūci jurui sube"，意即第八對神經。可增補滿文辭
書的不足。

　　康熙年間，在接觸、融合西方文化的過程中，滿洲語文起了
重要的媒介作用，扮演了重要的角色。同時通過滿文譯本的流傳，
如白晉、張誠合著滿文本《西洋藥書》的刊印，就多了一種保存
西方思想的文字，也有助於西方文化的傳播。從滿洲語文的視角
考察中西文化的交流過程，可以擴大研究視野。在西洋人的著述
如白晉著《康熙大帝》、南懷仁《韃靼旅行記》、張誠著《張誠日
記》、杜赫德編《耶穌會士中國書簡集》等等，其中涉及滿洲語文
學中西文化交流的討論，並不罕見，廣為蒐集，輯錄彙編，或纂
為叢編，對滿學的研究，或中西文化交流的考察，確實是一種具
有意義的學術工作。

康熙盛世 ——
滿洲語文與中西文化交流

康熙年間，供職於內廷的西洋傳教士，大都精通滿洲語文。
他們以滿語講解西學，也將天主教的祈禱詞譯出滿文。從
滿洲語文的視角考察中西文化的交流，可以擴大研究視野。

優禮西士　中外一家

　　華夷之說，是偏安時代的口舌相譏。康熙皇帝在位期間
（1662-1722），勵精圖治，政局穩定，國家統一，中外一家，並
無此疆彼界之分。康熙二十八年（1689）三月十一日，康熙皇帝
南巡回鑾，途經山東濟寧天井閘，西班牙人利安寧迎駕，奉旨召
見。康熙皇帝問：「姓什麼？」利安寧回奏：「臣姓利。」問：「名
叫什麼？」回奏：「臣名安寧。」問：「號什麼？」回奏：「臣號惟
吉。」問：「西洋的名叫什麼？」回奏：「臣叫瑪諾額爾。」入境
隨俗，西洋傳教士來華後，除了西洋名字外，還有漢文姓名，也
有字號，滿文姓名也按漢文姓名讀音拼寫滿文，其用意就是將西
洋傳教士視同一家人，不分華夷。
　　康熙皇帝在萬幾餘暇，留心西學，凡有一技之長的西羊人，
多奉召入京，供職於內廷，或進講西學，或佐理曆政，或幫辦外

交，或測繪輿圖，或療治疾病，或從事美術工藝的創作，西學蒸
蒸日上。

　　語言文字是思維的工具，也是表達思想的交流媒介。康熙年
間，入京供職的西洋傳教士，大都精通滿洲語文，說寫純熟流利。
因此滿州語文在中西文化交流舞臺上也扮演了十分重要的角色。

創制滿文　文以載道

　　西洋傳教士入京効力之前，須學漢語，讀漢書。康熙皇帝特
頒諭旨稱，西洋新來之人，且留廣州學漢話，若不會漢話，即到
京裡，亦難用他。西洋傳士在往來書信中也常討論學習漢語的經
驗，其中晁俊秀神父在他的信中指出，漢語艱深難學。漢語與世
界上其他語言沒有絲毫相似之處，在漢語中，找不到性、數、格
的變化。同一個詞，它可以是名詞、形容詞、動詞和副詞；可以
是單數或複數；也可以是陽性或陰性。對所有歐洲人來說，特別
困難，而且永遠是一種障礙的就是漢言的讀音，每個單音節漢字
的排列組合，全無定規，在一個送氣音後，就要緊跟著一個平音；
在一個齒擦音後，就要緊跟著一個凹音。人們也不可以通過讀書
來自學，因為書中的文句，不是簡單的交談的語言。

　　西洋傳教士相對學習漢語而言，學習滿語，閱讀清文，則容
易得多。徐日昇、安多等人在奏疏中就曾經指出，「以臣等語音易
習滿書。」洪若翰神父致拉雪茲神父的信中也指出，康熙皇帝南
巡期間，曾經鼓勵耶穌會神父學習滿語，以便能以滿語與他交談。

　　明神宗萬曆二十七年（1599）二月，清太祖努爾哈齊為了文
書往來及記注政事的需要，曾命巴克什額爾德尼、札爾固齊噶蓋
倣照老蒙文創造滿文，以老蒙文字母拼寫女真語音，聯綴成句。

這種由老蒙文脫胎而來的初期滿文，在字旁未置圈點，習稱老滿文。天聰六年（1632）三月，清太宗命巴克什達海將老滿文在字旁加置圈點，習稱新滿文。滿洲入關以後，滿洲語文一躍而成為清朝的清文國語，對外代表國家，對內比漢文的地位更為特殊。

耶穌會傳教士巴多明致法蘭西科學院書信中，討論滿洲語文的內容，佔了很大篇幅。他指出，滿洲文字中每個字都有一筆自字首垂直貫通至字末的主筆畫，這一畫左側是表示元音「a、e、i、o」的鋸齒狀符號，由放在這一畫右側的附點的不同位置決定其發音。如在一個鋸齒對面放一個附點，就發元音「e」；如省略附點，則發元音「a」，如在字左側鋸齒旁放一附點，這一附點就充當了字母「n」，因而要讀作「na」。此外，字右側不是附點，而是放圈，這便發送氣音的符號。書寫漢文，人們通常用毛筆書寫。巴多明神父指出，有些滿人使用一種竹製的，削成歐洲羽毛狀的筆。巴多明神父用了不到一年時間，就像一個上了年歲的滿人熟練地使用這種竹筆寫出好字。他進一步指出，滿洲語文有豐富的詞彙和表達能力。在滿語中用以表示狗的

P.DOMINC:PARENN IN SOC. JES. OBIIT
PEKINI XXIX SEPT. MCCXXXXLE T. LXXIX

耶穌會傳教士巴多明　杜赫德編、鄭德弟譯《耶穌會士中國書簡集》第二卷

詞彙是所有家畜中最少的，但仍比歐洲人多得多。除了常用的大狗、小狗、看門狗、獵兔狗、捲毛獵狗等等稱呼外，還有用以表示狗的年齡、皮毛、質量好壞等等的專門詞彙。人們若想說一隻狗耳朵和尾巴上長著長而密的毛，用「taiha」一詞就夠了。「taiha」，滿文作「⟨滿文⟩」，漢文作「臺哈狗」，是一種獵狗，耳朵和尾巴上都長著長而密的毛。若是狗的口鼻部位長而大，尾巴也一樣，耳朵很大，嘴唇下垂，那麼「yolo」這個詞便說明了一切。「yolo」，滿文作「⟨滿文⟩」，意即「藏狗」，嘴尾粗，唇垂耳大。信中所描述的特徵，十分相符。若臺哈狗與普通母狗交配生下來的小狗，就叫做「peseri」，滿文作「⟨滿文⟩」，讀如「beserei」，意即「混血的」，「beserei indahūn」，習稱二姓子狗。不管什麼狗，不論公狗或母狗，只要眉毛上方有兩簇金栗或黃色的毛，那就只管叫牠「tourbe」，滿文作「⟨滿文⟩」，讀如「durbe」，意即「狗兩眼各有一個目狀的黃白毛」，「durbe indahūn」，習稱四眼狗，是指兩眼上端各有一個目狀黃白毛的狗。狗身上若長著豹樣的毛色，便叫牠「couri」，滿文作「⟨滿文⟩」，讀如「kuri」，意即「有斑紋的」，或「有花紋的」，「kuri indahūn」習稱黎狗，或黎花狗。倘若僅在口鼻部位有斑點，其餘部位毛色一致的叫做「palla」，滿文作「⟨滿文⟩」，讀如「balta」，意即「花鼻樑的」，花鼻樑的狗，就叫做「balta indahūn」。狗的頸部全白的叫做「tchacou」，滿文作「⟨滿文⟩」，讀如「cakū」，白頸項的狗，就叫做「cakū indahūn」，頭上有些毛後倒，便叫做「kalia」，滿文作「⟨滿文⟩」，讀如「kalja」，意即「白額白鼻樑的花臉」，「kalja indahūn」就是白額犬，或白鼻犬。倘若狗的眼珠半白半藍的便喚做「tchikiri」，滿文作「⟨滿文⟩」，讀如「cikiri」，「cikiri indahūn」，習稱玉眼狗，就是一種白眼珠的狗。個頭低矮，腿短，軀體笨拙，頭部昂起的狗叫做「capari」，滿文

作「」，讀如「kabari」，意即「哈巴狗」，俗名獅子狗。「nieguen」，滿文作「　　　」，讀如「eniyehen」，意即「母狗」，「niaha」，滿文作「　　　」，讀如「niyahan」，習稱狗崽，是指七個月以下的小狗。「nouguere」，滿文作「　　　」，讀如「nuhere」，是指七、八個月至十一個月的小狗。「indagon」，滿文作「　　　」，讀如「indahūn」是十六個月以上的狗統稱。將巴多明神父信中所舉詞類，還原滿文後，可知所描述的特徵，是彼此相合的，同時也可以說明巴多明神父等人的書信中保存了豐富的滿洲語文資料。

　　康熙皇帝喜愛西學，即或臨幸暢春園，或巡幸塞外，必諭令張誠等隨行。或每日，或間日講授西學。巴多明神父在信中指出，康熙皇帝學習歐洲的科學，他自己選擇了算學、幾何學與哲學等等。康熙二十八年（1689）十二月二十五日，康熙皇帝召徐日昇、張誠、白晉、安多等至內廷，諭以自後每日輪班至養心殿，以滿語講授量法等西學，並將所講授的西學，翻譯滿文成書。神父們固然以滿語講解西學，同時也將天主教的祈禱詞譯出滿文。巴多明神父在書信中指出，天主教徒中的福晉們很少認得漢字，她們希望聽得懂祈禱詞的內容，而由巴多明神父負責將祈禱詞精華部

康熙皇帝與西洋天文學家　十七世紀
油畫　劉半農原譯《乾隆英使觀見記》

白晉、張誠編譯《幾何原本》康熙
年間滿文抄本　北京故宮博物院藏

分譯出滿文。《在華耶穌會士列傳》所載巴多明遺著目錄中第八種就是巴多明神父將法文〈教會祈禱文〉所譯出的滿文本，以供蘇努家中信教婦女閱讀，在中西文化交流的過程中，滿洲語文扮演了舉足輕重的角色。

滿文翻譯　折衝尊俎

　　康熙年間，中俄邊界糾紛，日益頻繁，終於引爆雅克薩之役。康熙二十七年（1688），清朝以索額圖為全權代表，與俄羅斯會議。翌年，訂立尼布楚條約。此後，中俄雙方商務交涉，文書往來，更加密切。民國二十五年（1936）八月，北平故宮博物院文獻館將清朝康熙、乾隆年間俄羅斯來文原檔整理出版《故宮俄文史料》一冊。清朝對俄羅斯行文，多用滿文、拉丁文、蒙文，俄羅斯來文則多為斯拉夫文。探討中俄關係，不能忽視滿文史料。錢德明神父致法蘭西科學院信中指出，宋君榮曾為那些涉及到中俄兩個交往的所有事務充當拉丁文與滿文的翻譯。宋君榮負責把所有來自俄羅斯官方的拉丁文信件譯成滿文，並把最初是滿文寫的清朝官方寄往俄羅斯的文書譯成拉丁文。對照滿文有助於了解文書處理過程。

　　在《故宮俄文史料》所收二十三件文書中，康熙朝共十九件，乾隆朝共四件，其中含有滿文十件。譬如滿文第四號文書原件是拉丁文，因俄文原件遺失，而據拉丁文恢復。滿文第三號文書首幅填注「dorgi amban songgotu de, oros i mos ke wa hoton i amban ifan i jasiha, latino hergen i bithe be si yang ni niyalma jang cen ubaliyambufi wesimbuhe manju bithe emke.」意即「俄羅斯莫斯科窪城大臣伊凡寄信內大臣索額圖，拉體諾文由西洋人張誠譯出滿

〈俄羅斯致清朝內大臣索額圖文書〉（局部）原件拉丁文由
西洋人張誠譯出滿文《故宮俄文史料》　國立故宮博物院藏

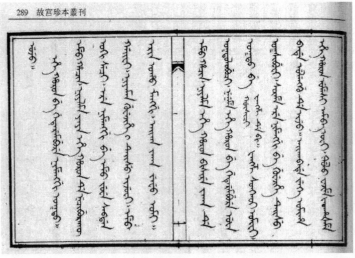

白晉、張誠撰　《西洋藥書》　清康熙年間內府精寫本

文一件具奏。」原書舊譯漢文「伊完」，滿文讀如「ifan」，漢字音譯當作「伊凡」。拉丁文，滿文讀如「latino hergen」，漢譯可作「拉體諾字」。原書舊譯「國務會議貴族大臣兼內政大臣索額圖」，滿文讀如「hebei amban bime hiya be kadalara dorgi amban songgotu.」意即「議政大臣兼領侍衛內大臣索額圖。」原書舊譯「大君主大皇帝」，滿文讀如「amba cagan han ejen.」意即「大皇帝察罕汗」，「察罕」（cagan），蒙古語，意即「白色的」，「察罕汁」（cagan han），即沙皇。原書舊譯「購買一切所需之品」，滿文讀如「suweni ba i jaka be cifun akū udabume」，意即「免稅購買爾處商品」。由滿文注記可知滿文第三號文書是由西洋人張誠據拉丁文譯出滿文。滿文第一號文書，原書舊譯「班第阿列罕巴」，滿文讀如「aliha amban bandi」，意即「尚書班第」。原書舊譯漢文對清朝職稱、人名、地名的翻譯，有待商榷之處頗品。因此，充分掌握滿文史料，可以提高譯文的信雅達。

滿文輿圖　尺幅千里

供職於內廷的西洋傳教士，大多擅長測繪地圖。康熙四十七年（1708）四月，白晉、費穩、雷孝思、杜德美等奉命測繪萬里長城位置及其附近河流，並前往蒙古繪製地圖。同年十月，費隱、雷孝思、杜德美等奉命前往北直隸各地測繪地圖。康熙四十九年（1710）六月，費隱、雷孝思、杜德美等奉命前往黑龍江一帶測繪地圖。院藏康熙朝輿圖，含有頗多滿文輿圖及滿漢兼書輿圖。探討中西文化的交流，不能忽視康熙年間滿文輿圖的繪製。

院藏滿文《黑龍江流域圖》，以水系繪製較詳。洪若翰神父信中所稱「sanglien-oula」，杜赫德神父信中所稱「saghalien-oula」，

滿文作「 」，滿文讀如「sahaliyan ula」，意即「黑江」，漢文作「黑龍江」。「黑龍江」，院藏《吉林九河圖》黃簽讀如「amal bira」。蒙文作「 」，漢譯作「阿穆爾河」，意即「寧靜的河」。黑龍江水系中額爾古納河（ergune bira）源出呼倫湖（hulun omo），又作「庫楞湖」。額爾古納河自西南流向東北，東折後經「yaksa hoton」，漢譯作「雅克薩城」。「yaksa」，是索倫語，意即「河彎塌陷處」。滿文《黑龍江流域圖》繪明中俄兩國以額爾古納河（ergune bira）、格爾必齊河（gerbici bira）為界，在格爾必齊河南側豎立石碑，碑上標注「oros emgi hešen be faksalame ilibuha wehe bei」意即「與俄羅斯分別豎立界石碑」。圖中所繪河名、碑址，與滿、漢文實錄記載相合。

洪若翰神父致拉雪茲神父信中指出，張誠神父奉康熙皇帝之命與安多神父前往克魯倫河流域等地繪製精確的地圖。由於張誠神父懂滿語，他在調查各處自然地理及人文地理過程中，能夠以

右圖：正面人體全圖（julergi beye i gelhun nirugan）《康熙硃批臟腑圖考釋》
中圖：背面人體全圖（amargi beye i gelhun nirugan）
左圖：側面人體肌肉圖（dalbashūn beyei yali farsi i nirugan）

滿洲語文與當地人交談，可以繪製較精確的地圖。康熙年間的滿文地圖，其測繪編纂，西洋傳教士做出了重要的貢獻。

滿文藥書　中西合璧

　　康熙皇帝自幼喜讀醫書，頗通中醫。他喜歡實驗，也懂得用藥。康熙皇帝巡幸各地，常令巴多明神父等人扈從。巴多明神父致法蘭西科學院書信中將他所見中國特有的藥草如冬蟲夏草、三七、大黃、當歸、人參的產地及其藥效，都作了詳盡的描述。康熙皇帝反對動輒服用人參。杜德美神父在書信中指出，人參能化淤活血，增加熱量，幫助消化，是具有明顯滋補強身作用的上佳良藥。他指出，「我不知道中國人為何稱它為人參？因為我並未見過稍有一點類似人形的人參。」他認為它被稱為人參的原因，「還是韃靼人對它的稱呼更有道理：「orhota」，即植物之首。」句中

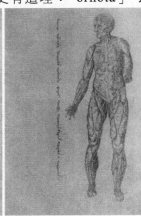

右圖：剖解正面人體肌肉圖（faksalame gaiha julergi beye i yali farsi i nirugan）
中圖：剖解皮脂層正面人體血管圖（sukū nimenggi gaiha julergi beyei senggi gocire geren sudala i nirugan）
左圖：剖解皮脂層背面人體血管圖（sukū nimenggi gaiha amargi beyei senggi gocire geren sudala i nirugan）

「orthota」，滿文作「🔲」，讀如「orhoda」，意即「草本植物之首」，杜德美神父的說明，符合滿文的詞義。

　　「金雞納」，滿文作「🔲」，讀如「gingina」，是「cinchona」的音寫，漢字音譯作「金雞納」。金雞納有退燒的作用，在康熙中葉以前，金雞納對治療瘧疾的功效，尚未受到京師朝野的注意。洪若翰神父致拉雪茲神父信中指出，金雞納在歐洲是最受人信賴的用於治療間歇熱的藥品。洪若翰神父與劉神父進宮時就帶了一斤金雞納進呈御覽。康熙三十二年（1693）五月，康熙皇帝因患瘧疾，張誠神父和白晉神父等人進呈金雞納，不到幾天，康熙皇帝就痊癒了。康熙五十一年（1712）七月，江寧織造曹寅因感受風寒，轉而成瘧。康熙皇帝即賜金雞納，並親書諭旨云：「🔲專治瘧疾，用二錢末酒調服。若輕了些，再吃一服，必要住的，住後或一錢，或八分，連吃二服，可以出根。」

　　《故宮珍本叢刊》第七二七冊收錄白晉神父和張誠神父合著《西洋藥書》，是康熙年間內府滿文精寫本。全書詳列三十六種滿文藥品名稱，並逐一說明用藥方法及其功效。其中含有頗多油類藥品，譬如袪除劇毒油、調胃油、療傷油、降腹內蟲油、治療神經痛油、治傷油、茴香油等等。茴香是多年生草本，其果實長橢圓形，香氣甚盛，可榨油以供藥用，並作香料。李時珍已指出，茴香結子，大如麥粒，輕而有細棱，俗呼大茴香。子小者謂之小茴香。自番舶來者，實大如柏實，裂成八瓣，謂之八角茴香。茴香油是一種精油，是由歐茴香的果實經蒸汽蒸餾而成。主要產於西班牙、德國、俄羅斯等地。茴香油可供藥用，肚子受涼引起肚腸絞痛時，可將茴香油放入暖酒服用。將茴香油、酒精、氨水混合製成的液劑，稱為茴香氨精，可供治療咯痰困難的支氣管炎等症。

「滷」是一種苦汁，或鹹汁。其中蒸煮寶石所成的滷汁，可治傷寒、瘧疾病後血氣虛弱症。蒸煮珍珠所得的滷汁，可保血補心，強氣固精。蒸煮珊瑚所得的滷汁，可治咳血、吐血、婦女病等症。硫磺是黃色帶青的結晶性固體，加熱至攝氏一百度以上熔解成黃色透明液體，具有消毒藥效。

《西洋藥書》中的蒸煮染青水、硫磺水等，可以強胃，促進食慾，傷寒、瘧疾發燒等症，可供散熱。粉末狀的藥品，習稱麵藥。《西洋藥書》中治療尿衝疼痛麵藥，可以治療因腎結石、膀胱結石阻礙排尿所引起的疼痛症。使用時，可將麵藥放入佳酒攪拌服用。滿文本《西洋藥書》的編著，在康熙年間中西文化交流史上具有十分重要的時代意義。

解剖醫學　滿文圖說

康熙皇帝和巴多明神父等人討論西學的範圍很廣，其中討論人體血脈及解剖等問題，頗受重視。康熙皇帝曾取出內務府庫藏一尊約三法尺高的銅人像，上面佈滿表示血管穴道的線條。巴多明神父指出，銅人像上所有線條都是平行的，而且幾乎全都同樣長短，並無靜脈或動脈線條，也不符合血管所在的位置。康熙皇帝承認銅像上的線條一點也不像血管和其他經脈。巴多明神父致法蘭西科學院書信中指出，若不在中醫知識中添加解剖學知識以指導醫生處方，並指導外科醫生進行手術，那麼中醫知識是不完善的。因此，康熙皇帝令巴多明神父把一部解剖學著作和一部醫學大全譯成漢文。《在華耶穌會士列傳》巴多明遺著目錄第三種就是譯成滿文的人體解剖學。

桑德史、李瑞爽合著《康熙硃批臟腑圖考釋》（臺灣：黎明出

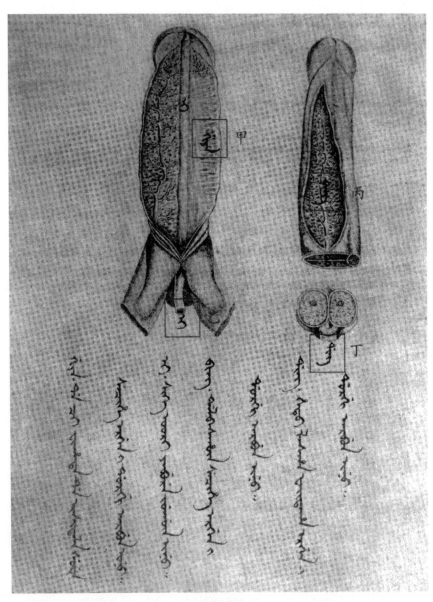

陰莖頭圖

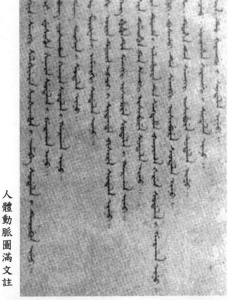

人體動脈圖滿文註

視神經圖

陰莖圖

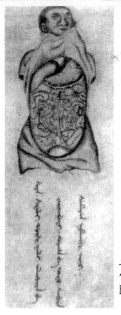

十二指腸圖

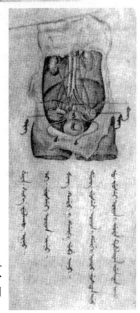

子宮圖

大
腸
圖

三
角
形
囊
圖

版社，1981）的內容，就是人體五臟六腑週身血脈圖。全書計九
十圖，其中六十圖附滿文注釋或圖說，詳載週身血脈，以滿文標
注。譬如圖一為「正面人體全圖」，圖二為「背面人體全圖」，圖
三為「側面人體肌肉圖」，圖四為「剖解正面人體肌肉圖」，圖五
為「剖解皮脂層正面人體血管圖」，圖六為「剖解皮脂層背面人體
血管圖」。

　　在原著人體週身血脈圖中的滿文圖說，頗為詳盡。為了便於
說明，可以圖七為例，將原圖滿文轉寫羅馬拼音，並譯出漢文。

　　giya. da ci fihata de isitala šuwe secihe ergen i dorgi arbun inu.

　　i . sike oori yabure jugūn iun.

　　bing. dalbashūn secihe ergen i dorgi arbun inu.

　　ding. hetu lasha faitaha ergen i dorgi arbun inu.

甲、係自根至龜頭豁開陰莖內景。

乙、係輸尿管、輸精管。

丙、係側面剖開陰莖內景。

丁、係橫斷切開陰莖內景。

　　人體週身血脈圖含有頗多不見於滿文辭書的解剖學相關詞彙，譬如「外頸」，滿文讀如「dargiya」，「內頸」，滿文讀如「meifen」，分別清楚。又如「視神經」，滿文讀如「tuwara sube」;「十二指腸」，滿文讀如「dergi narhūn duha」;「大腸」，滿文讀如「kerken duha」;「直腸」，滿文讀如「teru」;「迷走神經」，滿文讀如「jakūci jurui sube」，意即「第八對神經」;「陰莖」，滿文讀如「ergen」，意即「命根子」;「陰莖頭」，滿文讀如「fihata」;「子宮」，滿文讀如「jusei oron」;「卵巢」，滿文讀如「duhen」;「三角形囊」，滿文讀如「ilan hošonggo fulhū」;「四方形囊」，滿文讀如「duin durbejengge fulhū」等等，俱可增補滿文辭書的不足。

　　盛清時期，中西文化在相互接觸過程中，有選擇、改造、融合，也有揚棄。康熙皇帝對天主教的態度，從容教到禁教的轉變，是屬於中學為體的範疇;西洋傳教士供職於內廷，是屬於西學為用的範疇，康熙皇帝在中體西用的思想基礎上對方文化通過選擇、改造，而豐富了清朝傳統文化養分。康熙年間，在接觸、融合西方文化的過程中，滿洲語文確實扮演了重要的媒介角色。同時通過滿文譯本的流傳，也有助於西方文化的保存。

他山之石 ——
耶穌會士眼中的康熙皇帝

　　康熙皇帝（1622-1722）、雍正皇帝（1723-1735）、乾隆皇帝
（1736-1795），就是所謂的盛清諸帝。清世祖順治皇帝生八子，
康熙皇帝玄燁為第三子，生於順治十一年（1654）三月十八日，
順治十八年（1661）正月初九日，即皇帝位，時年八歲，改翌年
為康熙元年（1662）。由索尼、蘇克薩哈、遏必隆、鰲拜四大臣輔
政。康熙六年（1667）七月初七日親政，時年十四歲，在位六十
一年。康熙皇帝在位期間，勵精圖治，勤政愛民，開創了清朝的
盛運，奠定了盛世的基礎，他在歷史上的地位，受到肯定，他的
長相言行，都受到當時外人的重視。

　　《清史稿・聖祖本紀》記載，康熙皇帝「天表英俊，岳立聲
洪。」《大清聖祖仁皇帝實錄》記載，康熙皇帝的容貌是「天表奇
偉，神采煥發，雙瞳目懸，隆準岳立，耳大聲洪。」就是典型的
帝王相。康熙二十一年（1682），康熙皇帝二十九歲。是年正月二
十四日，朝鮮國王肅宗召見謝恩正副使及書狀官等人，詢問康熙
皇帝的容貌。據謝恩正使昌城君啟稱：「皇帝容貌，碩大而美。」
由此可以認識康熙皇帝的外表是英俊的。

　　康熙年間（1662-1722），奉召入京供職於內廷的耶穌會士，
絡繹不絕。康熙皇帝嚮往西學，善遇西士。南懷仁、徐日昇、白

晉、張誠等人，為康熙皇帝進講西學，都成了康熙皇帝的西學講師。康熙皇帝與耶穌會士互動良好，查閱耶穌會士的書信、日記等資料，有助於了解康熙皇帝其人其事。

南懷仁眼中的康熙皇帝

南懷仁（Ferdinandus Verbiest,1623-1688），比利時人。他因渴望改變異教徒的信仰，與衛匡國（Martin Martini）同時奉派來華。清世祖順治十五年（1658），南懷仁抵澳門。次年，至西安傳教。順治十七年（1660）五月，奉召入京協助湯若望（Joannes Adam Schall von Bell）修曆。康熙皇帝沖齡踐祚，輔政大臣鰲拜、江南徽州府新安衛官生楊光先等仇視天主教，反對西學，湯若望等人被拏問治罪。康熙八年（1669），平反冤獄，授南懷仁為欽天監監副。西洋曆法的勝利，引起康熙皇帝對南懷仁的重視。他禮遇西洋傳教士，接受西學。徐志敏、路洋譯南懷仁原著《韃靼旅行記》一書已指出，南懷仁富有學問，他經常謁見康熙皇帝，為他進講天文學、數學等自然科學知識，以及西方哲學和音樂。康皇帝在征剿三藩期間，曾命南懷仁監造火礮。康熙二十一年二月十五日（1682.03.23），康熙皇帝因平定三藩之亂東巡謁陵。《起居注冊》記載如下：

> 上以雲南底定，海宇蕩平，前詣永陵、福陵、昭陵告祭。辰時，詣太皇太后、皇太后宮問安。上率皇太子駕行，在京諸王、文武群臣於午門外跪送。上出東直門，駐蹕三河縣采果營東。是日，駐防三河縣城守尉納稜額、三河縣知縣俞孝昌、城守守備白普等來朝。

康熙皇帝東巡的原因，主要是「以雲南底定，海宇蕩平」，平

定三藩之亂，而謁陸告祭。康熙皇帝東巡期間，南懷仁陪侍巡行，並寫下了《韃靼旅行記》。書中除了記載隨行隊伍、遼東風貌、途中狩獵活動外，也同時記載了南懷仁對康熙皇帝的觀察和描述，對於認識康熙皇帝，提供了頗多珍貴的參考史料。

　　南懷仁在《韃靼旅行記》中指出，在三月二十三日，康熙皇帝開始遼東之行。遼東地區是康熙皇帝父祖的誕生地，也是滿族的故鄉。皇帝的這次巡幸，既是依照慣例參謁祖宗的陵寢，同時也是為了親自巡視自己統治下的東部滿洲地區，即原先女真族生活的邊疆之地。

　　康熙皇帝東巡的隊伍，共約七萬人。康熙皇帝騎馬走在隊伍前面，緊跟著的是隨駕的十歲皇太子，隨後是三位后妃，她們各自乘坐鍍金轎子。再後是諸王、各級官員，所有這些人又被眾多的隨員和侍從簇擁著。南懷仁奉旨參加了這一東巡的行列，一路上陪待著康熙帝。南懷仁的任務是要用科學儀器觀察並記載大氣和土地的情況，以及所到之地的緯度、磁針差度、山的高度。其次也要回答康熙皇帝關於天文、氣象等問題的詢問。因此，南懷仁被安排在他的左右。康熙皇帝從御廄中撥出十多匹馬供南懷仁使用，以備他騎的馬疲勞時可以隨時替換。

　　東巡道路一直向東方延伸，道路的左邊是北方，沿路崇峻雄偉的山脈一直與道路相平行。從北京直到遼東的入口處，都是平坦大道。而在遼東境內，東巡隊伍走的全是高低不平的丘陵或山地。旅程的最後一段，都是巍峨的峻嶺和深陡的溪谷。據《起居注冊》記載，康熙二十一年（1682）二月十六日，駐蹕薊州賢渠莊東。是月十七日，駐蹕玉田縣城東。十八日，駐蹕豐潤縣城西北。十九日，駐蹕灤州王家店東北。二十日，駐蹕盧龍縣范家莊北。二十一日，駐蹕撫寧縣城西。二十二日，駐蹕山海關西二十

里鋪地方。二十三日，出山海關。是日，行圍，有三虎，上射之，
斃二虎，皇太子射斃一虎。駐蹕王白河地方。南懷仁著《韃靼旅
行記》一書對山海關外的行圍活動記載較詳，原書指出，山海關
這座城堡南面臨海，北燕山山麓，是長城的關口，也是遼東和直
隸的分界。經過山海關後，康熙皇帝連同王侯百官從此每天都要
狩獵，因此，離開大道，進入大道左邊的山嶺中。康熙皇帝從禁
衛軍中，挑選出三千名弓箭武裝的士兵，他們按照一定的順序和
間距，列隊繞著山峰，向兩側擴展，圍成了一個半徑約三里的環
形。等環形的所有位置固定好後，全隊成一條線前進。前面無論
是溝谷山澗，還是荊棘深叢，甚至是險陡的山崖，任何人都必須
攀涉，不准左右串動，離開隊伍。這個環形隊伍橫越了山嶺和澗
谷，把野獸圍困起來，再漸漸地移向一塊沒有樹木的低地。這時，
半徑三里的圓環，慢慢縮小到半徑只有二、三百步。於是，士兵
們一齊下馬，步比步，肩併肩地繼續圍在一起。那些從洞穴裡、
從棲息地被趕出來的野獸，在這個圈中東竄西跳也找不到逃路，
在窮追猛打中，最後都乖乖就捕。南懷仁親眼目覩用這種辦法，
僅僅半天時間就捕獲了三百多隻牡鹿、狼、狐狸等野獸，至於所
獵取的老虎，則是使用其他武器擊斃的。

　　據《起居注冊》記載，康熙二十一年（1682）二月二十四日，
康熙皇帝射斃二虎。是日，駐蹕中後所東。二十五日，康熙皇帝
射斃二虎，駐蹕寧遠州西。二十六日，駐蹕錦縣七里河。二十七
日，駐蹕大淩河東。二十八日，康熙皇帝行圍，射斃二虎，駐蹕
廣寧縣閭陽驛地方。二十九日，駐蹕廣寧縣羊腸河東。三十日，
駐蹕滾腦兒地方。同年三月初一日，駐蹕白旗堡地方。初二日，
康熙皇帝於遼河網魚，駐蹕遼河西。初三日，駐蹕永安橋西。初
四日，是日早，康熙皇帝至盛京，盛京文武官員郊外跪迎。辰時，

康熙皇帝率皇太子、扈從諸王、貝子、公等，蒙古諸王、台吉、
內大臣、侍衛、文武三品以上官員謁福陵、昭陵。是日，駐蹕盛
京城東北。初五日早，康熙皇帝等詣福陵，以雲南底定，海宇蕩
平，讀祝焚楮，大祭寶城。是日，康熙皇帝移駐盛京城內。初七
日早，詣昭陵，大際寶城。初八日早，詣昭陵，祭隆恩殿。初九
日早，康熙皇帝自盛京詣祀永陵。康熙皇帝行圍，射殪一虎。是
日，駐蹕琉璃河地方。初十日，行圍，射殪三虎，駐蹕札凱地方。
十一日早，謁永陵，大祭。十二日早，康熙皇帝巡行烏喇地方。
是日，行圍，射殪一虎，駐蹕嘉祜襌地方。十三日，行圍，射殪
三虎，駐蹕鄂爾鐸峰曾家寨。十四日，行圍，射殪二虎，駐蹕哈
岱河地方。十五日，行圍，射殪一虎，駐蹕鵒鷹鼻地方。十六日，
行圍，射殪五虎，駐蹕庚格地方。十七日，行圍，射殪三虎，駐
蹕庫魯地方。十八日，駐蹕三丸地方。十九日，行圍，射殪四虎，
駐蹕夸蘭河地方。二十日，行圍，射殪一虎，駐蹕阿爾灘訥門地
方。二十一日，行圍，射殪二虎，駐蹕賽穆懇河地方。據南懷仁
著達韃靼旅行記）記載，康熙皇帝東巡期間，獵取到六十多隻老虎。
康熙皇帝到達瀋陽後，朝鮮人向康熙皇帝進獻活海豹。康熙皇帝
諭令將這種「魚」送到北京精心養護。

　　據《起居注冊》記載，康熙二十一年（1682）三月二十二日，
康熙皇帝駐蹕黃河地方。二十三日，駐蹕薩龍河地方。二十四日，
駐蹕蘇通地方。二十五日午時，康熙皇帝至烏喇吉臨地方，率皇
太子及扈從人員詣松花江岸，東南向，望秩長白山，行三跪九叩
頭禮，因其地為祖宗龍興之地。是日，駐蹕烏喇吉臨軍屯地方。
二十六日，駐蹕烏喇吉臨軍屯地方。二十七日辰時，康熙皇帝登
舟，泛松花江，往大烏喇，駐蹕虞村。二十八日、二十九日，駐
蹕大烏喇虞村。四月初一日，康熙皇帝於虞村南松花江網魚，賜

蒙古諸王、台吉並內大臣、侍衛等。南懷仁著《韃靼旅行記》一書指出，康熙皇帝東巡的終點是松花江。松花江是漢人的稱呼，滿洲人則稱這條河流為「松嘎里」（sunggari ula）。原書指出，遼東地區的村鎮全已荒廢，四處殘垣斷壁，瓦礫狼藉。但是，遼東的首府瀋陽卻相當寬敞、美麗的，作為帝王的故鄉，它具有一種神聖不可侵犯的象徵意義。瀋陽的緯度，南懷仁作了反復觀測，確定為 41 度 56 分，比北京高兩度。南懷仁作了反復試驗，指針沒有變動。

松花江發源於長白山山峰高聳入雲，山頂長年積雪，因此取名長白山。沿著長白山的山麓和其支脈一帶，是滿族祖先的發祥地。因此，康熙皇帝一到江畔，便立刻下馬，面向南邊，向長白山三叩首，表示祭山祭祖之意。康熙皇帝便到了松花江畔的吉林城。南懷仁在《韃靼旅行記》一書中指出，吉林城的居民擅長製造一種特殊結構的船，裝上索具，可以向東北航行幾百里，在那些河川之中出沒自如。在吉林休息兩天後，康熙皇帝帶著幾位皇族成員，率領二百多艘船順江到達烏喇。烏喇是當時全遼東最著名的城市，也是個臨江城市，離吉林城約有三十二里。南懷仁指出，烏喇城的緯度是 44 度 20 分，指針則自南往西偏出了 1 度又 40 分。烏喇江的上流盛產鱘鰉魚，南懷仁指出，康熙皇帝的烏喇之行，就是為了釣這種魚。烏喇城是這次東巡的終點，休息幾天後便開始了返京的旅程。康熙帝在東巡期間並未忘記攜帶他的星座圖表，討論西學更是他的重要功課。南懷仁指出，在一個夜空明澈的晚上，康熙皇帝看著半圓形的天空，讓南懷仁用漢語和他的母語把主要的星座講給他聽，康熙皇帝想要以此表明他對自然科學知識的了解。康熙皇帝又拿出幾年前南懷仁等人為他製作的小型星座圖表，依據星座的位置說出時刻來。在東巡整個的旅程

中，南懷仁一直騎著皇帝的馬，常和康熙皇帝討論天主教的信仰。
是年五月初三日早，康熙皇帝回鑾，率內大臣、侍衛詣孝陵，又
詣兩皇后陵寢奠酒。五月初四日（06.09）酉時，即下午五點鐘至
七點鐘，康熙生帝入東華門，詣太皇太后、皇太后宮問安畢後回宮。
但據南懷仁的敘述，南懷仁是在 6 月 9 日夜半才平安到達北京。

白晉眼中的康熙皇帝

　　康熙二十四年（1685），法王路易十四派遣以洪若翰（Joan, de
Fontaney）為團長的法國教團來華活動，白晉（Joachin Bovet,
1656-1730）是其中一位耶穌會傳教士。康熙二十七年（1688），
白晉等人入京供職。康熙三十二年（1693），白晉奉康熙皇帝之命
返國。《康熙大帝傳》是白晉在康熙三十六年（1697）撰寫呈給路
易十四的一份秘密報告。馬緒祥譯《康熙帝傳》，徐志敏、路洋譯
《老老外眼中的康熙大帝》，內容大同小異。白晉除了呈獻《康熙
大帝傳》外，還呈獻一幅康熙皇帝畫像。白晉在《康熙大帝傳》
中指出，白晉唯一擔心的，就是畫家的筆是否會歪曲康熙皇帝本
人的形象，然而可以斷定的是，盡管這幅畫並不能細致入微地描
繪出皇帝本人的神態，但是這些線條是嚴格按照他的真實形象鉤
畫出來的。

　　康熙三十六年（1697），康熙皇帝年四十四歲。《康熙大帝傳》
指出，康熙皇帝威武雄壯，儀表堂堂，身材高大，舉止不凡。他
的五官端正，雙目炯炯有神，鼻尖略圓而稍顯鷹鈎狀。雖然臉上
有一點天花留下的痘痕，但是絲毫不影響他的美好形象。

　　《康熙大帝傳》對康熙皇帝的御衣服飾，也有簡單描述。原
書指出，皇城彷彿是一座瑰麗的城市。從宮殿外在的宏偉壯麗上，

立即可以判斷出這是聞名天下的大帝居住之地。但是從皇帝的內室來看，卻完全看不出這一點。康熙皇帝的內室裝飾著兩三張壁畫、金屬鑲嵌的飾物以及相當粗糙的彩色織綢緞，這種綢緞在中國是很普通的，所以不屬於奢侈品。從康熙皇帝日常的服飾和日用品上，也可以看出他身上所具有的樸素美德。他冬天穿的皮袍是用兩三張黑貂皮和普通貂皮縫製而成的，這種皮袍在宮廷中極為普通。此外康聖皇帝御衣都是用非常平常的絲織品縫製的。陰雨天時，他常常穿一件很普通的羊毛呢絨外套。在夏季，有時可以看到康熙皇帝穿著用麻布做的上衣，除了舉行儀式的場合外，康熙皇帝的裝束上唯一能夠看到的稱得上奢華的東西，就是在夏天他戴的帽簷上鑲著一顆大東珍，這是滿族的風俗習慣。

康熙皇帝騎馬外出時，裝飾樸素，御用馬具只不過是一副漂亮的鍍金鐵馬鐙和一根金黃色的絲絨編製的韁繩。平常不騎馬的時候，康熙皇帝在皇城內外乘坐一種用人擡的椅子，這種椅子類似於木製的轎，粗糙的木材上面塗著油漆，有幾處鑲嵌著銅板，幾處點綴金紛木雕等簡單裝飾。白晉進一步指出，亞洲的君主們一貫喜歡炫耀自己的奢侈和豪華，所到之處，無不鋪張浪費，但是這種情形在康熙皇帝周圍卻根本看不到。康熙皇帝卻過著簡樸的生活，僅就其衣著而言，絲毫看不出他有奢侈浪費的跡象。康熙皇帝雖然自己力求節儉，但對於國家的正當開銷卻特別慷慨。例如為了修繕官署，以及為了改善人民生活、促進商業發展而治理河流、運河，建設橋樑、修造船隻等等，他經常撥出巨款。康熙皇帝懂得節約的意義，他的樸素生活，完全出自他的高尚情操。

康熙皇帝喜歡狩獵，這也是他愛好樸實而健康的生活的表現。康熙皇帝經常穿著十分粗糙的裝束，在山林中縱馬奔馳，不是射取獵物。康熙皇帝喜歡那些能夠吃苦耐勞、富有犧牲和奉獻

精神的人，賜予他們特殊的榮譽，而對於那些追求安逸享樂的人，他一定要予以嚴厲斥責。康熙皇帝不管到達何地，他都像在北京那樣勤奮地處理政務，孜孜不倦。他不斷批閱奏章，決定要事，當天的政務決不拖延到第二天。為此，他常常工作到深夜，就這樣以睡眠時間來彌補打獵娛樂花費的時間。這樣的生活並非只有幾天，而要持續兩三個月，在此期間，康熙皇帝往往一天也不休息，直到狩獵結束。

《康熙大帝傳》中指出，康熙皇帝非但不沉溺於女色之中，而且能夠有意識地採取一切辦法加以避免。康熙皇帝從不進行任何有害的娛樂活動，他喜歡旅行、釣魚、賽馬習武、讀書、研究科學等健康的活動，從中尋高尚的樂趣，他很少帶妃嬪出去長途旅行。他從來厭惡整天無所事事、安逸閑適的生活，也極力反對頹廢不健康的生活作風。他花費很多的時間來閱讀中國古籍、研究西洋科學。不管在京城和行宮，或北巡各地，康熙皇帝常用剛會使用的天文儀器，在廷臣們面前進行各種測量學和天文學方面的觀測。

當白晉等人向康熙皇帝報告了在路易十四時代為發展科學和藝術而設立了規模宏大的科學院，並不斷獎勵那些學有專長的人們，從而使得法國的科學和藝術趨於盡善盡美的境地。康熙皇帝便仿效法國科學院，在皇宮裡建立了一個科學院，其中有繪畫家、版畫家、雕刻家、鐘表匠及製造天文儀器的其化工匠。《康熙大帝傳》中有一段記載說：

> 後來，我接到康熙皇帝諭旨，令我一回到法國就要親自請求路易大帝陛下盡可能地多派些傳教士來中國傳教，就像現今在皇帝御前服務的那幾位傳教士一樣，顯然，那幾位耶穌會士讓他感到非常滿意。這是因為康熙皇帝希望招請

的是精通各門科學和藝術的耶穌會士，也就是路易大帝的臣民。這位皇帝是想在皇宮建立一個類似於法國王室科學院的那種科學院，由已在中國的耶穌會士和新來的耶穌會士組成。康熙皇帝之所以產生要在法國招聘耶穌會士建立一個科學院的想法，是因為在看了我們用滿文撰寫的一本介紹法國王室科學院的部分文化職能的小冊子後，他對這些職能有了深刻的認識。此外，皇帝平時就考慮編纂關於西洋各種科學和藝術的漢文書籍，並使之在國內流傳。因此，皇帝希望這些著作的內容均從純科學的最佳源泉法國王室科學院中汲取。

白晉等人用滿文撰寫的小冊子，使康熙皇帝深刻的認識了法國王室科學院的文化職能。康熙皇帝在皇宮也想設立科學院，這個科學院似即養心殿的造辦處。

康熙初年，在新舊曆法之爭期間，康熙皇帝認識到了西洋天文學的先進之處。南懷仁還為康熙皇帝講解了主要天文儀器、數學儀器的用法以及幾何學、靜力學、天文學中最新最簡要的內容，也編寫了教材。中俄簽定尼布楚條約後，康熙皇帝比先前更加熱心地努力鑽研西洋科學。白晉、張誠等人奉命進講西學，有的人用漢語講，有的人用滿語講。由於滿語遠比漢語要清楚明白、易於理解，張誠、白晉已經可以比較準確地使用滿語，於是康熙皇帝決定由張誠、白晉用滿語進講西洋科學。張誠、白晉奉命用滿語進講《歐幾里德原理》，康熙皇帝勤奮用功。為了便於講授，康熙皇帝將他的御膳處專門闢出來，作為張誠、白晉講課的場所。

《康熙大帝傳》指出，按照康熙皇帝的諭旨，每天早晚張誠、白晉進宮和出宮，都由上馴院備馬負責接送，有兩位精通滿漢兩種語言的內廷官員被指派協助張誠、白晉準備進講的文稿，另有

書吏們將文稿謄寫清楚。《康熙大帝傳》對康熙皇帝的學習態度有
一段敘述說：

> 我們每天進宮對皇帝口授文稿內容時，皇帝總是非常認真
> 地聽講，並反覆練習，親手繪圖，不懂即問，就這樣持續
> 整整幾個小時，他都和我們在一起學習討論。講課結束後，
> 他會把文稿留在身邊，在內室裡反覆閱讀。同時，皇帝還
> 經常練習運算和儀器的使用，復習歐幾里德的主要定律，
> 並努力將其推理過程記住。有一天皇帝甚至說，他打算把
> 這些定律從頭至尾閱讀十二遍以上。就這樣，通過五、六
> 個月的學習，康熙皇帝精通了幾何學原理，進步顯著，以
> 至於一看到關於某個定律的幾何圖形，就能立即想到這個
> 定律及其證明過程。為方便皇帝的學習，我們將這些定律
> 用滿語翻譯出來寫成文稿，並在其中補充了歐幾里德和阿
> 基米德著作中的必要而有價值的定律和圖形。除了上述課
> 程以外，康熙皇帝還掌握了比例規的全部操作法、主要數
> 學儀器的用法和一些幾何學及算術的應用方法。康熙皇帝
> 從事這些研究工作所表現出來的耐心細緻讓人難以置信。
> 儘管那些定律中包含著極為複雜的問題，而且我們在進講
> 時也不太注意君臣禮節，但皇帝從不感到厭煩。最初，皇
> 帝比較難以理解我們解釋的某些證明題，這是因為這些證
> 明題本身確實難懂，而且更確切地說，主要因為語言上的
> 障礙使得我們不能靈活地運用恰當的詞彙來清楚地表達意
> 思。但是不管怎樣，碰到這類證明題時，皇帝總是不厭其
> 煩地反覆探討其解法，他時而向這個傳教士，時而向那個
> 傳教士再三垂問。然而在很多時候，我們總是很難像自己
> 所期望的那樣幫助皇帝透徹地理解那些問題，在這種情況

下，皇帝就要要求我們改日再進行講解。當時他那種高度
自覺而專心致志地聽我們講課的情形，讓人對他欽佩之
至。有一天，皇帝跟我們談到過他自己在學習方面的心得。
他說，對於刻苦學習科學知識，他從未感到過苦惱。他頗
有感觸地追求，自從他的少年時代起，為了學習規定的一
切知識，他磨練了堅韌不拔的毅力，並培養了專心致志的
學習習慣。康熙皇帝充分掌握幾何學原理之後，又希望學
習應用幾何學，他旨諭傳教士們用滿文編寫一本囊括全部
理論的應用幾何學問題集，並用講解幾何學原理時所用的
教學方法給他講解應用幾何學。同時，皇帝還旨諭安多神
父用漢文編寫一本算術和幾何計算問題集，並要求這本書
是中西同類書籍中內容最為豐富的一部。在研究數學的過
程中，皇帝領略到了極大的學習樂趣，因此，他每天都要
和我們在一起學習兩三個小時。此外，在內室裡，無論晝
夜，皇帝都日益把更多的時間用於鑽研數學。康熙皇帝一
向厭惡衰萎不振、庸庸碌碌的生活，因此，即便他工作到
深夜，次日早晨仍然起得很早，這使得我們經常要注意盡
早進宮謁見皇帝。但仍然有好幾次我們還未動身時，他傳
召我們進宮的諭旨就已經到達了，而有時這只是為了讓我
們去審閱他在前一天晚上所做的算題。之所以這樣，是因
為每當學習到幾何學中最有價值的知識時，皇帝總是抱著
濃厚的興趣要把它們應用於實際，也會練習數學儀器的操
作，由此可知，為了獨立解決我們曾給他講解的那些知識，
康熙皇帝作出多麼大的努力，這不得不讓人欽佩有加。

　　康熙皇帝從事研究工作時，他的耐心細緻令人難以置信。康
熙皇帝專心致志聽講的情形，也讓人對他十分欽佩。康熙皇帝刻

苦學習科學知識，他從未感到過苦惱。他總是把所學到最有價值
的知識抱著濃厚的興趣應用於實際。康皇帝喜歡自己琢磨觀測儀
器和測量儀器的用法，除了傳教士所獻儀器以外，康熙皇帝還希
望多製作幾種其他儀器。白晉等人初到北京時，曾將法國皇家科
學院學者發明的觀測日蝕和月蝕的天文儀器獻給了康熙皇帝。康
熙皇帝非常珍視這些儀器，讓人把它們搬進自己的內室，安放在
御座兩旁。康熙皇帝很早就制訂了計劃，想把西歐的全部科學移
植到中國來，並使之在全國到普及。康熙皇帝不僅重視法國製作
的天文儀器，而且對來自法國的所有藝術品都高度讚賞。白晉指
出，康熙皇帝要發展科學和藝術，其目的就是想使自己統治的時
代成為太平盛世。

　　康熙皇帝在研究幾何學以後，又希望研究哲學。為此，康熙
皇帝諭令白晉、張誠兩人用滿文編寫進講哲學的講稿。但是，鑒
於康熙皇帝的健康情況，白晉、張誠停止了按照最初編排的順序
進講哲學，而對康熙皇帝進講解剖學。這門課程既適合康熙皇帝
的身體狀況，又能滿足其特殊興趣。《康熙大帝傳》一書指出，中
國自古以來就出了很多名醫，然而人們對解剖學的知識卻仍很模
糊。因此，白晉等人要使康熙皇帝明確認人體各部分之間的相互
關係，然後才能進一步了解它們彼此相互關聯的生理機能。所以
首先必須編寫詳盡的講稿，以進講整個人體的結構及其各個組成
部分的一般知識。在解剖學的講稿裡，白晉等人收羅了當時最珍
貴、最有價值的有關這門科學的全部發現。白晉等人曾將銅版印
刷的解部圖及其說明文字，以及十幾條解部學定理，一起呈獻給
康熙皇帝。他一看到這些圖文，神情大喜，為了表示對解剖學定
理的重視，他諭令從御用畫師挑選了一名擅於細繪的畫師，描繪
解部圖。耶穌會士進講西學的範圍很廣泛，康熙皇帝也禮遇耶穌

會士，互動和諧。《康熙大帝傳》有一段記載云：

> 每天，皇帝都和我們在一起達一兩個小時，而且在此期間，
> 房間裡只有兩三個宦官陪待。我們和皇帝談論關於西洋科
> 學、西歐各國的風俗、傳聞，以及其他各種問題。其中我
> 們最願意對皇帝談起的話題，就是關於路易大帝的宏偉業
> 績，而這樣也可以說是康熙皇帝最喜歡聽的話題。在進行
> 這樣的談論的時候，皇帝竟讓我們坐在御座的兩旁，要知
> 道，除皇子外，任何人都不可能得到皇帝的這種特殊恩賜。

康熙皇帝對西洋科學、西歐各國的風俗、傳聞，包括法蘭西
路易十四的豐功偉業，都極感興趣。他對西洋傳教士也非常的禮
遇，進講西學的白晉、張誠等人，准許他們坐在御座的兩旁。白
晉等人認為這是康熙皇帝給他們的特殊恩賜。

張誠眼中的康熙皇帝

張誠（Franciscus Gerbillon），法國人。康熙二十四年（1685），
奉法路易十四派遣，與洪若翰（Joan. de Fontaney）、白晉（Joachin
Bouvet）、李明（Ludovicus le Comte）、劉應（Claudius de Visdelou）
等耶穌會士來華傳教。康熙二十七年（1688）正月初六日，張誠
等人抵達北京。張誠與白晉供職內廷，同時學習滿、漢文字。康
熙二十八年（1689），中俄邊界交涉，張誠和徐日昇奉命為清朝談
判使團的翻譯。張誠曾為康熙皇帝進講西學，常隨康熙皇帝出外
巡行，每次出外巡行，都留下頗為詳細的日記，包括對康熙皇帝
個人的描述，頗具史料價值。康熙三十年四月十二日（1691.05.09）
康熙皇帝巡幸多倫會盟。是日，據《起居注冊》記載：

> 十二日丁卯，上巡察邊外蒙古等生計，又以邊之極北喀爾

喀囊雖進貢，其汗等未曾親身歸順。今喀爾喀汗等親率所
屬數十餘萬人來歸，故往撫綏安輯。由東華門出東直門，
駐蹕牛欄山。是日，順義縣居住城守尉卓博爾圖等知縣吳
元臣等來朝。

由引文內容可知康熙皇帝是為撫綏安輯外蒙喀爾喀而巡察邊
外，駐蹕牛欄山。據徐志敏等譯《張誠日記》記載：

5 月 9 日，黎明之前，皇帝便從北京出發，前去舉行一次
韃靼地區的部族集會，隨行的有親王、大臣、都統，內務
府官員、諸多的宮廷侍從等，還有大量的士兵同時從另一
條路出發。在宮廷內院舉行了皇帝的出行儀式，我和白晉
神父也參加了。皇帝見到我們時，立即派人去詢問徐日昇
的情況，然後又諭令我陪侍他前往。出城的一路上，大道
兩邊旌旗招展，鼓樂齊鳴，禁衛軍護衛兩旁。而後我們來
到一個名叫王京的村落，在那裡用餐，這個村子距離北京
約為兩里格。我很榮幸地得到皇帝御賜的肉食、米飯、奶
酪，還有皇帝自己飲用的韃靼茶。陛下還命我和禁衛軍的
統領們一同進餐，並坐於二品官員的首位。餐後，我們行
進了八十里，中午時分，到達一個叫做牛欄山的地方，停
駐下來。根據皇帝的旨意，我可以自由地進入他的寢處。
不久，皇帝派人來告知我，說他想看一些數學書，要在旅
途中復習他學過的《實用幾何學》，他說到，由於厄魯特問
題的困擾，他已經有一段時間沒有充分練習幾何學習題
了。皇帝陛下隨即派內侍返回北京去取《實用幾何學》和
《幾何學綱要》。晚上，皇帝召見了我，並要我坐在他的側
旁。他提了幾個幾何學的問題，還做了幾道以前學過的證
明題，以作為復習。

　　對照《起居注冊》可知《張誠日記》中所載時間和地點彼此相合的。康熙皇帝駐蹕牛欄山時，在他的寢處復習幾何學，演算證明題，也和張誠討論幾何學問題。

　　四月十三日（05.10），駐蹕密雲縣，《起居注冊》記載簡略。《張誠日記》記載較詳，原書指出，到達密雲駐宿地後，康熙皇帝派人詢問關於星體的幾個問題，主要是關於北極星運動的問題。張誠拿出帕迪斯神父的天體圖給康熙皇帝看，張誠已在圖上用漢字注明了各星的名稱和星座位置。到了晚上，康熙皇帝和張誠一同研究了十多個三角學問題，張誠坐在康熙皇帝的身旁整整有一個小時。在張誠的幫助下，他領會了三角學問題的證明方法。

　　四月十四日（05.11），駐蹕石匣城。張誠指出，到達石匣城不久，康熙皇帝詢問張誠幾個問題：石匣緯度超過北京多少？在計算子午線投影時要作何改換？討論完後，康熙皇帝來到院子裡，用弓射麻雀和鴿子，張誠曾親眼看見康熙皇帝成功射中了三隻鴿子。然後回到寢室休息，康熙皇帝在熱天裡有每天中午休息的習慣。

　　四月十五日（05.12），據《起居注冊》記載，康熙皇帝令管理古北口等處總兵官蔡元標下眾官兵於平野布陣，觀其軍容。以其進退有序，布列整齊康熙皇帝善之云云，記載簡略。《張誠日記》記載，康熙皇帝等離開石匣鎮後，走了三十里，在老鴉屯吃飯。接著又繼續行進了三十里路，到達長城的古北口，在這裡休宿。離古北口半里處，當地駐軍，包括七、八百名步兵，五十名騎兵，都集中於一處，在大道兩側擺開戰鬥隊形，等候皇帝檢閱。康熙皇帝視察了隊形後，騎馬到一處高地，然後下馬觀看軍隊演習。演習開始是八行列隊，每行間隔五至六步，行列後還有五十至六十輛小型礮車，這些礮車不是用馬拉的，而是由人推著前進的，

隊伍的兩翼各部署了幾名騎兵，他們做了幾個動作，放了幾鎗。
其信號是附近高地上的一兩支火鎗發射的，營部則以號角、銅鑼
等響應。張誠指出，像這樣八百人一營的步兵，肯定連法蘭西一
百人組成的騎兵中隊的衝擊也抵擋不住。但是這支軍隊卻受到了
檢閱者的讚賞。康熙皇帝親自賞賜指揮官一件黃馬褂和一匹馬，
這件黃馬褂和康熙皇帝自己平常穿的是一樣的。理藩院尚書派人
奏報蒙古地區因為草剛長出，糧草不足，預備出席會議的幾位蒙
古首領未能趕到。因此，康熙皇帝決定次日在古北口駐蹕。康熙
皇帝詢問張誠幾個問題，主要是關於利用星座測定北極高度的方
法以及羅盤針角度偏差的問題。

　　四月十六日（05.13），康熙皇帝駐蹕古北口行宮。是日，張
誠用半圓儀測定了古北口的太陽子午線高度，並作了記錄。《張誠
日記》記載，張誠把半圓儀呈獻給康熙皇帝，他十分珍惜重視這
個儀器，專門命令一位騎士將它背在後背上隨身攜帶。張誠測得
古北口太陽上沿的高度是 68 度 6 分。晚上進講完幾何學之後，張
誠就把根據觀察得到的北極高度的計算結果以及子午線投影的計
算結果呈獻給康熙皇帝，他感到十分滿意，並對張誠等用滿文編
寫的《實用幾何學》給予極力稱讚。

　　四月十七日（05.14），《起居注冊》記載是日康熙皇帝出古北
口駐蹕鞍匠屯，內容簡略。《張誠日記》記載較詳，是日，天還沒
有亮張誠等人就同康熙皇帝出發，在路上的一個小屋裡進餐，在
這裡進行了摔跤比賽。原書詳細描述了宮廷摔跤手和喀爾喀、蒙
古人摔跤的活動。原書對駐蹕鞍匠屯的活動，記載頗詳。張誠指
出，鞍匠屯離古北口八十里，康熙皇帝詢問張誠歐洲皇帝是否外
出狩獵，他們是怎樣打獵的？在鞍匠屯這裡，康熙皇帝吩咐侍從
準備好射擊的靶子後，便開始進行射擊練習。首先是使用鎗彈，

張誠看到康熙皇帝用單發鎗彈射擊了三十次，其中數發命中目標，特別有三次是在跑動中射擊。康熙皇帝親自裝填彈藥，目標是一塊巴掌大的木板，距離有六、七十步遠。皇三子胤祉（in c'y）射擊兩發，其中一發擊中目標。但其他大臣們卻一發未中。然後，康熙皇帝開始和他的御前侍衛用弩練習射擊，其中一個侍衛，是好射手，但他的技術卻比不上康熙皇帝。康熙皇帝使用了兩種弩：一種用箭；一種用燒泥彈丸。他的射術十分高超。最後，康熙皇帝召來五名最好的弓箭射手，其中一個喀爾喀的摔跤手，他的命中率極高。康熙皇帝也中靶多次，相比那些好射手，毫不遜色。

　　四月十八日（05.15），《起居注冊》記載，康熙皇帝駐蹕博羅諾地方。是日，康熙皇帝以親射之鹿賜內大臣侍衛部院衙門官員。《張誠日記》記載較詳，時空相符。原書指出，早上七點才出發，走了五十里，然後在一個名叫博羅諾的平原上宿營。康熙皇帝要沿途打獵，為此，張誠等人從五、六座大山裡穿行。山裡長滿荊棘，山路難行，歐洲的馬要走過去肯定有困難，但滿洲馬可以不費力地通過。康熙皇帝命人組成兩個圍圈進行圍捕，外面一層由他的隨從組成，康熙皇帝自己組織了裡面的一層，結果共獵獲了七隻鹿和山羊。據此記載可知康熙皇帝賞賜內大臣等員的鹿，就是他自己獵獲的，《起居注冊》的記載，也是可信的。

　　四月十九日（05.16），《起居注冊》記載，康熙皇帝駐蹕草川口。是日，賜總兵官蔡元及標下官兵羊二十隻、牛二頭。《張誠日記》記載，張誠等人離開博羅諾後走了不到四十里，在一個山谷裡紮營，靠近一條小河邊。在離宿營地不遠的地方，康熙皇帝帶領他的所有隨從獵捕罷子，原書對康熙皇帝與隨從獵捕罷子的經過作了詳盡的描述。張誠指出，康熙皇帝不用下馬就能打獵，他不扶繮繩，快馬疾馳，穿過高地低坑，滿弓發射，動作十分驍勇，

技術相當嫻熟，頭三發就射中了兩隻被困而疾馳逃逸的麅子，後來又射中了幾隻兔子。對照《起居注冊》的記載可知康熙皇帝賞給總兵官蔡元等人的羊隻，應該是在四月十八日於博羅諾地方所獵獲的山羊。康熙皇帝在草川口駐蹕期間，他與張誠的互動，在《張誠日記》一書裡也有詳盡的描述。原書指出，康熙皇帝回到宿營地後，他派人詢問張誠是否喜歡這樣的行獵，並且詢問在歐洲是否也流行狩獵。張誠讚頌了康熙皇帝狩獵時的指揮藝術以及他在平地或馬上使用弓箭和鎗的射擊技術。張誠面奏說：「我真是非常驚訝，陛下竟能在您的五、六匹坐騎都已經疲乏不堪時，自己卻毫無倦意。」張誠又說：「我非常高興看到陛下如此剛強矯健，在我一生中，我每天都要為陛下的健康而向上帝祈禱。」康熙皇帝聽到這些話時感到十分高興。這天晚上刮來強勁的南風，給所有東西都覆蓋上了一層塵土。康熙皇帝親自用長桿打掉帳逢上的塵土，張誠也這樣做。康熙皇帝對他的隨從們說：「歐洲人並不驕傲。」

四月二十日（05.17），《起居注冊》僅載，「乙亥，上駐蹕蹕草川口。」對照《張誠日記》，記載內容詳略不同。張誠指出，他們走了四十里路，到達卡其里小河旁的護坡口山谷，在那裡宿營。康熙皇帝離開營帳去圍獵，第一次圍住一隻麅子、一隻狐狸，還有幾隻兔子。康熙皇帝隨後騎馬登上個陡峭的山峰，山上荊棘叢生，張誠等人的馬費了很大力氣才登上去，但康熙皇帝的隨從們在陡峭的高山上奔走卻如履平地，讓張誠感到十分驚訝。

四月二十一日（05.18），《起居注冊》記載康熙皇帝駐蹕三道營地方，記載簡略。《張誠日記》記載，張誠等人向前行進了大約四十里，在卡其里河旁宿營。康熙皇帝照常出去狩獵，他們圍住了九十隻大雄鹿，但都被逃掉了，只獵獲了幾隻兔子和一些被獵

鷹捕獲的雉雞。傍晚紮營以後，康熙皇帝練習射擊弓弩作為消遣，他左右開弓，命中率都極高，宮廷大臣中無人能與他匹敵。

　　四月二十二日（05.19），《起居注冊》記載，康熙皇帝駐蹕禿峰谷之溫泉。《張誠日記》記載，張誠等人走了四十里，一路在名叫葛巴隘（kabaye）的平原上行進，有一條名叫上（shan tu）的小河從此地流過。這裡曾有一座元朝皇帝所建的宮殿，名叫上都城。康熙皇帝沿途打獵，在他們組成的圍圈內有一隻大野豬，很難獵獲。但康熙皇帝只發了兩箭，第二箭就射中了這隻野豬。在圍內的一個洞穴裡，獵獲了三隻雄鹿，張誠在他的日記裡指出，在宿營地附近有一眼溫泉，溫泉水對一些疾病具有療效。康熙皇帝一到此地，他就命他的侍從領張誠觀察這個溫泉，並詢問張誠溫泉發熱的物理原因，還詢問歐洲是否也有這種溫泉，可以用來治療什麼病？日記中指出，泉水在發源處很清澈，也不那麼熱。在拜察山腳的溫泉水就非常燙，只要用手沾一下，就會被燙傷，而在禿峰谷口的溫泉可以把手放在水裡停留好一陣。而在它的近旁有一眼溫度極低的冷水泉，人們將這兩股水在一側相混合，而在另一側使熱水完全不混入冷水。康熙皇帝曾命人在溫泉處建了三間小木屋，每一間小木屋裡放著一個供沐浴用的水盆。康熙皇帝稍事休息之後，便在那裡洗了澡。直到日落，眾人才回到宿營地。

　　四月二十三日（05.20），《起居注冊》記載，是日，康熙皇帝駐蹕行宮，賜總兵官蔡元及標下官兵羊二十隻，牛二頭。《張誠日記》，記載，康熙皇帝等人仍在葛巴隊平原上宿營。一大早，康熙皇帝仍出去打獵，他在圍圈內射殺了一隻雄鹿，皇子獵了另外一隻，其他的獵手殺死三、四隻。傍晚返回宿營地後，康熙皇帝和他的兩個皇子、一個駙馬，以及內務府官員，繼續在內層禁地練習射箭，十六歲左右的皇三子幾次射中目標。然後，康熙皇帝命

三十個左右的選手進行摔跤比賽。

四月二十四日（05.21），《起居注冊》記載，康熙皇帝駐蹕富溝地方。《張誠日記》，早晨七點左右撤營出發，向前走了大約四十里路，到達喀喇沁的地方宿營。張誠指出，一路仍是行獵，捕殺兔子和鼺子。康熙皇帝微笑著詢問張誠，旅途是否感到疲倦。到達宿營地後，康熙皇帝就以打靶消遣。他還詢問張誠幾個關於歐洲火鎗的問題。

四月二十五日（05.22），《起居注冊》記載康熙皇帝駐蹕行宮，內容簡略。《張誠日記》記載，是日，仍留在宿營地。康熙皇帝召見了許多附近的蒙古人，這些人都是打獵的好手，有很豐富的圍獵經驗，精於獵術，他們可以在任何地方進行圍捕。康熙皇帝除去自己的隨從外，大約有二千名獵手，在山裡成群的野獸中，他們一共捕殺了大約四十隻鼺子和雄鹿，大多數都是被康熙皇帝和兩個皇子射殺的。此外，獵鷹也抓到雉雞、鷗鴣、鵪鶉，最特別的是捉到了張誠從未見過的兩隻火雞。張誠指出，這種鳥之所以叫做火雞，大概是因為牠的眼睛周圍有一圈像燃燒的火苗那樣的短毛，身上其餘的地方都是灰色的，體積比一般的雉雞稍微大一點，其體形和頭都長得像土耳其母雞。

四月二十六日（05.23），《起居注冊》記載，康熙皇帝駐蹕迤鼻谷地方。是日，賜部院衙門大臣官員鼺鹿，及賜八旗漢軍火器營官兵牛羊鼺鹿，總兵官蔡元標下官兵鼺鹿。《張誠日記》記載，張誠等人走了四十里路，在哈瑪爾山峽谷裡紮營。此峽谷位於哈齊爾小河旁。整個路途中，幾乎都在狩獵，獵人們捕獲許多雄鹿和鼺子，還有一隻豹子。原書對獵捕豹子的過程作了詳盡的描述，最後，康熙皇帝一箭射中豹身，而後獵人放出獵狗和豹子博鬥，原書描繪生動。

　　四月二十七日（05.24），《起居注冊》記載，康熙皇帝駐蹕蒙翳谷地方，記載簡略。《張誠日記》記載較詳。原書指出，張誠等向前行進了六十里，一路在山中打獵，其中經過了兩座雄偉險峻的高山，這片地帶有大量的雄鹿和麅子，康熙皇帝射殺了幾隻，其他的都是由獵狗咬死的。

　　四月二十八日（05.25），《起居注冊》記載，康熙皇帝駐蹕秀峰之北上都河岸。是日，賜來迎行圍喀喇沁部落王查西下官兵銀緞有差。《張誠日記》記載，是日早晨八點左右出發，沿途打獵，向前行進四十里，在普齊韋普巴圖平地上紮營。原書指出，普齊韋普巴圖就是「靠山地」的意思。康熙皇帝等由普齊韋普巴圖走到十五里處狩獵，在那裡居住的蒙古人已經圍住了大量的雄鹿和麅子，康熙皇帝和皇子各射殺了幾隻。張誠指出，康熙皇帝對追獵毫不知疲倦，不斷張弓射箭，他每天要更換八至十四匹坐騎，每到一地都必須準備十五匹馬備用。

　　四月二十九日（05.26），《起居注冊》記載，康熙皇帝駐蹕榆山口，內容簡略。《張誠日記》記載，是日，張誠等向正北方向行進，邊走邊打獵，只走了二十里路，因地形開闊，只有小山，可獵的野獸少了很多，張誠看不到雄鹿，只獵到了一些麅子和兔子。是日，在康諾爾河的旁邊紮營。支好帳篷後，康熙皇帝派遣索三老爺到喀爾喀的親王那裡，通知他們康熙皇帝即將到達開會地點。索三老爺以溫和友善的態度向喀爾喀的親王們傳達了諭旨，大家都是一家人，康熙皇帝想看看他們，為了不讓他們長途跋涉去北京，所以不顧夏日旅行的諸多不便，而親自來到此地看望他們。

　　四月三十日（05.27），《起居注冊》記載，康熙皇帝駐蹕七溪，內容簡略。《張誠日記》記載，張誠等人行走約五十里地，到達一個既多沙又崎嶇的地方，四處佈滿山石和荊棘。康熙皇帝命隨從

敲打灌木，驚動野兔，讓皇子們射獵。走過諸多小山和沙石丘陵
後，到達多倫諾爾，是一個大平原。多倫諾爾，意即「七庫水」，
《起居注冊》作「七溪」。康熙皇帝親自選定宿營地點，並命張誠
標明羅盤上八個精確的點，張誠用半圓儀來確定地點，原書對宿
營的院落作了詳盡的描述。宿營院落是以康熙皇帝所住的黃幄為
中心，分為四個院子：第一層院子最大，周圍是衛士住的帳篷；
第二層院子和第一層院子類似，但小得多；第三層院子是以黃色
繩網圍著的部分，圍得很嚴密，人不能通過。三個院子每個院子
都有三個門，大門朝南，康熙皇帝和他的隨從都由此門出入。在
黃布圍牆的最中央，是康熙皇帝住的黃幄，按照滿族的式樣，呈
圓形，通常黃帳有兩座，每座直徑約六碼，一個是皇帝的臥室，
一個是白天的起居室，兩座黃幄相對，中間留一通道。張誠指出，
此次因集會搭起來的兩座黃幄，比通常黃幄大得多，最大的一座
直徑在十碼以上，當作大廳使用，另一個直徑約八碼。作為康熙
皇帝臥室的黃幄，最裡邊擺著御床，御床的天蓋和床帘都是繡著
龍的圖案的金色錦緞，被子和床單全是緞子製成。士兵們的營帳
是按照張誠所測定的八個中心點來規定每一駐營的位置，總共有
十八個八旗士兵駐營地。

　　五月初一日（05.28），《起居注冊》記載康熙皇帝御行宮，命
大學士伊桑阿等同入行宮商議喀爾喀生計事宜。《張誠日記》記載
從各路前來出席集會的諸汗全都到齊，俱被安置在為他們準備好
的帳篷裡住下。晚間，康熙皇帝視察各個宿營地。原書詳細描述
各營佈署情形，每個火鎗手營地前，放著八門火礮，兩門較大的
野戰礮，兩門小型臼礮，六十四門小型野戰礮，八門壯觀的中型
礮、八門迫擊礮。康熙皇帝檢閱步兵營的操練情形，原書記載頗
詳。張誠指出，步兵總數共有七、八百人，有的攜帶火鎗和刀，

有的拿著僅一面有刃的戟，有的人則以火刀和用柳條編的盾為武器。原書記載康熙皇帝檢閱步兵營的進攻戰術頗為詳盡，士兵集合後，先做了三、四個動作，然後發出進攻命令，一聲令下，士兵們一齊拔出刀來，衝向前方，用盾牌掩護自己，同時高聲呼喊，隊形整齊，向前進攻，致使康熙皇帝的侍從不得不退讓。但是，張誠看到這個場景後指出，法蘭西一支訓練良好的騎兵就可以把這些士兵很快打敗。當士兵們不能再向更遠處前進時，就彎下腰來，用盾牌擋住自己，這種盾牌能使他們躲避弓箭的射傷，但絕對阻擋不了火鎗的射擊。

五月初二日（05.29），《起居注冊》記載，歸順喀爾喀土謝圖汗、扎薩克圖汗之弟策旺札布、車臣汗及折布尊丹巴枯圖克圖、眾台吉、寨桑等至。上令折布尊丹巴枯圖克圖、土謝圖汗進行幄朝見。折布尊丹巴枯圖克圖跪奏曰：

> 仁德高峻，養育群生，弘施利益者，謂之佛，臣等為敵國所敗，以死亡流離之身，蒙聖主大沛洪恩，特加拯救，是即臣等得遇活佛也。惟祝皇上萬壽無疆，臣等賴皇上之恩，亦自此安樂得所矣。

土謝圖汗跪叩時，康熙皇帝命免叩首曰：「爾乃一國之君，且年齒已老，故特免叩首。」土謝圖汗奏曰：「蒙聖主殊恩慈愛臣等已死之軀，今得更生，臣亦不能縷析敷奏，惟仰賴聖主恩庇，自此安樂得所。」康熙皇帝賞賜折布尊丹巴枯圖克圖、土謝圖汗二人茶後，另賜土謝圖汗數珠一串，令其帶上素珠而出行幄。康熙皇帝遣大學士伊桑阿等傳諭問喀爾喀車臣汗等暨眾人曰：

> 爾等七旗喀爾喀皆由兄弟不睦，將所屬人民互相吞噬，其勢不成仇敵不已。朕皆洞悉，曾特遣大臣期會，令將互相吞噬之人民各行給還。誓言已定，土謝圖汗等自食其言，

託征厄魯特起兵將扎薩克圖汗得克得黑、墨爾根阿海執而
殺之，從此喀爾喀等心志攜貳，一覩軍鋒，即行駭竄，以
至國土敗亡，生計遂失。然雖窮困已極，但能思朕夙昔愛
養之恩，來求歸附，仍皆一體養育。今土謝圖汗等將一切
大過引罪具奏，當此大會同之時，若即懲以重罪，豈惟朕
心不忍，爾等七旗皆能無愧於心乎？若治以輕罪，則現今
生計全失，皆朕所養育何從議罰，故將伊等責其大過，復
原恕其情，爾等眾喀爾喀汗諾顏大小台吉以為何如？又扎
薩克圖汗抒誠進貢，業已有年，無故被土謝圖汗殘害，殊
為可憫。巴朗厄爾克阿海若在，應即襲封，今扎薩克圖汗
親弟來覲，即令承襲，以示眷愛，似為允當，爾眾以為何如？

喀爾喀汗、諾顏、大小眾台吉等同奏，略謂土謝圖汗等自知
其過，引罪陳奏，如果治罪，不但康熙皇帝不忍，喀爾喀汗等實
皆慚愧無地。又令把薩克圖汗幼弟策旺札布襲封，誠為曠典，喀
爾喀眾人不勝歡忭感激。啟奏畢，康熙皇帝御行宮前黃幄，喀爾
喀汗、諾顏、台吉等率眾前進，行三跪九叩頭禮。禮畢，以次序
坐，樂作大宴，康熙皇帝賜酒。宴畢，康熙皇帝回宮。是日，扈
從諸王、貝子、內大臣、文武大臣等於行宮門跪奏曰：

從古以來，邊外蒙古，皆另為一國。今蒙古諸國俱効順於
我，喀爾喀國之三汗，皆歸服稱臣，洵曠古未有之事。臣
等際此非常大慶，恭請叩首稱賀。

《張誠日記》對康熙皇御黃幄接受喀爾喀汗等人致敬的經
過，也有詳細的描述。原書略謂，五月初二日（05.29）一大早，
滿漢所有的文武官員都身著禮服，各就其位，士兵們身佩武器，
徒步集合，旌旗都被插上，迎風飄揚。在康熙皇帝行宮的三層院
子之外，距離最外面門十來步遠的地方，建起了一個黃色大帳篷，

長八碼，寬六碼，其後面還有一個式樣類似康熙皇帝所用帳幕的
較小帳篷。在黃色大帳篷裡面，設有一個兩英尺高的臺座，上面
鋪有兩塊有黃龍圖樣的氈毯，一塊白的，一塊紅的。臺座中央是
一個不過五平方英尺的地方，上面放一個黃緞墊子，繡有各色的
花葉，以及象徵中國的金龍圖案，這是康熙皇帝用的坐墊。地面
鋪著氈毯，上面再鋪上席子。在黃色大帳篷南面，兩側約十步遠
處有兩個紫紅色麻布的帳篷。大帳篷與康熙皇帝的黃幄相對，兩
者之間還有一個式樣相同的小帳篷，裡面擺著一張桌子，桌上放
著金杯，金杯四周還有許多器皿和裝滿了酒的瓷杯。在康熙皇帝
的黃幄兩側，擺上了大量的桌子，放上了各種食物。從康熙皇帝
行宮的內院一直到哨兵駐地之間大約三百步的通道中，都站立著
士兵，他們排成兩行，分立通道兩側。除許多身穿紅綢長袍禮服
的人外，還有四隻從北京帶來的大象，都套上豪華的鞍具，分站
兩側，另有幾匹裝飾華麗的御馬也排列在通道的兩側。

　　安排就緒後，隨行的王公大臣、朝廷官員等各按自己的官階
依次就位，都統、皇子、滿族王公和蒙古王公等排列於康熙皇帝
左側，右側是留給喀爾喀諸王及王子的。康熙皇帝召見了大喇嘛
胡圖克圖和他的兄弟土謝圖汗。張誠指出，大喇嘛身體肥胖，中
等身材，雖然已經五十歲外，面色卻很紅潤。他身穿黃緞長袍，
袍邊鑲著四指寬的貴重皮毛，衣領上也是同一種皮毛。肩上披著
深紅色的麻布披巾，光頭剃鬚，頭戴黃緞帽子，四角捲起，上面
鑲有黑貂皮。他足穿紅緞靴，靴子在腳趾處是分開的，接縫處有
一條窄窄的飾條。土謝圖汗長得較瘦，中等身村，長臉，灰鬍鬚，
尖下巴，他的臉是平的，身穿寬大的金色中國絲綢袍子，頭戴皮
帽。在理藩院尚書的引領下，大喇嘛帶著兩名侍從，進入黃幄室
內，他的長兄土謝圖汗緊隨其後。康熙皇帝接見了站在營帳前面

的這兩位重要人物，恩免他們的跪拜禮，親自將他們二人扶起。
康熙皇帝身著朝服，這是一件繡著金龍的黃色織錦緞長袍，外罩
一件紫緞的外衣，上有四個大圓圖樣，每個圓圈直徑有一英尺半，
裡邊有兩個金絲繡的龍，一個圓圈正好在腹部，一個在後背，另
外兩個分別在袖子上。由於天氣並不熱，康熙皇帝的內衣和外衣
的大袖口都用極好的貂皮鑲邊，外衣領子是用上好的紫貂皮做
的。他的帽子沒有特殊之處，僅在最前方飾以一顆大東珍。他的
頸項上掛著一串瑪瑙和珊瑚做的大念珠，靴子是黑緞子的。第一
次接見約持續了半小時，在接見過程中，十分莊重地擺出了一個
小盒子，裡面有一個印和像文字證書的一卷紙。張誠指出，那是
康熙皇帝給土謝圖汗的恩惠，准許他使用汗銜，所以賜給他印章
和所授權力的文件。

接見完大喇嘛和土謝圖汗後，康熙皇帝帶著貼身侍從和幾個
侍衛，乘馬到第三層外的大帳篷，接受喀爾喀親王的致敬。《張誠
日記》對致敬禮的整個過程作了詳盡的記載，康熙皇帝坐完後，
理藩院官員引領喀爾喀王子們走近御座約三十步的中間偏右處停
了下來，排列整齊之後，禮部官員便用「韃靼語」高聲呼禮「下
跪」，他們立即跪下。接著又喊道「叩首」，眾人便以前額觸地三
次，每次都在口號下進行，然後司儀喊「起立」，他們便站起來。
過了一會兒，又喊「下跪」，他們他跪下，用額觸地三次。第三次
亦如前兩次，此即給皇帝所行的三跪九叩首禮節，因為喇嘛不給
凡人行這樣的禮，故所有的喇嘛都被免除了行這種大禮。

典禮結束後，為喀爾喀汗王們舉行了盛宴，大喇嘛和三位喀
爾喀汗每人各坐一桌，其餘的人則兩三個或四個坐一桌，總共不
少於二百桌，桌上一律用盤子盛放食物，擺成三層或四層。最下
層是發麵做的食品、甜食和乾果，最上層是大盤煮的或燒的牛肉、

羊肉、鹿肉，但都是涼的，有的盤子盛著整條牛腿肉，有的盤子盛著去掉頭肩腿的全羊，所有的食物都用白布蓋著。喀爾喀人按身分高低就位後，康熙皇帝便讓他們坐下。隨後，康熙皇帝召見了扎薩克圖汗之子和車臣汗，還有十多位台吉首領，一個一個到御座近旁，向他們詢問姓名、年齡等問題，他們都跪著回答。原書對奉茶、敬酒的過程，描述亦極詳盡，原書指出，由於台吉和喀爾喀喇嘛的人數很多，所以他們喝茶占去了很長時間。

正午時分，張誠從席間走出，奉旨去測定太陽子午線的高度，以測定北極高度，測定高度為 69 度 50 分。由於天氣十分晴朗，張誠看見兩次太陽經過望遠鏡的準線，既不偏上也不偏下。張誠回到席位上時，有一些藝人已被召進來表演雜技，他們在一根由人舉著的竹竿上舞動，竹竿離地面約五、六英尺。其中有一位演員技藝高超，他在一根豎起的高竹竿頂上表演得十分活躍，能夠將身體向後彎曲，然後再直立起來，做出各種各樣的動作，最絕的一招是他能在竹竿頂上單手支撐倒立。雜技表演後，又表演了木偶戲，表演情況與歐洲的相像。窮苦的喀爾喀人從來沒有見過這樣的表演，所以非常驚異。康熙皇帝見眾人停止用餐一段時間後，便諭令撤席。

五月初三日（05.30），《起居注冊》記載，賜歸順喀爾喀土謝圖汗、折布尊丹巴枯圖克圖、札薩克圖汗之弟策旺扎布、車臣汗銀各千兩，蟒緞及綵緞各十五疋，銀茶桶、茶盆、袍帽撒袋、布茶等物。又厚賜濟農、台吉、寨桑等銀緞等物有差。康熙皇帝御行宮，又命喀爾喀土謝圖汗、札薩克圖汗之弟策旺扎布、車臣汗、折布尊丹巴枯圖克圖及濟農、台吉等三十五人入內筵宴。康熙皇帝謂土謝圖汗、車臣汗諸人曰：「昨日雖已筵宴，今朕復欲熟識爾等，故特召入，俾各陳所欲言，爾等欲食之物食之，舒懷共語，

以饗斯宴，勿以在朕前過於拘束。」土謝圖汗、車臣汗等懽忭陳
奏曰：「聖主如此深仁，臣等懽躍無已，但自恨歸順之晚耳，惟祝
皇上聖壽萬萬歲，臣等眾人仰沾皇上之恩，亦獲歡欣樂豫，長享
太平之福。」康熙皇帝又以皇子所服衣帽、數珠加賜扎薩克圖汗
之弟策旺扎布，隨引歸順眾喀爾喀至南門跪聽諭旨。《起居注冊》
所載諭旨曰：

> 皇帝詔諭喀爾喀汗、濟濃、諾顏、台吉等，朕承天命，統
> 御萬方，惟思率土人民，咸得其所，安生樂業，不致淪於
> 滅亡，中外同觀，原無殊別。前爾七旗喀爾喀等本皆兄弟，
> 乃互相侵奪，吞噬人民，以致不睦。朕因此故曾特遣大臣
> 往泹會所，令爾等各相和協，而土謝圖汗等自食誓言，不
> 遵約會已定之議，起釁用兵，致為厄魯特噶爾丹博碩克圖
> 所敗，喪其國土，汗、諾頻、台吉等不能保聚所屬之人民，
> 而其人民亦不能各保其妻子，紛紛潰散，投入朕之邊哨。
> 爾等當此困窮至極之際，倘朕之眾扎薩克等各行收取，爾
> 喀爾喀早已無遺類矣。朕好生之心本於天性，不忍視爾等
> 之滅亡，給地安置，復屢予牲畜糗糧，以資瞻養，汗、諾
> 顏、台吉仍留如故，車臣汗仍令承襲。又因爾等互相偷奪，
> 故於各處添設管轄扎薩克，以便稽察，且念爾等素無法紀，
> 故頒示定例，令各遵行，自古以來未有如朕之拯救愛養若
> 此者也。朕於爾等既加愛養，更欲令其甦息繁育，用是親
> 臨訓諭，大行賞賚。會同之時，見爾等傾心感戴，故將爾
> 等與朕四十九旗一例編設，其名號亦與四十九旗同，以示
> 朕一體仁愛之意。土謝圖汗、車臣汗名號俱著仍舊存留，
> 扎薩克圖汗無故被殺，且所屬人民離散，困苦已極，深為
> 可憫，著將伊親弟策旺扎布封為和碩親王。其扎薩克之墨

爾根、濟農古路西稀，扎薩克之坤都倫、博碩克圖滾布，
扎薩克之信順額爾克代青，諾顏山巴，扎薩克之台吉色楞
阿海，扎薩克之額爾得尼，濟農盆楚克臘卜談等原係舊扎
薩克，著去其濟農、諾顏之名，皆封為多羅郡王。台吉噶
爾丹係土謝圖汗之長子，且從枯倫白爾齊爾期會以後，屢
來請安，著封為多羅郡王。車臣汗之叔扎薩克額爾得尼，
濟農那穆扎爾，雖係新扎薩克而勸車臣汗領十萬眾歸順，
又身為之倡，請照四十九旗一例可嘉，著亦照舊扎薩克例，
去其濟濃之名封為多羅郡王。車臣汗之族叔扎薩克之額爾
克、台吉車布登，當征厄魯特之際，劾力行走，偵探信息，
以己馬助用，於事不致有誤，著為多羅貝勒。台吉西第西
理，土謝圖汗之親弟，且所屬甚眾，同土謝圖汗歸順，著
為多羅貝勒。車臣汗之叔祖車臣，濟農車布登達賴，濟農
阿南達額爾得尼，濟農布達扎布伊爾登，諾顏達理，車臣
汗之叔伊爾登，濟農盆蘇克，伊等悎屬車臣汗之族祖及叔，
且係奉旨所授之濟農，今去其濟農之名，皆著為固山貝子。
白蘇特之察汗巴爾、諾顏布貝雖係新小扎薩克，當在喀爾
喀地方時曾契喀爾喀基業難保，日後必敗，敗時我來投歸
皇上，後喀爾喀國敗，即副前言歸順可嘉，亦著為固山貝
子。洪俄爾代青之佐理固山事，台吉漢都歸順在眾人之先，
劾力行間被創，著為鎮國公。土謝圖汗之同族台吉蘇台伊
爾登額爾克、代青諾顏山巴之同族台吉托多額爾得尼，伊
等誠心歸順，劾力行間，此二人亦著為鎮國公。土謝圖汗
之扎薩克台吉車穆楚克那穆扎爾、扎薩克之台吉班珠爾多
爾濟、扎薩克之達爾漢台吉巴朗，車臣汗之扎薩克額爾得
尼阿海車陵達西、扎薩克之台吉額爾克色楞達西、扎薩克

之台吉古路扎布，額爾克代青諾顏山巴之扎薩克魏正諾顏
阿玉西、扎薩克之台吉丹津額爾得尼額爾濟根之扎薩克台
吉額爾得尼哈談巴圖魯滾占、白蘇特之扎薩克車臣台吉烏
爾占扎薩克之墨爾根濟農索諾穆伊薩扎布，伊等俱著為一
品台吉，此外在事台吉等與眾台吉等給與品級之處，已勅
該部一一察明具奏，各與以應得品級，自今以往，爾等體
朕愛養之恩，各守法度，力行恭順，如此則爾等生計漸蕃，
福及子孫，世世被澤。若違法妄行，則爾等生計既壞，且
國法具在，凡事必依所犯之法治罪，著於各屬通行曉示，
特諭。

　　諭旨內容詳盡，對喀爾喀官制的改革，列舉詳細，其主要用
意，是要求各守法度，改善生計，是日，《張誠日記》所載內容頗
詳，可以作為《起居注冊》的補助史料。原書指出，是日，康熙
皇帝召見了大喇嘛和三位喀爾喀汗，並對他們進行了賞賜，包括：
大喇嘛賜銀一千兩，每位喀爾喀汗綢緞各十五疋，盛茶葉的銀器，
數種滿洲式服裝，每種兩套。此外，還賜給布疋、大量茶葉、刺
繡馬鞍。康熙皇帝還分封了喀爾喀汗的近親，其中五位王公被封
為郡王，還有幾位被封為貝勒，其他的親屬則得到了公的稱號，
受封的人約有三十位，並按照爵位高低受到犒賞，他們都被賜予
了滿族禮服，他們立即穿到了身上。高傲的大喇嘛的依著，仍保
留了他披的紅披巾和靴子，但換上了華麗的繡有金龍的黃緞子長
袍，戴著一頂用極細的竹絲編成的帽。按照他們的習俗，喇嘛們
在冬季戴紫貂皮毡帽，夏天則戴草帽或用細竹絲編的帽子，以遮
擋炎熱的太陽，但其他的蒙古人則終年戴著皮帽。所有被賞賜人
照例向康熙皇帝行三跪九叩首禮，以謝皇恩，而後他們就穿著康
熙皇帝賞賜的新衣服被領進內院，受到康熙皇帝的接見。他們在

康熙皇帝起居的營帳前的大帳篷下，排列成兩側。康熙皇帝坐在
寶座上，命他們隨便坐下，他們叩頭謝恩之後坐了下來，一些人
坐在墊子上，其餘的則坐在地面的席子上。接著送上來豐富的茶
點，都盛在很精巧的瓷器中，同時奏起樂聲，這些樂手都是宮中
的太監，並有歌手唱著歌，雜技藝人出場表演，他們在架起的繩
子上表演了新的技巧。康熙皇帝和喀爾喀汗，特別是和坐在他旁
邊的大喇嘛親切地進行交談。茶點娛樂節目長達三個小時後，集
會才告結束。

　　五月初四日（05.31），《起居注冊》記載，康熙皇帝令八旗滿
洲官兵、漢軍火器營官兵及總兵官蔡元標下綠旗官兵排列火礮鳥
鎗，都是康熙皇帝親自指示，康熙皇帝穿戴甲冑，大閱軍容後御
黃幄，賜諸王大臣及歸順眾喀爾喀等茶，令侍衛等射，有膂力者
角觝，礮火鳥鎗之聲，響震山谷，將士進退，赫奕威嚴，行伍布
列，整齊壯麗，眾喀爾喀等皆畏懼，無不駭異讚美。事畢，康熙
皇帝回行宮，賜策旺扎布駱駝四匹、馬十匹、羊五十隻。又念策
旺扎布年幼，且所屬人民俱已離散，恐致失所，令歸化城都統、
副都統等加意護視撫養。又賜內四十九旗王、貝勒、貝子、公、
台吉等袍帽銀兩等物有差。是日，康熙皇帝駐蹕行宮。《起居注冊》
所載康熙皇帝閱兵的經過，十分簡略。據《張誠日記》記載，是
日一大早，在軍官們的率領下，營地裡所有的士兵都到達指定地
點，他們身著護胸，頭戴盔帽。康熙皇帝也戴上他的護胸和頭盔，
大皇子和三皇子陪駕前往，但三皇子年齡太小了，還經受不住這
些盔甲的重量，因此只有三皇子沒有武裝。張誠指出，盔甲由兩
部分組成：一部分是戰裙，從腰上圍下去，站立時一直垂到膝蓋
下方，騎馬時能蓋住整個大腿；另一部分恰像古代的上身護甲，
但袖子較長，直到手腕。這兩部分的外層都是緞子做的，大部分

是紫色，繡以金銀和各色絲線。緞子下有一些縐綢作裏，緞子裏面是用錘鍛打成的鋼片，這些鋼片經過精心磨光，就像魚鱗那樣排列著，也許就是仿照魚鱗做的。每片鋼片長約一英寸半，寬亦有一英寸餘，均用兩個小釘固定在綢緞上，釘帽是圓的，經過磨光。有些盔甲裏面補一些縐綢，以蓋住鐵片。這種盔甲的優點是，它不會妨礙身體的自由活動。它能防箭和其它冷兵器，但不能防火鎗。頭盔正好蓋住頭頂和頭上部的四周，但臉部、喉嚨、脖子都是曝露著的。官員用的頭盔上有精巧的花紋，此外還飾有紫貂皮條，普通士兵的頭盔上紮的是一束染紅的牛毛，下邊拴著一小塊有花絞的，或鍍金的鐵錐體。朝廷官員的頭盔飾有六條黑貂皮，其精致程度依其官階高下而各有定制。每條貂皮寬約一英寸，拴在金銀或鐵製的小棱錐體的下方。康熙皇帝和皇子的頭盔上的貂皮黑油油的，閃閃發亮。他們用絲線繩把頭盔拴在下巴下方。大多數大臣的胸甲沒有繡花，而是用紫紅色的素緞製成，上面佈滿又圓又亮的釘帽。在他們的腹前和後背中央分別裝備著一個凸面拋光的圓鐵盤護胸，直徑略一英寸有餘。所有王公、將軍和一般士兵的頭盔和護胸的後面，都掛有一面絲製的小旗，旗子的顏色按照不同的級別有所區別。小旗上記著此人名字和他所屬的部隊。在朝廷官員的旗子上，還要記上他們的官階和職務，以便每個人都能互相認識。

　　康熙皇帝騎著馬，戴著頭盔，披著護胸，一側跨刀，佩帶弓箭。弓套同時也當作刀鞘使用，只能放進弓的一半，套子是用黑色絲絨製成的，端部鑲有帶金托的寶石。康熙皇帝身邊跟隨著侍衛，他也很樂意讓張誠緊跟在他的後面，因此，張誠可以更清楚地觀看康熙皇帝閱兵的儀式。康熙皇帝駕臨士兵集合地，隊伍按照戰鬥隊形排開，共有四千名騎射手，約二千名龍騎兵，一個營

七百至八百名步兵和四百至五百名礮兵。此外，還有康熙皇帝內
務府官員的隨從組成的八百名馬隊，全部總數約九千至一萬名騎
兵，一千二百名步兵。步兵有的用火鎗，有的用戟，有的用長刀
和圓盾。士兵按資歷列隊，分成相距二十步遠的兩列，軍旗上閃
爍著金色、銀色的龍，士兵行列伸長約十里。行列的中間是步兵
營和礮兵營，兩翼為騎兵。礮兵營擁有七十門銅礮，其中八門最
大的礮由紅漆馬車拉著，其餘的放在小輪車上。步兵營裡有五、
六門臼礮，有的像小礮和火繩鎗。

　　康熙皇帝穿過行列之間，檢閱了部隊後，登上一塊小高地的
帳幕裡，傳令喀爾喀人到前面來，北京的都統們從帳幕出來，列
隊站在康熙皇帝的右側，背後跟著他們的衛士和內務府官員。接
著響起了號角，滿洲人稱之為喇叭，是用大圓銅管製成的，長約
八、有英尺，必須有兩個人才能使用它，一個人拿一種叉子將它
舉起，同時另一人吹號。這種喇叭被用來發佈戰鬥號令，雖然它
的聲音深沉、空虛，但在很遠處都能聽到。號角響起的同時，步
兵秩序井然地慢慢前進。號聲停止，步兵隊伍也停止前進，再次
響起之前保持靜立。如此演習了三次，號角一次比一次響亮，到
第三次時，聲音最大，所有的隊伍向康熙皇帝所在的高低衝去，
兩翼的騎兵展開呈現彎月狀的隊形，對高地進行包圍。步兵直向
前衝，衝在最前面的，手持戰刀，以圓盾護身。步兵中間的礮也
在前進。過了一個兒，兩翼的騎兵下了馬，徒步戰鬥，他們有秩
序地前進，來到康熙皇帝的附近，直到聽到命令才停止下來。康
熙皇帝也下了馬，把他的護胸和其他武器親切地拿給喀爾喀王公
們看。因為他們從未見過這樣的武裝，所以都非常驚奇。康熙皇
帝拿起一張非常硬的弓，遞給了為首的喀爾喀汗，叫他拉弓射箭，
但是沒有人能拉開這張弓。康熙皇帝、皇長子以及五、六名射箭

高手，一共射出十至十二箭，中把三、四次。在射箭練武中，康
熙皇帝展示了嫻熟的技術後，便放下弓箭，回到帳幕裡更衣，隨
後坐上了大帳幕的寶座，大喇嘛和三位喀爾喀汗及台吉們坐到康
熙皇帝的近旁，侍從們獻上滿洲茶，康熙皇帝令喀爾喀最好射手
大約百餘名進行射箭比賽，而後開始賽馬，他們不扶繮繩，表演
了高超的技術。賽馬過後，由喀爾喀人分別和滿人、蒙古人、漢
人進行摔跤比賽。打靶礮聲響起後，摔跤娛樂結束，礮手們射出
幾發炸彈。接著，康熙皇帝令喀爾喀人演示火礮，然後返回營地，
在大帳幕裡接流亡的喀爾喀王公、台吉的家眷，招待茶點，表演
歌曲及傀儡戲。對照《起居注冊》與《張誠日記》的記載，詳略
不同，可以互相補充其疏漏。

　　五月初五日（06.01），《起居注冊》記載，「上往閱喀爾喀所
立營寨，察其窮困者，賞以銀布。又大賚喀爾喀之王、貝勒、貝
子、公、台吉等牛羊。是日，上駐蹕行宮。」《張誠日記》記載，
「皇帝到約兩里格以外的喀爾喀人宿營地去看望他們，只帶了兩
個皇子、侍從，宮廷都統和內務府官員隨同。但他只進了大喇嘛
的帳篷，大喇嘛送給皇帝一些歐洲的錢幣，那可能是從俄國人那
兒弄來的。皇帝借口要我做一些算題，把我安置在營地，其實他
是不想叫我看到窮困的喀爾喀人的狼狽相和骯髒相，但實際上，
在我到他們地區旅行的時候，我已經對這些情況了如指掌了。」
《起居注冊》、《張誠日記》都記載了康熙皇帝視察喀爾喀營寨，
也指出了喀爾喀的窮困。但是，《起居注冊》並未記載大喇嘛送給
康熙皇帝歐洲錢幣的內容。

　　五月初六日（06.02），《起居手冊》記載，以撥給投誠喀爾喀
等遊牧地方，命原任尚書阿爾尼、侍郎布顏圖、溫達、侍讀學士
達虎往諭而遣之。又令侍郎額爾黑圖遷移索諾穆貝勒。是日，賜

四十九旗王、貝勒、貝子、公、台吉等御用袍帽靴。又喀爾喀台吉等因無馬匹駱駝將所賜之物不能運致者，察出賜與駱駝馬匹。是日，康熙皇帝駐蹕行宮。《張誠日記》記載，是日，為了消遣，康熙皇帝又舉行了摔跤比賽，持續約三個小時，一百餘人進行較量，最後有十二人獲得獎賞，每人獲得一疋緞子和少數銀兩。午後，康熙皇帝單獨接見大喇嘛，會談了約三個小時，主要是為了調解一些台吉之間的糾紛。康熙皇帝既然使他們歸順，就要讓他們獲得利益。《起居注冊》與《張誠日記》所載內容不同，卻可以並存。

　　五月初七日（06.03），《起居注冊》記載，是日早，康熙皇帝御行宮，命大學士伊桑阿等俱入行宮。尚書馬齊等奏疏有云烏珠穆親王蘇達尼之妻及台吉車根等順附爾丹之處是實，車根阿穆爾充科阿達理羅雷喇扎布等應皆即行處斬，王之妻係婦人應革封號，免其家產入官，撤去所屬之人，蘇達尼已經病故無容議，蘇達尼之親王應革去，不准承襲。又二品台吉博托和等揆其曾送馬匹牲畜，則順附噶爾丹之處是實。博托和喇扎布阿喇西博羅特及為嚮導綽克圖等亦應俱即處斬，妻子入官。又撥什庫阿爾塔等為噶爾丹指路往來問訊送駱駝馬匹之處皆實，阿爾塔阿穆虎朗巴顏烏蘭達漢博爾博孫博羅照謀叛例俱應即絞，其妻子應作何處治？交與該部議奏。奉旨，車根阿穆爾充科阿達理羅雷喇扎布博托和喇扎布阿喇西博托和綽克圖阿穆虎朗阿爾塔烏蘭達漢巴顏博爾博孫博羅等違背國恩，順從噶爾丹，應俱依議治罪，從寬免籍沒家產及撤所屬之人，惟將本身俱依議正法。蘇達尼因為病篤不知，從寬免革親王，仍與其子承襲，將撤出所屬亦從寬免。其首告此事之阿霸垓台吉奔塔爾等不便留於烏珠穆親，俱著歸其兄弟，餘依議。護衛巴扎爾伊白葛兒將博羅特明知故縱使之逃走從免處死

籍沒，著穿耳鼻示眾，鞭一百。貝勒畢魯瓦將重罪之人博羅特不
交付的當之人嚴行看守，罰俸一年。是日，康熙皇帝令喀爾喀土
謝圖汗、折布尊丹巴枯圖克圖入駐處賜食。又賜土謝圖汗金盤及
所盛食物，賜折布尊丹巴枯圖克圖金碗及所盛食物、御用鞍轡馬
一匹，各賜御用帳房一副。事畢，康熙皇帝自駐蹕處還駕，啟行
時，四十九旗王、貝勒、貝子、公、台吉等跪於路左；喀爾喀土
謝圖汗、車臣汗及王、貝勒、貝子、公、台吉等跪於路右。是日，
駐蹕福延山。《張誠日記》所載內容相近，為了便於對照，可將其
記載照錄於下：

> 皇帝預定今天返回，他再一次單獨接見了大喇嘛，並建議
> 他保持其家族內部王公間的和睦。接見完畢時，皇帝把他
> 的最好的兩座帳篷連同家具、裝飾品，以及一匹御用的好
> 馬並連馬具，都賜給了大喇嘛。然後，他諭令即刻拔營返
> 回。三位喀爾喀汗和台吉們在帳幕入口處站成一行，當皇
> 帝走出時，他們立即下跪，與皇帝告別。皇帝用極為和藹
> 的口吻與他們談話。一大批窮困極了的喀爾喀人也跪在路
> 旁，請求救濟，皇帝命人對他們各自的情況進行調查，並
> 根據需要分施恩賜（下略）。

《張誠日記》所載康熙皇帝還駕日期，與《起居注冊》相合；
康熙皇帝所接見的，除了喀爾喀折布尊丹巴枯圖克圖外，還有土
謝圖汗，各有賞賜，《張誠日記》記載，略有出入。五月初八日
（06.04），《起居注冊》記載，康熙皇帝駐蹕湧泉。《張誠日記》
指出，宿營地是在一個山峽的入口處，蒙古語稱此地為「水源」。
「湧泉」與「水源」，涵義相近。《張誠日記》記載，一路圍獵，
獵手還放出了皇帝的灰獵狗，咬死了不少羊。是日，康熙皇帝和
兩個皇子射中了約五、六十隻的羊。《起居注冊》記載，是日，康

熙皇帝賜八旗漢軍火器營兵牛羊，所賜的羊，似乎是當日所獵獲的羊隻。

五月初九日（06.05），《起居注冊》記載，康熙皇帝駐蹕饒峯。《張誠日記》記載，沿途獵取黿和鹿。原書對康熙皇帝開鎗射虎的經過，描繪頗詳。宿營地位於群山之中，名叫土坡地。五月初十日（06.06），《起居注冊》記載，康熙皇帝駐蹕超射峯南。《張誠日記》記載，是日，途經一個狹窄的山谷，其兩側都是高山。快到宿營地的一個地方，康熙皇帝在一塊塔形巨巖前停住，下馬召集大臣們和弓箭手們用箭試射石頭的頂端，只有兩個人射中。康熙皇帝射了五、六箭，有一支箭從石頭上方飛過去。康熙皇帝拿出半圓儀，從不同角度測量石峰高度，結果算出石峰的高度是四三〇尺。《起居注冊》所載「超射峯」，確實名副其實。

五月十一日（06.07），《起居注冊》記載，康熙皇帝駐蹕達瑚里屯。《張誠日記》記載，途經一個寬闊的山谷，那裡有很多小村莊和農田耕地。康熙皇帝沿途打獵，獵獲鹿、兔和黿子。圍獵結束後，康熙皇帝將自己和皇子的獵獲物分賜組成圍圈的官兵。晚間，在康熙皇帝的大帳篷裡演出了喜劇。五月十二日（06.08），《起居注冊》記載，康熙皇帝駐蹕白塔附近黃旗營。《張誠日記》記載，是日清晨時分，康熙皇帝便出去獵虎，他用火繩鎗只開一鎗就打死了一隻。第二隻是母老虎，先被康熙皇帝開鎗打傷，然後被一個持短矛的士兵殺死。打獵完後，康熙皇帝和兩個皇子乘小船在河上避暑。是日，在齊克爾河旁的叫做大王集山谷裡宿營。五月十三日（06.09），《起居注冊》記載，康熙皇帝駐蹕古北口城內。《張誠日記》記載，在九十里的路程中，康熙皇帝只騎馬走了二十里，餘下的路程都是坐小船走水路。他還在船上打獵，射中了一些鳥和野兔。進入古北口窄路時，有一人手持狀紙，呼告御狀。

五月十五日（06.11），《起居注冊》記載，康熙皇帝駐蹕石匣城內。
《張誠日記》記載，是日行進了四十里路，到達石匣鎮，康熙皇
帝走的全是水路。下午下了場大雷雨。康熙皇望當眾就餐。據《張
誠日記》的記載，從古北口城到石匣城的路程約四十里路，也可
以走水路。五月十六日（06.12），《起居注冊》記載，康熙皇帝駐
蹕密雲縣城內。據《張誠日記》的記載，密雲縣城離石匣城僅五
十里路。五月十七日（06.13），《起居注冊》記載，康熙皇帝駐蹕
順義縣東大東庄。據《張誠日記》記載，離開密雲，繼續前進了
八十里，康熙皇帝一直走水路。在康熙皇帝用餐時，他發現有幾
個農民的孩子在遠處瞧著他。康熙皇帝命人把小孩帶到近處，給
他們吃饅頭、肉和糕點。孩子們跑回家去，很快又回來了，每個
孩子都帶著一個籃子，康熙皇帝便命人用他桌上的食物裝滿孩子
們的籃子。五月十八日（06.14），《起居注冊》記載，卯時，康熙
皇帝自東直門進東華門。卯時是上午五點鐘至七點鐘。《張誠日記》
記載，為了避免抵達北京時天氣太熱，半夜就動身了，五點半到
達北京。《張誠日記》的記載，與《起居注冊》吻合，可以說明《張
誠日記》的記載，可信度頗高，是不可忽視的重要史料。

普天同慶 ──
康熙皇帝六十壽慶的文化意義

一、天干地支 ── 六十花甲世紀壽慶的歷史意義

　　人生七十古來稀，在傳統社會裡，六十歲已是高壽了。在古代社會裡，以干支紀年。甲為天干首位，子為地支首位，干支相配，得數六十，統稱為六十甲子。馬國賢（Matteo Ripa,1682-1745）指出，在中國，「甲子」相當於西洋「世紀」的概念。康熙皇帝六十歲的花甲壽辰，就是人生的一個世紀，舉行盛大慶祝，意義重大。

　　天干地支，從甲子到癸亥，錯綜交互相配。甲、乙、丙、丁、戊、己、庚、辛、壬、癸為十天干，其中甲、丙、戊、庚、壬為單數；乙、丁、己、辛、癸為偶數。子、丑、寅、卯、辰、巳、午、未、申、酉、戌、亥為十二地支，其中子、寅、辰、午、申、戌為單數；丑、卯、巳、未、酉、亥為偶數。單數的天干與單數的地支依次相配；偶數的天干與偶數的地支依次相配，先將滿漢干支列表如下：

滿漢干支次序對照表

1	2	3	4	5	6	7	8	9	10
甲子	乙丑	丙寅	丁卯	戊辰	己巳	庚午	辛未	壬申	癸酉
11	12	13	14	15	16	17	18	19	20
甲戌	乙亥	丙子	丁丑	戊寅	己卯	庚辰	辛巳	壬午	癸未
21	22	23	24	25	26	27	28	29	30
甲申	乙酉	丙戌	丁亥	戊子	己丑	庚寅	辛卯	壬辰	癸巳
31	32	33	34	35	36	37	38	39	40
甲午	乙未	丙申	丁酉	戊戌	己亥	庚子	辛丑	壬寅	癸卯
41	42	43	44	45	46	47	48	49	50
甲辰	乙巳	丙午	丁未	戊申	己酉	庚戌	辛亥	壬子	癸丑
51	52	53	54	55	56	57	58	59	60
甲寅	乙卯	丙辰	丁巳	戊午	己未	庚申	辛酉	壬戌	癸亥

注：天干「庚」，滿文作 ⚬，又作 ⚬ ；「辛」，滿文作 ⚬，亦作 ⚬ 。

　　由前列簡表可知天干甲，滿文讀如“niowanggiyan”，意即綠、綠色；乙，滿文讀如“niohon”，意即淺綠的；丙，滿文讀如“fulgiyan”，意即紅、紅色；丁，滿文讀如“fulahūn”，意即淡紅色的；戊，滿文讀如“suwayan”，意即黃、黃色的；己，滿文讀如“sohon”，意即淡黃的、淺黃的；庚，滿文讀如“šanyan”，意即白的、白色的；辛，滿文讀如“šahūn”，意即淡白的；壬，滿文讀如“sahaliyan”，意即黑、黑的；癸，滿文讀如“sahahūn”，意即淡黑色的。天干表示顏色，甲乙為綠色系列，甲是綠，乙是淺綠或淡綠；丙丁為紅色系列，丙是紅，丁是淡紅；戊己為黃色系列，戊是黃，己是淡黃；庚辛為白色系列，庚是白，辛是淡白；壬癸為黑色系列，壬是黑，癸是淡黑，偶數的天干，都是淡色。古代術數家以十二獸配十二地支，依次為子鼠、丑牛、寅虎、卯兔、辰龍、巳蛇、午馬、未羊、申猴、酉雞、戌狗、亥豬。甲子就是綠鼠，甲戌就是綠狗，甲申就是綠猴，甲午是綠馬，甲辰就是綠龍，甲寅就是綠虎。乙是淡綠，乙丑就是淡綠牛，乙亥就是淡綠豬，乙酉就是淡綠雞，乙未就是淡綠羊，乙巳就淡綠蛇，乙未就是淡羊。丙寅是紅虎，丙子是紅鼠，丙戌是紅狗，丙申是紅猴，丙午是紅馬，丙辰是紅龍。丁是淡紅，丁卯是淡紅兔，丁丑是淡紅牛，丁亥是淡紅豬，丁酉是淡紅雞，丁未是淡紅羊，戊子是黃鼠，戊戌是黃狗，戊申是黃猴，戊午是黃馬，己亥是淡黃豬，己酉是淡黃雞，己未是淡黃羊。庚是白，庚午是白馬，庚辰是白龍，庚寅是白虎，庚子是白鼠，庚戌是白狗，庚申是白猴。辛是淡白，辛未是淡白羊，辛巳是淡白蛇，辛酉是淡白雞。壬是黑，壬申是黑猴，壬午是黑馬，壬辰是黑龍，壬寅是黑虎，壬子是黑鼠，壬戌是黑狗。癸是淡黑，癸酉是淡黑雞，癸未是淡黑羊，癸巳是淡黑蛇，癸卯是淡黑兔，癸丑是淡黑牛，

癸亥是淡黑豬。地支子鼠、寅虎、辰龍、午馬、申猴、戌狗是單數，單數的天干與單數的地支依次相配。丑牛、卯兔、巳蛇、未羊、酉雞、亥豬是偶數，淡色天干是偶數，偶數的天干與偶數的地支依次相配，自甲子至癸亥，得數六十，恰為一週期，週而復始，環繞一週，續進入第二個週期，循環進行。

康熙皇帝在歷史上的地位受到肯定，他勵精圖治，勤政愛民，是一位仁君，奠定清初盛世的基礎。他採行了奏摺制度，提高行政效率，澄清吏治。崇儒重道，提倡儒家思想，優禮西洋人，努力學習西方文化。在西洋人的心目中，東方的康熙皇帝，與法蘭西路易十四相比，毫不遜色。在傳統社會裡，慶祝六十大壽，受到重視。偉大的康熙大帝，六十萬壽，普天同慶，更是盛況空前，值得大書特書。

《馬國賢在華回憶錄》一書紀錄了康熙皇帝六十壽辰喜慶景象。康熙五十二年三月十七日（1713.04.11），康熙皇帝離開暢春園，回北京的宮殿，並允許沿途的人民觀看。通常皇帝出巡，總有大批的騎兵開道，清除街道，叫所有的房子和商店都關上了大門，每個巷口都用厚布遮上，這樣就看不見皇帝了。皇帝的妃嬪和皇子們通過的時候，也採取同樣的防備。康熙皇帝出行時總是騎馬，妃嬪們乘坐在封閉的車子裡。此次慶祝康熙皇帝的六十壽辰，巷口不再禁止通行，門戶也不勒令關上，也不把百姓們趕走。大街小巷擠滿了無數急於一睹皇帝聖容的人民。康熙皇帝騎著馬，穿著龍袍。龍袍是用華貴的金絲繡成的繡龍有五爪，只有皇帝家族才能使用五爪龍。大約有兩千名騎兵，排成豪華的陣容，在康熙皇帝的前面開道。緊隨他的是皇室的親王們，再後面就是大批的官員。最後是大群的士兵。

二、聖壽天齊 ── 綵坊匾聯的文化特色

　　萬壽盛典圖包括圖畫和圖記兩部分，其圖稿是由兵部右侍郎宋駿業所鉤勒。康熙五十二年（1713）五月，養心殿監造趙昌等遵旨將圖稿發下，命戶部左侍郎王原祁繪畫。王原祁隨即率同冷枚及工於繪畫人物界畫者在王原祁私寓中繪畫萬壽長圖。王原祁等奉敕纂修《萬壽盛典初集》，康熙五十六年（1717）武英殿刊本中的圖畫，是由雕版名匠朱圭所鐫刻。畫中描繪了自北京西郊暢春園至內城故宮神武門數十里內的景象，長達二十餘丈。處處張燈結綵，百戲雜陳。其中自暢春園至西直門臣民所建慶祝綵棚共十九座；自西直門至神武門臣民所建慶祝綵棚共三十一座。畫中有演劇綵臺、龍棚、萬壽亭、慶祝經壇、鼓亭、歌臺、擊壤亭、燈樓、綵坊、幡竿。在綵棚可以看到滿文，滿漢合璧，譬如「大市街」，滿文作 "ᡓᡳᠶᠠᡳ"，詩如 "amba hūdai giyai"。漢字「義行」，滿文作 "ᠶᠠᠪᡠᠮᠪᡳ"，讀如 "jurgan be yabumbi"。滿文筆順正確，滿漢文義相合。在興隆菴有養心殿西洋算法人員慶祝經壇，可以說是滿漢一體，中外一家，充分展現了普天同慶的繁華景象。

　　在綵坊或綵牆上可以看見祝壽的橫額及對聯，其文字內容，多見於《萬壽盛典初集》中的圖記。其綵坊四字如：萬壽無疆、鸞翔鳳翥、日升月恒、日華雲爛、天子萬年、萬年有道、萬國咸寧、民和年豐、衢歌巷舞、聖壽同天、萬國歡心、民安物阜、四海昇平、六合同春、萬年一統、天子萬壽、舜日光華、堯天浩蕩、敷天湛露、天長地久、皇州春色、萬壽同天、太和元氣、海晏河清、一人有慶、聖壽天齊、瑞叶青陽、增輝紫極、萬國謳歌、萬福攸同、厚德無疆、光被四表、風動時雍、羲軒風景、德洋恩溥、

萬物皆春、萬邦惟慶、光華復旦、鈞天廣樂、萬籟和鳴、華渚神
光、萬年景運、六龍時御、天地同春、德配乾坤、壽同悠久、福
竝升恒、萬年玉曆、三祝華封、悠久無疆、共樂堯天、天子萬福、
萬年景福、普天同慶、萬國來朝、天成地平、華福三多、嵩呼萬
歲、天人胥慶、金闕垂光、瑤池獻壽、德邁古今、道參天地、祝
堯歌舜、慶洽天人、運獻長庚、天開壽域、建中錫福、雨順風調、
堯天舜日、景星慶雲、允執厥中、群黎歡慶、列聖鑒臨、祥洽萬
方、壽同南極、萬國尊親、慶集三辰、德周八表、七曜騰輝、五
雲絢采、聖壽無疆、慶洽同文、光昭大象、道超九聖、德覆萬方、
壽節天開、咸歌舜日、同祝堯年、百祿是荷、萬福來同、文武聖
神、寶曆弘長、金甌永固、皇仁廣運、日麗星輝、九龍洽聖、瑞
靄千門、五緯聯光、春明九陌、同登仁壽、太平有象、金輪現采、
寶曆呈祥、翠柏長春、乾坤交泰、宇宙同春、集聖大成、大地山
呼、鈞天雅奏、日麗天衢、卿雲五色、寶曆萬年、瑞輯共球、祥
開景慶、聖人首出、化日舒長、德輝三五、道煥古今、就日瞻雲、
參天贊地、萬年鴻祚、南極呈祥、與天齊壽、九天花雨、萬國衣
冠、乘乾景運、玉曆凝休、皇圖永固、聖德光華、皇仁浩蕩、壽
嶽巍峨、萬年永命、九德當陽、四海騰歡、六符御極、萬方仁壽、
河山永固、雲日增輝、雲開兜率、花連上苑、樂應中和、天衢耀
彩、輦路嵩呼、盛德凝圖、鴻麻協極、慶洽無疆、恩光普被、如
日之升、物被仁風、九州同慶、萬靈効順、福祿來同、八方壽域、
一氣鴻鈞、卜年兆億、乘六御乾、兼三出震、五福陳疇、大德曰
生、至誠無息、人壽年豐、時和世泰、太平景象、億萬斯年、受
天之祜、健配天行、瑞叶斗樞、光流華渚、菁蔥佳氣、誕膺多福、
翠籙凝麻、紫苞肇泰。

　　除綵坊四字吉言外，其對聯佳者，亦有可觀，如興隆菴前燈

坊有聯曰：「百生逢此日，萬壽願齊生。」在江南江常等十三府慶
祝皇棚大綵坊橫額曰天子萬壽，有聯曰：「皇極建而歲月日時無
易；聖德大而祿位名壽竝隆。」在福建等六省臣民慶祝界路耆老
接駕棚大綵坊橫額萬壽有聯曰：兩地參天日月岡陵壽域；錫疇斂
福鳳麟河嶽獻禎福。八角演劇臺有聯曰：「天樂動南薰彩鳳高臨青
玉案；瑤池供壽酒肜雲輕護紫霞杯。」皇棚御座大綵坊有聯曰：「天
申命用休四方來賀；皇建其有極萬福攸同。」在蘇州臣民慶祝界
皇棚前大綵坊橫額聖壽同天有聯曰：「萬年人慶長生節；三月天開
四海春。」綵坊區聯雖然多屬歌誦之詞，但其中頗多佳句，輯錄
其詞句，足以反映祝壽臣民祈福誠悃，也是傳統文化的特色，可
以雅俗共賞。

三、天人感應 —— 昭告天地的祭祀活動

儀式是社會禮節規範，是文化的象徵。據《起居注冊》的記
載，康熙五十二年（1713）三月十八日，「乙未早，上率諸王、貝
勒、貝子、公、內大臣、侍衛、滿漢大學士詣寧壽宮行禮，未入
八分公、文武官員，俱於午門外，隨班行禮畢，上回宮。頃之，
上御太和殿，陞座，王以下，公以上，文武官員，致仕及給還原
品官員，於殿前排班行慶賀禮。八旗兵丁、直隸各省耆老士庶，
不計其數，自午門、端門、天安門直至大清門，摩肩接踵，遙望
殿廷叩拜畢。上回宮，內大臣侍衛、內閣翰林院、禮部、都察院、
詹事府等衙門侍直官員詣乾清門行慶賀禮。巳時，上由神武門出
西直門，詣暢春園駐蹕。」記載簡略，不能反映康熙皇帝六十大
壽慶祝活動的隆重景象。

《萬壽盛典初集》所載慶典活動較詳，每年三月十八日因逢

康熙皇帝萬壽令節，王以下文武大臣官員俱七日穿朝服，往暢春園穿蟒袍補服。康熙五十二年（1713），因逢康熙皇帝六十歲萬壽大慶，禮部奏請自三月初一日起至三月終止穿朝服蟒袍補服。奉旨自三月初一日起至二十日止穿朝服蟒袍補服。

國之大事，祀與戎。康熙皇帝每年萬壽節致祭太廟後殿真武廟、東嶽廟、城隍廟之神。康熙皇帝六十歲大慶，非比常年，經太常寺奏准除列祭外，先期於三月十七日遣官行禮。天壇遣都統崇古禮行禮，昭告皇天上帝；地壇遣都統汪吾禮行禮昭告皇地祇；太廟遣吏部尚書富寧安行禮，昭告太祖高皇帝、孝慈高皇后、太宗文皇帝、孝端文皇后、孝莊文皇后、世祖章皇帝、孝康章皇后；社稷壇遣禮部尚書赫碩色行禮，昭告太社、太稷之神，祈求時和年豐，家給人足，共享昇平。

三月十八日黎明，鑾儀衛官預陳鹵簿儀仗於太和殿前，預陳步輦於太和門外，預陳大駕於午門外，預陳馴象於大駕之南，預陳仗馬於丹墀中道左右。諸王、貝勒、貝子、公等俱朝服齊集太和門，未入八分公以下文武百官俱朝服齊集午門外，禮部官捧諸王大臣所進萬壽賀表由午門東旁門入至太和殿前置案上。鴻臚寺官引諸王、貝勒、貝子、公等於太和殿前丹陛上立，引文武百官由東西兩掖門入至太和殿前丹墀內分翼排立，引朝鮮等使臣由西掖門入立於西班之末，引紳衿耆老兵民行禮百官自午門至大清門各處分立。是日黎明，康熙皇帝詣寧壽宮朝皇太后禮畢還宮。隨御太和殿陞座，王以下文武官員進表慶賀，致仕等人員及耆老軍民俱於午門外列至大清門外行禮慶賀。是日，詔遣官致祭五嶽五鎮、四海四瀆、長白山及歷代帝王陵寢、先師孔子闕里。康熙皇帝六十大壽慶賀典禮及祭祀活動，都是傳統文化的典範。在祭祀活動中含有自然崇拜、圖騰崇拜及祖先崇拜。隨著清朝政權的覆

亡，這種典範也走入了歷史。

四、洪範五福 —— 康熙皇帝的養生理論

康熙皇帝在晚年曾引《尚書·洪範》所載五福，「一曰壽，二曰富，三曰康寧，四曰攸好德，五曰考終命。」五福以「考終命」列於第五，而以「壽」列於第一。康熙皇帝在位六十一年，年屆七旬，自黃帝甲子以下共三百一帝中，實屬罕見。

康熙皇帝在位期間（1662-1722），勵精圖治，宵衣旰食，所以格外講求養生之道，起居飲食，都有常度。《聖祖仁皇帝庭訓格言》指出，康熙皇帝曾見高年有壽者，平日都極敬慎，即於飲食，亦不過度。就能高年長壽。

康熙皇帝認為上了年紀的人，飲食要淡薄，多吃蔬菜水果，可以減少疾病，對身體有好處。農夫身體強壯，到老年還健康，就是由於平日飲食淡薄，多吃蔬菜水果的養生道理。

飲食淡薄，飯後氣氛和諧，心情愉快，食物容易消化。康熙皇帝曾說：「朕用膳後，必談好事，或寓目於所作珍玩器冊，如是則飲食易消，於身大有益也。」飯後欣賞珍玩器物等美術工藝作品，賞心悅目，可以紓解壓力，疏通鬱悶，幫助消化。

南北水土不同，地勢也有高低。康熙皇帝指出，古北口外，水土較好，從吐喇河以北的蒙古人，一生少病。每當京師暑熱，五內煩悶不安的時候，多出口外頤養。康熙四十八年（1709）七月十三日，直隸巡撫趙弘燮具摺請安。原摺奉硃批：「朕避暑口外，六月三庚不受暑熱，又因水土甚宜身體，所以飲食起居頗好。」上了年紀的人，立夏以後，常到口外避暑，確實對身心有益。

康熙皇帝指出，「窪處者不宜於高，高處者不宜於低。」地高

氣不足，低窪地方，潮濕悶熱。住在低窪地方的人到了高地，夜不成寐。長久住在高爽地方的人，突然遷居低窪濕熱地方，便不能適應，倘若害病，就不容易痊癒了。

各處水土不同，每個人的腸胃也不一樣。康熙皇帝指出，肚腹作瀉，主要是由於飲食不調所致。南方人喜歡吃補，飲食不調，自應作瀉。常食肉的人，腹瀉時，只要二、三天停止吃肉，就不拉肚子了。倘若是吃素的人，一拉肚子，便難醫治了。

一般人都說，吃肝補肝，吃腎補腎，但是，康熙皇帝認為補肝者，就不利於脾臟；補心者，就不利於腎。每見鄉下農人終身不曾吃藥，然而老而強健，富貴人家動輒服用溫補之藥，究竟徒增疾病，不可不慎。

涼水有益於脾胃，多飲清潔的涼水，雖然生病，卻容易治療。康熙皇帝曾以馬匹飲水為例，說明喝水的經驗。他曾對扈從大臣說過，「朕所乘馬，俟其汗乾，然後飲水，故常肥健。」《聖祖仁皇帝庭訓格言》記載「走遠路之人，行數十里，馬既出汗，斷不可飲之水。秋季猶可，春時雖無汗，亦不可令飲，若飲之，其馬必得殘疾。」馬匹奔走數十里後，因流汗疲乏，此時飲水，既不能止渴，反而損胃，甚至得到殘疾。馬匹汗乾然後飲水的道理，也同樣適用於人類。走遠路或運動、工作出汗過多，若立即飲涼水，體內鹽分大量流失，反而有害，必俟身體汗乾，然後飲溫水，這樣既不損胃，又可解渴，就是養生的一種重要方法。

農作物耐旱，方不致失收。康熙皇帝說過，「朕問老農，皆云將雪拌種，可以耐旱。」將穀種拌雪的農耕經驗，受到康熙皇帝的重視。康熙皇帝向來耐寒，他認為耐寒耐熱是從幼年開始養成的習慣。康熙皇帝固然隆冬不用火爐，即使於六月大暑之時，也不用扇，不貪風涼，既耐寒又耐熱，能適應冷暖變化。

　　康熙皇帝的養生理論，主要是注重內在的涵養，清心寡慾就是養生的基本涵養。他引《毋勞汝形，毋搖汝精》等語後指出，「蓋寡思慮所以養神，寡嗜慾所以養精，寡言語所以養氣，知乎此，可以養生。」養神、養精、養氣的道理，與古人所說「七傷十損」的訓誡相近。所謂「七傷」即指：「喜多傷心，怒多傷肝，哀多傷肺，懼多傷膽，愛多傷神，惡多傷情，慾多傷脾。」所謂「十損」即指：「久行損筋，久立損骨，久坐損血，久臥損脈，久聽損精，久看損神，久言損氣，久飽損胃，久思損脾，久淫損命。」身心五臟都不宜過度勞累，以減少疾病。康熙皇帝相信，「人能清心寡慾，不惟少忘，且病亦鮮也。」

　　學以養心，讀書可以寡過，讀書與養生，互為表裏。康熙皇帝說過：「學以養心，亦所以養身，蓋雜念不起，則靈府清明，血氣和平，疾莫之攖，善端油然而生，是內外交相養也。」

　　康熙皇帝認為人們果然專心於一藝一技，則心靈有寄托，就是長壽的一個道理。他親眼看見明朝末年、清朝初年善於書法的耆老，都長壽健康。擅長繪畫的漢人及製造器物的匠役，大都壽至七十、八十，身體強壯，畫作如常。考察歷史著名書畫家而長壽者，確實不乏其人，譬如唐朝書寫「九成宮」的歐陽詢，書法學王羲之，而險勁過之，他享年八十五歲。書寫「夫子廟堂碑」的虞世南，書法透逸，他享年八十九歲。書寫「玄秘塔」的柳公權，書法遒媚，他認為心正筆正，享年八十八歲。

　　康熙皇帝雖然講求養生的道理，但他從來不追求長生不老的靈丹妙藥，也沒有返老還童的幻想。相反地，他認為人到老年，髮白齒落，是正常現象，厚待老人，可以添福增壽。滿洲舊俗相傳，老人牙齒脫落，對子孫有益。康熙皇帝把養生理論從科學的軌道拉到唯心的新儒學範疇中，確實耐人尋味。

五、養老尊賢 —— 千叟宴的活動

千叟宴是康熙皇帝六十大壽慶典中的重要活動。二月河著《康熙大帝》一書指出，千叟宴是康熙皇帝自己獨出心裁，年年元旦、正月十五、八月十五，全都是祭壇、祭堂子、告太廟、祭天地，受百官朝賀，聽萬壽無疆賦，做柏梁體詩，他已經覺得俗不可耐。如今年逾耳順，久享太平，何不把這些與自己年紀差不多的老人們聚到一處，痛痛快快過個生日？參與盛筵的耆老共是九百九十七名，天不明便乘轎進了大內，安置在太和殿的月臺前等候，七十歲以上的設在體仁閣和保和殿，其餘的都在席棚下就餐。原書所載參與千叟宴的耆老人數及舉行千叟宴的地點，都有待商榷。

《馬國賢在華回憶錄》一書對於千叟宴也有簡單的描述。馬國賢（Matteo Ripa, 1682-1745），義大利那不勒斯人。康熙四十九年（1710），奉命入京。雍正二年（1724），離開廣州，在清朝待了十四年，其中十三年的時間在北京。馬國賢指出，很多健康的古稀老人，被各省官員從各地送到北京，參與組成一個千叟團，標著自己行省的橫幅。他們還帶來各種模型和貢品，對稱地分列在皇帝將要通過的街道上。他們構成了一道美麗而不尋常的風景。這些老人每人都給皇帝帶了一份禮物，一般都是些花瓶和銅器等物件，陛下則給他們每人十二兩銀子，一兩銀子大約等於五先令，還有一件用御用黃色製成的絲綢長袍。老人們隨後在一個地方集合起來，等候皇帝過去看他們。人們發現，這個高齡人組成的千叟團的人數竟然到達四千名。陛下對這壯觀的場面非常滿意，他問了很多人的年齡，用最和藹可親的態度對待他們。他甚至邀請了所有的老人參加宴會，就讓他們坐在御前。他還命令他

的皇子、皇孫們給他們斟酒。然後，他又親手賞給他們每人一些禮物。皇帝給了所有老人當中年齡最大的，大約一百一十一歲的那一位一整套的官服，還有一根拐扙、一方硯臺、和一些其他禮品。千叟團的人數及其活動，都引起西洋傳教士的興趣。

康熙五十二年（1713）三月初旬，各省恭祝萬壽的耆老已經陸續到京。是年三月初八日，南書房侍講學士勵廷儀遵旨傳諭大學士王掞等，略謂，各省為祝萬壽入京者甚眾，其中老人更多，時屆春間，寒熱不均，或有水土不服，其有恙者，即令太醫院看治，以示愛養老者之至意。三月十七日，康熙皇帝自暢春園啟駕回宮。直隸各省官員士庶夾道羅拜歡迎，耆老進前跪獻萬年壽觴，康熙皇帝停輦慰勞，命人賞給壽桃各一枚。三月十八日，是康熙皇帝六十壽辰，御太和殿，行慶賀禮。是日巳時，康熙皇帝由神武門出西直門，駐蹕暢春園。

三月二十五日，賜宴各省耆老於暢春園正門前。未賜宴前，領侍衛內大臣阿靈阿等傳諭眾老人，略謂，「今日之宴，朕遣子孫與爾等分頒食物，執爵授飲。當頒食授飲時，爾等勿得起立。朕如此宴饗爾等者，特示朕養老尊賢之至意耳！」據統計，與宴者漢大臣官員及士庶人等年九十以上者三十三人，八十歲以上者五百三十八人，七十以上者一千八百二十三人，六十五以上者一千八百四十六人。命皇子、皇孫等執爵敬酒，分發食品。扶掖八十歲以上老人一一至座前，親視飲酒，「環集臣庶，無不稱為盛事」。九十歲以上者，每人各賞銀十兩；八十歲以上者，每人各賞銀八兩；七十歲以上者，每人各賞銀六兩；六十五歲以上者，每人各賞銀一兩。

三月二十七日，宴八旗耆老於暢春園正門前，與宴者包括八旗滿洲、蒙古、漢軍大臣官兵閑散人等年九十以上者七人，八十

歲以上者一百九十二人，七十歲以上者一千三百九十四人，六十五歲以上者一千零十二人。諸皇子親賜茶飯，宗室子執爵授飲，分頒桌食。扶掖八十歲以上老人至御座前，康熙皇帝親視飲酒。九十歲以上者每人各賞銀二十兩，八十歲以上者每人各賞銀十五兩，七十歲以上者每人各賞銀十兩，六十五歲以上者每人各賞銀一兩。三月二十八日，召八旗老婦年七十以上者集暢春園皇太后宮門前，九十歲以上者入宮門內，八十歲以上者至丹墀下，七十歲以上至宮門外，頒視茶酒飯食。宮內賜坐年老婦人賞給貂鼠天馬等皮衣、綿衣、首飾、緞疋、素珠、銀兩等物。

　康熙皇帝認為養老尊賢是帝王統治天下的首務，也是周文王善養老者的遺意。《聖祖仁皇帝庭訓格言》記載康熙皇帝的一段話說：「朕因大慶之年，特集勳舊與眾老臣，賜以筵宴，使宗室子孫進饌奉觴者，乃朕之所以尊高年，而冀福澤之及於宗族子孫也。觀朕之君臣如此鬢鬚皆白，數百人坐於一處，飲食筵宴，其吉祥喜慶之氣，洋溢於殿庭中矣。且年高之人，多自傷自歎，令荷朕恩禮歸家，各以告其子孫借此快樂，以益壽考，即養生之道也。」康熙皇帝敬老尊賢，不分滿漢。他認為年高之人，坐於一處，其吉祥喜氣，洋溢於殿庭中，可益壽考，就是一種養生的道理。

康　熙

　康熙皇帝六十大壽在暢春園賜宴，與宴者老數逾千人，是千叟宴的創例。康熙六十一年（1722）正月，又在乾清宮前分別賜宴八旗文武大臣官員和漢文武大臣官員有年六十五歲

以上者，共一千餘人參與盛宴，宴上賦詩，稱為千叟宴詩，千叟宴由是聞名。乾隆五十年（1785）正月初六日，乾隆皇帝以御極五十年，援循皇祖舊典，重開千叟宴於乾清宮，與宴王公大臣官員及士庶三千九百餘人，各賜鳩杖。嘉慶元年（1796）正月初四日，內禪禮成，太上皇乾隆皇帝開千叟宴於皇極殿，與宴者除王公大臣官員耆老外，外國貢使亦參加，共三千多人。在宴席上，嘉慶皇帝為八十六歲的太上皇敬酒、舞蹈。太上皇召王公大臣及九十歲以上耆老至御案前賜酒，諸皇子、皇孫、皇曾孫、皇玄孫為王公大臣官員及耆老敬酒，與宴者賦詩慶祝。千叟宴是清朝皇帝為表示敬老尊賢而舉行的活動，有其政治意義。

六、琳琅滿目 —— 祝壽禮物清單中的古玩書畫

　　康熙皇帝六十壽辰的慶祝活動，不僅具有政治意義，同時也具有文化意義。臣工貢獻，是祝壽活動中不可忽視的重要課題。康熙五十二年（1713）三月十六日，皇子誠親王胤祉等十三人率皇孫、弘昇等二十六人進獻慶祝萬壽詩屏及品物。同年三月，親王以下，閒散宗室以上共一千零四十五人，覺羅共一千五百五十六人，宗室覺羅共二千六百零一人，公同醵金鑄造金佛、金滿搭，經宗人府奏准供奉在栴檀寺。內閣及部院衙門諸臣先後進獻古玩、書畫、詩冊等物。內外文武諸臣各出其家藏古玩、書畫等物，先後進獻，多為歷代以來罕見的珍貴文物。

　　臣工進獻文物中，含有頗多宋代古玩、書畫，更是珍貴。譬如誠親王胤祉進獻的「壽星圖」是宋李小仙所畫。胤祉長子弘晟進獻的「青鸞金母圖」，為宋人畫；「萬壑松濤圖」，為何浩畫。兵部尚書殷特布等進獻的「鷹圖」，為宋徽宗畫；「羅漢圖」，為宋人

畫。原任經筵講官戶部尚書王鴻緒進獻的「秋山蕭寺圖」，為北宋燕文貴畫；「華嚴變相圖」，為北宋李公麟畫。禮部尚書致仕許汝霖進獻的「鴛鴦圖」，為宋宣和御畫。監造張常住進獻的「山水」一卷，為米芾畫。

臣工進獻的古玩器物，更是琳瑯滿目。譬如內閣大學士溫達等進獻的宋代古玩器物有：「宋製蟠桃玉盃」一隻、「宋製荷葉玉盃」一隻、「宋製夔龍玉水注」一具、「宋粉定窯花盒」一對、「宋官窯雙耳爐」一座。監造張常住進獻的宋代古玩器物有：「宋凍青玉壺春」一件、「宋凍青爐」一座。吏部尚書富寧安等進獻的宋代古玩器物有：「宋製玉爐」、「宋製玉盃」。戶部尚書穆和倫等進獻的宋代古玩器有：「宋製玉卮」一對、「宋製玉芝水盂」、「宋製夔龍玉爐」、「宋製福祿連環玉卮」、「宋製燕喜玉盃盤」各一副、「宋製萬壽蟠桃玉盤」、「宋製玉蟾水盛」各一副。禮部尚書赫碩色等進獻的宋代古玩器物有：「宋製脂玉萬壽鼎」、「宋製脂玉龍鳳尊」、「宋製脂玉壽觥」、「宋製脂玉雙喜筆洗」、「宋琴」二張。兵部尚書殷特布等進獻的宋代古玩器物有：「宋甌磁硯海」、「宋磁蕉葉筆搯」、「宋硯」一方。工部尚書滿都等進獻的宋代古玩器物有：「宋政和年製鎮紙玉尺」、「宋玉蟠螭水汲」、「宋官窯一統爐」、「宋製銀晶筆山」。太僕寺卿阿錫鼐等進獻的宋代古玩器物有「宋磁梅瓶」。國子監祭酒查喇等進獻的宋代古玩器物有：「宋端石宮硯」。原任兵部尚書范承勳進獻的宋代古玩器物有：「宋窯花插」一件。雍親王胤禛進獻的宋代古玩器物有：「天仙祝壽合景宋磁花籃」。九貝子進獻的宋代古玩器物有：「宋製雙壽卮」。敦郡王進獻的宋代古玩器物有：「宋磁萬壽龍瓶」。多羅順承郡王布穆巴進獻的宋代古玩器物有：「宋鼎瑤臺」一座、「宋瑪瑙葵花洗」一器、「宋磁秦爐」一座、「宋均窯洗」一器。除了宋代罕見的古玩器物外，元、

明兩代的古玩器物，更是不勝枚舉。康熙皇帝六十壽辰慶祝活動中，臣工進獻的古玩器物，件數既夥，品類亦繁，儼然是一座小型博物館。

在臣工進獻的古籍中，含有頗多的宋板書，譬如內閣大學士溫達等所進古籍善本中含有「宋板文選類林」二套、「宋人手抄文翰類編」一套。武備院固山大伊篤善等所進古籍善本中含有「宋板史記」一部、「宋皮陶淵明集」一部。戶部尚書穆和倫等所進古籍善本中含有「宋板五經」二套、「宋板周禮」二套、「宋板爾雅翼」一套、「宋板花間集」一套。兵部尚書殷特布等所進古籍善本中含有「宋板禮記」。刑部尚書哈山等所進古籍善本中含有「宋板字彙」一部、「宋板詩韻」一部。工部尚書滿都等所進古籍善本中含有「宋板朱子韓文考異」。都察院左都御史揆敘等所進古籍善本中含有「宋板易象大旨」一部、「宋板尚書註疏」一部、「宋板周禮」一部。大理寺卿荊山等所進古籍善本中含有「宋刻南華經」四函、「宋刻陶潛集」一函、「宋刻柳宗元集」二函。順天府府尹屠沂所進古籍善本中含有「宋抄歐陽修全集」、「宋板韻疏」。原任經筵講官戶部尚書王鴻緒所進古籍善本中含有「宋板唐孔穎達周易義」一部、「宋板唐陸德明詩經重言重意互註」一部、「宋板太學類編成周制度」一部、「宋板呂氏讀詩記」一部、「宋板劉敞七經小傳」一部、「宋板韜略」二本、「宋板許慎說文解字」一部、「宋板孫愐唐韻」一部、「宋板王昭禹周禮詳解」一部、「宋板資治通鑑考異」一部、「宋板大廣益會玉篇」一部、「宋板唐陳子昂集」一部。

在王鴻緒進獻清單中含有頗多西洋物件，包括：西洋地平儀一架、西洋察量遠近儀器一個、西洋小規矩一個、西洋吸鐵石一塊（計吸十八觔）、西洋鹽露一瓶、西洋流黃露一瓶、西洋象牙塔

一件、西洋象牙簫一件、西洋鼻煙二瓶、西洋法琅鼻煙瓶三個、西洋化五金水一瓶、西洋方石一塊、西洋羅斯瑪里諾露四瓶、西洋保心石一塊、西洋巴爾撒木阿餑餑克里的果一盒、西洋顯微鏡一個、西洋寶燒瓶二個、西洋規矩四個、西洋古巴衣巴油四瓶、西洋火漆一厘、西洋巴爾撒〔撒〕木油二盒、西洋葡萄酒六瓶、西洋德里亞格二厘、西洋法琅珠子三十三個、西洋香二匣（計二塊）、西洋巴爾撒木香珠十掛、西洋法琅珠二掛等。

　　在祝壽進獻清單中，含有天主教三堂西洋人紀理安、蘇霖、白晉、巴多明等所進物件，包括：算法運軸一匣、大規矩一個、小規矩一套、葡萄酒一箱、鼻煙二瓶、玫瑰醬一瓶、木瓜膏八碗、香餅一匣、保心石數個、巴斯弟略一瓶（如糖果美味）、糖果一瓶、撒硼一匣（如胰洗垢）、金幾那兩包。清單中「金幾那」，又作金雞納，同音異譯，是 "cinchona" 的音譯，專治瘧疾。福建、江西、廣東等省督撫常以西洋物件進呈御覽，臣工以西洋工藝等物件進獻祝壽，都受到康熙皇帝的重視。馬國賢（Matteo Ripa. 1682-1745）著《清廷十三年 —— 馬國賢在華回憶錄》一書有一段記載，康熙五十二年三月初十日（1713.04.04），所有各地的主要大員都趕到了北京，來協助大慶，參與這個盛大場合的歡樂，根據他的官階和權位，每個都向康熙皇帝呈送了最罕見的禮物。歐洲人各自都貢獻了自己的一份禮品，包括了歐洲葡萄酒、巴西煙葉，都是在中國最為稀罕的東西。還有一磅蘇合香脂，一匹最好的亞麻布，兩塊高洛曼德爾的印花被面，幾塊飾有白色花邊的手帕，四個刺繡荷包，各種各樣的剪刀、刀子和小鎖，三磅酒石，數學儀器，兩瓶香脂，六瓶蜜餞，十二壇腌過的檳梓，八英石的藏紅花、樹皮、油和藥材根。到達宮殿以後，馬國賢等西洋人把禮物給官員們看。官員們告知要先把藥物去掉，並把禮品數減至

偶數，才能被接受。官員們宣稱，萬壽慶典這一天給康熙皇帝呈送奇數禮物或者藥品都是一個凶兆。後來取出了藥品，把數量減至偶數，並祝康熙皇帝萬壽無疆。據官員轉達康熙皇帝的回覆說他非常高興。

書法是一種書寫藝術，就是六藝的內容之一。康熙皇帝認為書法是心體所寓，心正則筆正，書大字如小字，此正古人所謂「心正氣和，掌虛指實，得之於心，而應之於手。」清宮珍藏歷代法書極為豐富，康熙皇帝賞玩臨摹，陶冶德性，有益身心。他很重視書法，平日寫字，一筆不苟。貢士參加殿試，寫字好壞，對進士及第影響很大。康熙皇帝指出，「殿試先論其字，次論其文。」康熙皇帝的文學侍從，也多是書法很好翰林出身的人員。康熙皇帝六十壽辰活動，臣工多以家藏歷代名家書蹟進獻祝壽。在《萬壽盛典初集》所錄臣工進獻清單中有頗多歷代法書真蹟，對研究歷代名家書法作品，頗有參考價值。

米芾（1051-1107），宋太原人。字元章，號鹿門居士，世亦稱米南宮。性好潔，行多違世異俗，人稱米顛。家藏古帖，有晉人法書，書法得王獻之筆意，超妙入神，與蘇軾、黃庭堅、蔡襄並稱四大家。米芾書法在宋四大家中，特為雄奇峭拔。康熙皇帝觀賞米芾墨蹟後，認為米芾書法，豪邁自喜，縱橫在手，肥瘦巧拙，變動不拘，出神入化，莫可端倪，可以和晉唐諸家爭衡。誠親王胤祉進獻的「祝壽詩」、「南極老人星賦」，誠親王胤祉長子弘晟進獻的「神仙篇」，皇十五子胤禑進獻的「麻姑山仙壇記」，吏部尚書富寧安等進獻的「唐詩」、「行書長樂花賦」、「正月臨朝詩」，戶部尚書穆和倫等進獻的「獅子說」，刑部尚書哈山等進獻的「天馬賦」，大理寺卿荊山等進獻的「行書聖德詩」，太僕寺卿阿錫鼐等進獻的「閶闔篇」等等，都是米芾所書。

　　內閣大學士溫達等人所進書畫中含有「董其昌書詩」一卷,「董其昌書天馬賦屏幅」全副,「董其昌書唐人詩」一軸,「董其昌行書」一軸,「董其昌書畫」一卷。尚書胡會恩所進書畫中含有「董其昌書老人星見詩」一軸。武備院固山大伊篤善所進書畫中含有「董其昌書天馬賦」一卷。監造和素所進書畫中含有「董其昌字」一卷,「沈荃字」一軸。吏部尚書富寧安等所進書畫中含有「董其昌臨顏真卿書」、「董其昌書樂壽堂歌」、「董其昌草書杜甫詩」、「董其昌書白羽扇賦」、「董其昌臨米書天馬賦」、「董其昌臨懷素帖」、「董其昌臨米芾書」、「董其昌臨趙孟頫書」。戶部尚書穆和倫等所進書畫中含有「董其昌泥金字冊」、「董其昌楷書閶闔篇」、「董其昌小楷」、「董其昌草書」、「董其昌書應制詩」。禮部尚書赫碩色等所進書畫中含有「董其昌書天街曉望詩」。兵部尚書殷特布等所進書畫中含有「董其昌倣虞歐字」。刑部尚書哈山等所進書畫中含有「董其昌書唐宋小書」、「董其昌臨英光帖」、「董其昌臨黃庭經」、「董其昌大字」、「董其昌草書」。工部當書滿都等書畫中含有「董其昌行書」、「董其昌臨米書」、「董其昌臨趙書」、「董其昌草書」、「董其昌行草」、「董其昌大字」、「董其昌小楷」、「董其昌八仙歌」。都察院左都御史揆敘等所進書畫內含有「董其昌臨顏真卿書」、「董其昌倣懷素帖」。通政使司通政使劉相等所進書畫內含有「董其昌書四勿箴」。「董其昌書唐柳宗元觀慶雲圖詩」。大理寺卿仍兼太常寺卿荊山等所進書畫內含有「董其昌行書畫錦堂記」、「董其昌行書春晴詩」、「董其昌行書春雨詩」。順天府尹屠沂等所進書畫內含有「董其昌書唐張嗣初春色滿皇州詩」。國子監祭酒查喇等所進書畫內含有「董其昌廣文字會寶」二函。經筵日講官致仕徐潮所進書畫內含有「董其昌臨顏真卿書」二種。原任經筵講官戶部尚書王鴻緒所進書畫內含有「董其昌書呂祖金丹詩」一軸、「董其昌書

桃源行」一冊、「董其昌書清靜經唐詩」一冊。禮部尚書致仕許汝霖所進書畫內含有「董其昌千字文」一冊、「董其昌仿顏真卿懷素」二種一卷。原任經筵講官工部尚書徐元正所進書畫內含有「董其昌書彭祖頌」一軸。原任工部右侍郎彭會淇所進書畫內含有「董其昌書王貞白宮池產瑞蓮詩」一軸。候補內閣學士顧悅履所進書畫內含有「董其昌書太極真人歌」一軸。前引進獻董其昌法書清單中含有頗多臨古之作。董其昌認為「學書不從臨古入，必墮惡道。」他從十七歲開始學習書法，一直到八十二歲臨終，他從未間斷過臨古之事。他把臨習古人書蹟作為發掘創作泉源的途徑，臨古遂成為董其昌書法藝術中的明顯特色。倘若將康熙皇帝六十壽慶臣工進獻董其昌書法清單與國立故宮博物院典藏董其昌書法作品進行比較研究，將是探討董其昌書學不可忽視的重要課題。

　　康熙皇帝八歲登極，就非常好學，更耽好筆墨，他的書法，自幼即得真傳。翰林沈荃，江蘇華亭人，他素學董其昌字體，曾教康熙皇帝書法。董其昌的書法，其最大的特，色就是高秀圓潤，丰神獨絕。康熙皇帝觀察其結構字體後，指出董其昌書法，主要是源於晉人。康熙皇帝於「跋董其昌書」中指出，朕觀昔人墨蹟，華亭董其昌書畫錦堂記，字體遒媚，於晉唐人之中，獨出新意，製以為屏，列諸座右，晨夕流覽，寧不遠勝鏤金錯彩者歟！沈荃學董其昌字體，筆多帶行，字如栗大。康熙皇帝喜歡董其昌的書法，主要是受到沈荃的影響。他在臨摹董其昌書法時，沈荃侍於左右，從中指陳得失，所以他的書法遂能異於尋常人。臣工進獻書畫中，董其昌墨蹟所占比例甚大，確實與康熙皇帝喜歡董其昌書法有著密切的關係。

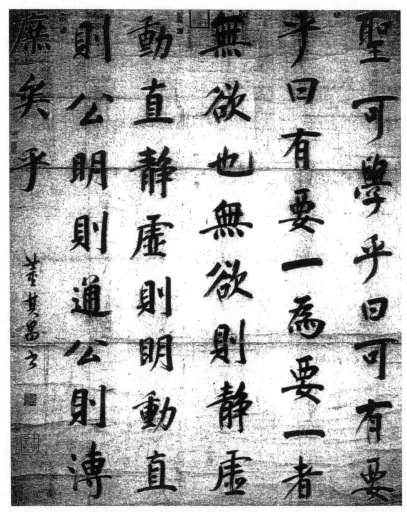

軸　書通子周書　四

萬壽盛典初集　慶祝

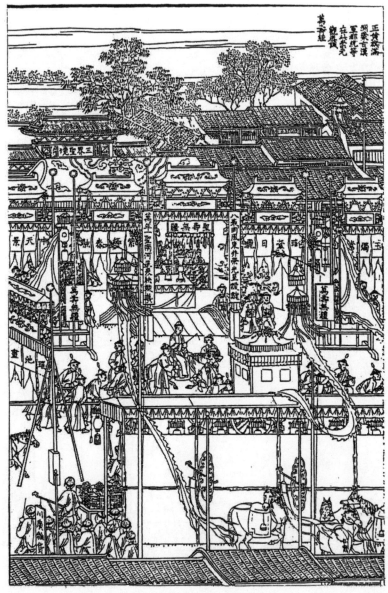

萬壽盛典初集　慶祝

萬壽盛典初集　慶祝

萬壽盛典初集　慶祝

萬壽盛典初集　慶祝

清 史 圖 典

《康熙帝萬壽圖卷・京城商業》之一

清宮廷畫家繪。絹本，設色。
全圖縱 45 厘米，橫 3828.5 厘
米。故宮博物院藏。

隨著人口的暴漲，商品經濟的發
展，逐漸形成了以城市為中心，眾多
市鎮密布交織于其外的廠闐的商業
區，從而大大推進了社會經濟的發展。

清朝的京師不僅是政治中心，也
是商業貿易的中心。城內店鋪鱗次櫛
比，富商巨賈紛紛投資其中，各類廟
會累日相繼，繁榮之景不能言表。此
圖取自《康熙帝萬壽圖》上卷，圖中
描繪了點心鋪、菜局、成衣鋪、磚鋪
等店面。

《康熙帝萬壽圖卷・京城商業》之二

此圖取自《康熙帝萬壽圖》上卷，
圖中描繪了瓷器店、布店、藥店等鋪面。

清史圖典

《康熙帝萬壽圖卷・京城商業》之三

此圖取自《康熙帝萬壽圖》上卷，
圖中描繪了肉舖、壇子店、銀局、米舖、
雜貨舖等店面，各店舖前多掛有帶廣告
色彩的條幅。

《康熙帝萬壽圖卷・京城商業》之四

此圖取自《康熙帝萬壽圖》下卷，
圖中描繪了錢庄、菜局、銀舖等商號。

起居注冊 ——
皇帝言行的紀錄簿

起居注是官名，負責記載皇帝的言行，起居注官每天的紀錄，叫做起居注冊，是一種類似日記體的檔冊。臺北故宮博物院現藏清代檔案共二百零四箱，起居注冊就佔了五十箱，包括漢文本和漢文本兩大類。漢文本起居注冊，開始於康熙十年（1671），九、十兩月各合為一冊，其他月分各一冊；漢文本起居注冊，始自康熙二十九年（1690），每月一冊。從雍正年間起，滿漢文本起居注冊，每月各二冊，數量相當可觀。

一、皇帝的作息時間

起居注官對皇帝每天的活動，記載詳盡，內容可信。滿洲人立竿祭神的靜室，叫做堂子，清世祖入關後，在北京長安左門外

建堂子，每年元旦寅時（上午三點至五點），皇帝率領宗室王公大臣前往堂子行禮。清聖祖勵精圖治，夙興夜寐。起居注冊記載康熙二十九年（1690）春夏間，京師乾旱，清聖祖非常憂慮，四月二十七日，大雨一晝夜，次日寅時，清聖祖就由午門出正陽門，到南苑「觀禾」，同時又派戶部善於馳馬的司官到保定等處察勘雨水是不是霑足。

　　清聖祖日理萬幾，每天批閱的公文至少有二、三十件，甚至多達二、三百件。皇帝上朝辦公，叫做御門聽政，聽理政事的地方是在乾清門、瀛臺勤政殿、暢春園澹寧居、澹泊無為殿等處，時間是在辰時（上午七點至九點）。向皇太后請安的時間是在巳時（上午九點至十一點），皇帝和侍講官討論經史，叫做經筵大典，辰時或巳時，在文華殿舉行。皇帝巡幸塞外，啟程時間很早，康熙四十二年（1703）五月二十五日寅時，由暢春園啟行，駐蹕湯山溫泉，六月三十日子時（夜間十一點至一點），由密雲縣啟行，駐蹕三家店。駐蹕行宮的辦公時間，多在未時（下午一點至三點）、申時（下午三點至五點）、酉時（下午五點至七點）。

二、宮中的菜單

　　皇帝吃飯，有一套術語，飯叫做「膳」，吃飯叫做「進膳」，開飯叫做「傳膳」，不許別人說錯。清初，宮中每天食物較節約，康熙二十九年四月二十四日，起居注冊記載御膳房供用皇帝每天的豬內十九斤，雞三隻，羊肉二盤，新碾粳米三升，鵝一隻，小豬一隻，每天輪用；供用皇太子的豬肉十八斤八兩，羊肉一盤，鵝一隻，雞二隻，笋雞一隻，鴨一隻，新碾粳米一升半；皇長子每天用豬內十二斤，羊肉一盤，鵝一隻，雞二隻，笋雞一隻，新

碾粳米二碗；五位阿哥，各用豬肉九斤，鵝半隻，雞一隻半，鴨半隻，新碾粳米二碗；五位小阿哥，各用豬肉二斤八兩，鵝一隻，新碾粳一碗。每年十月起到次年正月共四個月期間，因有冬季獵人進獻麞鹿，所以要減去常用豬肉。如果進獻野雞魚類，就減去小豬、雞、鵝、笋雞。皇帝的侍衛，滿洲語讀成「轄」（hiya），朝鮮人有時寫作「蝦」。乾清門的侍衛和有官職的人員，每天用豬肉十二兩，水稻米一碗又四分之一，沒有官職的人員，用豬肉八兩，水稻米一碗又四分之一，夏季進獻醃魚，冬季進獻鹿隻，減去豬肉。

　　從乾隆年間開始，到清代末年，宮中吃飯穿衣，成為耗費人力物力最大的排場，衣服是大量的做而不穿，飯菜則是大量的做而不吃。皇帝吃飯，沒有固定時刻，只要吩咐一聲「傳膳！」跟前的太監便照樣向守在養心殿的殿上太監說一聲「傳膳！」再由養心門外、西長街的太監們一個連一個地一直傳進了御膳房，不等迴聲消失，幾十名太監就將一天以前準備好的菜餚，用繪有金龍的朱漆盒，浩浩蕩蕩地捧著出來。宣統皇帝溥儀，曾經統計他一家六口一個月要用三千九百六十斤的肉，三百八十八隻的雞鴨。跟據他所公佈的一份早膳菜單，開列如下：「口蘑肥雞、三鮮鴨子、五絲雞絲、燉肉、燉肚肺、肉片燉白菜、黃燜羊肉、羊肉燉菠菜豆腐、櫻桃肉山藥、驢肉燉白菜、羊肉片川小蘿蔔、鴨條溜海參、鴨丁溜、葛仙菜、燒茨菇、肉片燜玉蘭片、羊肉絲燜跑躂絲、炸春卷、黃韭菜炒肉、熏肘花小肚、鹵煮豆腐、熏乾絲、烹掐菜、花椒油炒白菜絲、五香乾、祭神肉片湯、白煮塞勒、煮白肉。」這張菜單，只是為了表示排場，宣統皇帝吃的只是放在面前的二十來樣美味可口的菜餚，御膳房做的都遠遠地擺在一邊，不過做個樣子而已。

三、雪地上的睡眠方法

　　起居注冊記載的範圍很廣泛，對邊疆的問題，也有不少的資料，例如康熙三十三年（1694）五月十三日記載清聖祖的一段話，他告訴大臣說：「我國邊界甚遠，向因欲往觀其地，曾差都統大臣、侍衛等官，皆不能遍到，地與東海最近，所差大臣於六月二十四日至彼，言仍有冰霜。其山無草，止生青苔。彼處有一種鹿最多，不食草，唯食青苔。彼處男女，睡則以木撐頷。」東海邊界，就是指黑龍江下游及烏蘇里江以東到海的遼闊地方，後來被俄羅斯人鯨吞蠶食了。

四、魏忠賢的酷刑

　　起居注冊記載不少皇帝評論史事的資料，例如康熙二十九年二月初三日記載清聖祖的諭旨說：「史書最關緊要，纂輯之時，務宜考核精詳，不可疏漏。史書必身親考論，方能洞曉。朕於明代實錄，詳悉披覽，宣德以前，尚覺可觀，至宣德以後，頗多紕謬，誤字亦不少，弗堪寓目。宋通鑑其書亦多失實，如所載兀朮以六馬登金山，為韓世忠所阻。今觀大江如此遼闊，金山在江中央，六馬豈能飛渡耶？」康熙四十二年四月二十三日記載明代太監魏忠賢的各種惡行，「其最惡者，凡有拂意之人，即日夜不令休息，逼之步走而死。又并人之二大指以繩拴而懸之於上，兩足不令著地，而施之以酷刑。」明代末年的太監，清聖祖曾親自見到，對太監的劣跡，知道很多，史書並未記載。

五、皇帝的性情和養身之道

　　起居注冊常常提到修身養性的問題，宮中崇尚佛教的風氣很盛行，清世祖信仰佛教更是虔誠，拜高僧木陳忞等為師，雍正十一年（1733）正月二十五日，起居注冊記載清世祖順治皇帝的性情是「龍性難攖，不時鞭撲左右。」任何人觸犯了他，就必遭鞭打。有一天，師父木陳忞談話時告訴清世祖說：「參禪學道人，不可任情喜怒，故曰一念嗔心起，百萬障門開者此也。」清世祖點頭說：「知道了」，從此以後，這位萬歲爺不但不打人，也不再罵人了。

　　康熙五十二年（1713）閏五月初九日，起居注冊記載清聖祖的一段談話說：「人之喜怒，不可有偏，若喜時一樣，不喜時一樣，心不得其理之正。即今內大臣、侍衛等有歷過事者，亦有未歷過事者，或未歷過事之人，一聞打死人，輒勃然大怒，設使閱刑部一匣奏章，直忿忿而至於死耳。向有演秦檜劇者，一人見之，憤甚，遂殺扮秦檜者。」皇帝綜理萬幾，更不可動輒勃然大怒。同年六月二十九日，清聖祖指出滿洲人和漢人的個性迥然不同，漢人以喜怒不形於色為貴，滿洲人的喜怒，別人一看就知道，毫無隱匿，喜怒不形於色的人，是大奸大偽的人。講養身，必須注意飲食。內閣學士舒蘭因眼疾而腫痛，氣色不好，所以吃補藥。清聖祖告訴舒蘭，吃補藥並無好處，病好了，說是補藥的功效，病不好就說平和的藥性緩慢，吃久了方才有效，吃補藥好像聽到別人對自己說讚美的話一樣，總無利益。清聖祖認為「養身者但寬其心，食常食之物為佳。」山珍海味飲食過多，必定膨悶，吃平常的食物，容易消化。清聖祖懂得養身的道理，所以身體壯健，

氣色良好，在位六十一年之久。年輕時，一天能步行四、五十華里，到了晚年，還可步行十數華里，真是歷史上一位罕見的皇帝。

六、滿洲人的姓名

　　按照清代制度的規定，官吏的任用，須由吏部引導進見皇帝，叫做帶領引見。雍正、乾隆年間以後的起居注冊，記載了許多引見滿洲、蒙古官員的名字。他們的姓氏，也是由來已久，有的是以部落的名稱當作姓氏，有的是以居住的地名或河名作為姓氏，同部落的人，有相同的姓氏。在氏族社會裏，日常接觸的人，都是同姓氏的人，大家見面，只要稱呼他的名字，不必連姓氏也叫出來，就是在公文上也省略姓氏，只寫本名。滿洲人命名，大多出自祖父母的喜愛，沒有一定的規則，有些人名是動物的名稱，例如阿爾薩蘭（arsalan），是滿洲話的獅子；烏雅善（uyasan），是泥鰍。有些人名，和植物有關，例如鄂爾和達（orhoda），是人蔘。有些人名，則與器物有關，例如百里（beri），是弓；尼楚和（nicuhe），是珍珠。有些人是按照出生的順序命名的，例如費揚古（fiyanggū），是老么。有些人名，與數目有關，例如那丹珠（nadanju），是七十。最普遍的習俗是以數目命名，用祖父或父親當時的年齡來給新生的嬰兒命名，例如六十五歲的祖父抱了孫子時，這個嬰兒就叫做六十五，含有紀念祖父的意義。由於祖父喜歡把自己的年齡給新生的孫兒作名字，所以在滿洲、蒙古社會裏常見有七十一、七十八、八十等等的人名。這些數目名字，原來是乳名，後來仍然在各種場合裏通用，這是滿洲社會孝道觀念的具體表現。但因雷同的數目名字很多，有的人就改用漢字大寫，例如五十，寫作伍什；五十九，寫作伍什玖。有時候也用同音的

漢字代替數目字，例如把五十八寫成武什巴，七十五寫成齊什五，八十一寫成巴什一。其實武什巴是五十八的同音字，並不姓武，齊什五是七十五的同音字，巴什一是八十一的同音字，既不姓齊，也不姓巴，都是名字，而不是姓氏。因滿洲氏族裏，只用本名，不用姓氏，以致一般人往往誤認為他們父子不同姓氏。起居注冊記載的數目名字，主要是從四十以上，最大的是九十八，中間各數字普遍使用，從六十到八十之間，使用的最多，雷同的名字也最常見。漢洲人以數目命名後，大都不按照滿洲語呼喚，而是按照漢人語音呼喚，這就是滿洲漢化的具體表現，從起居注冊的記載，可以了解滿洲人命名的習俗，對於探討滿洲文化的發展及漢化的過程，也提供了珍貴的資料。

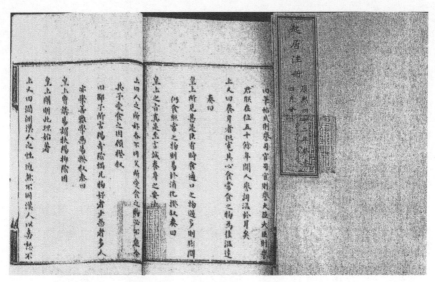

康熙四十二年四月份漢文起居注冊

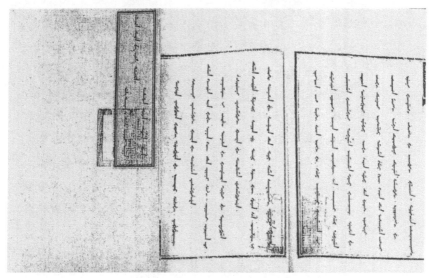

康熙四十二年四月份滿文起居注冊

宵旰勤政 ——
從起居注後記論康熙皇帝的歷史地位

　　康熙皇帝在位六十一年（1662-1722），他在位期間，勵精圖治，開創了清朝的盛世。清朝國史館纂修黃綾本《大清聖祖仁皇帝本紀》記載史官對康熙皇帝的評論，節錄一段內容如下：

　　史氏稱漢文景之際，刑措不用，幾至太平。又稱貞觀中，斗米三錢，終歲斷刑，止二十九人。又云，宋仁宗在位四十二年，刑以不殺為威，財以不蓄為富，兵以不戰為功，並書之典冊，以為美談。上臨御月久，超越往代，六十一年中，兵不觀而壯，財不聚而豐，政教不肅而成，風俗不言而喻。光天之下，至於海隅蒼生，鼓腹嬉遊，熙熙皞皞，樂其樂，利其利，民日遷善而不知，豈漢唐而下，所得同年而語者哉！昔人謂貞元會合之運，在唐虞宇宙間，至成周而再見。上久道化成，深仁厚澤，無遠弗屆，含生有識，淪於骨髓，浹於肌膚，下至昆蟲草木，並有於太和，黃髮兒齒，同臻於壽域，信乎貞元會合之運，兼唐虞成周而有之矣。

　　史官引漢文景、唐太宗、宋仁宗尚德緩刑為美談，康熙皇帝則超越往代，他在位六十一年期間，兵不觀而壯，財不聚而豐，政教不肅而成，風俗不言而喻，久道化成，深仁厚澤，媲美唐虞

成周。史官後記，雖多溢美之詞，惟康熙一朝的政績，確實頗有表現，奠定盛世的基礎。《清史稿・聖祖本紀》論曰：

> 聖祖仁孝性成，智勇天錫，早承大業，勤政愛民，經文緯武，寰宇一統，雖曰守成，實同開創焉。聖學高深，崇儒重道，幾暇格物，豁貫天人，尤為古今所未覯。而久道化成，風移俗易，天下和樂，克致太平，其雍熙景象，使後世想望流連，至於今不能已。傳曰，為人君，止於仁。又曰，道盛德至善，民之不能忘。於戲，何其盛歟！

引文中所謂「開創」，就是清朝盛運的開創。康熙皇帝崇儒重道，幾暇格物，融合中西。其久道化成，風移俗易，克致太平，其雍熙景象，確實使後世想望流連。為人君，止於仁，康熙皇帝可以定位為儒家仁君典範的實踐者。

起居注是官名，掌記注之事，起居注官記載皇帝言行的檔冊，就是起居注冊。據清實錄的記載，清朝正式設置起居注官是始於康熙十年（1671）八月，以日講官兼攝，稱為日講起居注官。現存康熙朝滿漢文本起注冊，始於康熙十年九月。康熙五十七年（1718）三月，康熙皇帝以記注官內年少微員甚多，不識事體輕重，或遺漏諭旨，或私抄諭旨示人，經大學士、九卿等遵旨議奏，裁撤起居注衙門。起居注官逐年附書後記於簡末，所錄後記，多冠以「臣等欽惟」、「臣等伏惟」、「伏覩」、「恭惟」、「欽惟」、「臣等恭紀」等字樣。康熙十七年（1678）十二月，起居注官後記中有一段云：

> 時召儒臣入南書房，凡古人文辭有關治理者，編纂成帙，充溢几案，從來右文嚮學之盛，至斯而極矣。

康熙皇帝右文嚮學，蒐集古人有關治理文辭，編纂成書，作為施政參考。康熙十八年（1679），起居注官後記中有一段云：

至於典學遜志，寒暑不輟，比及歲暮，猶御講筵，蓋二典
三謨之精意，無逸立政之懿規，悉體躬行措諸實事，此所
由通天人於一理，彙治學於同原也。書曰，行之惟艱。又
曰，終始惟一，我皇上聖德日新，懋臻至治，何唐虞三代
不可再見歟！

康熙皇帝典學遜志，聖德日新，懋臻至治，可以視為唐虞三
代的再現。康熙十九年（1680），康熙皇帝智勇兼備，遇事果敢，
一心運籌，終於平定三藩之亂。起居注官所書後記如下：

伏觀皇上慎思永率作省，成德日進以無疆，業日新而滋茂，
一歲之中，弘謨偉略，蓋美不勝書也。自軍興以來，皇上
宵旰焦勞，期拯赤子於湯火。天威震疊，次第削平。今年
春，秦師下全蜀。冬，楚師入黔中。賊眾勢蹙窮奔如釜魚
檻獸，立待撲滅。而閩藩懷逆，旋繫頸手闕下。粵藩肆惡，
復駢戮于師中。釋從殲魁，仁至義盡，往往神謀密運，而
施設裕如，仰惟皇上以不忍一物失所之心，勵師武臣滅此
朝食之氣，廟堂決勝，閫外受成，實古所未有，而又軫小
民舟車供憶之繁，憫士卒行間摧折之苦，申飭將領至再至
三，德音所布，無有不瞻望闕廷感激泣下者矣。至于甄敘
臣品，首別公私，獎用必先老成，屏斥不遺邪佞，宸衷灼
見，如鑑在懸。凡一舉一錯之間，咸寓屬世磨鈍之意。蓋
我皇上日御講帷，研窮經義於書，明治忽之原於易，辨消
長之理，本聖學以數為聖治所由，明威並用，寬猛互行，
有如此其盛也。若夫嚴郊廟，孝兩宮，謹災變，賑凶荒，
優講僚，納諫諍，褒卹死事，明慎用刑，中外臣庶，罔不
欣欣戴德。竊謂寇難既除，兵革寢息，則如天之澤，非常
之恩，當更有霑被於窮郶屋之內者，海寓熙皞，其在旦暮

間歟！

吳三桂起兵之初，聲勢浩大，但因康熙皇帝一心運籌，神謀密運，終於削平寇難。在起居注官後記中所稱「謹災變，賑凶荒，優講僚，納諫諍，褒卹死事，明慎用刑」云云，都是開創盛運的重要措施，其一舉一錯之間，充分表現明威並用，寬猛互行的用意。起居注官指出康熙皇帝之所以能所向奏功，集此大勳，「揆其所以制勝之由，實皆本於皇上憂勤惕勵仁民愛物之一心。」康熙二十年（1681），起居注官後記中有一段記載云：

> 臣等竊謂征伐之功，由於仁民勤政之所致者，蓋惟仁者無敵於天下。書曰，皇天無親，惟德是輔。民心無常，惟惠之懷。其在唐虞，君臣相飭曰，兢兢業業一日二日萬幾。夫保治戡亂，其道同也。孰謂武功耆定，非仁民勤政之所由致哉！繼自今以往，皇上仰符皇天所以輔德之意，俯答下民所以懷惠之心，念一日二日萬幾之不可以不慎，而益加之以兢兢，使美實輝光，日新歲益，書之典冊，垂休無窮，至於萬世，永有法則，又安可測量歟！

仁民勤政，就是仁愛生民，勤勞庶政。仁者無敵於天下，勤者兢業萬幾。所謂武功耆定，其實就是由於仁民勤政所致，起居注官的評論，是客觀的。康熙二十一年（1682），因平定三藩，偃息兵革，宇內安定，康熙皇帝御門聽政，經筵日講，依舊孜孜不倦。起居注官所書後記有一段內容云：

> 至於聽政御講，寒暑無間，懼開臣僚燕安之漸，申戒再三，期於天工無曠，百職修舉，賞功與能，簡賢出滯，小善不廢，片言是褒，諸如治河理漕，卹兵愛民，尤惓惓致意。當此永清耆定益為久安長治之圖，誠有書之即可傳垂之皆可法者，雖堯咨舜儆，亦莫能過也。

　　康熙皇帝聽政御講，寒暑無間，其實就是勵精圖治的表現。
康熙二十二年（1683），地方寧謐，民康物阜。是年六月，清軍攻
克澎湖，臺灣收入版圖，全國統一。起居注官後記分析其原因云：

　　　夫幅愪如此之廣遠，謨略如此之布昭，仁恩如此之溥徧，
　　　豈無所以致此者，蓋武功皆由於文德，而大業實本於小心，
　　　我皇上勤於政，則宵旰不遑也，典于學則寒暑無輟也。一
　　　話一言，罔非六經之旨。一舉一錯，咸合萬姓之心。內而
　　　庶司，積弊，剔之必盡，外而守令，課績核之必詳。藩臬
　　　入覲，面陳利病而諮諏之，提鎮陛見差別功勞而寵錫之。
　　　至於軍功敘錄，雖末弁微勞不遺纖細，人皆鼓舞思効焉。
　　　他如漕運河工，披圖省覽。土司邊衛，遣官區畫。秦隴民
　　　勞，預免徭賦。晉省地震，發賑蠲卹，神周萬幾之餘而明
　　　見萬里之外，措施未有不悉當者。尤念昇平之時，宴安為
　　　戒，加意勵精，肅吏治，省刑名。申諭再三，務期案無留
　　　牘，訟無留獄，俾吏稱其職，民安其業，囹圄空虛，庶幾
　　　刑措之風將見，天麻洊臻，民氣和樂，席豐持泰，立網陳
　　　紀，治定功成，禮明樂備，悉由時幾交勅之一心，以裕億
　　　萬年有道之長。珥筆諸臣發揚盛美，登之簡冊，誠有書不
　　　勝書者哉！

　　起居注官相信武功之盛，是由於文德所致。康熙皇帝具有憂
患意識，尤念昇平之時，以宴安為戒，宵旰勤政，以期吏稱其職，
民安其業。康熙二十三年（1684），康熙皇帝首次南巡。起居注官
後記有一段描述說：

　　　古者省方設教，自三代以下，鮮有能行之者，皇上斥封禪
　　　之具文，行時巡之實政，發德音，下明詔，蠲租賦，減刑
　　　獄，祛煩滌苛，仁恩普被，乃自京畿歷齊魯，踰江淮，抵

> 吳會，所過問民疾苦，一切供張之具，不煩有司，百姓扶
> 老攜幼，瞻望天顏，咸呼萬歲，歡聲動地。

康熙皇帝南巡，省方設教，問民疾苦，對整飭吏治，改善民
生，具有重要的意義。起居注官後記又云：

> 夫治莫先于勤政，功莫要于講武，典莫大于時巡，恩莫深
> 于除患，教莫切于正俗，道莫善于崇儒，厚先代莫重于陵
> 墓，勸使治莫急于獎廉，信今而傳後莫久于文章，報本而
> 反始莫隆于展省，而皇上事事無憾，動皆可法，與天地合
> 德，與四時合序，至矣蔑以加矣！

康熙皇帝南巡回鑾之日，已逼近歲除，仍馳詣山陵，日行二
百里，不以為瘁。南巡盛典，確實具有正俗除患，獎勸吏治的積
極意義。康熙二十四年（1685），起居注官後記中，對康熙皇帝提
倡崇儒重道的措施，予以肯定。康熙皇帝於經筵日講之外，更命
儒臣分撰《春秋》、《禮記》講義，輯註《古文淵鑒》。康熙皇帝在
萬幾餘暇，講習研索，常至丙夜。康熙皇帝重視翰詹諸臣的考試，
既試於保和殿，再試於乾清宮。滿洲、漢軍諸臣，亦以次考試，
以鑒優劣，別去留，這是右文之治的表現。起居注官後記中對康
熙皇帝的施政表現有一段記載如下：

> 至於懲大吏之貪婪，誠廷僚之狗縱，握言官以肅風紀，留
> 循吏以愜民情，厚賞賚以柔遠人，陳軍容以威殊俗。編纂
> 全書，剔弊也，必集眾議而酌其可行。開濬海口，救民也，
> 更詢土人而求其無害。慎刑罰，雖應決之人，猶加欽恤。
> 重農桑，即不毛之地，亦課耕耘，每行一政，無非錫福蒼生。

弊隨利生，防範弊端，酌其可行，求其無害，就是防範未然
的貽謨。康熙皇帝每行一政，無非錫福蒼生，就是仁愛生民的表
現。康熙皇帝重視文教，受到起居注官的肯定。康熙二十五年

（1686），起居注官後記中指出，康熙皇帝留神經籍，他曾下詔求天下藏書，但限於有關經史治道者。兵丁俱令讀書明理，識忠孝大節。御試言官，以經術、心術為問，以真材實用為先。康熙二十六年（1687），起居注官將康熙皇帝一年之間的政績，作了總結，其要點如下：

> 謹就一歲之中，述其梗概如首春大閱於蘆溝橋，初冬幸南
> 苑較閱八旗大小文臣騎射，聲靈赫濯，節制嚴明，方之於
> 古軒轅之脩德振兵，未足多焉。軫念舊勞於賴塔之有犯也，
> 即行宥釋，體恤臣工，於部議之裁公費也，仍許支給。因
> 部臣之奉差而驛遞必戒其騷擾，因蜀省之荒殘而田畝不准
> 其清查。免楠木之解送，恐其病土司也。禁關稅之溢額，
> 恐其病商旅也。又紬緞船隻之變價未足，不許議增。脩造
> 錢糧之奏銷未完，不令駁詰，皆恐其病小民也。明燭萬里
> 之遐，惠流八荒之表，方之於古堯之二如天而智如神未足
> 多焉。半載之內，兩布赦書，三讞之後，猶垂矜惻，特寬
> 愚民出邊之罪，數減重犯立斬之條，澤沛圜扉，恩霑中外，
> 方之於古舜之欽恤好生未足多焉。盜案宜緝也，必深思所
> 以弭盜之原。俗尚宜更也，必務求所以化俗之本。勸勉臣
> 下，則先德而後才。訓誡漢軍則重廉而興孝，德心深厚，
> 教思諄詳，方之於古禹先祗德湯儆官刑未足多焉。撰闕里
> 之文，以推崇至聖。頒書院之額，以褒顯先賢。禁過濫詖
> 小說之書，屏黜二氏異端之教，隆儒重道，正學昌明，方
> 之於古文演易辭武傳洪範未足多焉。

起居官後記列舉康熙二十六年（1687）政績後分別方之於軒轅氏、堯、舜、大禹，並不多讓。康熙二十七年（1688），起居注官將一歲中施政述其梗概後於後記中評論稱，「茲惟我皇上至孝，

超邁古今，而推是心以愛百姓，故用人行政，緯武經文，靡不執中而履和，仁至而義盡，洵明天察地皇王之極軌也。」康熙二十八年（1689），起居注官後記陳述一年施政梗概後，總結稱，「億兆臣民咸知皇上之心即堯舜之心也；皇上之政皆堯舜之政也。」康熙二十九年（1690），起居注官後記指出，「天誕聖人，首出庶物，仁漸義育，久道化成，固已軼三王而駕五帝君極之隆古未有也。然猶宵旰靡寧，憂勤弗輟，視已安已治之天下，若不勝求安求治之思焉。」康熙年間，移風易俗，久道化成，雖已軼三王而駕五帝，然仍安益求安，治益求治，所以「聖政之足紀，洵書之不勝書。」

康熙皇帝主張德治，施政寬仁。康熙三十年（1691），起居注官後記指出，康熙皇帝「以治道之在德不在險也，不欲勞力以葺長城，以王道之任德不任刑也，實本好生而行矜恤，皆皇上如天之至德丕冒無疆般流翔浹者也。」不葺長城，反映滿蒙聯姻的重要意義，漢蒙已形成民族生命共同體。起居注官進一步指出，「仰惟皇上勵精政務，衡量人材，軫念軍民，慎重刑辟，日所睹聞，史不勝書，猗歟盛哉！」康熙三十一年（1692），是歲，群臣以海宇寧謐，政務簡省，奏請御門稍間數日，康熙皇帝不從所請。起居注官後記指出，「仰見皇上之道法，為堯舜以來千聖相傳之道，而皇上之治法，為堯舜以來百王不易之治。」康熙三十二年（1693），起居注官指出，「爰稽一歲之中嘉謨善政莫可殫述，大要不外勵精以圖政治，寬厚以恤臣民，為久道化成之本焉。」其善政最值得大書特書的就是：「皇上臨御宇內，治化翔洽，海甸乂安，自書契以來，未通聲教之國，莫不重譯獻贐，稽顙在廷，猗與盛哉，聖德神功至此極矣。」

康熙皇帝勤政恤民，惟日孜孜，已經立竿見影，社會日趨繁

榮，奠定太平盛世的基礎。康熙三十三年（1694），起居注官後記
中概陳一歲施政後綜述政績，略請「要之皇上天縱聖神，千聖百
王之道法治法，渾然統備於一心，而又宵旰勤勞，持盈保泰，百
工所以允釐，萬邦所以協和也。夫天體惟高，故能無所不覆。地
體惟厚，故能無所不戴，皇上本高厚之德，以撫御六合，無疆盛
業，並配乾坤，庶彙百昌，陶然並遂，詠歌頌述，烏能罄皇仁之
萬一哉！」康熙皇帝日理萬幾，確實罄筆難書。康熙皇帝每日御
門聽政，寒暑無間，就是一種體天行健自強不息的表現。康熙三
十四年（1695），起居注官後記指出，「皇上文德武功之並隆，內
安外威之兼舉，所以鞏曆服于無疆，貽清晏于有永者也，猗歟盛
哉！伏見史冊所載，英君誼辟，歷代不乏，求如我皇上仁育萬民，
義正萬國，巍巍蕩蕩，與天合德，實從古帝王所未有。」

　　康熙三十五年（1696），因噶爾丹入侵邊界，康熙皇帝御駕親
征，擊敗噶爾丹。起居注官後記指出，「皇上以自強不息之學，弘
萬物一體之懷，如乾坤之覆載，如日月之照臨，如風霆之震厲，
如雨露之浸潤，大包六合，細周庶務，遠慮萬世，近惜分陰，故
赫聲濯靈，奠定絕域，深仁厚澤，漸被蒸生，勳高於三五，惠浹
於垓埏，巍巍蕩蕩，與天為一。」自強不息，勵精圖治，其文治
武功，確實頗有表現。康熙三十六年（1697），因平定噶爾丹，起
居注官認為值得大書特書，茲引後記內容如下：

　　　欽惟我皇上御極之三十有六載，九宇蕩平，四海寧謐，東
　　漸西被，疆域有盤石之安，衣食農桑民物有生成之樂，唐
　　虞盛治蔑以加矣。蠢茲噶爾丹僻處西陲，肆其狂悖，皇上
　　憫邊土瘡痍勿遑寧處，爰是先之以德心，繼之以征誅，親
　　舉六師，遠居絕塞，天戈所指，群醜蕩滅。粵自誓師汔於
　　飲至，期俟七旬，功倍三捷，聖謨深遠，真乎尚哉！嘗考

古哲王戡亂之師，歷代多有，如黃帝伐涿鹿，舜伐三苗，文王伐崇，宣王伐玁狁，此皆拯溺取殘，持危定亂，所以紀之詩書，垂為盛典。然猶在邦域之內，地不踰千里，民猶在荒服，非有曠途絕險之隔也。我皇上聖德遐敷，神猷遠布，六合之內，皆我赤子，必欲躋之春臺，登之衽席而後即安，所以師出萬里之遠，謀定指掌之中，料敵制勝如燭照，數計不差累黍，凶頑既殲，西土安堵，群黎戴德，歡動如雷，此皆皇上以至仁愛民，以大義除暴，露零霜墜之鄉，日照月臨之地，靡不涵濡聖化，沐浴皇澤，其視兩階之格六月之師，又不啻有遠近大小之分也。至於委任元戎，則推心置腹而止齊止伐具知方有勇之才命將之道當也。挽輸芻粟，則度地因時，而士飽馬騰，無露宿野行之苦，轉餉之計周也。及乎凱旋振旅，謙德彌沖，推鴻功而不有，委尊號而弗居，已當時雍光被之時，益懋緝熙敬止之學，非所謂至人無我大德不矜者乎！若夫察吏治，則澄別流品賢否，不得溷其途，是則闢門諸岳之盛心也。乂民生，則蠲賑時行，一夫無不得其所，是則民胞物與之弘量也。臣等備員記載之末，日覯皇上懿德嘉言，燦然如日星之著，神謨武略淵然合天地之機，載筆難窮，含毫莫罄，即一歲所書，而千古之帝德王功，靡不具備，豈不盛歟！

　　記動記言，是起居注官的職掌，起居注官後記，概陳一歲政績，然後作短評，肯定施政成果，後記中溢美之詞，躍然紙上，惟其論述頗符合歷史事實，仍然有其史料價值。康熙皇帝征討噶爾丹，出自保衛領土，有其正當性。考察吏治，甄別賢否，用人得當，始能澄清吏治。蠲賑時行，有益民生，是民胞物與的表現。康熙三十七年（1698），起居注官後記有一段內容云：

督撫提鎮之入覲者，必孜孜詢地方利弊，屬員賢否，其言
之善者，輒書而志之，封疆大臣有不職者，立賜罷斥，除
授之時，其難其慎，下至郡邑長吏將領微員，亦多選擇，
必求得人。上之摩勵官方，整飭戎政，又如此。至於典學
勤政，息兵安民，獎勸勞臣，敬慎刑獄，無事不協於前謨，
無言不可為世法。蓋以皇上之心皆萬物一體之心，皇上之
政，皆萬世太平之政，潤以風雨，鼓以雷霆，置萬里於堦
前，運九經於掌上，雖當已治已安之日，不改憂勤惕勵之
思，脩德益虔，保泰益至。是以烽堠外靖，府事內脩，吏
治澄清，民生樂利，舟車所至，莫不尊親，無疆惟休，於
是乎在。

康熙皇帝確實有憂患意識，雖然在已治已安之日，仍舊不改
憂勤惕勵的意志，起居注官後記所載內容，確實足資參考。康熙
皇帝南巡，問俗省耕，所至蠲除逋賦，弛減榷征，欽恤祥刑，黜
陟吏治，挑濬河道，撫綏外藩屬國。起居注官概述康熙三十八年
（1699）政績後指出：

惟皇上以至仁撫臨方夏，故民生河道，指畫焦勞，惟皇上
以至仁綏靖要荒，故西被東漸，聲名洋溢。厪己饑己溺之
念，矢並生並育之誠，嘗恐一夫或底于阽危，一方或遺于
化育，皇皇咨儆，汲汲思勤，盡人力以挽天災，勤內治而
慎遠略。所行者二帝三王之政；所存者天覆地載之仁心，
從此川后效靈，洪流底績，納賈者萬里，來朝者重譯，億
萬年無疆厤服皆在聖主憂勤惕勵中矣。

康熙皇帝憂勤惕勵，以仁心行仁政，中外共樂生成。康熙年
間的施政成果，確實筆不勝書。其中拔用人才，更是施政的重點。
康熙三十九年（1700），起居注官後記有一段記載：

伏覩今一歲之中，至德鴻猷，筆不勝書，大者莫先於用人。
我皇上宵旰心勞，澄清吏治，渼惟大臣法，小臣廉，而所
拔用之大吏，率出於常格之外。廷臣思慮之所不及，而適
快乎人心，公論之所同然足以興起天下之賢才而愧沮夫愚
不肖。其在郡縣之長每銓除必召見，審甚堪與否，其入而
為臺諫者，既賜箴以教誡之，當內外陞轉，必公聽並觀，
詳其進言之多少當否而差次之。翰詹諸臣則寵錫便蕃，視
他署有加亦多優，以格外之擢，而凡正途之稍滯者，必先
登以展其用。蓋念在斯民而無時不以培養人才為急也。

　　澄清吏治，莫先於用人。康熙皇帝破格用人，但他慎選賢才，
亦以培養人才為急。康熙皇帝朝乾夕惕，治道務實，旬不絕書，
月無虛載。康熙四十一年（1702），起居注官後記指出，康熙皇帝
「雖偶然之舉，而道法必合於二典三謨，雖一時之言，而計慮必
周於萬年億載，是以內外寧謐，府事修和，天地獻苞符之珍，民
生躋仁壽之域，休嘉之駢集，未有無其本而致焉者也。」康熙皇
帝的一言一事，起居官據事直書，為其職責，雖然不免蠡測管窺，
亦不盡然虛構之詞。康熙四十二年（1703），起居注官指出，雖然
海宇昇平，民生樂利，「惟念黃淮兩河次第底績善後之防，尚煩睿
慮，遂巡淮揚，遍歷隄岸，指授河臣，平成克奏，復徇群臣百姓
之請，隨幸江浙，行慶施惠，神人胥悅。至關隴重地，控扼西陲，
時雖屆冬月，自晉而奏而豫，至於畿輔，鑾輿巡歷，德威並加。」
起居注官分析康熙皇帝時巡屢舉的原因，「惟慮民生欲惡，體恤宜
周，政事寬嚴推行盡善。此太平景運，務期各遂生成，故雖祝願
敷天，而益勤諮訪，寒暑被體而不憚馳驅。」康熙皇帝南巡、西
巡，不憚馳驅的結果，確實也收到了效果。起居注官指出，「至於
耳目所經，興革隨舉，軍政脩理，吏治澄清，租賦特蠲，賞賚頻

給，高年優賜，清德加褒。」康熙皇帝巡幸各地，確實有其積極的作用。

　　康熙皇帝御極四十五年後，起居注官所描繪的社會景象是：「含哺鼓腹之歌盈於衢巷，吉雲甘露之瑞徧於寰區。」起居注官後記將康熙四十五年（1706）的施政大綱誌其大略於下：

　　　　一歲之中，庶政薈舉，簡編所紀，美不勝書，如臺灣僻處海外，幸沾化日之光，皇上念彼窮黎蠲茲歲賦，則如天之德，無遠弗屆矣。本支近接天潢，得邁熾昌之盛，皇上軫其間散，給以田廬，則睦族之恩，無微不周矣。春膏偶一踰時，則深宮之修省倍至，惟聖上為能，敬天時也。水田一經開墾，則畿輔之沃野俱饒，惟至人為能盡地利也。以黃淮為運道所關，不惜數百萬之金錢，預防蓄洩，則國計民生千萬世平成之績也。以八旗京師根本，特將數百萬之逋欠，盡予蠲除，則爪牙心腹億萬年鞏固之基也。平民間之錢價而錢法以清奸民，絕私鑄之弊。准四省之効力而選途，以廓赴任無後時之怨，以銓衡為重地，必怠者廢，而能者擢，加以煌煌聖諭，而居官者人無曠職之虞。以鹽課當亟清，惟不虧額，亦不病商，皆入睿鑒所周而所司鮮掊尅之弊。姦人冒達賴喇嘛之名，借端煽惑，我皇上燭照如神，敦諭番邦，即時擒送，弭以威德，不繼以兵戈非廟謨勝動出萬全者乎！土司在西南邦域之中，互相搆釁，我皇上洞悉其情，遣官察審，務使公平，伸其冤誣，亦抑其強梗，非服教畏神無遠弗屆者乎！至于蠲各省之積逋，動至數百餘萬，則上古緩征之朝所未有也。決一年之罪犯減至二、三十人，則成周刑措之風，于今復見也。

由前引後記內容可知康熙四十五年（1706）一年的庶政包括：

蠲免臺灣歲賦，閒散給以田廬、春雨踰時修省、畿輔開墾水田、黃淮預防蓄洩、蠲除八旗逋欠、禁絕制錢私鑄、放寬四省選途、清理鹽課虧空、擒送滋事番邦、調解西南土司、蠲免各省積逋、減少應決罪犯等，一年庶政，可謂美不勝書。

　　康熙五十年（1711），政局穩定，社會繁榮，人民樂業。起居注官於載筆之間，推敲其原因後指出，「蓋有為天地立心，為生民立命，為往聖紹絕學，為萬世開太平之本在焉，不可不察也。」康熙皇帝的政治理想，在於治益求治，安益求安，以求止於至善。起居注官後記中臚陳康熙皇帝的盛德大業頗為詳盡，節錄一段內容於下：

> 御經筵而剖晰忠恕之義，則乾道變化各正性命，天道無不備矣。一理渾然泛應曲當，則聖學無不統矣。推己及物，不欲勿施，則下學上達之理無不畢該矣。明於飛龍在天，利見大人之義，則凡吉凶消長進退存亡之道無不與羲文周孔口接而心貫矣。留心朱子全書，則凡格物致知居敬持志內聖之德，外王之業，無不考諸三王而不謬，建諸天地而不悖矣。此聖學之本也。由是出其窮理之學，以推測象數之微，而天文地理樂律曆數，皆能確見其所以然也。象數之微既得，則儀器之立，而地之丈尺與御算之數，自無不合，而河工疏濬瞭然在目也。由是而推誠以待臣，則內自大臣，外而督撫庶司無不沐殊恩邀異數也。由是而推待臣之心以待士，則壽考作人，加增中額而又恐鹵莽從事並展開榜之期，務令真才輩出，不致屈抑也。由是而推待士之心以待民，則薄海內外戍卒農夫常變經權斟酌盡善也。蘇松逋欠務免無著之銀不令賠償也。間有因飢為盜，不即殲滅而務撫字並包兼容，各安其處。抑或無知犯法，惟尚德

而緩刑，輕重緩急，允當其罪，慮雍滯之貽累也。而十日
半月彙題之必勤，懼游手之虛耗也。而廟宇寺院興造之必
斥，遠而高麗之貢獻，下而陪臣之館舍，莫不恤其所無而
予以所有。此誠以純王之心，行純王之政，兢兢業業不敢
一刻即寧。

以純王之心，行純王之政，固然是溢美之詞，但是，康熙皇
帝在位期間，兢兢業業，不敢一刻鬆懈，則是事實。康熙皇帝崇
儒重道，一心想做儒家理念的皇帝，以上接羲文周孔道統為己任。
萬幾餘暇，留心格物窮理之學，重視天文、地理、樂律、曆數等
等，也都與歷史事實相合，起居注官著之簡末，不盡然都是渲染
之詞。康熙五十一年（1712），起居注官後記指出，「欽惟皇上臨
御之五十一年，天人協應，致治郅隆，可以優游太平，揮絃而理
矣，而聖心猶兢兢業業於人才之賢否，官方之清濁，賦役之重輕，
庶獄之出入，遠人之往來，政事之得失，經畫周詳，措處盡善。
一舉念而必為天下圖治，一行事而必為萬事貽謨。」康熙皇帝孜
孜矻矻，勵精圖治，中外有目共覩。其中關於人才賢否一項而言，
起居注官後記有一段記載云：

念帝王之所最重者，無如用人，故既得其人，則保全護惜
優崇之禮，隆於始終，垂裕之恩，及乎苗裔。未得其人，
則旁求汲引，多方造就，或親命題以重數奏之典，或分董
詞臣，以弘教育之功，雖遠方小省，皆邀作人異數既已兼
茸，足以備干城，械樸可以為楨幹矣。更開萬壽恩科，以
羅四方俊彥。雖小雅必瑟笙酒醴燕樂嘉賓者，不是過焉。
其他若因公降革之員，亦得洗濯，以奮於功名之會，其所
以陶冶而曲成之者，真如天地之於萬物長養成就勾萌蠕
動，無不咸若其性也。

　　康熙皇帝重視用人之道，對舊臣保全愛惜，同時旁求汲引，發掘人才。其因公降革之員，則給以洗濯効力的機會。康熙五十二年（1713），起居注官後記中肯定了康熙皇帝憂勤惕厲，治益求治，安益求安的表現。起居注官指出康熙皇帝無一念不與民生休戚相關，無一事不以致治保邦為計，免稅蠲租，以蘇民困，都是愛養百姓的表現。康熙五十三年（1714），起居注官後記指出，康熙皇帝的一言一動，無不合乎天心而昭乎聖化。所謂天心，其實就是聖化；所謂聖化，其實就是天心。起居注官將康熙五十三年（1714）合乎天心昭乎聖化的施政項目，逐一列舉如下：

一、飭祈雨以重農桑，期便民而疏錢法，嚴翰林之告假而兼議科道，試教職之文行而並禁稗官，正德與厚生並重，安民與察吏同行。

二、救固原之歲歉，蠲租賦而結耕牛，任寧夏之地宜教牧養以代粒食，察天暑而軫念圉圄之罪人，遇海風而加卹淪亡之戍卒。

三、留漕米以預籌數省之饑，訓誠心以務盡恪共之職，嚴科場之作弊，禁太監之妄行，拾陵樹之枝而慮其有誣陷，覽盜犯之疏而憫其為饑寒。

四、海疆巡察指畫有分汛之定形，京口駐防訓練與修船以並重，罪因救父原之以至性之恩，愚若土司示之以天朝之法，類情通德，因事制宜。

五、訓督撫以寬恕而體恤下僚，簡學臣之賢否而重以保舉，察刑獄而憫輕罪之羈縻，哀煢民而卹廢官之孀子，驛傳重私乘之禁，外藩有歲宴之恩。

　　起居注官認為康熙皇帝法天行健，澤及庶類，故能舉天下而皆安，登斯民於咸若。康熙皇帝以承平日久，恐臣工習於晏安。

康熙五十四年（1715），起居注官後記逐一列舉康熙皇帝的政績表現。其中稽考經史一款，略謂：「萬幾之暇，留心稽考融貫經史，闡明理學，靡不旁搜博覽而洞悉其淵源，是以為作為述，大中至正，於世道人心範圍無外，斯真足以紹精一之心，傳發周孔之秘奧矣。」康熙皇帝聖學高深，不言可喻。其中釐定樂章一款，略謂：「移風易俗，莫善於樂，間取樂章親加釐定，依永和聲之盛，復見於茲，此則治定功成之明驗也。」釐定樂章，就是移風易俗的重要措施。其中勤卹民隱一款，略謂：「軫念民依，勤卹民隱，春生滋長，每慮風霾，夏雨過多，即令防禦。禁江蘇之遏糴，而八閩蒙休，憫直隸之水災而五府被德，發庫帑以築河隄，免正供以安邊徼，此又視民如傷之盛心也。」勤卹民隱，視民如傷，就是一種仁政。其中申明吏治一款，略謂：「申明吏治，務從寬大，不事虛聲，清操自矢者，有過亦所矜全，勞勤有聞者，身後猶蒙優卹。郎官入直，賢否周知，高年侍養，存問必及，真上下一體之至誼也。」其中培植士風一款，略謂：「闢門籲俊，登進宜嚴，培植士風，膠庠為首，畿甸廣其舊額，苗猺亦列泮宮，戒出科場擬題杜揣摩倖進之路，拔用教習進士示鼓舞振興之權，義學設於窮鄉，宋臣予其配享，此真菁莪棫樸之休風也。」重視教育，義學設於邊疆，苗傜亦列泮宮，就是移風易俗的表現。其中從輕量刑一款，略謂：「減秋釋之等，與其殺不辜，寧失不經寬降罰之條，罪疑惟輕，功疑惟重，此真咸中有慶之隆軌也。」秋審減刑，罪疑惟輕，就是一種卹刑的表現。康熙五十五年（1716），起居注官後記有一段記載云：

> 繫獄之人，當暑暫釋，軍功之將，與國永存，即罰勿及嗣，而賞延于世，罪疑惟輕，而功疑惟重也。榷關之苛者必除，海民之奸者必禁，即懋遷之經也。安南之貢物可減，朝鮮

之賜物有加，即柔遠之惠也。若夫慮艱食之難奏，則歲豐之賦猶蠲，恐私派之累民，則羨餘之進必卻，此更堯舜所未及行，典謨所未及載。皇上之功德既比隆於堯舜，則皇上之福壽自遠邁於唐虞，所謂光被四表，格於上下，有書之不勝書者矣。

　　康熙皇帝的功德，比隆於堯舜，就是對康熙皇帝政績的肯定，美不勝書。康熙五十六年（1717），起居注官引十月三十日「天下至大，一念不謹，即貽四海之憂；一日不謹，即貽數千百年之患」訓旨及十一月二十六日「性理一書，千言萬語，不外一敬字，人君治天下，但能主敬，終身行之足矣」訓旨後總結一年大事列舉於後：

一、事莫大於事天郊壇之禮，古帝王偶一舉行即已詫為盛事。我皇上則迎長祈穀，歲必躬親，雖群臣進節勞頤養之勸而不從也。

二、事莫大於事親，帝王之家恩義或以相掩。我皇上於皇太后則平昔尊養之隆，盡物盡志已極，古今所未有，而今歲典禮重大，盡哀盡敬，尤為史策所未聞。方皇太后之違和也，則張幄寢門衣不解帶。迨皇太后之賓天也，則割瓣致毀力疾居廬。至於孝服則易紡絲而用布。尊諡則因並祔而從同，此尤舊制所未能行，群工所莫能贊者，自非主敬功深何以致此。

三、立政用人必求其允，庶獄庶慎必得其情，則又無事而不加謹焉。

四、推先帝之恩於明陵，則遣諸王以省視，而加盜賊以嚴刑，發太倉之粟於州縣，則穀價之貴賤得平，而天行之水旱有備，蠲租已覃於海內，猶申念於帶徵，伏莽

> 偶見於中州，必推原於墨吏。

起居注官認為康熙皇帝的聖德神功，主要是主敬功夫的實踐。起居注官後記指出，「此孰非皇上修己以敬，推之以至安人安百姓，故不賞而勸，不怒而威，篤恭而天下平耶！孔子曰：無為而治者，其舜也與夫何為哉！恭己正南面而已矣！以為無為而又必進以恭己者，以明治天下者之必主於敬也。皇上德益盛，治益純，心益小，所以能為堯舜者，其本正在於此。」主敬之學，就是康熙皇帝治理天下的理論基礎，也是堯舜典範轉換成功的例子。

唐宋制度，開國之君，廟號稱祖，其餘纘繼大統者，例應稱宗。康熙六十一年（1722）十一月二十四日，總理事務王大臣等奏請雍正皇帝親定康熙皇帝尊諡廟號。雍正皇帝於所頒諭旨中指出，「我皇考大行皇帝纘繼大統，舊典本應稱宗，但經云祖有功而宗有德。我皇考鴻猷駿烈，冠古轢今，拓宇開疆，極於無外，且六十餘年，手定太平，德洋恩溥，萬國來王，論繼統則為守成，論勳業實為開創。朕意宜崇祖號，方副豐功。」清朝入關以前的歷史，可以稱為清朝前史，努爾哈齊是清朝前史的創業之主，廟號稱為太祖，皇太極繼統之君，其廟號稱為太宗。清朝勢力進入關內後，稱為清代史，順治皇帝為滿洲入關後的第一代君主，其廟號稱為世祖，康熙皇帝為繼統之君，按照舊典，本應稱宗，但因其功業實為開創，開創盛運，奠定盛世的基礎，不同於守成，宜崇祖號以副豐功，其廟號稱為聖祖，符合歷史事實。稻葉君山著《清朝全史》亦稱「康、雍兩帝酷肖國初之太祖、太宗兩帝。太祖乃滿洲之創業者，康熙乃大清朝之創業者也。」《清史稿‧聖祖本紀》論贊中稱聖祖仁孝性成，勤政愛民，寰宇一統，雖曰守成，實同開創，可以反映康熙皇帝的歷史地位，並非溢美之詞。

望聞問切 ──
清代康熙年間宮中婦女的疾病醫療

　　《周禮‧注疏》記載周朝的宮闈制度是天子后六宮、三夫人、九嬪、二十七世婦、八十一御妻。歷代以來，都有各朝代的選后制度。滿洲舊俗，宮闈並無位號，只有大福晉和小福晉的分別，直到清太宗皇太極稱帝後，始正式冊封后妃的位號，其中最受矚目的就是盛京崇德五宮后妃的冊封。清世祖順治皇帝的后妃共計十八人。其中孝康章皇后佟佳氏生第三子玄燁。玄燁即位後，就是康熙皇帝。康熙年間（1662-1722），正式確立宮闈制度，皇后居中宮，主內治，以下皇貴妃一人，貴妃二人，妃四人，嬪六人，分居東西十二宮，佐皇后主內治。嬪以下還有貴人、常在、答應三級，俱無定數，隨居東西各宮，勤修內職。除慈寧、寧壽等宮為太皇太后、皇太后等人所居外，乾清宮妃嬪以下使喚的老媼及灑掃的宮女，約計一百三十餘人。

　　楊珍著《康熙皇帝一家》，於一九九四年十月由北京學苑出版社出版。原書指出隨康熙皇帝入葬景陵的后妃，共計五十五人，其中包括皇后四人，皇貴妃三人，貴妃一人，妃十一人，嬪八人，貴人十人，常在九人，答應九人。康熙四十六年（1707），宮中共有大答應六十四人，小答應一〇四人，答應四十一人，共計二〇九人。康熙皇帝生子三十五人，生女二十人。帝王的家庭生活，

屬於宮闈之事，其相關史料，外界罕見，對宮廷史的研究，造成一定的困難。宮中婦女眾多，宮中婦女的疾病醫療，是研究宮中婦女生活的重要課題。北京中國第一歷史檔案館編譯《康熙朝滿文硃批奏摺全譯》，於一九九六年七月由北京中國社會科學出版社出版，書中含有康熙年間宮中婦女疾病醫療的摺件及所附藥方，對研究宮廷婦女生活史提供了珍貴的史料。

　　在崇德五宮中，永福宮莊妃本布泰（bumbutai,1613-1688），她歷經三朝，皇太極在位期間，她相夫教子，端莊賢淑。在順治朝，她是皇太后，由多爾袞攝政，她輔佐幼子福臨，度過危機。在康熙朝，她是祖母太皇太后，輔佐愛孫玄燁，周旋於四位輔政大臣之間。康熙皇帝八歲，順治皇帝賓天。十一歲，皇姑章皇后崩逝，早失怙恃，全賴祖母太皇太后撫育教訓。康熙二十四年（1685）八月，因康熙皇帝聖體違和，祖母太皇太后命其往口外避暑靜攝。據《起居注冊》的記載，是年八月二十九日，「太皇太后慈體偶爾違和，醫官胗視進藥。」同年九月初一日，康熙皇帝在青城聞太皇太后違和，即啟行星馳入京。是月初二日午時，康熙皇帝由東直門進神武門，詣慈寧宮，向太皇太后問安。太皇太后違和，《起居注冊》卻未記載身患何病？醫官診病進藥，但未載藥方。

　　《康熙朝滿文硃批奏摺全譯》記載內務府總管圖巴等奏報太皇太后中風診治一摺，內容頗詳，其內容如下：

> 八月二十八日夜四更時分，據報太皇太后中風，隨後來問值宿大夫張世良，其言太皇太后患類中風，方以蘇和丸加薑汁、竹瀝同服等語。而後大夫李玉柏即至入診，其言與張世良同。故李玉柏、張世良共立方子，又煎藥給服。據太監崔幫齊言：太皇太后右手伸展不直，言語不清等語。

據大夫等曰：雖右側癱，言語不清，但脈好，斷無妨等語。
天將明百更之前，我等奉裕親王轉傳太皇太后懿旨：令乃
寧呼圖克圖診治，欽此。據乃寧呼圖克圖治斷，太皇太后
中風，是用不潔之膳所致。據言今日以乃寧呼圖克圖在內
之四十八喇嘛於花園內誦玉木經一次，並誦巴咱爾必達拉
納、布木巴布提珠烏西雅爾經，設清潔之烏巴桑，撒察克
蘇木為好等情奏聞太皇太后。奉懿旨：著誦，欽此。故喇
嘛等將於花園內誦經，為此奏聞。康熙二十四年八月二十
九日。內務府總管圖巴、海拉遜。

　　由引文內容可知太皇太后於康熙二十四年（1685）八月二十
八日夜間四更時分因患中風，或類中風，右側癱瘓，右手伸展不
直，言語不清。但脈好，並無大礙，以蘇和丸加薑汁、竹瀝同服。
竹瀝是一種竹油，其主要功效為化痰去熱，止煩悶。清太宗皇太
極於崇德八年（1643）八月初九日夜間亥刻因患風眩病，即類中
風，亦曾服用竹瀝。據《起居注冊》記載，是年九月初二日午時，
康熙皇帝詣慈寧宮趨視太皇太后，「慈體業已大安，尚在服藥，侍
奉至夜半，猶親視進藥，數日後遂康寧如初。」

　　康熙四十四年（1705）七月初七日，大阿哥皇長子直邸王胤
禔（in jy, 1672-1734）福晉育喜之後，身體虛弱，大夫用調氣和
血寧神益胃等湯調理，平和無恙。七月二十六日，忽然下血數次，
頭迷心慌，惡寒神倦，六脈濡大無神。大夫隨用加減益氣養榮湯
固補，其血漸止，神氣稍寧。七月二十七日晨，復出大汗如洗，
氣短神虛，六脈澀小。大夫仍用加減益氣養榮湯調治，至午後，
其汗漸起，脈息稍起，七月二十八日，脈息又起些，仍用前方調
治，病勢平和，夜間安靜些。七月二十九日晨，脈息又稍起。七
月三十日，脈息神氣又好些。汗血雖止，因氣血初定，元氣尚虛，

大夫劉聲芳等仍用益氣養榮湯加減調治。直郡王胤禔福晉患病後，由太醫院御醫大夫劉聲芳、張懋功醫治，並繕寫漢字診治書，進呈御覽。康熙四十四年（1705）八月初四日，御醫診治書內容云：

> 大夫喇嘛張懋功、劉聲芳看得直郡王福晉病，原育喜之後去血過多，兼素稟虛弱，於二十六日忽然下血數次，大汗不止，頭迷心慌，惡寒神倦，六脈澀小無神。大夫等隨用加減益氣養榮湯調治，其汗血漸止，脈息稍起，神氣少（稍）寧。前已奏過。蒙皇上教導：此病當用止血石。大夫隨討止血石帶後，血汗全止。雖血汗已止，氣血初定，脾胃虧損，懶食便溏，猶恐反復。大夫等議用加減益氣建中湯調治，謹此奏聞。

直郡王福晉的病，因大汗去血過多，身體虛弱，御醫用加減益氣養榮湯調治。康熙皇帝認為還當用止血石。大夫張懋功、劉聲芳討取止血石醫治，血汗全止。因氣血初定，脾胃虧損，懶食便溏，所以御醫決定用加減益氣建中湯調治。便血、咳血，都可用止血石，倘若咳紅血，頸上掛素珠，則更加有效。

康熙十年（1671）十一月二十八日，常寧庶福晉晉氏生第一女，撫為大公主。康熙二十九年（1690）三月，封為和碩純禧公主，時年二十歲，下嫁科爾沁台吉班第。康熙四十五年（1706）十一月初二日，太醫院大方脈大夫蔣璺奉旨隨和碩純禧公主回科爾沁。公主一路平安，於十一月初四日抵達科爾沁。同年十二月十六日，和碩純禧公主微有傷風，胃氣不和，進過參蘇飲一服。次日，請脈平和，純禧公主病好了，也不服藥了。

康熙二十六年（1687）十一月二十七日，敏妃章佳氏產下皇十三女，即八公主。康熙四十五年（1706）七月，封為和碩溫恪

公主，時年二十歲，下嫁翁牛特杜楞郡王倉津。康熙四十八年
（1709）六月二十一日夜亥時，八公主產下二女雙胎，二女都安
然無恙。但八公主甚虛弱，不省人事。護理大夫霍桂芳、戴君選
等未及用藥，即往報在京值班的皇五子恒親胤祺（1679-1732）、
皇七子淳郡王胤祐（1680-1730），俱未趕上，八公主已薨逝。皇
三子胤祉具摺奏聞。原摺附大夫診治書云：「六月二十一日亥時，
大夫霍桂芳、戴君選請得八公主產下雙貽，六脈全無，牙關緊急，
四肢逆冷。隨用人參湯及童便，不能下咽，即時暴脫，謹此啟聞。」
八公主六脈全無，牙關咬緊，雖然用人參湯及童便搶救，但因不
能下咽，所以暴脫。

　　康熙四十九年（1710）五月，康熙皇帝北巡，五月二十八日，
皇太后啟程前往行在。康熙皇帝預備肥馬四百匹、車二十輛，交
付委內總管大臣觀保、總管太監劉晉忠，於五月二十三日起行前
往，由宮中遣管侍衛大臣一員、侍衛三十名、包衣擺牙喇二十名、
八旗擺牙喇每旗七名，護送至遙亭，康熙皇帝亦照此派遣，往迎
兩間房看護。皇六女即四公主和碩恪靖公主奉旨隨皇太后前往行
在，令下嫁多羅策棱的和碩格格從速回家。皇太后啟行時，令大
夫劉聲芳再派外科一名、內科一名隨行。大夫劉聲芳遵旨派外科
段世臣、內科繆天培隨行。

　　《嘯亭雜錄》中「蘇麻喇姑」一條記載，康熙皇帝幼時，「賴
其訓迪，手教國書。」楊珍著《康熙皇帝一家》一書指出，蘇麻
喇姑是蒙古科爾沁人，其原名叫做蘇墨爾（sumal），意即「毛製
長口袋」，是蒙古牧民們裝帶東西的常用之物。蘇麻喇姑手教康熙
皇帝書寫滿文，康熙皇帝的滿文字體舒展流暢，受到蘇麻喇姑的
影響很大。此外，康熙皇帝的日常起居，飲石調理等方面，蘇麻
喇姑也盡心關照。皇三子胤祉（1677-1732）奏摺稱蘇麻喇姑為蘇

麻拉祖母。康熙五十年（1711）八月二十七日，蘇麻拉祖母腹內攻疼便血，不思飲食，病倒難忍。皇三子胤祉召大夫喇嘛、劉聲芳等，告知病勢。大夫劉聲芳等稱：「聞此病勢，為年老之人，如此便血，腹內墜疼，係脾虛內火盛之症。」因蘇麻拉祖母執意不肯請大夫看，皇三子胤祉給掛止血石，並具摺奏聞。原摺奉硃批：「爾等細問大夫等，若用西白噶瓜那，則朕賜祖母一種草根，用以熬雞湯，給祖母飲，若大夫等不肯則罷。西洋大夫若欲用山葫蘆，則向赫世亨取而用之。著十二阿哥晝夜守護，朕到達之間，想是無妨，令墨爾根綽爾濟誦經。」皇三子胤祉遵旨令墨爾根綽爾濟在院內誦經，從九月初四日開始誦經。皇三子胤祉原摺指出，自蘇麻拉祖母患病始，十二阿哥胤祹（1685-1763）晝夜在蘇麻拉祖母處守護，胤祹福晉亦晝夜服事。皇三子胤祉遵旨召問西洋大夫羅得賢、大夫喇嘛、李穎滋、劉聲芳、張懋功等。據羅得賢稱，用西白噶瓜那，稍瀉嘔吐，雖治痢疾，但不可用於年老體弱及虛弱者。大夫喇嘛、李穎滋等稱，西白噶瓜那不能給祖母服用。皇三子胤祉取山葫蘆方子給大夫們查看，據稱，山葫蘆、姜真鮮，藥性皆瀉，香圓藥性烈，燒酒又上火，祖母病勢，不宜服用。蘇麻拉祖母病勢，或日瀉十餘次，夜五、六次，不思飲食，病勢日益加重。

康熙十二年（1673）五月初六日，榮妃馬佳氏生皇三女即二公主。康熙三十年（1691）六月，封為和碩榮憲公主，是年十九歲，下嫁巴林色布騰之孫烏爾袞。康熙五十二年（1713）十一月十九日，皇三子胤祉等具奏二公主患病。二、三日後，二公主感覺稍好，腹瀉已止。頭暈、心跳、發燒等狀，皆較前見輕。據大夫稱：二公主服用御製健脾保元丸，已漸漸好轉，兩隻手麻亦漸平緩。

　　宮中婦女未見瘡痂者，必須擇日種痘。據內務府總管圖巴等奏稱，戶部送到入官蒙古女索寧年十七歲，嘎祿所買蒙古女努蘇特年十四歲，因未見有瘡痂，故未種痘。大夫陳天祥擇日將兩蒙古女一同種痘。種痘後七日開始出痘發熱。又二日後見苗。

　　宮中婦女眾多，婦女的疾病醫療經驗不容忽視。譬如祖母太皇太后因患中風，御醫把脈後，用蘇和丸加薑汁、竹瀝治療，數日後康寧如初。蘇麻拉祖母因年老脾虛內火盛，腹內攻疼便血，不思飲食。皇三子胤祉用止血石治療。大阿哥皇長子胤禔福晉育喜之後，去血過多，身體素來虛弱，御醫用加減益氣養榮湯調治。康熙皇帝認為當用止血石。大公主因患傷風，胃氣不和，御醫進過參蘇飲服。次日，她的病就好了。八公主產下雙胎後，身體極度虛弱，六脈全無，牙關咬緊，四肢冰冷，不省人事。御醫用人參湯及童便搶救不及而暴脫。二公主患病，腹瀉、頭暈、心跳、發燒，御醫令二公主服用健脾保元丸，病情好轉，手麻平緩。太醫院大夫、康熙皇帝對宮中婦女患病後的醫療經過及服用藥物，對傳統主流醫學的研究，可提供一定的參考價值。

勤求治理 ——
雍正皇帝其人其事

　　清朝是我國歷代以來較強盛的朝代，其成敗得失的經驗，為後世殷鑒。近年以來，由於海峽兩岸積極整理清朝檔案，史料公開了，一方面帶動了清史的研究風氣，一方面對清朝人物也重新作了評價。雍正皇帝的生平、事功與歷史地位，都有了新的詮釋。摒除前人的種族成見，客觀的看待雍正皇帝，才能認識雍正時代的清朝歷史。康熙皇帝一心想做儒家的仁君，他的用人施政，一向主張與民休息，治國之道，貴在不擾民，與其多一事，不如少一事。這種少做少錯的政治主張，固然使他在歷史上留下了仁君的美譽，但也因官場的因循苟且，怠玩推諉而衍生出吏治廢弛、百弊叢生的現象。雍正皇帝即位後認為新政府不能再存有以不生事為貴的念頭，他主張為政應當觀乎其時，審乎其事，當寬則寬，當嚴則嚴，因循玩愒是絕對有害的。他訓勉臣工實心從政，多多做事，認真做事。由於雍正皇帝的宵旰勤政，認真負責，勇於改革，終於使雍正朝的政治呈現新興的現象，吏治澄清，行政效率提高，社會經濟日益穩定繁榮，清除了康熙年間的許多弊端。清朝盛世沒有雍正皇帝，就無法建立。他是促進清朝歷史向前發展的關鍵人物，也是清朝歷史承先啟後的政治家，他的歷史成就與地位，是值得後世肯定的。雍正皇帝雖然是一位有爭議的君主，

但是，我們不能人云亦云，我們應該對他的事蹟功過作一番考察與研究。

　　清世宗雍正皇帝胤禛，生於康熙十七年十月三十日（1678.12.13），是皇四子，宮中習稱四阿哥。「胤」是康熙皇帝所生諸皇子的排行；「禛」是「以真受福」的意思。皇四子胤禛生母烏雅氏是滿洲正黃旗人，出身護軍參領之家，原為包衣人家之後。康熙十八年（1679），烏雅氏封為德嬪；康熙十九年（1680），皇六子胤祚生，五年後卒。康熙二十年（1681），烏雅氏晉封德妃。康熙二十七年（1688），生皇十四子胤禵，又作胤禎。康熙三十七年（1698）三月，皇四子胤禛封多羅貝勒。康熙三十八年（1699），康熙皇帝為諸皇子建府，皇四子胤禛的府邸位於紫禁城東北，即日後的雍和宮。

　　康熙四十三年（1704），追封一等承恩公凌柱之女鈕祜祿氏入侍皇四子胤禛府邸，號為格格，她就是日後的孝聖憲皇后。康熙四十八年（1709）三月，皇四子胤禛晉封為雍親王，提高了他的政治地位。康熙五十年八月十三日（1711.09.25），鈕祜祿氏在雍親王府邸為胤禛生了第四個兒子弘曆，後來弘曆繼位時為鈕祜祿氏的後半生帶來了無比的尊榮富貴。

閱歷豐富

　　康熙皇帝極為重視諸皇子的教育，諄諄教誨，除了滿、漢、蒙等語文及四書五經等文化課程外，還加強騎射及各種西洋兵器的訓練。康熙二十二年（1683），皇四子胤禛，年方六歲，開始在上書房讀書，以侍講學士顧八代為師傅。顧八代是滿洲鑲黃旗人，學術醇正。康熙二十六年六月初十日（1687.07.18）午後，康熙

皇帝率皇子們到暢春園皇太子胤礽（in ceng）的書房無逸齋，康熙皇帝取案上經書十餘本，給皇太子胤礽的師傅湯斌說：「汝可信手拈出，令諸皇子誦讀。」這一年，皇四子胤禛才十歲，湯斌隨手翻開書本，令胤禛等各讀數篇，都能「純熟舒徐，聲音朗朗」。康熙皇帝隨後命皇四子胤禛等射箭，或中四箭，或中三箭，箭術在皇長子胤禔（in jy）之上。康熙皇帝很自傲地對湯斌等諸臣說：「朕宮中從無不讀書之子，今諸皇子雖非大有學問之人所教，然俱能讀書。」

在康熙皇帝的循循善誘之下，諸皇子多精於書法，皇四子胤禛的書法，十分秀麗，有才有氣，他和皇三子胤祉（in cy）、皇七子胤祐相比，可以說是伯仲難分。康熙四十一年（1702）九月，康熙皇帝巡視南河，皇四子胤禛奉命同皇太子胤礽、皇十三子胤祥隨駕。十月初五日（1702.11.23），駐蹕山東德州行宮，康熙皇帝召翰林院侍讀學士陳元龍等人入行宮，觀賞御書，康熙皇帝親書大字對聯，以示諸臣。又令內侍引諸臣至行宮左廂觀看皇四子胤禛、皇十三子胤祥書寫對聯。據官書記載，「諸臣環立諦視，無不歡躍欽服」。

康熙皇帝巡幸出征，多命諸皇子隨駕。塞外水土較佳，為了健康以及處理少數民族問題，康熙皇帝屢次北巡。康熙二十五年（1686），康熙皇帝巡行塞外，皇四子胤禛奉命隨駕，同行的還有皇太子胤礽、皇長子胤禔、皇三子胤祉等人。康熙四十年（1701）五月，康熙皇帝巡幸塞外，皇四子胤禛奉命同諸皇子隨駕。康熙四十一年（1702）正月，康熙皇帝行幸五臺山，皇四子胤禛奉命同皇太子胤礽、皇十三子胤祥扈從。

康熙初年，準噶爾汗噶爾丹勢力崛起後，屢次入侵天山南北路，成為清朝西北最大邊患。康熙三十五年（1696），噶爾丹率兵入侵喀爾喀，掠奪蒙古牲畜，康熙皇帝御駕親征，諸皇子從征。是年二月，領侍衛內大臣等遵諭議定中路兵營，皇四子胤禛奉命

掌管正紅旗大營，坐鎮軍中。

康熙年間，對永定河、黃河、淮河的整治，可謂不遺餘力。康熙皇帝屢次視察河工，多命諸皇子扈從。康熙三十九年（1700）正月，康熙皇帝巡視永定河，皇四子胤禛奉命同皇七子胤祐、皇十三子胤祥隨駕。康熙四十年（1701）四月，康熙皇帝再度巡視永定河，仍命皇四子胤禛周皇太子胤礽、皇十三子胤祥扈從，皇四子胤禛曾作紀行詩〈閱永定河應制〉。康熙四十二年（1703）正月，康熙皇帝巡視南河，命皇四子胤禛同皇太子胤礽、皇十三子胤祥隨駕。二月間，御舟渡過長江，康熙皇帝率諸皇子登金山江天寺。隨後路過鎮江府、常州府、蘇州府，皇四子胤禛曾賦詩為紀。此次南巡使皇四子胤禛增長不少的見識，更加了解黃淮河工，以及江南的民情風俗。

清朝皇帝提倡崇儒重道，重視各種祭典。康熙三十二年（1693）十月，重修闕里孔廟落成，康熙皇帝指定皇四子胤禛隨同皇三子胤祉前往山東曲阜祭孔。

孝莊太皇太后輔立康熙皇帝，康熙皇帝極盡孝養，死後虔誠祭祀。康熙二十七年十二月初八日（1688.12.30），是孝莊太皇太后周年忌辰，康熙皇帝率皇長子胤禔、皇三子胤祉、皇四子胤禛前往遵化暫安奉殿祭祀。康熙二十八年（1689），命皇太子胤礽帶領皇四子胤禛等前往暫安奉殿致祭。康熙三十五（1696）、四十五（1706）等年，皇四子胤禛奉命獨自前往暫安奉殿祭祀。

清朝皇帝每逢國家重大事情，都要告祭祖陵。康熙六十年正月十三日（1721.02.09），康熙皇帝以御極六十年大慶，命皇四子胤禛、皇十二子胤祹等前往興京告祭永陵，並往盛京致祭福陵、昭陵。同年三月初八日（1721.04.04），康熙皇帝六十八歲萬壽節，皇四子胤禛奉命致祭太廟後殿。

　　康熙皇帝巡幸出征，謁陵祭祖，視察河工，皇四子胤禛多奉命隨駕，增廣了見識，也豐富了閱歷，對施政得失，民間疾苦，多能耳聞目觀，有助於從政能力的培養，在儲位角逐中，皇四子胤禛有他一定的優勢。

　　皇太子胤礽再立再廢後，諸皇子個個都有帝王夢，為角逐帝位，彼此樹黨傾陷。康熙六十一年十一月十三日（1722.12.20），康熙皇帝崩殂，皇四子胤禛入承大統，改翌年為雍正元年（1723），他就是清世宗雍正皇帝。雍正皇帝即位後，矯詔篡位、謀父逼母、弒兄屠弟、貪財好色、誅戮忠臣的謠言、就蜚短流長、不脛而走。

繼位傳說

　　按照滿洲舊俗，所有嫡子，不拘長幼，都有繼承皇位的權利。皇太子胤礽第二次被廢以後，並未另立皇太子，諸皇子角逐皇位，並不涉及不合法的奪嫡問題。康熙皇帝崩殂後，繼承皇位的不是酷肖皇父的皇十四子胤禵，也不是自稱相貌有帝王體的皇九子胤禟，不是福壽緜長後必大貴的皇八子胤禩，而爆出了一個冷門，皇四子胤禛登了基，諸皇子的帝王夢都成了空，不利於雍正皇帝的謠言，不脛而走。發配東北三姓地方的耿精忠之孫耿六格就說：「聖祖皇帝在暢春園病重，皇上就進一碗人參湯，不知何如？聖祖就崩了駕，皇上就登了位。」耿六格在三姓八寶家中時，有太監于義、何玉柱向八寶妻子說：「聖祖皇帝原傳十四阿哥允禵天下，皇上將十字改為于字。」曾靜是湖南靖州的一位落弟書生，他從京師王府發遣廣西人犯中聽說：「先帝欲將大統傳與允禵，聖躬不豫時，降旨召允禵來京，其旨為隆科多所隱，先帝賓天之日，允禵不到，隆科多傳旨，遂立當今。」弒父矯詔成了大家談論的

新聞，遠近傳播。雍正元年九月初十日（1723.10.08），朝鮮進賀正使密昌君樴返國後向朝鮮國王稟報清朝政局時也說：「雍正繼立，或云出於矯詔。」矯詔篡奪的傳說，反映當時的輿論，對雍正皇帝得位的合法性，大都抱持懷疑的態度。

　　文人著述對雍正皇帝矯詔篡立傳說的渲染，更是眾口鑠金。《清史纂要》記載：「聖祖疾甚，胤禛及諸皇子在宮門問安，隆科多受顧命於御榻前，帝親書皇十四子四字於其掌。俄隆科多出，胤禛迎問。隆科多遽抹去其掌中所書『十』字，祇存『四子』字樣，胤禛遂得立。」書中所述雍正皇帝繼位傳說情節，與耿六格所說內容頗為相近。耿六格說的是雍正皇帝本人把「十」字改為「于」字；《清史纂要》即謂將當中「十」字抹去，只存「四子」字樣，大同小異。許嘯天著《清宮十三朝演義》對於雍正皇帝矯詔的描繪，更是淋漓盡致。書中說隆科多「走到正大光明殿上，命心腹太監，悄悄的從匾額後面拿出那康熙皇帝的遺詔來，現成的筆墨，他便提起筆來，把詔書上寫著的傳位十四皇子一句，改做傳位于四皇子。」耿六格只說雍正皇帝將「十」字改為「于」字，並未說遺詔放在哪裡？《清宮十三朝演義》明說遺詔放在乾清宮正大光明匾額後面，而不在暢春園；改詔之舉是出自隆科多之手，而不是雍正皇帝。天嘏著《滿清外史》認為「竊詔改竄之策，年羹堯實主持之。蓋胤禛之母，先私於羹堯，入宮八月，而生胤禛。至是乃竊詔改竄，令為天下主，故當雍正時代，羹堯權傾朝右，而卒以罪誅，說者比之呂不韋云。」其實，川陝總督年羹堯約生於康熙二十年（1681），是一個比雍正皇帝年輕三歲的人，當康熙十七年（1678）皇四子胤禛出生時，年羹堯尚未出生，胤禛的母親烏雅氏怎能和尚未出生的年羹堯私通呢？

　　康熙皇帝臨終前手書遺詔，傳位于皇十四子，只是一種傳說，

不足採信。傳說中改「十」為「于」，也是無稽之談。清朝制度，所有成長序齒的諸皇子，分別稱為皇長子、皇二子，以下類推，若康熙皇帝臨終前果真有傳位皇十四子的遺詔，當寫成「皇位傳皇十四子」字樣，假設「十」字果真被改成「于」，則此竄改後的遺詔當寫成「皇位傳皇于四子」，普天之下恐無如此不通的文字。河況，諭旨詔書，例應滿漢兼書，或只寫滿文，漢文「十」，滿文讀如"juwan"，筆畫較多，不易改抹：滿文語法，屬於阿爾泰語系，更難改動。傳說中改「十」為「于」，使皇四子胤禛入承大統合法化的流言，只能說是一種以漢文書寫遺詔作前提的文人聯想，並不符合歷史事實。後世相信謠言，也正是同情失敗者的常情。其實，皇四子胤禛的繼位，也有他的有利條件。

　　康熙皇帝雖然並不寵愛皇四子胤禛，他卻十分疼愛胤禛的第四個兒子弘曆，由愛孫而及子，歷史上確有先例。明成祖先立仁宗朱高熾為世子，後來因不滿意，而常想更易。當廷議冊立太子時，明成祖欲立漢王朱高煦。明成祖雖然不喜歡朱高熾，卻很鍾愛朱高熾的兒子朱瞻基，即後來的明宣宗。侍讀學士解縉面奏明成祖說朱高熾有好兒子，明成祖有好聖孫，這才打動了明成祖的龍心，最後決定立朱高熾為太子。清朝康熙皇帝一家的三代，有些雷同。弘曆生而岐嶷，康熙皇帝見而鍾愛。弘曆六歲時，康熙皇帝就把他帶回宮中養育，開始接受啟蒙教育。康熙皇帝巡幸塞外，總是帶著弘曆到避暑山莊，在萬壑松風閣等處讀書。《清史稿》記載，木蘭從獮，康熙皇帝命侍衛帶領弘曆射熊，甫上馬，熊突然躍起，弘曆控轡自若，康熙皇帝急忙開鎗射熊，他回武帳後告訴溫惠皇太妃說：「弘曆命貴重，福將過予。」於是更加疼愛弘曆。康熙皇帝有好聖孫弘曆，因鍾愛聖孫，而對胤禛增加好感，即所謂愛孫及子，先傳位給胤禛，再傳弘曆，順天應人。後世對雍正

皇帝的負面評價，大部分出自當時的失意政敵所編造的流言，有一部分是出自漢人種族成見的推波助瀾，加上歷史小說的杜撰虛構，以致眾口鑠金。

儲位密建

雍正皇帝即位後，鑒於康熙皇帝建儲的失敗，皇太子再立再廢，諸皇子各樹朋黨，互相傾陷，兄弟竟成仇敵，為永杜皇位紛爭，雍正皇帝創立儲位密建法。雍正元年八月十七日（1723.09.16），雍正皇帝諭總理事務王大臣等云：「當日聖祖因二阿哥之事，身心憂悴，不可殫述。今朕諸子尚幼，建儲一事，必須詳慎，此時安可舉行，然聖祖既將大事付託於朕，朕身為宗社之主，不得不預為之計。今朕特將此事親寫密封，藏於匣內，置於乾清宮正中，世祖章皇帝御書『正大光明』匾額之後，乃宮中最高之處，以備不虞。」雍正皇帝密書弘曆之名，緘藏匣內，弘曆正式立為皇太子，但密而不宣。雍正皇帝雖立儲君，卻不公開，稱為儲位密建法，可以說是解決皇位爭繼問題的有效方法：先行指定繼承人，即預立儲君，是為中原文化傳統；而所預立的繼承人並不以嫡長為限，而以才能人品為考核人選標準，又為女真世選舊俗。易言之，雍正皇帝所創立的儲位密建法，既受漢族傳統文化的影響，又含有邊疆部族舊制的遺意，實為農耕文化與游牧文化同化融合下的一種產物。

雍正皇帝踐阼之初，朋黨為禍益烈，那些曾經參與皇位爭奪的兄弟們，各憑私意，分門立戶，擾亂國政，造成政治上的不安。雍正皇帝於《大義覺迷錄》中指出，「從前儲位未定時，朕之兄弟六、七人，各懷覬覦之心，彼此戕害，各樹私人，以圖僥倖，而大奸大惡之人，遂乘機結黨，要結朝臣，收羅群小，內外連屬，

已成為不可破之局，公然以建儲一事為操權於己，唾手可成，不能出其範圍。此等關係宗社國家之大患，朕既親見而深知之，若苟且姑容，不加以懲創儆戒，則兇惡之徒，竟以悖逆為尋常之事，其貽害於後世子孫者，將不可言矣！」君臣名分既定，為鞏固君權，為後世子孫綢繆，為終結政治紛爭，雍正皇帝對裁抑宗室，打破朋黨，可以說是毫不鬆手。雍正皇帝為使滿漢臣工共竭忠悃，又刊刻頒發《御製朋黨論》，期盼群迷覺悟，而盡去其朋比黨援的積習，以剷除政治上的巨蠹。《清史稿‧世宗本紀論》云：「聖祖政尚寬仁，世宗以嚴明繼之。論者比於漢之文景，獨孔懷之誼，疑於未篤。然淮南暴抗，有自取之咎，不盡出於文帝之寡恩也。」孔懷之誼，是指兄弟之間的情誼，雍正年間，兄弟鬩牆，骨肉相殘，諸兄弟確實也有自取之咎，並非盡出於雍正皇帝一個人的刻薄寡恩。

華夷一家

中國歷代以來，就是一個多民族的國家，所謂漢族，是在漢朝政權統治的基礎上建立起來的，其實是以中原華夏民族為主體民族，並融合其他民族所構成的泛漢民族。滿洲原來是地名，以居地而言，滿洲相當於籍貫，滿族是滿洲民族的簡稱，是泛指居住在滿洲地區的民族共同體，以建州女真族為主體，此外還包括蒙古、漢族、朝鮮等民族。漢族入關後，漢族的反滿活動，日趨頻繁，族群矛盾，成為嚴重的政治問題，從雍正年間的曾靜案件，可以了解漢族反滿情緒的強烈；從《大義覺迷錄》的頒行，可以了解雍正皇帝對調和滿漢思想以及破除種族成見的努力，都是可以肯定的。曾靜是湖南靖州的一個落弟書生，當他在州城應試的時候，在無意中讀到康熙年間名儒呂留良的評選時文，其中有論

及夷夏之防的文句,十分激昂。曾靜以為川陝總督岳鍾琪是宋朝岳飛的後裔,他必能一本岳飛的抗金遺志,起兵反清。曾靜的學生張熙奉命持書往見岳鍾琪,但是岳鍾琪並無反清復明的念頭,反而將曾靜等人押解京師審訊。呂留良等人認為「生於中國者為人,生於外者不可為人。」甚至將夷狄比於禽獸。曾靜所著《知新錄》中竟謂「夷狄侵中國,在聖人所必誅而不宥者,只有殺而已矣,砍而已矣,更有何說可以寬解得」云云。曾靜對邊疆民族的歧視,較之呂留良,實有過之而無不及。雍正皇帝在《大義覺迷錄》中引《孟子》的話指出舜為東夷之人,文王為西夷之人,「曾何損於聖德乎?」雍正皇帝認為過分強調「內中國而外夷狄」的思想,鄙視戎狄,並不適宜,否則孔子周遊,便不當入楚。雍正皇帝指出歷史上北人詆南人為島夷,南人指北人為索虜,徒事口舌之譏,主要是在晉、宋、六朝偏安時期出現的言論,清朝是天下一統、華夷一家的時代,不應再存「此疆彼界」、「華夷九外」之見。雍正皇帝摒棄狹隘種族意識,調和滿漢歧見的努力,適應了多民族統一國家的歷史趨勢。

君臣一體

　　康熙皇帝施政的特點,強調寬仁,雍正皇帝以嚴明繼之,後世史家遂謂康熙皇帝主張寬和,近乎德治;雍正皇帝主張嚴厲,近乎法治;乾隆皇帝主張寬嚴並濟,近乎文治。其實,盛清諸帝的用人施政及其典章制度,有其延續性,也有它因革損益之處。從奏摺制度的發展,可以了解清初政策的延續性。奏摺是從明代本章制度因革損益而來的一種新文書,在政府體制外屬於皇帝自己的一種通訊工具。康熙皇帝親政以後,為欲周知施政得失,地

方利弊，於是命京外臣工，於題本、奏本外，另准使用奏摺，逕達御前。奏摺制度是一種密奏制度，也是皇帝和相關人員之間建立的單線書面聯繫，臣工凡有聞見，必須繕摺密奏，康熙皇帝披覽奏摺，親書諭旨，一字不假手於人。康熙皇帝常藉奏摺批諭，以教誨臣工，為官之道，不多生事，自然百姓受福。雍正皇帝即位後，擴大採行密奏制度，放寬專摺具奏特權，並藉奏摺硃批訓誨臣工，封疆大吏若不生事，百姓自然不致受害。浙江巡撫李馥奏聞地方情形，雍正皇帝披覽奏摺後批諭云：「覽奏深慰朕懷，君臣原係一體，中外本是一家，彼此當重一個誠字，互相推誠，莫使絲毫委屈於中間，何愁天下不太平，蒼生不蒙福。」雍正皇帝對天下太平、蒼生蒙福的憧憬，充分表現在字裡行間。江西巡撫裴徠度奏聞驛馬事宜，原摺奉硃批云：「畏懼即不是矣，內外原是一體，君臣互相勸勉，凡有聞見，一心一德，彼此無隱，方與天下民生有益也，莫在朕諭上留心，可以對得天地神明者，但自放心，有何可畏。」一心一德，君臣一體，形成了政治上的生命共同體，有利於政策的執行。從奏摺制度的採行及其發展，可以說明盛清帝的治術，雖然各有千秋，但就制度的發展而言，卻有其延續性和一貫性，從奏摺硃批可以說明雍正皇帝也講求治道。《清史稿·世宗本紀論》有一段記載說：「帝研求治道，尤患下吏之疲困。有近臣言州縣所入多，宜釐剔。斥之曰：『爾未為州縣，惡知州縣之難？』至哉言乎！可謂知政要矣！」雍正皇帝平日研求治道，就是一位「知政要」的皇帝。

移風易俗

雍正皇帝重視社會經濟的改革，也都收到立竿見影的效果。

雍正皇帝即位後注意到移風易俗的重要性：歷代以來的樂戶、墮戶、蜑戶、伴儅、世僕等所謂「賤民階級」依然存在，社會地位不平等。明朝初年，明成祖起兵時，山西、陝西不肯歸順的百姓子女，後來都被發入教坊，編為樂籍，稱為樂戶，其後世子孫娶婦生女，都被逼迫為娼，紳衿土豪，百般賤辱。浙江紹興等府則有墮民，另編籍貫，稱為丐戶，他們祖先是宋朝將領焦光瓚部落，因叛宋被斥為墮民，行業污賤，服飾與常民有別，墮落數百年，並無自新之路。雍正皇帝認為賤民階級的存在，是歷代以來的社會弊端，於是諭令削除賤籍，豁賤為良，凡習俗相沿不能削除者，俱給以自新之路，改業為良民。廣東地方的蜑戶，以船為家，以捕魚為業，粵人視蜑戶為賤民，不容許他們登岸居住。雍正皇帝認為蜑戶輸納魚課，與齊民一體，無可輕視擯棄之處。因此，諭令廣東督撫轉飭有司通行曉諭，凡無力蜑戶，聽其在船自便，不必強令登岸。如有力能建造戶屋及搭棚棲身者，准其在近水村莊居住，與齊民一體編列甲戶，劣豪土棍，不得藉端欺凌驅逐，並令有司勸諭蜑戶開墾荒地，播種力田，共為務本之人。雍正年間，賤民階級的削除，豁賤為良，改變了千百年來沉重已久的命運，這是一種移風易俗的具體表現，也是尊重人權、深得人心的一項重要社會改革，較之歷代帝王，雍正皇帝的進步思想，及其社會政策的執行，都具有正面的作用，確實值得大書特書。

財經改革

　　清朝幣制是屬於一種銀錢並用的雙本位制度。在貨幣中流通最廣為民生日用所不可或缺的就是錢，這是一種以「文」計算的計算貨幣，其形式、文字、重量、成色，都有定制，由官府設局

鼓鑄，稱為制錢。清初銀錢比價是以紋銀一兩兌換制錢一千文為標準，在一千文以下時，即形成銀賤錢貴的現象。清朝初年，社會經濟上非常嚴重的問題，就是銅觔短缺，私鑄盛行，銷燬制錢的風氣，極為盛行，以致銀賤錢貴。順治通寶定制，以紅銅七成，白鉛三成搭配鼓鑄而成。康熙年間，以銅六鉛四搭配。雖然錢文字畫清楚，但因銅多於鉛，民間暗中銷燬制錢，改造器皿，以致錢價日昂。康熙四十五、六年間（1706-1707），紋銀一兩，僅兌錢七、八百文。雍正皇帝在藩邸時，已經深悉其弊，他御極後，即令錢局以銅鉛各半搭配鼓鑄，使民間無銷燬之利，同時嚴禁使用黃銅器皿。其後錢價漸平，紋銀一兩，可兌制錢一千文，小民可受其利。曾靜著《知新錄》一書中所稱「即觀鑄錢一事，自癸卯到今六年，尚鑄箇錢不順，勉強鑄就糊糊塗塗，不明不白，民間無人肯受。謠曰：雍正錢窮半年，若身上有一箇雍正錢，即投之溝壑」等語，幾乎視雍正年間的制錢為廢錢。曾靜所稱雍正錢投溝壑的意思，主要是指多用白鉛搭配，銅量減少，雍正錢的價值，不能和順治錢、康熙錢相比。雍正皇帝指出，銅鉛各半搭配鼓鑄，「其錢文字畫雖未甚精工，然惟銅鉛相半，方能禁止其銷燬，而制錢可得流通便民，並非吝惜銅觔而多加鉛兩也」。雍正皇帝鑒於民間銷燬制錢，以致錢量短缺，為使制錢流通便民，遂令銅鉛各半鼓鑄，曾靜不知錢法，所以肆意譏議。

康熙年間，平定三藩，征討準噶爾，進剿朱一貴，軍需挪用，直省虧空，國庫收入，嚴重不足。雍正皇帝即位後，推動務實政治，成立會考府，改革敗政，清查錢糧，彌補虧空，攤丁入地，耗羨歸公，都頗有表現，對充實國庫，改善民生，都作出了重要的貢獻。清初賦役制度，主要是沿襲明代的一條鞭法。雍正年間的敗政改革，其主要原則是平均賦役的負擔，防止田賦與丁銀徵

收過程中的弊端，減輕無地貧民的賦稅負擔。

　　從十八世紀開始，是清朝社會經濟的上昇時期。由於耕地面積的增加速度遠不及人口增加速度，一條鞭法下的賦稅負擔，隨著人口的增加而加重。因此，必須固定丁銀額數，始能穩定土地負擔的不斷加重趨勢。康熙五十一年（1712），清朝府所頒布的盛世滋生人丁永不加賦的詔令，是以康熙五十年（1711）的人丁數二千四百六十萬定為全國徵收丁銀的固定數目，將全國徵收丁銀的總額固定下來，不再隨著人丁的增加而多徵丁銀。雍正皇帝就在康熙年間盛世滋生人丁永不加賦基礎上實行丁隨地起賦役改革，將丁銀攤入地糧徵收，由有恆產之家均勻完納，以戶為稅收單位，不再以人頭為單位，使賦稅的負擔更趨於合理化。丁隨地起實施後，取消了徵稅的雙標準，廢除了人頭稅，按土地的單一標準徵稅，改革了賦不均的嚴重情況，無土也貧民因不納丁銀而不致逃亡，有地農人，負擔均平，不致過重，可以保證稅收來源的固定，在敗政上獲得了穩定的效果，有利於社會經濟的發展。從康熙末年盛世滋生人丁永不加賦詔令的頒布到雍正初年攤丁入地的實施，可以反映清初政策的延續性。

　　中央與地方財政的劃分，是因國家體制的差異而有所不同。中央集權的國家多實行附加稅法，國家賦稅最高主權屬於中央，地方政府可在中央賦稅上徵收附加稅，以充地方經費。至於均權制的國家則採分成稅法，國家賦稅收入，由中央政府與地方政府按一定成數分配。明清政府實行中央集權，全國賦稅盡歸中央，由戶部支配，直省存留額數過少，地方財政基礎十分薄弱，地丁錢糧是正賦，就是中央政府最主要的財政收入，耗羨是正賦的附加稅，不必撥解中央，成為地方政府的主要稅收來源。地方公務，定例不得動支正項，只能取給於耗羨。直省州縣徵收重耗，累民

肥己。雍正初年，為清理歷年無著虧空，提解耗羨，刻不容緩。
所謂耗羨歸公，就是將耗羨提解藩庫，杜絕州縣中飽，使地方公
務有款項可以動支。耗羨歸公後，官吏所得養廉銀兩多於薪俸，
由來已久的陋規積弊，逐漸革除，直省虧空，逐年完補。雍正年
間，提解耗羨，原為一時權宜之計。雍正皇帝初意，欲俟虧空清
完後即停止辦理。乾隆皇帝繼位後，他認為耗羨歸公，制度完善，
上下相安，對地方有益，可以久遠遵行，不必停止。從耗羨歸公
的實施，可以說明清朝政策的執行，有其一貫性，也是清朝統治
政策成功的主要原因。

　　雍正年間，由於社會經濟的改革，使社會日益繁榮，財政狀
況好轉，國家稅收穩定的成長，國庫充盈。據統計，康熙六十一
年（1722），國庫餘銀八百萬兩，雍正八年（1730），國庫餘銀六
千二百餘萬兩，終於奠定清朝鼎盛時期的經濟基礎。

改土歸流

　　西南沿邊省分是我國少數民族分佈最廣的地區，由於各少數
民族的歷史及地理背景，彼此不同，其社會經濟的發展，並不平
衡，歷代以來，對各少數民族所採取的統治方式，遂不盡相同。
明清時期，在西南少數民族分佈地區，在政治上大體同時存在著
三種不同的類型：第一類是流官統治的地區，其各項制度，與內
地基本相同；第二類是土司統治的地區，由朝廷授給當地部族首
領各種官職，如土府、土州、土縣，或宣慰司、宣撫司、招討司、
安撫司、長官司等，准其世襲，並實行與內地不同的各種制度；
第三類是既未派駐流官，亦未設置土司的所謂生界部落。各部落
既無君長，各不相統屬，對朝廷也沒納貢、輸賦、供徵調的義務。

據統計，明末清初以來，在西南地區曾經存在過的土司，大約有八百多個，主要分佈於湖南、雲南、貴州、四川、廣西等省。土司制度是一種特殊的地方政權形式，具有濃厚的割據性，朝廷對各少數民族只能間接統治，土司勢力不斷發展，邊患方興未艾。康熙年間以來，由於社會經濟的日趨穩定與繁榮，「承平」日久，生齒益繁，食指眾多，為紓緩人口壓力，拓墾邊疆曠土，以容納內地過剩的人口，改土歸流，遂成為當務之急。「改土歸流」一詞，滿文讀如：aiman i hafan be halafi, irgen i hafan obumbi。意即「改土官為民官」，民官主要是內地科舉出身的官員，改土官為民官，廢除世襲的土司，任命內地的民官治理苗疆。

清朝改土歸流的實行，並非始自雍正年間，順治、康熙年間，已在雲南、四川等邊區省分開始改土歸流。但當時仍以撫綏為主，到了雍正初年，才開始大規模地進行改土歸流。高其倬在雲貴總督任內已開始改土歸流，剿撫兼行。雍正四年（1726），鄂爾泰接任雲貴總督後，雷厲風行，大規模進行改土歸流。鄂爾泰認為苗疆地區改土歸流以後，地方田賦兵刑始有頭緒，為整頓地方，鄂爾泰對改土歸流，可謂不遺餘力。雍正年間，在湖廣、雲南、貴州、四川、廣西等省延袤千里的苗疆地區，先後改流的土司、土縣和長官司以上，共六十餘處。改土歸流是廢除世襲的土司，而改命民官，在苗疆地區分別設立府、廳、州、縣，委任內地民官進行統治，變間接統治為直接統治，設立保甲、編查戶口、丈量土地、清理錢糧、建立學校、治河修路。改土歸流後，原來被土司佔有的可耕地，准許貧民開墾，並減輕農人的負擔，有利於生產的發展，雍正年間的改土歸流，確實具有積極的意義，就社會發展而言，產生了進步的作用。

朝鮮君臣談雍正皇帝

　　建州女真族是滿族的主體民族，建州女真與朝鮮的歷史關係，源遠流長。滿洲入關後，朝鮮與清朝，關係更加密切，兩國使臣往來頻繁，朝鮮君臣都注意清朝的動靜，對清朝皇帝頗多批評，雖然不盡客觀，但是，朝鮮君臣的時代相近，他們當時聞見之辭，還是具有一定的原始性，可以提供一定的參考價值。

　　在雍正皇帝矯詔傳說中提到「玉念珠」的問題，《清史要略》記載說：「時聖祖已昏迷矣，有頃，微醒，宣詔大臣入宮，半響無至者。驀見獨胤禛一人在側，知被賣，乃大怒，取玉念珠投之。」朝鮮方面對玉念珠的說法不同。康熙六十一年十二月十七日（1723.01.23），朝鮮遠接使金演從北京迎敕諭返國，他說：「康熙皇帝在暢苑病劇，知其不能起，召閣老馬齊言曰：第四子雍親王胤禛最賢，我死後立為嗣皇。胤禛第二〔四〕子有英雄氣象，必封為太子。仍以為君不易之道，平治天下之要，訓戒胤禛。解脫其頭項所掛念珠與胤禛曰：此乃順治皇帝臨終時贈朕之物，今我贈爾，有意存焉，爾其知之。」朝鮮使臣金演所述「念珠」是父子相贈的禮物，情節不同，對雍正皇帝繼位的合法性有利。

　　康熙皇帝臨終前將所掛念珠親自交給雍正皇帝，雖然是傳聞之辭，但是朝鮮使臣金演已指出，雍正皇帝「即位後，處事得當，人心大定。」雍正元年九月初十日（1723.10.08），朝鮮進賀正使密昌君椷回國後向朝鮮國王說明雍正皇帝的為人處事，「或言其久在閭閻，習知民間疾苦，政令之間，聰察無比。臣亦於引見時，觀其氣象英發，語音洪亮，侍衛頗嚴肅。且都下人民妥帖，似無朝夕危疑之慮矣。」由於雍正皇帝的英明果斷，處事得當，所以

在他即位後，政局穩定，京中妥帖，人心大定，並無朝夕危疑的
顧慮，朝鮮使臣的觀察是正確的。

雍正皇帝即位之初，財政困難，戶部庫帑虛懸已久，直省虧
空纍纍。雍正皇帝為彌補虧空，他曾採取多項措施，或以俸工抵
補，或以規銀捐補，或提解耗羨，或籍沒家產，雷厲風行，以致
「外間流言，有謂朕好抄人之家產。」外間流傳的「抄家皇帝」，
就是指雍正皇帝。在朝鮮君臣的心目中，滿族是「貪財好利」的
民族，康熙皇帝被朝鮮君冠以「愛銀皇帝」的外號。朝鮮英祖召
見同知事尹游時曾說：「雍正本有愛銀癖，且有好勝之病。」雍正
皇帝愛銀成癖，也是一位「愛銀皇帝」。朝鮮陳慰正使礪山君枋等
人抵達瀋陽後，曾將道路所聞馳啟朝鮮國王，節錄一段內容如下：

> 康熙皇帝子女眾多，不能徧令富饒，諸子女受賄鬻官，若
> 漕總監務等職，隨其豐薄而定賂多少。且於京外富民之家，
> 勒取財產，多至數十萬，小或累萬金，而田園人畜，亦皆
> 占奪，人或不與，則侵虐萬端，必奪乃已，而不禁。新皇
> 帝亦嘗鬻貨致富，及登大位，前日所占奪者，並還本主，
> 而敕諭諸昆弟曰：「朕在邸時，雖不免奪人利己，而未嘗傷
> 害人命。他餘昆弟則殺人傷人，朕甚憫之。朕既悔過改圖，
> 諸昆弟果有貧窶者，則戶部之物，係是經費，朕不敢私用，
> 而內庫所儲，可以隨乏周給。爾等所奪民財，限一年併還
> 其主。若久不還，致有本主來訴，斷不以私恩貸之也。

康熙皇帝所生皇子共三十五人，公主二十人，合計五十五人。
朝鮮君臣認為康熙皇帝子女眾多，各個鬻貨致富，其中不乏占奪
民財者，雍正皇帝即位後諭令諸兄弟將所奪民財，限一年內盡數
歸還。雍正皇帝認為戶部經費是國家庫帑，不可私用，皇室子弟
有內務府庫銀，隨乏周給，公私分明。礪山君枋又指出：「康熙皇

帝以遊獵為事，鷹犬之貢，車馬之費，為弊於天下。朝臣若隸於
臂鷹牽狗，則以得近乘輿，夸耀於同朝矣。新皇帝詔罷鷹犬之貢，
以示不同，而凡諸宮中所畜珍禽異獸，俱令放散，無一留者。」
雍正皇帝詔罷鷹犬之貢，與崇尚儉約，有密切關係。在胤祥的輔
助下，雍正皇帝雷厲風行的整頓財政，充實國庫，奠定了盛世財
政的基礎。雍正九年（1731）六月，朝鮮伴送使宋寅明指出，「關
市不征，乃三代事也，後豈能盡行古法。清人之法，賦民輕而稅
商重，以致富強，裕國生財之要，無過此矣。」雍正皇帝裕國生
財的財稅改革的成果，受到了朝鮮君臣的肯定。

壽終正寢

　　康熙皇帝和乾隆皇帝在位的期間，都超過六十年，而雍正皇
帝在位只有十三年，很容易使人聯想到雍正皇帝的崩殂是未得令
終，出現了很多傳說。民間相傳雍正皇帝是被呂留良孫女呂四娘
報仇刺死的，民間相信呂四娘擅長劍術，她使用飛劍割去了雍正
皇帝的頭顱。傳說中的「血滴子」，是特製的一種殺人利器。《滿
清外史》等書記載，「血滴子」的形狀，渾圓似球，中藏快刀，刀
旁有機關，將「血滴子」罩人頭上，機關一發，人首立即斷入「血
滴子」，然後在「血滴子」的裡面，澆上藥水，皮肉骨血都化為烏
有。有人說呂四娘使用所謂「血滴子」，把雍正帝的頭顱連皮帶骨
取走了。有人說雍正皇帝是被宮女侍寢時和太監以繩索縊死的。
這些傳說，都不足徵信。但是，民間認為：雍正皇帝生性殘忍，
殺人不少，尤其是不該把呂留良父子斬首剉屍，有關呂四娘的傳
說未必是純屬虛構，雍正皇帝不得善終，正是應得的報應。
　　在清朝十二位皇帝中，享年六十歲以下的，包括皇太極五十

二歲，順治皇帝二十四歲，雍正皇帝五十八歲，咸豐皇帝三十一歲，同治皇帝十九歲，光緒皇帝三十八歲。雍正皇帝四十五歲稱帝，享年五十八歲。黎東方教授著《細說清朝》一書已指出，雍正皇帝每天起得早，睡得晚，吃得少，頑得少，當皇帝只當了十三年，比起康熙皇帝當了六十一年的治績，有過之而無不及。雍正皇帝以十三年的歲月，宵旰勤政，完成了相當於六十年的政治建設，可以說是鞠躬盡瘁死而後已了。其實，從雍正七年（1729）冬天開始，雍正皇帝就生過重病，他曾由道士以民俗醫療調治。雍正八年（1730）二月以後，雍正皇帝又因身體違和，寒熱時發，夜間不能熟寢。同年七月，白雲觀道士又化名賈士芳，進行民俗醫療。賈士芳以手按摩，口誦經咒，果然見效。後世史家對雍正皇帝的去世，先後提出了「中風說」、「丹藥中毒說」，雖然有待商榷，但是也說明了雍正皇帝的崩殂，和他的疾病有關，因病去世壽終正寢的說法是較符合歷史事實的。

雍正皇帝在他的遺詔中指出，他在位期間，朝乾夕惕，勤求治理之主要目的是在於「期使宗室天潢之內，人人品行端方，八旗根本之地，各各奉公守法，六卿喉舌之司，綱紀整飭，百度維貞，封疆守土之臣，大法小廉，萬民樂業。」雖然未能全如期望，而庶政漸已肅清，遐邇恬熙，大有頻書，他的治績，是可以肯定的。

清朝入關前的歷史，稱為清朝前史。清世祖順治元年（1644），滿洲入關，確立統治政權，直到宣統三年（1911）辛亥革命，清朝政權被推翻，歷經二百六十八年，其中康熙皇帝在位六十一年（1662-1722），雍正皇帝在位十三年（1723-1735），乾隆皇帝在位六十年（1736-1795），這三朝皇帝在位合計共一百三十四年，恰好佔了清代史的一半，稱為盛清時期，其文治武功，遠邁漢唐。康熙皇帝八歲即位，雍正皇帝即位時，年已四十五歲，他即位之

初，就能以成熟的認識制定一系列順應歷史趨勢的具體政治措施，他勵精圖治，勇於改革，貫徹政令，他的政績，頗有可觀，雍正一朝處於康熙和乾隆兩朝之間，雖然只有短短的十三年，但是倘若缺少了雍正朝，則盛清時期的盛世，必然大為遜色。陳捷先教授著《雍正寫真》一書已經出，「雍正皇帝勤於政事，勇於改革，是一位難得的帝王，清朝盛世沒有他，就無法建立，中衰時代，可能提早來臨」。日本佐伯富教授為楊啟樵教授著《雍正帝及其密摺制度之研究》一書作序時亦指出，「論者咸謂康熙、乾隆兩朝，乃清代政治、文化蓁昌盛之期，而雍正適居兩者之間，其十三年治績，往往為世所忽略，即學術界亦復如是。諺云：「王朝基礎多奠定於第三代，雍正帝正為清入關後第三代君主，有清二百數十年之基盤，即為其所奠定，伊繼御時年四十有五，正值春秋鼎盛之際，且非夙居禁宮，不諳世事，而於官場、皇族之積弊痼習早瞭然於胸，故甫嗣位即擬根除此等弊害」。雍正皇帝在藩邸時已經深悉施政得失，並非不諳世事，他的改革是具有針對性的當前急務。稻葉君山著《清朝全史》一書以農業為比喻來說明盛清諸帝的施政特點，「譬如農事，康熙為之開墾，雍正為之種植，而乾隆得以收穫也」。從開墾、種植到收穫，有其延續性和一貫性，原書的比喻，頗符合歷史事實。盛清諸帝，勤求治道，其施政理念，德治、法治、文治，各有主張，相輔相成，同時也有它的延續性和一貫性。乾隆年間，運際郅隆，主要是由於聖孫乾隆皇帝擁有一位英明寬仁的好皇祖康熙皇帝，同時也擁有孜孜求治的好皇父雍正皇帝。清初盛運的開創以及盛世的長久持續，就是康熙皇帝開墾，雍正皇帝種植的結果。

象形會意 ──
滿文與清代藝術史研究

一、清文國語 ── 滿洲文字的創製

　　明神宗萬曆二十七年（1599）二月，清太祖努爾哈齊為了文移往來，以及記注政事的需要，即命巴克什額爾德尼、扎爾固齊噶蓋仿照老蒙文創製滿文，以老蒙文字母為基礎，拼寫女真語，聯綴成句，而發明了拼音文字。這種由老蒙文脫胎而來的初期滿文，稱為無圈點滿文，習稱老滿文。因在字旁未加圈點，所以未能充分表達女真語言，無從區別人名、地名的讀音。清太宗天聰六年（1632），皇太極命巴克什達海將初創滿文在字旁加置圈點，使音義分明，同時增添一些新字母，使滿文的語音、形體更臻完善，區別了原來容易混淆的語音。巴克什達海奉命改進的滿文，稱為加圈點滿文，習稱新滿文。滿文由上而下，由左而右，直行書寫。由於滿文的創製及改進，更加促進了滿洲文化的發展。清朝入關後，滿文一躍而成為代表清朝政府的國家文字，稱為清文，滿語，稱為國語。國立故宮博物院現藏各類檔案中含有部分滿文檔案，其中宮中檔案中含有滿文硃筆諭旨、滿文硃批奏摺、滿漢合璧奏摺；軍機處檔案中含有部分滿文奏摺錄副、滿文諭旨、滿漢合璧國書；在內閣部院檔中含有滿文原檔、滿文起居注冊；滿

漢合壁詔書、滿文實錄、滿漢兼書史書；在史館檔內含有滿文本紀、滿文列傳、國語志。此外，善本古籍經史子集四部中也含有部分滿文典籍。

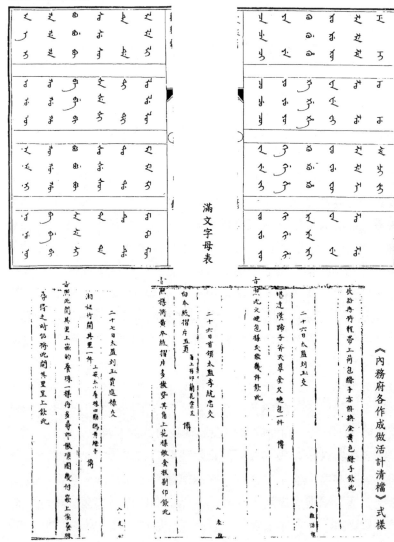

滿文字母表

《內務府各作成做活計清檔》式樣

形聲相益 —— 活計清檔中常見的音譯詞彙

　　東漢許慎《說文解字‧原序》云：「倉頡初作書，依類象形，故謂之文。其後形聲相益，即謂之字。文字者，終古不易，而音聲有時而變。」漢字具備形聲義的共同特點。滿文由蒙文脫胎而來，以老蒙文字母拼寫女真語言；滿文就是一種拼音文字，由上而下，由左而右，直行書寫。現存《內務府各作成做活計清檔》，簡稱《活計檔》，是清朝內務府造辦處各作成做活計的紀錄，對研究清朝宮廷藝術提供重要的第一手史料。《活計檔》中有頗多滿文、蒙文、藏文漢字音譯詞彙，其中滿文音譯漢字的詞彙還原滿文後可以了解各詞彙的意義，對清朝宮廷歷史或美術工藝史的研究，是一種基礎工作。僅就雍正朝《活計檔》各作常見的音譯漢字詞彙列出簡表如下：

雍正朝《內務府活計檔》滿語漢字音譯簡表

音譯漢字	滿文	羅馬拼音	詞　　義
阿達哈哈番		adaha hafan	輕車都尉
阿哥		age	可哥、兄、阿哥、皇子
阿哥里、阿格里阿各里		ageli	樹包、樹瘤、樹癭、樹癤
阿林		alin	山
栢唐阿、拜唐阿		baitangga	執事人、小差使、當差人、匠役
拜他拉布勒哈番		baitalabure hafan	騎都尉

巴令		baling	供物、供器
必拉		bira	河
布爾哈		burga	柳、柳條
波羅		boro	青灰的、青的
撥什庫達		došokui da	催總、催長
巴圖魯		baturu	勇士、英雄
查查里		cacari	涼棚、布涼棚、幄
厄爾得尼		erdeni	寶貝、寶物、珍寶、額爾德尼
法瑯		falan	琺瑯
噶出哈		gacuha	背式骨、核桃的、空的
格格		gege	姐姐、格格
固塞達、固山達		gūsai da	協領、旗長
和托		hoto	雁翅上的鐵件
活屯		hoton	城
衣巴丹		ibadan	樞梨木

伊車滿洲 衣車滿洲		ice manju	新滿洲
衣都達		idui da	班長
伊爾希達 衣爾希達		ilhi da	苑副、副總管
者爾得 者爾兒得		jerde	赤紅色的
開七里、開其里 開七立、開其立		kaiciri	牙籤筒
喀爾哈、哈爾喀 喀爾喀		kalka	盾牌、擋牌、遮擋物、喀爾喀
堪達漢		kandahan	四不像、堪達漢
庫衣達、庫依達		kui da	庫長、庫掌
胡圖克圖		kutuktu	活佛、有壽之人、呼圖克圖
喀蘭達		kuwaran i da	營總、營長
滿達		mandal	壇、祭壇、曼荼羅
美勒圖、美勒土 梅勒土		meiretu	護肩、墊肩
寧烏他		ningguta	寧古塔
敖七里、敖其里		ocir	佛塔、帽頂子

鄂約		oyo	頂蓋、氈頂、帳頂、帽頂
鄂爾斯、厄羅思		oros	俄羅斯
撒林		sarin	股子皮、粗面皮革
吐爾古忒		turgūt	土爾扈特
圖塞爾根 塗塞爾根 塗色爾根		tusergen	筵席上置放盅碟的高桌
拖沙喇哈番 拖沙哈番		tuwasara hafan	雲騎尉
烏和里達 烏合里達		uheri da	總管、九門提督
烏拉		ula	江、烏拉
烏林達		ulin i da	司庫
烏林人		ulin i niyalma	庫使
它單		wadan	包袱單、紬布單、蓋布、圍單
雅七法都 雅器法都		yaki fadu	箭罩囊

資料來源：《內務府活計檔》，雍正朝。

　　表中所列滿語音譯漢字是就《活計檔》各作紀錄中常見詞彙
逐一列舉，包括各種器物名稱、官銜職稱、山川地名、人物稱謂
等等，分別標明滿文，轉寫羅馬拼音，注釋詞義。雍正五年（1727）
六月初一日，《活計檔・匣作》記載云：

> 初一日，據圓明園來帖內稱：五月三十日，郎中海望奉旨，
> 蓮花館一號房內兩傍書格上甚空大，陳設古董惟恐沉重。
> 爾等配做書式匣子，其高矮隨書格隔斷形式。匣內或用「阿
> 格里」，或用通草做花卉玩器，或用馬尾織做盛香花藍器
> 皿，欽此。

　　引文中「阿格里」，雍正三年（1725）六月二十九日〈雜活作〉
作「阿各里」雍正十一年（1733）八月二十一日〈鏇作〉等作「阿
哥里」，都是同音異譯，滿文俱讀如 "ageli"，意思是樹包、樹瘤、
樹癭、樹癤，就是生在樹上的贅瘤，所以叫做樹瘤，也是在樹上
所長的腫瘡。造辦處連貯的阿格里，多由熱河總管進貢。造辦處
聽候諭旨製做玩器，放在書式匣內，以供陳設。茶晶眼鏡圈上可
粘阿格里木皮。樹瘤可以磨製數珠，叫做阿格里數珠，有紅綠阿
格里數珠。自鳴鐘處首領太監曾經傳雜作製做阿格里塞子，圓明
園首領太監曾經交出阿格里假珊瑚戲帶由皮作製做帶記。圓明園
太監也曾交出阿格里胎假松石數珠，此外，茜紅色阿格里水盛由
鍍金作配作小匙子，綠色阿格里數珠、紅色阿格里數珠由玉作配
做賞用裝嚴辮子。雍正年間，阿格里數珠原由首領鄭忠成做，其
應用材料，亦由鄭忠寫押帖向造辦處取用。鄭忠晉陞總管後，由
太監楊文傑成做，先後做得鍍金座阿格里紅帽頂，紅色、綠色上
用阿格里數珠，紅色、藍色、綠色賞用阿格里數珠。鏇作製做上
用鵝黃辮珊瑚色阿格里數珠，包括紅、綠、黃等色阿格里數珠。

　　雍正元年（1723）三月十八日，《活計檔・琺瑯作》記載：「怡

親王交巴令七件，王諭酌量做，遵此。」句中「巴令」，是
"baling"，漢字音譯，源自蒙古語，意即宗教供物。雍正元年
（1723）十二月二十九日，琺瑯作做得銅胎燒琺瑯嵌玻璃火燄珊
瑚青金蜜蠟座巴令七件，由怡親王呈覽，奉旨交中正殿。同日，
唐英、默爾森額送至中正殿，交㫋壇寺掌印大喇嘛吐關呼圖克圖
鋪排達默安壽。雍正四年（1726）十二月二十六日，唐英奉怡親
王諭做得鑲嵌巴令一分，琺瑯巴令一分，由員外郎海望呈進，奉
旨擺在佛堂內。同日，交太監焦進朝供在佛堂內。雍正四年（1726）
十二月二十六日，《活計檔‧鑲嵌作》記載：「再佛前供器燒造得
法瑯的做幾件，欽此。於次日郎中海望持出鑲嵌巴令一分，奉旨
著將鑲嵌巴令安在圓明園佛堂，再照此樣做一分賜怡親王，欽此。
於本月二十七日將鑲嵌巴令一分催總馬爾漢送去圓明園安在佛堂
內訖。於五年九月二十八日做得鑲嵌巴令一分，催總吳花子持去
交王府首領太監李天福收訖。」由引文內容可知「巴令」，就是諭
旨中的「供器」。雍正五年（1727）七月三十日，《活計檔‧琺瑯
作》記載太監劉希文交出磁碟一件，並傳旨「照此碟尺寸配合做
小巴令一分，若燒得新樣法瑯亦好，其巴令上鑲嵌俱要精細。」
同年九月十六日，畫得高五寸六分，寬三寸四分巴令樣一張。高
四寸，寬二寸六分巴令樣一張。同年十二月二十六日，做得鑲嵌
小巴令一分，由郎中海望呈覽，奉旨將小巴令一分供在養心殿佛
堂內。雍正十年（1732）十二月二十八日，琺瑯作遵旨做得鑲嵌
大巴令一分，琺瑯小巴令一分，各七盤。雍正十一年（1733）五
月初一日，做得琺瑯大巴令一分，鑲嵌小巴令一分。同年十月二
十八日，木作記載，辦理軍需事務公豐勝額等奉旨將巴令十四件
賞給達賴喇嘛。巴令有琺瑯巴令、鑲嵌巴令，有大巴令，也有小
巴令，或安在圓明園佛堂內，或供在養心殿佛堂內，或賞給喇嘛，

或賞給呼圖克圖，也賞給怡親王，都要遵旨而行。

雍正八年（1730）十月三十日，海望奉旨：「爾照年希堯進的波羅漆桌樣，將大案、炕桌、琴桌樣畫樣呈覽，交年希堯做些來。」句中「波羅」，滿文讀如 "boro"，意即灰的、青灰的，亦作涼帽。波羅漆，亦即青漆。雍正十三年（1735）四月十一日，《活計檔》記載，圓明園首領太監薩木哈稱太監高玉交出黑紅漆、攝絲波羅漆波羅十八套，每套十件，傳旨「此波羅漆水甚不好，著造辦處另添做」。句中「波羅漆波羅」，似即青漆涼帽。

雍正元年（1723）二月初一日，《活計檔》記載，首領太監李進玉交出賞用紅布爾哈皮火燫包一件，傳旨照樣多做些，用黃皮帶拴。句中「布爾哈」，滿文讀如 "burga"，意即柳或柳條。布爾哈皮，似即柳皮。

雍正八年（1730）十月三十日，《活計檔》記載，「宮殿監副侍蘇培盛傳旨做毡查查里一架，面寬一丈七尺、入深一丈二尺，簷高六尺，欽此。本日，內務府總管海望定得俱係窗戶檔錠黑毡鑲藍布云週圍下身貼砍墻板成造，外門高五尺七寸，寬四尺二寸，記此。於十一月二十四日照尺寸做得毡查查里一架，領催劉關東東持進安訖」。引文中「查查里」，滿文讀如 "cacari"，意即涼棚，或帷幄，查查里，即毡幄。有圍帳的涼棚，滿文讀如 "cacari boo"。 "cacari" 的動詞原形，滿文讀如 "cambi"，意即支起，或搭起， "cacari cambi"，意即支起涼棚，或安設帷幄。雍正七年（1729）六月二十二日；《清世宗憲皇帝實錄》滿文本記載， "dergi enteheme elhe dukai tule caha suwayan cacari"，漢文本作「東長安門外所陳黃幄」。雍正九年（1731）二月二十三日，《活計檔‧皮作》記載，太監張玉柱傳旨做查查里一架。隨後量得面寬一丈四尺，進深一丈一尺，於二月二十八日做得黑秋毛毡查查

里一架。同年十月初九日，《活計檔・木作》記載，栢唐阿蘇爾邁取來葦蓆查查里一座，傳諭將葦蓆拆去不用，將原氈換上粘補妥當，以便往內安設。其後，栢唐阿蘇爾邁將葦蓆查查里一座持進，安在乾清宮丹墀。由此記載可知安設在乾清宮丹墀的葦蓆查查里，就是葦蓆帷幄。

琺瑯，《五體清文鑑》、《滿和辭典》、《滿漢大辭典》等俱作 "falasu"，《宮中檔康熙朝奏摺》中的滿文奏摺硃批作 "falan"，法瑯是 "falan" 的同音異譯，漢字又作「琺藍」。由此可知「琺瑯」應讀作 "ㄈㄚ ㄌㄢ"。雍正九年（1731）三月初二日，《活計檔・玻璃作》記載，首領太監李統忠傳做象牙起子二十件，不要做薄了，再玻璃筆架做二十件，不要單做噶出哈夫金式樣，或雙桃，或雙如意式挑選好言的做。句中「噶出哈」，滿文讀如 "gacuha"，意即背式骨，"gacuha beye"，意即空身，"gacuha giranggi"，意即核桃骨。「夫金」，滿文讀如 "fujin"，意即夫人、貴婦、福晉、福金為同音異譯，噶出哈夫金，似即空身貴婦，玻璃筆架可做雙桃式或雙如意式玻璃筆架。

雍正六年（1728）十二月初六日，《活計檔・礮鎗作》記載，郎中海望奉怡親王諭，將甲庫收貯銅鍍金鎖子甲，並迴紋錦面甲，爾等持來我看。同日，隨命甲庫人員取出甲二副，郎中海望呈怡親王看。怡親王諭，「照銅鍍金鎖子甲樣做一副，內襯天鵝絨緞添做嘎巴和托，其雁翎嘎巴和托等件，俱做鐵的。」引文中「嘎巴和托」，滿文讀如 "gaba hoto"，亦即雁翅上的鐵件，就是鎧甲上為保護肩背在肩甲後翅上釘的三片鐵上的鐵件。

雍正元年（1723）九月初五日，《活計檔・礮鎗作》記載，怡親王交虎鎗四十杆。王諭內橄欖木的十七杆，衣巴丹的十五杆，俱見新收拾。再衣巴丹的八杆，另換鎗頭。雍正二年（1724）正

月二十四日，收拾得橄欖木虎十七杆，衣巴丹木虎鎗十五杆，並衣巴丹木虎鎗八杆上鎗頭另換新鎗頭八個呈怡親王看。奉王諭「好生收著，此鎗杆若是蟲蛀壞了時即啟我知道，另換鎗杆，遵此。」引文中「衣巴丹」（ibadan），亦即樞梨木。樞，又作「蓲」，即山榆或刺榆，落葉喬木，生長於北地山中，皮厚，木理緻密，可做鎗桿。

雍正四年（1726）十二月二十一日，西洋人郎世寧畫得者爾得小狗畫一張，由郎中海望進呈御覽。雍正五年（1727）正月初六日，《活計檔・畫作》記載，「太監王太平傳旨西洋人郎世寧畫過的者爾得小狗雖好，但尾上毛甚短，其身亦小些，再著郎上寧照樣畫一張，欽此。」同年二月二十一日，西洋人郎世寧畫得者爾得小狗畫一張，由郎中海望呈進。二月二十九日，郎中海望呈進。雍正八年（1730）四月十三日，《活計檔・畫作》記載，「據圓明園來帖內稱，三月十九日，太監劉希文傳旨照著〔著照〕百福祿兒者爾兒得狗樣，著郎士寧畫，欽此。」引文中「者爾兒得」，亦即「者兒得」，同音異譯，滿文俱讀如“jerde”，意即赤紅色的，原指馬的毛色特徵而言，如“jerde morin”，意即赤馬、紅馬，或赤兔馬。者爾得小狗，意即赤小狗，或紅小狗，亦即赤紅色的小狗。

雍正元年（1723）三月十四日，《活計檔・皮作》記載，「怡親王交開其里十二件，王諭俱換鵝黃辮子，遵此。」同年五月十一日，開其里十二件俱換鵝黃辮子完，由怡親王呈進。引文中「開其里」，滿文讀如“kaiciri”，意即懸於腰間的牙籤筒。開其里、開七里、開其立，都是“kaiciri”的同音異譯。雍正元年（1723）六月二十二日，造辦處皮作記載象牙開其里二件交總管太監張起麟持去。同年九月二十七日，《活計檔・皮作》記載，「太監劉玉、

賈進祿交湘妃竹開其里一件，上嵌大小養珠四顆鵝黃辮子」。雍正
二年（1724）四月二十日，鑲嵌開其里一件，配在賞用帶上，由
總管太監張起麟呈進。雍正三年（1725）十一月初八日，做得湘
妃竹開七里二個，由首領程國用持去交太監杜壽。湘妃竹開七里
即湘妃竹開其里，俱徑五分，堂裡徑三分，外鞔撒林皮，拴長三
寸五分，黃緌子二根，長三寸二分。同年十二月初四日，造辦處
皮作照尺村做得班竹開其立筒二件，各長五寸，徑七分，皮套二
件，交總管太監張起麟持去。雍正四年（1726）九月二十五日，《活
計檔・漆作》記載，「郎中海望持出彩漆象牙開七里一件，奉旨此
象牙開七里彩漆甚好，爾等做的象牙活計內有可以彩得漆的俱彩
漆，欽此。」十月二十六日，做得象牙彩漆開七里四件，太監劉
順、高也俊持去，拴在四阿哥弘曆、五阿哥弘晝帶子上。雍正五
年（1727）九月二十八日，造辦處鑲嵌作做得象牙鑲嵌壽意開其
里一件，拴在九幅全帶上。十月二十九日，做得象牙鑲嵌萬福萬
壽開其里一件，拴在珊瑚福壽全帶上。雍正六年（1728）六月二
十八日，鑲嵌作收拾得鑲嵌犀角開其里一件，交太監邵進朝持去。
十月二十八日，做得鑲嵌暗八仙象牙開其里一件。雍正七年（1729）
十一月二十九日，雜活作配做得合牌胎黑退光漆畫洋金安玻璃龕
一座，上嵌白玉開其里二件。大學士張廷玉原籍安徽桐城，是誠
親王允祕、寶親王弘曆、和親王弘晝等人的師傅，雍正十一年
（1733），張廷玉告假回南，允祕等人遵旨向造辦處取用應送小式
物件含有象牙鑲嵌活底開七里、象牙鑲嵌開七里、象牙雕花開七
里各一件。

　　雍正元年（1723）九月二十六日，《活計檔・雜活作》記載，
太監劉玉交出堪達漢蹄子斧式罩套火燫包一件，傳旨：照火燫包
樣式做幾件。同年十一月十七日，做得玳瑁堪達漢底子火燫包六

件。句中「堪達漢」，圖理琛（1667-1740）著《異域錄》作「堪達韓」，滿文讀如 "kandahan"，意即駝鹿，又作「罕達犴」，屬偶蹄類，頭似鹿而非鹿，尾似驢而非驢，背似駝而非駝，蹄似牛而非牛，故名四不像。因堪達漢的蹄像牛，所以用玳瑁堪達漢蹄子樣式做火燵包。

雍正二年（1724）十二月十二日，《活計檔·鍍金作》記載，副管領滿徹送來銀滿達一件，重一兩五錢二分說怡親王諭將此滿達上金頂子取下來收在造辦處，照此滿達上頂子樣另作金頂一個安上。雍正五年（1727）二月初八日，《活計檔·琺瑯作》記載，理藩院尚書特古特交到清字即滿文單一張，內開「給達拉喇嘛、班產厄爾得尼法瑯輪杆各一件、花瓶各一對、那爾堂廟內供的七寶、八寶銀滿達一分」。句中「滿達」，滿文讀如 "mandal"，意即壇、祭壇，又作曼荼羅。達拉喇嘛，是達賴喇嘛的同音異譯；班產厄爾得尼，是班禪額爾德尼的同音異譯。雍正十二年（1734），造辦處撒花作成做活計包括賞章嘉呼圖克圖嵌珠寶滿達一份，賞喇嘛多爾濟雲布騰鍍金滿達一份。除銀滿達、鍍金滿達外，還有琺瑯滿達。

雍正四年（1726）十月二十七日，《活計檔·鏃鎗作》記載，怡親王將甲庫內收貯的藍面累絲甲一副，並鎖子甲上黑漆皮盔一頂呈覽。奉上諭：「此甲裙長短寬窄俱好，但美勒圖甲裯略長些，做時俱略收短些。同日，郎中海望奉怡親王諭：現造的盔甲、裙子照試看過的藍緞面累絲甲一樣做，美勒土甲裯各收短五分，甲葉要輕些。雍正六年（1728）十一月二十四日，奉怡親王諭：襯盔帽厚薄五樣做五頂，梅勒土後一根繚子錠短了，再放長些。」美勒圖、美勒土、梅勒土，俱同音異譯、滿文讀如 "meiretu"，意即護肩、墊肩。漢字「肩」，滿文讀如 "meiren"，"meiretu"

即源自 "meiren"，意即甲裯護肩或墊肩。

雍正四年（1726）正月初七日，《活計檔・雜活作》記載，員外郎海望持出敖其里一件，令南匠袁景邵認看，據稱是丹巴噶銅的。雍正五年（1727）二月十八日，領催周維德持出青金銀錠三件、銅敖七里一件，遵照郎中海望指示，暫收在庫內。除銅敖其里外，還有銅鍍金敖其里。敖其里、敖七里，同音異譯，滿文讀如 "ocir"，意即佛塔，是指在素珠佛頭上穿帶子用的珊瑚或銅等物。蒙文「敖其里」，意即「帽頂子」。

雍正九年（1731）二月二十三日，《活計檔・皮作》記載，「據圓明園來帖內稱，內務府總管海望傳：乾清宮東西丹墀下用的黑毡查查里二架上著做鄂約二分。」引文中「鄂約」，滿文讀如 "oyo"，意即毡包上的頂，亦即頂蓋、帳頂、房蓋、屋頂，或轎頂、帽頂、帽面子。「查查里」，滿文讀如 "cacari"，意即涼棚或帷屋。二月二十五日，造辦處皮作將黑毡查查里二架，由栢唐阿巴蘭太送往圓明園。

雍正三年（1725）七月二十五日，《活計檔・礮鎗作》記載，員外郎海望奉怡親王諭現做的五百杆橄欖木長鎗著瞞撒林皮鎗帽。同年八月二十日，造辦處礮鎗作做得橄欖木長鎗五百杆瞞撒林皮帽。同年十月十七日，圓明園太監杜壽傳做湘妃竹牙籤筒，外鞔撒林皮。句中「撒林」，滿文讀如 "sarin"，意即股子皮，為馬騾驢等股皮，屬於粗面皮革，可供製靴。《活計檔》常見的撒林皮陳設，包括黑撒林皮彩金罩蓋火煉包。黑撒林皮彩金套署文房、黑撒林皮荷包等等。湘妃竹牙籤筒外鞔撒林皮，即在開其里外蒙上股子皮。瞞，意同鞔，鎗杆瞞撒林皮帽，即鎗杆蒙股子皮帽。

雍正四年（1726）八月十六日，《活計檔・木作》記載，「據圓明園來帖內稱，郎中海望持出杉木罩油圖塞爾根桌一張，奉旨：

照此款式面用紫檀木，其邊與下身俱用杉木做紅漆彩金龍膳桌二張，酒膳桌二張，欽此。」雍正五年（1727）正月十五日，《活計檔‧木作》記載，「散秩大臣佛倫傳旨，筵宴上用的圖塞爾根桌子兩頭太長些，抬桌子人難以行走，著交養心殿造辦處另做一張，比舊桌做短些，外用黃緞套，欽此。」同年正月十八日，做得花梨木圖塞爾根桌一張，長三尺六寸，寬二尺四寸三分，高一尺八寸，水線八分，催總馬爾汗交內管領海成持去。引文中「圖塞爾根」，滿文讀如 "tusergen"，意即筵宴上放置盅碟的高桌。雍正六年（1728）五月二十二日，《活計檔‧木作》記載，「小太監瑞格傳旨：著照五月初九日呈進的紫檀木邊楠木心塗塞爾根桌收窄一寸五分，長高俱照前一樣，再做一張，欽此。同年五月二十九日，做得三尺三寸，寬一尺九寸，高一尺四寸八分，糊布裡紫檀木邊楠木心塗塞爾根桌一張，由郎中海望呈進。」引文中「塗塞爾根」，即滿文 "tusergen" 的同音異譯。雍正十年（1732）九月十一日，《活計檔‧木作》記載，「據圓明園來帖內稱，本日司庫常保來說：宮殿監副侍李英傳做楠木塗色爾根桌一張，長三尺二寸，寬二尺二寸，高一尺七寸，記此。」同年九月十一日，照尺寸做得楠木塗色爾根桌一張，由司庫常保持進。引文中「塗色爾根」，也是滿文 "tusergen" 的同音異譯。

雍正十年（1732）六月二十九日，《活計檔》記載，「圓明園來帖內稱，本日領催白世秀來說：總管陳九卿傳圓明園六所用糊黃絹木盤一件，黃杭細芝單，見方三尺一塊，黃布芝單，見方三幅一塊，記此」。同年七月初二日，照尺寸做得糊黃杭細木盤一件，黃杭細芝單一塊，黃布芝單一塊。領催白世秀交總管陳九卿收訖。同年七月十六日，圓明園說帖內稱，領催白世秀說總管陳九卿傳圓明園六所用黃杭細芝單，見方一幅二塊，領催白世秀交總管陳

九卿收訖。引文中「杭細」，滿文讀如 "hangsi"，意即杭細綢，亦即杭州產似絹甚薄的絹織品。「兀單」，滿文讀如 "wadan"，意即包袱單、綢布單、蓋布、細布單、車轎的圍單。黃杭細兀單，就是黃色杭細綢布單或包袱單。黃布兀單，就是黃色布單，或黃布包袱單。

雍正十一年（1733）八月十六日，據圓明園說帖稱，筆帖寶善說：「內大臣海望奉旨著賞額駙策凌之子成袞扎布、徹巴克扎布等，每人大雅器法都一件，大藥葫蘆一件，烘藥葫蘆一件，欽此。」句中「雅器」，滿文讀如 "yaki"，意即罩子，或箭罩兒。「法都」，滿文讀如 "fadu"，意即荷包袋、囊、遮縫、荷包。雅器法都（yaki fadu），意即箭罩囊。同年十一月十六日，《活計檔·雜活作》記載，員外郎滿毗傳作備用紅牛皮雅七法都五件，紅牛皮剛口雅七法都大小十件。句中「雅七法都」，就是 "yaki fadu" 的同音異譯。雍正十三年（1735）六月初七日，太監高玉、常貴傳旨：「著照賞總兵例預備一份，賞總兵李如柏，欽此。」造辦處按照賞總兵例所預備的物件包括黑子兒皮雅其法都一件等等。句中「雅其法都」也是 "yaki fadu" 的同音異譯，都是箭罩囊的滿文漢字音譯。

在《活計檔》各作中常見清朝臣宰類的官銜音譯名稱。雍正十二年（1734）五月初七日，《活計檔·礦鎗作》記載，圓明園說帖稱，廣東總督鄂彌達解到銅礦十位，內大臣海望著交礦鎗處。同年六月十八日，將銅礦三位交廂黃旗托沙哈番唐光稷領去，銅礦二位交廂白旗阿達哈哈番韓士美領去。句中「托沙哈番」，又作「托沙喇哈番」，滿文讀如 "tuwasara hafan"，是清初所定五品世職，乾隆元年（1736），定漢名為雲騎尉。「阿達哈哈番」，滿文讀如 "adaha hafan"，意即輕車都尉，三品世職。

雍正元年（1723）正月十四日，《活計檔·記事錄》記載，「奉

怡親王諭，爾等總理造辦錢糧事，各作有栢唐阿、撥什庫等稽察匠役，督催活計等事。再撥什庫達亦係匠役出身，因手巧常命他們成造活計。」雍正六年（1728）七月十一日，《活計檔‧雜錄》記載，「郎中海望、員外郎沈崳、唐英等仝議得各作所用買辦材料，每月派官一員，栢唐阿一名當值月小圓戳子一個，價符小長方戳子一個。」引文中「栢唐阿」，又作拜唐阿，滿文讀如 "baitangga"，是內務府由匠役出身的小差使，內外衙門管事無品級人，也是拜唐阿，隨營聽用的各項匠人、醫生等都稱為拜唐阿。引文中「撥什庫」，滿文讀如 "bošokū"，意即領催，是清朝八旗都統衙門所屬的一種職官。八旗每佐領下額設領催五人，掌管本佐領下文書檔案及支領俸餉。引文中「撥什庫達」，滿文讀如 "bošokū i da"，意思是領催之長，亦即催總，或催長。

　　雍正八年（1730）九月二十日，《活計檔‧畫作》記載，「內務府總管海望、員外郎滿毗傳：萬壽備用，著拜他拉布勒哈番唐岱畫萬壽畫一副，記此。」同年十月二十八日，將畫得萬壽絹畫一張，由內務府總管海望呈進。引文中「拜他拉布勒哈番」，滿文讀如 "baitalabure hafan"，意即騎都尉，清初定秩從四品，稱為外衛指揮副僉事。

　　雍正元年（1723）十一月二十九日，《活計檔‧弓作》記載，做得隨侍虎鎗四杆，郎中保德呈覽，奉旨著交固山達。同日，郎中保德啟知怡親王，奉諭暫且放著做樣，俟皇上駕幸圓明園時再交與固山達隨侍。句中「固山達」，滿文讀如 "gūsai da"，意思是旗長，清朝稱協領，是各省八旗駐防旗兵武職官員，從三品，位在副都統之下，佐領之上，掌分轄所屬章京、馬甲等官兵，操練守衛，以協理防務。雍正六年（1728）十月二十五，《活計檔‧木作》記載，「固塞達根圖交來上用弓二張，著另上油」。句中「固

塞達」就是"gūsai da"的同意異譯。

雍正七年（1729）二月二十二日，《活計檔‧記事錄》記載，郎中海望奉旨：「伊車滿洲等奏稱，用大片樺皮苫房不能漏水，爾向該管處查，若大片樺皮易得，取些來試看。」句中「伊車」，滿文讀如"ice"，意即新的，「伊車滿洲」，即新滿洲。雍正八年（1730）五月十二日，宮殿監副侍李英傳旨賞插魚的衣車滿洲用平常小些的孔雀翎二個，藍翎四個，俱隨黃銅翎管。句中「衣車滿洲」，就是「伊車滿洲」的同音異譯。

雍正二年（1724）七月十九日，《活計檔‧漆作》記載，衣都達五格送來弓十七張，奉怡親王諭擦油。同年七月二十六日，將弓十七張俱擦油完，交衣都達五格持去。句中「衣都達」，滿文讀如"idui da"，意思是班長。原稱「伊都額真」（idui ejen），雍正元年（1723），改伊都額真為伊都章京（idui jangin），定漢名為班領。

雍正七年（1729）九月初五日，《活計檔‧自鳴鐘處》記載，圓明園說帖稱，九月初四日，暢春園衣爾希達烏什哈來說內務府總管尚志舜傳嚴霜樓陳設自鳴鐘，閑邪存誠處陳設自行處著收拾。同年九月初七日，領催王吉祥帶領匠役收拾。句中「衣爾希達」，滿文讀如"ilhi da"，意即苑副，職在苑丞之下，或副總管，職在總管之下。《活計襠‧漆作》記載，雍正十三年（1735）閏四月初一日依爾希達孫三格來說頭等侍衛保德交仙香院的紅皮蠟一對著畫金龍。句中「依爾希達」，就是"ilhi da"的同音異譯。

雍正元年（1723）十月二十四日，《活計檔‧礟鎗作》記載，黑達子交來樺木义刀靶子十個說怡親王諭有用處用。同日，交庫依達依拉齊收庫。句中「庫依達」，滿文讀如"ku i da"，意即庫長。又讀如"namun i da"，意即庫掌。雍正七年（1729）十月初

九日，《活計檔・木作》記載，管理車庫事務內管領按布理、清泰經格里、馬爾渾，庫衣達克石圖妞兒來說云云，句中「庫衣達」就是"ku i da"的同音異譯。

雍正五年（1727）十月，《活計檔・記事錄》記載，是月十七日，大理石六塊交栢唐阿巴蘭泰持圓明園交烏和里達明德收云云。句中「烏和里達」，滿文讀如"uheri da"，意即苑丞，或總管，九門提督，亦稱「烏合里達」（uheri da）。雍正六年（1728）十二月十六日，《活計檔・木作》記載，「烏合里達三合來說郎中保德傳著換圓明園佛樓天燈一分，拉燈黃絨繩一根。」引文中「烏合里達」，就是"uheri da"的同音異譯。

雍正元年（1723）九月十九日，《活計檔・玉作》記載，廣儲司銀庫烏林人李花子、普官送來莊親王交玉壺各色玉道冠等件。雍正二年（1724）七月初九日，玉作收拾得瑪瑙道冠等件。句中「烏林人」，滿文讀如"ulin i niyalma"，意即庫使，是庫上當差的小官，掌管財帛等物。同年八月十二日，《活計檔・玉作》記載，玉作將水晶座黑玻璃仙人二件交銀庫烏林達永保持去。句中「烏林達」，滿文讀如"ulin i da"意即司庫，就是銀庫上辦事的六、七品小官。

雍正八年（1730）十月初十日，《活計檔・礮鎗作》記載，頭等侍衛兼喀蘭達哈達納清字呈稱，今年去打處圍，照舊例領取鳥鎗。句中「喀蘭達」，滿文讀如"kūwaran i da"，意即營總、營長。

《活計檔》中含有皇子等宮中稱謂，譬如雍正十二年（1734）二月初十日，《活計檔・礮鎗作》記載，內大臣海望將阿哥們用的大交鎗、大綿鎗交由礮鎗作配鎗套。句中「阿哥」，滿文讀如"age"，意思是兄、哥哥，在清朝宮中是皇子的通稱，例如四阿

哥，就是皇四子。雍正十年（1732）十二月十九日，《活計檔・琺瑯作》記載，宮殿監督領侍蘇培盛等傳嵌琺瑯片金手鐲一副。同日，琺瑯作舊存嵌琺瑯片金纍絲手鐲一副隨錦匣一件，由栢唐阿花善交敬事房太監鄭進忠持去，以備賞理順王十如和碩格格用。句中「格格」，滿文讀如“gege”，意思是姊姊、小姐。清朝制度，親王至入八分輔國公之女，統稱格格。「和碩格格」，滿文讀如“hošoi gege”，是親王之女。

康熙五十二年（1713）四月，康熙皇帝冊封五世班禪喇嘛為班禪額爾德尼，並賜滿、漢、藏文金冊、金印，這是歷世班禪喇嘛正式稱為班禪額爾德尼的開始。「班禪」，意即光顯，「額爾德尼」，滿文讀如“erdeni”，源自蒙古語，意即寶貝、珍寶。《活計檔》中的「班產厄爾得尼」，就是「班禪額爾德尼」的同音異譯。「巴圖魯」，滿文讀如“baturu”，意即勇士。

《活計檔》中屢見山川地名的滿文漢字音譯，譬如「阿林」，滿文讀如“alin”，意即山。「必拉」，又作「畢拉」，滿文讀如“bira”意即河、川、河流。「活屯」，滿文讀如“hoton”，意即城、城市。「喀爾喀」，原意是盾牌、擋牌，也是清代蒙古的一部，就是車臣汗、土謝圖汗、三音諾顏汗、扎薩克圖汗四部的總稱。喀爾哈、哈爾喀，都是同音異譯。胡圖克圖，又作呼圖克圖，源自蒙古語，滿文讀如“kūtuktu”，意即有壽之人，是清朝對藏傳佛教活佛的封號。「寧烏他」，滿文讀如“ningguta”，即寧古塔的同音異譯。「烏拉」，滿文讀如“ula”，意即江，烏拉城在吉林，「吉林烏拉」，滿文讀如“girin ula”，即吉林，是地名。《活計檔・輿圖處》屢見「依里」，是蒙古語「伊勒」的轉音，滿文讀如“ili”，意即光明顯達。乾隆年間，清軍平定準噶爾後，改稱伊犁，以示犁庭掃穴之意。

　　《清世宗憲皇帝實錄》、雍正朝起居注冊中,含有頗多美術工藝的術語或專用詞彙,對研究雍正年間的文化史,提供了珍貴的史料,對照滿文本實錄,有助於了解各種術語的涵義,以雍正八年（1730）十月禮部議准帽頂制度為例,可列簡表如後。

雍正八年（1730）十月,禮部議准帽頂制度簡表

帽頂	朝帽	起花珊瑚	紅寶石	藍寶石	藍色明玻璃	青金石	藍色涅玻璃	水晶
白色明玻璃	硨磲	白色涅玻璃	素金頂	水晶石	起花金頂	起花銀頂	金頂	銀頂

資料來源:《清世宗憲皇帝實錄》,卷99,頁2-3。

　　查閱《活計檔》的紀錄，是研究清朝藝術史的基礎工作。目前所見《活計檔》，只有漢文本，未見滿文本《活計檔》，以致有頗多術語和詞彙，仍須還原滿文，方能理解其涵義。簡表中所列滿漢詞彙對照表，藉助於滿文的繙譯，有助於了解其漢文詞彙的涵義。簡表中「朝帽」，滿文作"doroi mahala"，意即禮帽；「起花珊瑚」，滿文作"ilga foloho šuru"，意即雕刻花紋的珊瑚；「水晶」、「水晶石」，滿文俱作"šui jing"，即水晶的音譯；「硨磲」，滿文讀如"ce gio"，漢字「磲」，音「渠」，滿文音「久」；「素金頂」，滿文作"bisin aisin i jingse"，意即原色無花紋的頂子；「藍色涅玻璨」，滿文作"lamun dushun boli"；「白色涅玻璨」滿文作"šangiyan dushun boli"，句中「涅」，滿文讀如"dushun"，意即暗的，暗淡的。「玻璨」，是玻璃的同音異譯，有白色明玻璨，也有白色暗玻璨，或藍色暗玻璨。對照滿文，有助於理解漢字術語或詞彙的涵義。

二、御門聽政 ── 清朝宮殿城門名稱的歷史考察

　　清朝皇帝視朝處理政事，稱為御門聽政。從《滿文原檔》的記載，可以看到清朝入關前皇帝處理政事的資料，對宮廷史研究提供了重要的參考價值。清太祖努爾哈齊、太宗皇太極時期，記注政事及抄錄往來文書的檔冊，主要是以無圈點老滿文及加圈點新滿文記載的檔子（dangse），因為這批滿文檔子是清朝入關前的原始檔案，不是重抄本，也不是曬藍複製本，所以稱之為《滿文原檔》。

　　臺北故宮博物院典藏《滿文原檔》，共四十冊，都是清朝入關後由盛京移存於北京內閣大庫的原檔，清太祖與清太宗兩朝各佔二十冊，記事年代始自明神宗萬曆三十五年（1607），迄崇德元年

（1636），原按千字文編號，自「天」字起，迄「露」字止，因避清聖祖玄燁御名諱，故缺「玄」字。《滿文原檔》是探討清初史事不可或缺的第一手史料，對關外時期宮廷史的研究，也提供頗多珍貴的史料。譬如崇德元年（1636）七月初五日，《滿文原檔》記載聖汗御崇政殿，巴敦達爾漢桌里克圖、綽爾闊兒巴兒袞等朝見，進馬二匹。同年十月初五日，記載奉寬溫仁聖汗命，召群臣集大政殿傳諭大軍將行，當秣馬令其肥壯。

滿蒙聯姻是滿族與蒙古諸部民族融合的過程，清太祖、清太宗時期的大規模聯姻活動，成為清朝入關後遵行不替的基本國策。由於滿蒙長期的聯姻，不僅使滿蒙成為軍事聯盟，而且也成為政治、經濟的聯盟，滿蒙遂成為休戚與共的民族生命共同體。天聰十年（1636）四月，全國制定盛京五宮的宮殿名稱，中宮賜名清寧宮，東宮稱關雎宮，西宮稱麟趾宮，次東宮稱衍慶宮，次西宮稱永福宮。崇德元年（1636）七月初十日，皇太極在盛京崇政殿舉行冊立后妃大典。臺北故宮博物院典藏《滿文原檔》中的「日字檔」，以高麗箋紙，用加圈點新滿文書寫。原檔中詳細地記錄了冊封五宮后妃的經過，並忠實地書明后妃的名字。其中科爾沁部貝勒莽古思之女哲哲（jeje）被封為清寧宮中宮國君福金，即中宮皇后。科爾沁部貝勒寨桑長女海蘭珠（hairanju）被封為東宮關雎宮大福金宸妃。皇太極將海蘭珠居住的東宮命名為關雎宮，取《詩經》「關關雎鳩，在河之洲」之義。東宮宸妃的地位，僅次於中宮皇后。海蘭珠的妹妹本布泰（bumbutai）被封為次西宮永福宮側福金莊妃，她就是清史上赫有名的孝莊皇后，察哈爾林丹汗妻娜木鐘（namjung），因其地位尊崇，被封為西宮麟趾宮大福金貴妃。林丹汗另一妻巴特瑪·璪（batma dzoo）被封為東宮衍慶宮側福金淑妃。五宮並建，蒙古歸心。乾隆年間，重抄原檔，

將中宮皇后、宸妃、莊妃、娜木鐘的芳名，俱改為「博爾濟吉特氏」（borjigit hala），其芳名遂被湮沒不傳。《滿文原檔》所載各宮殿名稱，也值得重視，可列表於下。

表 1　清初盛京宮殿滿漢名稱對照簡表

滿文原檔	大政殿	崇政殿	清寧宮	永福宮	關雎宮	衍慶宮	麟趾宮
	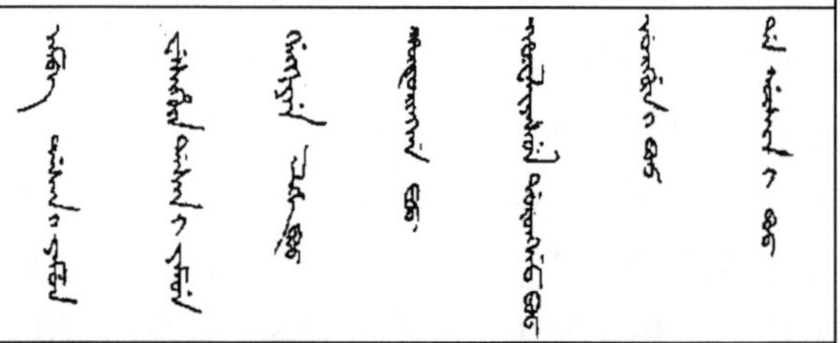						
太宗實錄	篤恭殿	崇政殿	清寧宮	永福宮	關雎宮	衍慶宮	麟趾宮
	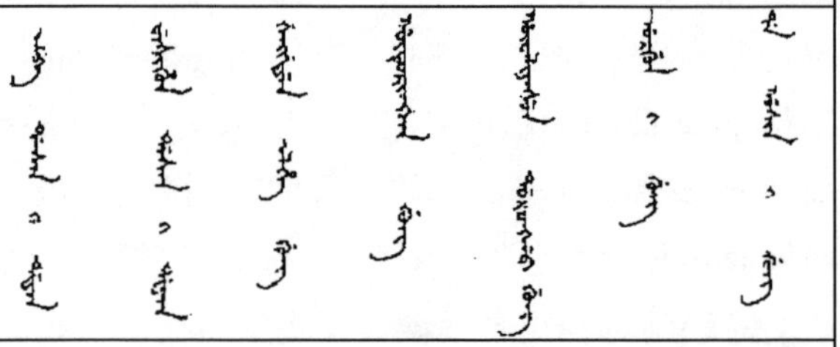						
滿漢大辭典	大政殿	崇政殿	清寧宮	永福宮	關雎宮	衍慶宮	麟趾宮
	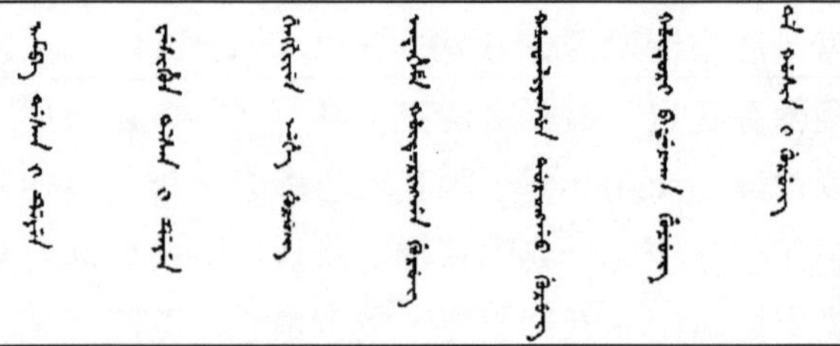						

　　由前列簡表可知清初盛京宮殿的滿漢文名稱，其中崇政殿，是盛京大清門內大殿，《滿漢大辭典》作 "wesihun dasan i deyen"；《清太宗文皇帝實錄》滿文本作 "wesihun dasan i diyan"；《滿文原檔》作 "wesihun dasan i yamun"。大政殿，《清太宗文皇帝實錄》漢文本作「篤恭殿」，滿文本作 "amba dasan i diyan"；大政殿，《滿文原檔》作 "amba dasan i yamun"。宮殿的「殿」，《五體清文鑑》作 "deyen"，是規範音譯。《滿文原檔》作 "yamun"，意即「衙門」，較為質樸。清寧宮，《滿漢大辭典》作 "genggiyen elhe gurung"；《清太宗文皇帝實錄》作 "genggiyen elhe gung"；《滿文原檔》作 "genggiyen elhe boo"。永福宮，《滿漢大辭典作 "enteheme hūturingga gurung"；《清太宗文皇帝實錄》作 "hūtruingga gung"；《滿文原檔》作 "hūturingga boo"。關雎宮，《滿漢大辭典》作 "hūwaliyasun doronggo gurung"；《清太宗文皇帝實錄》作 "hūwaliyasun doronggo gung"；《滿文原檔》作 "hūwaliyasun doronggo boo"。衍慶宮，《滿漢大辭典》作 "huturi badaraka gurung"；《清太宗文皇帝實錄》作 "urgun i gung"；《滿文原檔》作 "urgun i boo"。麟趾宮，《滿漢大辭典》作 "da gosin i gurung"；《清太宗文皇帝實錄》作 "da gosin i gung"；《滿文原檔》作 "da gūsin i boo"。各宮殿的「宮」，《五體清文鑑》作 "gurung"，《滿漢大辭典》統一作 "gurung"，較為規範。《清太宗文皇帝實錄》作 "gung"，是漢字「宮」的音，較易與「公」，或「功」混淆。房屋的「房」，滿文讀如 "boo"。清寧宮等各宮的「宮」，《滿文原檔》作 "boo"，清寧宮即清寧房，滿文較質樸。五宮中莊妃本布泰所封宮名，漢字俱作「永福宮」。其實，《滿文原檔》作 "hūturingga boo"，意即福房，《清太宗文皇帝實錄》作 "hūturingga gung"，意即福宮，俱無「永」字，《滿

漢大辭典》對應漢字「永福宮」譯作 "enteheme hūturingga gurung"，滿漢文義相合，但它不是原來的名稱。衍慶宮，《滿文原檔》作 "urgun i boo"，《清太宗文皇帝實錄》作 "urgun i gung"，文義相近，改動不多。滿文 "urgun"，可作「喜」、「怡」、「慶」等解釋， "urgun i boo"，意即「慶房」。《滿漢大辭典》 "hūturi badaraka gurung"，漢譯可作「衍禧宮」，與《滿文原檔》或《清太宗文皇帝實錄》原來名稱，頗有出入，研究清朝宮廷歷史，以滿文來還原宮殿名稱，也是不可忽視的重要課題。《清史圖典》所載滿漢文「崇政殿匾額」簡介云：「崇政殿為清太宗皇太極時期修建，是盛京皇宮正殿，俗稱金鑾殿。皇太極在此處理政務，接見外國使節與少數民族首領。」其匾額圖版如下：

圖 1　崇政殿匾額

匾額中「崇政殿」，滿文作 "wesihun dasan i diyan"，或許這塊匾額並非崇德年間修建的，而是後來修建的。崇德年間的「崇政殿」，其滿文當作 "wesihun dasan i yamun"。

起居注是官名，掌記注之事，起居注官記錄帝王言行的檔冊，稱為「起居注冊」，是類似日記體的一種史料。康熙十年（1671）八月，正式設置起居注官，起居注冊的記載即始於是年九月，包含滿文本與漢文本，九月、十月合為一冊，十一月以降每月各一冊，閏月各增一冊。雍正朝以降，每月增為各兩冊，閏月另增各兩冊。起居注冊記注的範圍很廣，凡逢朝會、御殿、御門聽政、有事郊廟、外藩入朝、大閱校射、勾決重囚等，記注官

俱分日侍值。凡謁陵、校獵、駐蹕南苑等,記注官皆扈從。查閱滿文本起居注冊,並核對漢文本起居注冊,可以查到頗到宮殿名稱,例如康熙皇帝東巡盛京時,起居注冊所載「清寧宮」,滿文作「 」(genggiyen elhe gung),與《清太宗文皇帝實錄》滿文本相同。以下僅就康熙朝滿文起居注冊所載北京宮殿名稱舉例列表說明。

表 2　康熙朝滿漢文起居注冊所載北京宮殿名稱對照表

簡表是按照滿文意譯與滿文音譯分別列舉,其中以滿文字義譯出的宮殿包括:太和殿(amba hūwaliyambure diyan)、保和殿(enteheme hūwliyambure diyan)、中和殿(dulimbai hūwaliyambure

diyan）、觀德殿（gabtara yamun）、慈寧宮（gosingga elhe gung）
等。騎射嫻熟是滿族才德可觀的表現，「觀德殿」，滿文譯作
"gabtara yamun"，意即「射箭的衙門」，名副其實。除滿文意譯
宮殿名稱外，有些宮殿是以漢文讀音對譯的。例如：懋勤殿（moo
kin diyan）、弘德殿（hūng de diyan）、武英殿（u ing diyan）、瀛
臺（ing tai）、坤寧宮（kun ning gung）等。清朝宮殿有哪些是按
照滿文字義對譯，又有哪些是按照漢文讀音對譯？探討清朝宮廷
歷史，不能忽視滿文部分宮殿名稱。例如隆宗門是紫禁城乾清門
廣場西側進入內廷的大門，可將隆宗門匾額影印如下。

隆宗門，滿文讀如
"lung dzung men"，是漢字
滿文音譯。按照清語習慣，
滿文音譯當作 "lung dzung
men duka"。對照崇政殿匾
額和隆宗門匾額，發現
"wesihun dasan i diyan" 滿
文在左，"lung dzung men"
滿文在右。崇政殿匾額的滿
文在左，隆宗門匾額滿文在
右，探討宮廷歷史同樣不能
忽視各種匾額的問題。

圖 2　隆宗門匾額

　　清朝宮門的滿文名稱，或按漢字讀音譯出滿文，或按漢文字
義譯成滿文，可舉例列表如下。

表 3　清朝城門滿漢文名稱對照表

大清門	德勝門	德勝門	福勝門	懷遠門	外攮門	乾清門	太和門	皇極門

永定門	承天門	朝陽門	正陽門	阜城門	崇文門	東華門	西華門	神武門

午門	東直門	西直門	瀛臺門	西長安門	西天門	西紅門	大紅門	撫近門

資料來源：臺北故宮博物院典藏滿文起居注冊、滿文實錄。

圖 3 東京城撫近門滿文門額　　　　撫近門滿文拓片

資料來源：《清史圖典》，第一冊，太祖、太宗朝，頁 145。

　　由前列簡表可知各宮殿城門的滿文名稱，大致可以分成滿文音譯和滿文意譯兩類，例如：德勝門，起居注冊滿文本作 "erdemu i etehe duka"；實錄作 "de šeng men duka"。表中音譯的各門除德勝門外，還包括：乾清門（kiyan cing men duka）、皇極門（hūwang gi men duka）、承天門（ceng tiyan men duka）、神武門（šen u men duka）、西天門（si tiyan men duka）等，其滿文名稱俱按漢字讀音譯出滿文，並增譯 "duka" 字樣。西長安門（wargi cang an men duka）、西紅門（wargi hūng men duka）、大紅門（amba hūng men duka）等，按漢字讀音譯出滿文，並增譯 "wargi（西）、"amba"（大）等滿文。其餘各門如：大清門（daicing duka）、福勝門（hūturi hūsun de etehe duka）、懷遠門（goroki be gosire duka）、外攘門（tulergi be dahabure duka）、太和門（amba hūwaliyambure duka）、永定門（enteheme toktoho duka）、朝陽門（šun be aliha duka）、正陽門（tob šun i duka）、阜城門（elgiyen i mutehe duka）、西華門（wargi eldengge duka）等，俱按漢文詞義釋出滿文，可從滿文匾額了解其含意。午門，滿文讀如 "julergi dulimbai duka"，意即南中門。東直門，滿文讀如 "tob dergi duka"，意即正東門。西直門，滿文讀如 "tob wargi duka"，意即正西門。《清史圖典》

記載遼寧遼陽博物館典藏東京城撫近門滿文門額及其拓片。原書附說明云:「門額的老滿文,意譯為 "撫近門",邊款陽刻漢文 "大金天命壬戌年仲夏吉旦",依稀可見,印證此門額刻於天命壬戌年,即明天啟二年（1622 年,天命七年）。當時的東京城每一門的內外各鑲嵌一面門額,朝內向為漢文,朝外向為滿文。後來都城瀋陽城門門額也仿照此例。」可將撫近門老滿文門額轉寫羅馬拼音 "hanciki be hairandara duka"。臺北故宮博物院典藏《滿文原檔》崇德元年（1636）七月十五日所載撫近門以加圈點新滿文書寫作「ᡥᠠᠨᠴᡳᡴᡳ ᠪᡝ ᡥᠠᡳᡵᠠᠨᡩᠠᡵᠠ ᡩᡠᡴᠠ」(hanciki be hairandara duka),記載相合,「撫近門」,滿文的含意為「愛惜近鄰的門」。考察清朝宮殿及城門名稱的滿文,是屬於一種還原的工作,也是探討清朝宮廷歷史的重要課題。

三、文化鎔爐 —— 養心殿造辦處的設立

康熙年間,琺瑯一詞的漢字及其讀音,並未規範。琺瑯,滿文辭書讀如 "falasu"。漢字或作法藍,或作法琅,或作琺瑯。廣東、福建督撫,多以琺瑯器皿進呈御覽,擅長燒畫琺瑯器皿的工匠,亦遵旨送入內務府養心殿,供職內廷。譬如工匠潘淳,原籍福建,徙居廣州,也擅長燒畫法藍器皿。楊士章燒畫法藍的技藝,僅次於潘淳。可相幫潘淳燒畫法藍。烏林大,滿文讀如 "ulin i da",是內務府的司庫。康熙五十五年（1716）九月,內務府烏林大李秉忠奉差到廣州,曾經試驗潘淳等人的技藝,見其所製法藍器皿頗好。廣東巡撫楊琳令工匠潘淳、楊士章二名,徙弟黃瑞興、院嘉猷二名,另有西洋人嚴嘉樂、戴進賢、倪天爵三名,俱於同年九月二十六日隨同烏林大李秉忠啟程赴京,並將所覓法藍

表、金剛石戒指、法藍銅畫片、儀器、洋法藍料，以及潘淳所製
法桃紅顏色的金子攪紅銅料等件交給李秉忠代進，此外尚有已打
成底子未畫未燒金鈕坯，亦交李秉忠收帶，預備到日，便於試驗。
廣東巡撫楊琳繕寫奏摺奏聞，原摺中的「法藍」，就是琺瑯，俱讀
如"falan"。

　　供職內廷的西洋科技人員，都遵旨送到養心殿。康熙五十年
（1711）四月十三日，江西巡撫郎廷極之子郎文焿奉養心殿趙昌、
王道化傳旨諭：「江西巡撫郎廷極之子郎文焿將江西臨江府居住西
洋人傳聖澤即速送進京，交與養心殿。」江西巡撫郎廷極差員前
往臨江府，傳到傅聖澤。因傅聖澤患病初癒，不能乘騎，當從水
路而行。同年五月十五日，傅聖澤等從臨江府登舟，郎廷極差家
人護送進京。此次傳旨的趙昌、王道化，都是養心殿的總監造。
康熙四十六年（1707）五月，為西洋人事務到廣州遵旨傳諭廣東
督撫將有技藝巧思或內外科西洋人差遣家人護送進京的佛保，是
養心殿監造筆帖式。《聖祖仁皇帝庭訓格言》記載皇長子胤禔曾管
養心殿營造事務。康熙年間，在中西文化交流過程中，養心殿扮
演了重要角色。製作工藝的造辦處，最初就是設在養心殿。

　　白晉（Joachin Bouvet）著《康熙帝傳》指出，康熙皇帝在位
期間，展開一項只能由他領導的新工作，這就是幾年來在帝國裡
一直進行著的繁榮藝術的工作。促使他產生這種決心的原因是多
方面的：康熙皇帝曾看見過歐洲的尤其是法國的各種藝術作品；
白晉等人也曾對他描述了法國國王治理下，建立在巴黎的科學、
藝術研究院；白晉等人還向康熙皇帝介紹法王路易十四為了使科
學藝術達到盡善盡美的高度，以王家的榮譽對在這些方面作出卓
越成績的人給予獎勵的辦法。約在康熙三十一年（1692），康熙皇
帝曾倣此例，開始在他自己的宮殿裡建立起繪畫、雕刻、塑雕以

及為製作時鐘和其它計算工具的銅、鐵器工匠之類的科學院。康熙皇帝在北京時，每天都按時讓人送來出自工匠之手的作品，對這些作品，康熙皇帝總是親自檢驗，指出其中不足之處，表彰那些值得頌揚的，並留下其中傑出的作品。從《康熙帝傳》的描述可知康熙中葉的「科學院」，就是養心殿的造辦處，供職於造辦處的工匠，或在畫院繪畫，或在做鐘處製作鐘表，或在銅鐵作成做活計，或在琺瑯作燒畫琺瑯，或在玉作製做玉器，或在木作雕刻活計，各作工匠，可謂人才濟濟。

　　《張誠日記》記載，養心殿包括當中的正殿和兩翼的配殿。正殿朝南，有一大廳和兩大間耳房一邊一間。大廳的兩個耳房，都是大間，約三十呎見方。張誠等進入左手一間，看見裡面滿是畫匠、雕刻匠、油漆匠。此處也有許多大櫃，放著許多書籍。另一間耳房是康熙皇帝臨幸養心殿時晏息之處，在御座旁邊的多寶格上，陳設著各種珠寶和珍玩，有各色各樣的瑪瑙小杯、白玉、紅寶石、琥珀小擺設，甚至還有手工精雕的桃核。造辦處雖然初

創，然而已經頗具規模了。康熙末年，大內所燒畫的琺瑯器皿，
已經相當精美，福建浙江總督覺羅滿保曾於康熙五十八年（1719）
正月間進呈西洋物件，並繕寫滿文奏摺及清單，為便於說明，先
將滿文原摺影印，並轉寫羅馬拼音，譯出漢文於後。

wesimburengge

fugiyan jegiyang ni dzungdu aha gioroi momboo i gingguleme
wesimburengge, gingguleme hengkišeme baire jalin, buya aha si
yang ni buyarame jaka orin juwe hacin, nirugan, bithe, fi, hoošan i
jergi buyarame jaka juwan juwe hacin be gingguleme belhefi, juwe
dandz de, nikan bithe arafi, gingguleme enduringge ejen de
tuwabume benebuhe, jaka umai sain akū ofi, buya aha alimbaharakū
gelembime umesi girumbi, hengkišeme bairengge, buya aha umesi
mentuhun albatu ser sere gūnin be, enduringge ejen genggiyen i
bulekušefi, kesi isibume tuwafi bibureo, buya aha alimbaharakū
hargašame ereme gūnimbi, erei jalin gingguleme hengkišeme baime
wesimbuhe.

emu udu hacin be sonjome bibuhe, falan jergi jaka, dolo
weilerengge umesi sain ohobi,

baitalara ba akū, ereci amasi, jai ume baire.

elhe taifin i susai jakūci aniya aniya biyai gūsin.

奏

福建浙江總督奴才覺羅滿保謹奏，為恭謹叩請事。卑奴謹備
西洋小什物二十二件，畫、書、筆、紙等小什物十二件，繕寫漢
文單二紙，恭謹齎呈聖主御覽。因物件並不好，卑奴不勝惶悚，
至為羞愧，卑奴至為鄙陋微忱，叩請聖主明鑒，施恩留覽，卑奴

不勝瞻望之至，為此恭謹具奏叩請。

〔硃批〕選幾件留下，琺瑯等物，大內所造已甚好，沒有用處，嗣後勿再尋覓。康熙五十八年正月三十日

是日，福建浙江總督覺羅滿保奏謝永禁兵丁償馬，原摺附康熙皇帝硃筆上諭，先將滿文諭旨影印於後，並轉寫羅馬拼音，譯出漢文。

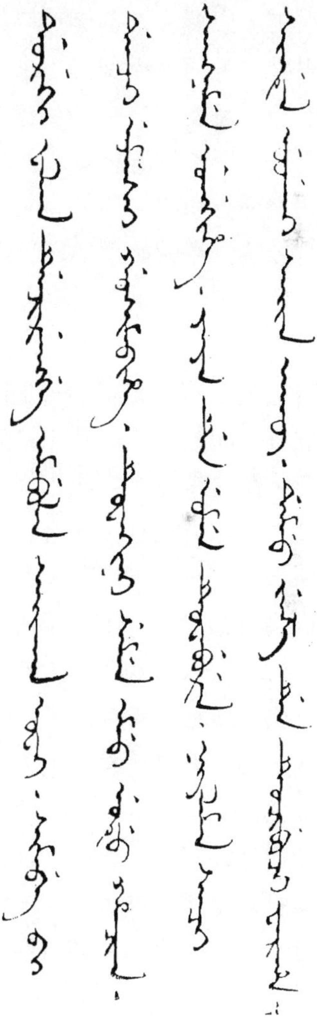

dorgi falan dejirengge ambula saikan ofi, simbe bi daci umesi gosimbihe, tuwakini seme emu udu hacin šangname unggihe, yaya de ume tuwabure, niyalma saci sinde uthai sain akū, damu jedz de tucibuci wajiha.

因大內所燒琺瑯甚好，朕素來眷愛爾，賜下幾件以供觀看，勿給任何人觀看，若有人知道，就於爾不好，僅於摺子內奏陳而已。

大內即指養心殿造辦處，造辦處燒畫的琺瑯已經很精美，西洋琺瑯沒有用處，就下必尋覓進呈了。康熙五十八年(1719)六月十八日，兩廣總督楊琳等奏聞差人伴送行醫外科安泰、會燒畫法瑯技藝陳忠信進京，原摺奉硃批:「二人都到了，外科故〔固〕然好，會法瑯者不及大內所造，還可以學得。」江西巡

撫郎廷極繕寫摺子進呈西洋大日表等器物，原清單奉硃批：「近來大內做的比西洋鐘表強遠了，已後不必進。」

　　康熙皇帝以養心殿造辦處所燒畫的琺瑯器皿已極精美，所以常以琺瑯水盛、琺瑯鼻煙壺、琺瑯盒綠松石硯、琺瑯蓋碗等賞賜臣工。康熙五十五年（1716）九月初八日，廣西巡撫陳元龍家人張文自熱河齎捧御製「法琅五彩玻璃鼻煙壺一、八角盒硯一、水丞一、圓香盒一」，返回家中。陳元龍接獲其姪陳邦彥家信，信中指出，所賜琺瑯寶器四種，都經康熙皇帝「聖心指授，從格物致知之理推求原本燒煉而成。」陳元龍具摺指出，「謹考法琅古所未有，明景泰時始創為之，然其色凝滯，其質笨重，殊不足貴。邇年始有洋法琅器皿，略覺生動，西洋人誇示珍奇，以為中國之人雖有智巧，不能髣髴，乃我皇上於萬幾之暇，格其理，悟其原，親加指示，鎔鍊成器，光輝燦爛，制作精工，遂遠勝洋法琅百倍。」琺瑯器皿的製作，始自景泰年間，因當時技術較不足，其色澤凝滯，體質笨重。康熙年間，西洋人供職於造辦處，其燒畫琺瑯的技術，經過改良，融合中西製作經驗，有傳統，也有創新，所以製作精工，光輝燦爛，可以說中國人的智巧，能模倣西法，又加以高度改造，所以大內琺瑯遠勝西洋琺瑯百倍。康熙五十七年（1718）六月初八日，廣西提督左世永家人七十六齎捧御製琺瑯水盛、琺瑯鼻煙壺等回到柳州。左世永逐件捧瞻後指出，「精工無匹，華美非常，真天上人閒之所未有。」左世永具摺奏稱御製琺瑯器皿，「奴才有生以來不但目未經見，即耳亦未經聞，不識何修而得邀寵錫。」雖屬溢美之詞，但康熙皇帝不輕易將大內所造琺瑯賞賜臣工，則是事實。探討中西文化交流，養心殿造辦處，確實是一個不容忽視的重要歷史舞臺。

四、孔雀開屏 —— 滿文與故宮鳥譜研究

　　《石渠寶笈》初編御書房著錄「蔣廷錫畫鳥譜十二冊」，素絹本，著色畫，每冊凡三十幅，左方別福書譜文。每冊末幅款云：「臣蔣廷錫恭畫，下有臣廷錫、朝朝染翰二印，共計三百六十幅，幅高一尺七分，廣一尺二寸九分。」蔣廷錫，字揚孫，江南常熟人，以舉人供奉內廷。康熙四十二年（1703），賜進士，改庶吉士，累遷至內閣學士。蔣廷錫工詩善畫，康熙年間（1662-1722），供奉內廷二十餘年。

　　余省、張為邦均供奉畫院，余省且曾受業於蔣廷錫，畫風工麗。乾隆十五年（1750），余省，張為邦奉命將御書房所貯「蔣廷錫畫鳥譜十二冊」，另行摹繪一份。《石渠寶笈》續編重華宮著錄「余省、張為邦合摹蔣廷錫鳥譜」，絹本，十二冊。每冊三十幅，末冊三十二幅，縱一尺二寸五分，橫一尺三寸。設色畫鳥屬三百六十一種，右圖左說，兼清漢書。」臣工傅恒、劉統勳、兆惠、阿里袞、劉綸、舒赫德、阿桂、于敏中等於第十二冊後幅題跋。原跋指出，「乾隆庚午春敕畫院供奉余省、張為邦摹繪，並命臣等以國書譯圖說，系於各幀之左。迄辛巳冬竣事，裝潢上呈乙覽。」歲次庚午，相當於乾隆十五年（1750），余省、張為邦奉敕摹繪蔣廷錫所畫鳥譜。歲次辛巳，相當於乾隆二十六年（1761），前後歷時十年，摹繪竣事，裝潢進呈御覽。對照《內務府造辦處各作成做活計清檔》、《上諭檔》可知乾隆十五年（1750）六月，畫院處奉旨將黑花鳥四件、白鳥一件畫入鳥譜。乾隆二十五年（1760）四月，軍機大臣遵旨將交辦鳥譜十二冊，查明已繙譯滿文至九冊，未繙者尚有三冊。乾隆二十六年（1761）七月，軍機處交下如意

館絹畫鳥譜六十張，絹字圖說六十張裱冊頁二冊。軍機處將繕寫鳥譜人員開列清單呈覽，包括滿中書福興、費揚古，漢編修胡高望，漢中書唐璟。同年十月，軍機處交下如意館絹畫鳥譜二百一十張，絹字圖說二百一十張，傳旨將鳥譜裱冊頁七冊。乾隆二十七年（1762）閏五月十八日，太監胡世傑傳旨，以鳥譜、獸譜等冊頁既多，「著用外僱匠人成做。」對照檔案，有助於了解鳥譜繪製過程。臺北國立故宮博物院現藏者，就是乾隆年間摹繪十二冊中的前四冊，其中第二冊鳥名，與《石梁寶笈》續編的記載，頗有出入。另外《石渠寶笈》初編乾清宮著錄「余省畫鳥譜十二冊」，素絹本，著色畫，每冊三十幅，每冊末幅款云：「臣余省恭畫」，下有「臣余省恭畫連印」。每幅左方王圖炳楷書譜文，每冊末幅款云：「臣王圖炳奉敕敬書」。幅高一尺二寸五分，廣一尺三寸。

由於鳥譜絹字圖說，滿漢兼書，對照滿文的內容，有助於了解鳥譜漢字名稱及術語的詞義，可舉例列表於後。

鳥譜滿漢名稱對照表

序次	漢字	滿文	羅馬拼音	漢文詞義
1	長離		hukšen garudai	年久之鳳
2	丹穴		fulgiyan garudai	紅色鳳
3	羽翔		lamun garudai	藍色鳳
4	化翼		šanyan garudai	白色鳳
5	陰翥		yacin garudai	黑色鳳
6	土符		suwayan garudai	黃色鳳
7	開屏孔雀		huwejengge tojin	有屏孔雀
8	藍		lamurcan	藍鶴
9	靛花		giyen gasha	靛花青鳥
10	石青		fulaburu gasha	紅青色的鳥
11	番八哥		tubet kiongguhe	土伯特鸚鴿 西番鸚鴿
12	鸚鴿		šanyan kuwecike	白鴿

13	芙渠		šu ilha	荷花
14	倒掛		sukiyari cecike	倒掛雀
15	扶桑暾		šun tucike erinde	太陽出來之時
16	侶鳳逑		kidun cecike	相思鳥
17	吻間		engge i hoso	嘴角
18	腰約		dulimbai narhūn	中細
19	珠頂紅		calihūn	紅頭雀
20	候鳥		erin be sara gasha	知時鳥
21	瓦雀		fiyasha cecike	家雀
22	仰月		wesihun hontoho biya	上弦月
23	嘉雀		fiyasha cecike	家雀

　　前列簡表中所標滿漢名稱或術語，其詞義頗有出入，對照滿文，有助於了解漢文的詞義。鳥譜記載，鳳一名瑞鶠，一名鶤雞，一名長離，亦作長麗。句中「長離」，滿文讀如 "hukšen garudai"，意即「年久之鳳」或「老的鳳」。鳥譜引《禽經》云：「五鳳，赤曰丹穴，青曰羽翔，白曰化翼，黑曰陰羽，黃曰土符。」引文中「丹穴」，滿文讀如 "fulgiyan garudai"，意即「紅色鳳」；「羽翔」，滿文讀如 "lamun garudai"，意即「藍色鳳」；「化翼」，滿文讀如 "šanyan garudai"，意即「白色鳳」；「陰羽」，滿文讀如 "yacin garudai" 意即「青色鳳」，或「黑色鳳」；「土符」，滿文讀如 "suwayan garudai"，意即「黃色鳳」。鳥譜中「開屏孔雀」，滿文讀如 "huwejengge tojin"，意即「有屏孔雀」，滿漢文義，略有出入。「開屏孔雀」，滿文當讀如 "huwejeheng tojin"，意即「形容像屏風樣的孔雀」。漢文「藍色的」，滿文讀如 "lamun"。鳥譜中「藍」，漢文讀如 "lamurcan"，意即「藍鶴」，詞義明確。漢文「靛花青」，滿文讀如 "giyen"。鳥譜中「靛花」，滿文讀如 "giyen gasha"，意即「靛花青鳥」。鳥譜中「石青」，滿文讀如 "fulaburu gasha"，意即「紅青色的鳥」。

　　土伯特，一作圖伯特，為西藏（Tibet）的同音異譯。鳥譜中「番八哥」，滿文讀如 "tubet kiongguhe"，意即「土伯特鸚鵒」，或「西番鸚鵒」。鷙是一種猛禽，《孟子·離婁上》云：「為叢敺爵者，鸇也。」陸璣《詩疏》云：「鸇似鷂，青黃色，燕頷，句喙。」鳥譜中「鸇鴿」，滿文讀如 "šanyan kuwecike"，意即「白鴿」，滿漢文義，頗有出入。鳥譜引《粵志》云：「洋白鸚鵡，黑觜烏爪，鳳頭，頂有黃毛上聳，喜則批敷狀若蘭花瓣，又若芙渠，名開花。引文中「芙渠」，滿文讀如 "šu ilha"，意即「荷花」，就是蓮花。鳥譜中「黑觜倒掛」，句中「倒掛」，滿文讀如 "sukiyari cecike"，

意即「倒掛鳥」，黑觜倒掛，就是倒掛鳥別一種。

扶桑原為神木名稱，傳說日出其下。《梁書‧扶桑國傳》云：「扶桑在大漢國東二萬餘里，地在中國之東，其土多扶桑木，故以為名。」鳥譜中「扶桑暾」，滿文讀如 "šun tucike erinde"，意即「太陽出來之時」。鳥譜中「侶鳳逑」，滿文讀如 "kidun cecike"，意即「相思鳥」，淺顯易解。脣之兩邊，稱為吻。鳥譜中「吻間」，滿文讀如 "engge i hošo"，意即「嘴角」。「腰約」，滿文讀如 "dulimbai narhūn"，意即「中細」。鳥譜中記載白花雀一名葫蘆頭，有似葫蘆腰約。鳥譜中「珠頂紅」，滿文讀如 "calihūn"，意即「紅頭雀」。鳥譜中「候鳥」，滿文讀如 "erin be sara gasha"，意即「知時鳥」。鳥譜中「瓦雀」、「嘉雀」，滿文俱讀如 "fiyasha cecike"，意即「家雀」。鳥譜中描述五更鳥雄者黑睛，淺黃觜，目下有白毛如仰月。引文中「仰月」，滿文讀如 "wesihun hontoho biya"，意即「上弦月」。滿、漢文是兩種不同語文，鳥譜中的漢文名稱或術語，因有滿文的對譯，對照滿文，有助於了解漢文詞義。

鳥譜中的各種鳥類，其色彩可謂五光十色，其中赤、白、黃、青、黑等色彩，也是五顏六色。漢文中紅、赤、朱、丹，滿文俱讀如 "fulgiyan"，例如 "fulgiyan engge sukiyari cecike"，意即「紅嘴倒掛鳥」；"fulgiyan garudai"，意即「丹穴」；"sencehe fulgiyan"，意即「紅頰」或「紅頜」。「紅靛頰」，滿文讀如 "fulgike"，意即「頰下羽毛呈紅色的雀」。滿文副詞 "umesi"，可作「很、極、甚、頗、最、非常」解。鳥譜中鳳凰鸚鵡的「鮮紅長尾」，滿文讀如 "uncehen golmin bime umesi fulgiyan"，句中 "umesi fulgiyan"，意即「鮮紅」。柳綠鸚哥有殷紅巨嘴；蓮青鸚鵡頭頂殷紅；倒掛鳥近尾背毛殷紅，句中「殷紅」，滿文讀如

"tumin fulgiyan"，意即「深紅」。白頭金鈴腹白帶斑，粉紅足。句中「粉紅」，滿文讀如 "gelfiyen fulgiyan"，意即「淺紅」。

漢字「白色的」，或「白的」，滿文讀如 "šanyan"，又作 "šanggiyan"。例如 "šanyan isha"，意即「白松鴉」。「縹白」，滿文讀如 "gelfiyen šanyan"，意即「淺白」。鳥譜描述白嘉雀通身純白，紅睛玉觜。句中「純白」，滿文讀如 "buljin šanyan"，意即「玉觜」。滿文讀如 "engge šanyan"，意即「白嘴」。米色阿蘭，淺白觜，玉色足。句中「玉色」，滿文讀如 "šahūn boco"，意即「淡白色」，或「月白色」。就滿文而言，淺白與淡白，不可混淆。

黃，或黃色的，滿文讀如 "suwayan"，漢文鵝黃、嬌黃、菊黃，滿文俱讀如 "umesi suwayan"，意即「鮮黃」。甘黃，滿文讀如 "tumin suwayan"，意即「深黃」。嫩黃，滿文讀如 "gelfiyen suwayan"，意即「淺黃」。葵黃，滿文讀如 "sohon"，意即「淡黃」。鳥譜中「葵黃裏毛大白鸚鵡」，鵝黃色裏。句中「葵黃裏毛」，意即「淡黃裏毛」；「鵝黃色裏」，意即「鮮黃絨毛」。「南綠鸚哥」，嬌黃勾喙，滿文讀如 "engge i dube watangga bime umesi suwayan"，意即「嘴尖倒鈎而鮮黃」。「金頭鸚鵡」，頭頂菊黃色，滿文讀如 "uju umesi suwayan"，意即「頭頂鮮黃」。「黃鸝」，甘黃腹，滿文讀如 "hefeli tumin suwayan"，意即「腹深黃」。「金鈴」是一種鈴雀，嫩黃觜，滿文讀如 "engge gelfiyen suwayan"，意即「嘴淺黃」。

俗話說：「青出於藍，而勝於藍」，又說：「青出於藍，而青於藍」，惟就滿文而言，可以說：「青出於藍，而黑於藍」。漢字「藍」，滿文讀如 "lamun"，意即「藍色的」，同時又作「青色的」。譬如 "lamun cecike ilha"，意即「藍雀花」。"lamun gūwasihiya"，

意即「青鷺」。 "yacin"，意即「黑的」， "yacin dobi"，意即「黑狐」。「青鶴」，滿文讀如 "yacin bulehen"，意即「灰鶴」。「青出於藍，而勝於藍」，滿文讀如 "yacin lamun ci tucikengge bime lamun ci yacin"，意即「黑出於藍，而比藍黑」。鳥譜中「鳳凰鸚鵡」，鮮紅長尾，旁有縹青毛。句中「縹青毛」，滿文讀如 "gelfiyen yacin funggaha"，意即「淺黑毛」。「青頭紅鸚哥」，句中「青頭」，滿文讀如 "lamun uju"，意即「藍頭」。滿文 "lamun"、 "yacin"，其詞義，容易混淆。漢字「蒼」，滿文讀如 "sahaliyan"，意即「黑色的」。鳥譜中「藍靛頦」，蒼翮藍尾，句中「蒼翮」，滿文讀如 "niongnio sahaliyan"，意即「黑翎」。「黑靛頦」，黑尾蒼足。句中「蒼足」，意即「黑足」。

鶺鴒以博勝負

黃頭彙雅云休寧風俗有鬥黃頭之戲如中州之鬥

思鳥又健鬥令人多籠畜之以博勝負江南人呼為

爪性最巧能為小巢于叢藪間雌雄相愛故一名相

青黑觜紅灰頭項蒼灰背蒼翅尾灰白臆腹淺黑趾

侶鳳逑身小於雀而長尾短項利喙聲如吹噓黑睛

侶鳳逑 一名相思鳥

侶鳳逑[1]，一名相思鳥[2]，一名黃頭。

　　侶鳳逑身小於雀而長尾短項利喙，聲如吹噓，黑睛，青黑觜，紅灰頭項，蒼灰背，蒼翅尾，灰白臆腹，淺黑趾爪，性最巧，能為小巢于業藪間，雌雄相愛，故一名相思鳥，又健鬥，令人多籠畜之以博勝負，江南人呼為黃頭。《彙雅》云，休寧風俗有鬥黃頭之戲，如中州之鬥鵪鶉以博勝負[3]。

kidun cecike, emu gebu ekidun cecike, emu gebu suwakidun cecike.
kidun cecike i beye, cecike ci ajigen bime uncehen golmin, meifen foholon, engge dacun, jilgan gulgiyere gocire adali, yasai faha sahaliyan, engge yaciken sahaliyan, uju meifen fulgiyakan fulenggi boco, huru sahahūkan fulenggi boco, asha uncehen sahahūkan, alajan hefeli šanyakan fulenggi boco, ferge ošoho sahaliyakan, banin umesi faksi, jijuri weji de ajige feye arame bahanambi. amila amile [emile] ishunde hajilame ofi, tuttu emu gebu ekidun cecike sembi. geli congkire mangga ofi, te i niyalma kemuni horin de ujirengge bi, etere anabure be mektembi. giyangnan ba i niyalma suwakidun cecike seme hūlambi. acamjaha šunggia de henduhengge, sio ning ba i an kooli de, suwakidun cecike be becunubure efin bi. uthai honan ba i mušu be becunume etere anabure be mektere adali sehebi.

---

1 侶鳳逑，滿文讀如 "kidun cecike"，句中 "kidun"，意即「思念」，"kidun cecike"，意即「相思鳥」。
2 相思鳥，滿文讀如 "ekidun cecike"，意即「侶鳳逑」。
3 中州，滿文讀如 "honan ba"，意即「河南」。

鶹鴿

鶹鴿黑睛藕紅暈淺黃瞼粉紅觜頂
前有黑毛一小簇通身俱白帶微紅
暈藕紅足白爪

五、半臂縵披 —— 滿文與《職貢圖》研究

　　我國是一個多民族的國家，歷代以來，各民族之間，彼此同化融和，邊疆少數民族與中央的關係，日益密切，職貢有圖，方物有錄。據文獻記載，《職貢圖》的繪製，由來已久。《南史》記載梁武帝使裴子野撰《方國使圖》，廣述懷來之盛，自荒服至於海表，凡二十國。唐代猗氏縣人張彥遠著《歷代名畫記》記載梁元帝時有《職貢圖》，宋人史繩祖著《學齋佔畢》引李公麟的話說：「梁元帝時蕭繹鎮荊時，作《職貢圖》，狀其形而識其土俗，首虜而後蜑，凡三十餘國。」唐代也有《職貢圖》，繪畫外邦朝貢圖像。文獻上所載《職貢圖》，其實就是我國少數民族及外邦民俗圖。

　　明清時期，由於邊疆的開拓，少數民族與朝廷的關係，與日俱增。同時由於海道大通，中外接觸，更加頻繁，真是所謂梯航鱗集，琛賮旅來，絡繹於途。清廷為欲周知中外民情風俗，於是屢飭地方大吏繪圖呈覽。康熙四十一年（1702）三月二十九日，《起居注冊》記載清聖祖諭旨內已有「觀郎中尤冷格所進圖樣云，猺人為數不多，棲身之地，亦不寬廣。但山險路狹，日間縱不敢出戰，夜間係彼熟徑，來犯我軍，亦未可知」等語。由此可知康熙年間，郎中尤冷格已進呈廣東傜族圖樣。貴州巡撫陳詵抵任後，亦將貴州通省土司苗倮地方居址疆界情形，查訪分晰，繪圖貼說，進呈御覽，並於康熙四十六年（1707）二月初一日繕摺具奏。

　　國立故宮博物院典藏謝遂《職貢圖》畫卷，共四卷：第一卷，縱三三‧九公分，橫一四八一‧四公分，引首橫七九‧四公分，前隔水橫一三公分，後隔水橫一二‧七公分，共七十圖：第二卷，縱三三‧八公分，橫一四一〇‧四公分，引首橫七七‧八公分，

前隔水橫一二‧九公分，後隔水橫一二‧五公分，共六十一圖；
第三卷，縱三三‧九公分，橫一八三六‧一公分，引首橫七九‧
八公分，前隔水橫一三分公，後隔水橫一二‧九公分，共九十二
圖；第四卷，縱三三‧八公分，橫一七○七公分，引首橫七九‧
八公分，前隔水橫一三公分，後隔水橫一三公分，共七十八圖，
以上四卷，合計共三○一圖。

清高宗御極之初，即詔中外搜訪遺書。乾隆三十八年（1773）
二月，詔開四庫全書館，網羅古來圖書於一編，先後抄繕七部，
乾隆四十七年（1782），以繕正第一部，貯於文淵閣，成書最早，
其餘各部至乾隆五十五年（1790）始告成。文淵閣《欽定四庫全
書》史部地理類收錄《皇清職貢圖》，其後清朝內府又奉勅編《皇
清職貢圖》，於嘉慶十年（1805）間正式刊印。

謝遂《職貢圖》畫卷共四卷，其繪製及增補，都是以地相次
的，畫卷第一卷諸圖俱為西洋、外藩及朝貢屬邦；第二卷諸圖為
東北、福建、湖南、廣東、廣西等省少數民族：第三卷諸圖為甘
肅、四川等少數民族；第四卷諸圖為雲南、貴州等省少數民族。《皇
清職貢圖》寫本及刊本卷一至卷八的卷次先後，與畫卷的順序大
致相合，也是以地相次的，但因畫卷第一卷〈愛烏罕回人〉至（景
海頭目先綱洪）後十圖是在文淵閣寫本《皇清職貢圖》卷八纂修
告成以後增繪的，所以寫本《皇清職貢圖》將畫卷第一卷後十圖
增補為卷九，內府刊本《皇清職貢圖》亦列於卷九，俱為續圖。
易言之，寫本及刊本卷九是按纂修時間分卷，並非以地相次。寫
本、刊本《皇清職貢圖》卷次與畫卷的出入，是探討謝遂《職貢
圖》畫卷繪製經過的重要線索之一。

為了進一步探討《職貢圖》畫卷的繪製經過，首先必須發掘
檔案，對清代各省進呈圖樣的情形，進行初步的分析。乾隆十五

年（1750）八月十一日，四川總督策楞接獲大學士傅恆所奉〈寄信上諭〉，命其將「所知之西番，猓玀男婦形狀，並衣飾服習，分別繪圖註釋，不知者，不必差查。」乾隆十六年（1751）閏五月初四日，清廷頒發〈寄信上諭〉云：

> 我朝統一寰宇，凡屬內外苗夷，莫不輸誠向化，其衣冠狀貌，各有不同，今雖有數處圖像，尚未齊全，著將現有圖式數張，發交近邊各督撫，令其將所屬苗、猺、黎、獐，以及外夷番眾，俱照此式樣，仿其形貌衣飾，繪圖送軍機處，彙齊呈覽，朕以幅員既廣，遐荒率服，俱在覆含之內，其各色圖像，自應存備，以昭王會之盛，各該督撫等或於接壤之處，俟其順便往來之時，或有人前往公幹，但須就便圖寫，不得特派專員，稍有聲張，以致或生疑畏，俟伊等奏事之便，傳諭知之。

由前引諭旨可知在乾隆十六年（1751）閏五月以前，已有多處進呈圖像，但因尚有數處圖像仍未進呈，所以將現有圖式發交近邊各省督撫，令其照式繪圖呈覽。同年六月初一日，清廷又頒給沿邊各省督撫〈寄信上諭〉，其內容，與前引諭旨相近。同年八月十三日，四川總督策楞收到軍機處發下「番圖」二式。近邊各省督撫奉到諭旨及圖式後，即密飭各屬慎密辦理。同年十一月初，湖南省有苗等府州屬將各處苗猺男婦衣冠狀貌，繪畫圖像，交給督撫衙門。署湖廣總督恆文，令布政使周人驥將各屬苗猺男婦圖像分別類種，照式彙繪註說，裝潢冊頁一本，咨送軍機處。四川總督策楞奉到諭旨後，即將所經歷的苗疆及接見的少數民族，繪圖二十四幅，並將各地風俗服飾好尚情形，逐一註明成帙，進呈御覽，於同年十一月十七日，具摺奏明。其後又遵照八月十三日所接到的「番圖」式樣，將所屬苗猺及外藩，照式圖寫，另行進呈

御覽。謝遂《職貢圖》畫卷，就是根據沿邊各省進呈的圖像繪製而成的。

　　謝遂《職貢圖》畫卷，主要包括畫像和圖說兩大部分，此外，還有清高宗題識。從畫卷中的圖說題識、卷次對照表及沿邊各省進呈圖像經過，可以確知謝遂《職貢圖》畫卷是經過多次增補完的。明神宗萬曆二十七年（1599），清太祖努爾哈齊命巴克什額爾德尼等人以蒙古字母為基礎，結合女真語音，創制了滿文。滿洲入關以後，滿文使用範圍更廣，官方文書固然多兼書滿文，許多古籍，亦譯成滿文。謝遂《職貢圖》畫卷因有滿文和漢文合璧的題識圖說，所以更具特色。滿文與漢文是兩種不同的語文，難定其優劣，但因畫卷內的滿文圖說是以白話語體文對譯，文義清晰，淺顯易解，對照滿文後，有助於了解漢文的涵義。例如畫卷第一卷〈大西洋合勒未祭亞省夷人〉圖說內「婦人貞節質直，工作精巧」，句中「工作精巧」，滿文圖說讀如 "jodoro ararangge faksi sain"，意即「女工精巧」。畫卷第一卷〈整欠頭目先邁岩第〉圖前清高宗漢文題識內有「乾隆乙未嘉平月御識」字樣，句中「嘉平月」，滿文圖說讀如 "jorgon biya"，意即「十二月」。漢文題識，典雅深奧，滿文淺顯易解。畫卷第四卷〈雲南等府白玀玀〉圖說內「祭用丑月，插山榛三百枝於門，誦經羅拜。」句中「丑月」，滿文圖說讀如 "duin biya"，意即「四月」，直截了當。畫卷第三卷〈阜和營轄咱里番民〉圖說內「本朝康熙中，進勦西爐」，句中「西爐」，滿文圖說讀如 "wargi dzang da jiyan lu"，意即「西藏、打箭爐」。

《職貢圖》畫卷　滿漢文對照表

卷次	漢文	滿文	音譯	漢字詞義
二	半臂		guwalasun	坎肩，女坎肩褂子
二	縵披		nereku	斗篷
二	花勝		ilhangga tuhebuku	有花的垂旒
二	蔴欄		olo i tobo	蔴窩鋪
四	帔肩		guwalasun	半臂、坎肩
二	雕題		šenggin be sabsimbi	刺額
二	竹筧		cuse mooi sihan	竹管
二	半臂携		ulhi akū olbo	無袖短褂
二	油蓋		sara	傘
二	流官		irgen i hafan	民官

三	鵨鞋		hūwaitame sabu	烏拉鞋、綁鞋
三	敞衣		nereku	斗篷
三	盤襖		amba juyen	大棉襖
三	偏單		gaša	偏衫、袈裟
三	草帽		sekiyeku	草笠
四	箬帽		sekiyeku	草笠
四	海巴		ubiyoo	海貝
四	假面		dere be ijumbi	抹臉、涅面
四	大儺		ambarame fudešere	跳大神

　　我國少數民族分佈的地區，多在沿邊各省高寒山區，交通閉塞，社會經濟的發展，較為遲緩，保存了頗多較原始的奇風異俗。各少數民族對自然界的色彩，早就產生了審美感在視覺上提供了美的享受，同時也積累了組合各種色彩的豐富知識，組成了各種條紋，製成華麗而又富有生活氣息的服飾。《職貢圖》畫卷中描述臺灣淡水廳竹塹等社熟番素衣繡緣如半臂。貴州貴筑龍里等處東

苗，婦人多服花布帔肩。句中半臂、帔肩，滿文俱讀如
"guwalasun"，意即女砍肩褂。由此可知帔肩即半臂，又作披肩，
就是婦女穿的無袖齊肩褂子。廣西西林縣侫人，男花布裹頭，喜
著半臂攜。句中半臂攜，滿文讀如 "ulhi akū olbo"，意即無袖短
褂。廣西興安縣僮人，婦女銀簪懸以花勝。句中花勝，滿文讀如
"ilhangga tuhebuku"，意即有花的垂旒或墜子。廣西融縣水冷洞
左右藤蒼樹古，僮人結廬其中號蘇欄。句中蘇欄，滿文讀如 "olo
i tobo"，意即蘇窩鋪。廣西馬平縣佯人，常刺額為花草蛾蝶狀，
所謂雕題漆齒。句中雕題，滿文讀如 "šenggin be sabsimbi" 意即
刺額。廣西西林縣皿人，所種山田，必待雨而耕，旱則竹筧引泉
以溉。句中竹筧，滿文讀如 "cuse mooi sihan"，意即竹管。廣西
太平府屬土人，出必以油蓋自隨。句中油蓋，滿文讀如 "sara"，
意即傘。廣西西隆州土人，雍正五年（1727），泗城土府改設流官。
句中流官，滿文讀如 "irgen i hafan"，意即民官，又作地方官。
西隆州土人，男手銀鐲，足鷂鞋。句中鷂鞋，滿文讀如 "hūwaitame
sabu"，意即烏拉鞋，或綁鞋。甘肅西寧縣纏頭民，婦人衣長襖，
外披敞衣。句中敞衣，又作氅衣，滿文讀如 "nereku"，意即斗
篷。西寧縣哆吧番民，婦人衣藏布盤襖。句中盤襖，滿文讀如
"amba juyen"，意即大棉襖。四川威茂協沃日番民，著短衣，
披偏單於背。句中偏單，滿文讀如 "gaša"，又作 "garša"，意
即袈裟，就是和尚披的偏衫。四川龍安營白馬路番民，頭戴草帽。
雲南等府黑儸儸，男子頭戴箬帽。句中草帽、箬帽，滿文俱讀如
"sekiyeku"，意即笠，草帽即草笠。雲南等府白儸儸，婦女綴
海巴錫鈴為飾。句中海巴，滿文讀如 "ubiyoo"，意即海貝。貴
州廣順貴筑等處土人，歲首迎山魈，以一人戎服假面，句中假面，
滿文讀如 "dere be ijumbi"，意即抹臉，又作涅面，塗抹臉面。

土人吹笙擊鼓，亦即古代大儺，屬於儺文化的範疇。句中大儺，滿文讀如"ambarame fudešere"意即跳大神。畫卷內的滿文圖說，是以語體文對譯，淺顯易解，對照滿文後，有助於了解漢文術語的詞義。

諸羅縣蕭壠等社熟為諸羅縣南日蕭壠社日加溜灣社日麻豆社日哆囉嘓社服飾大略與諸羅等社同男以竹片柬興日箍肚欲其漸細誘藏竹為簫長三尺以泉吹之歲時婦女多以檳榔相餽又按府志哆囉嘓社男女成擕徐俟近去上菌各二彼此謹歲蓋亦終身不改之意云凡諸羅縣各社歲輯丁歲一百八十餘兩

六、滿語蒙文 —— 邊疆民族看十駿犬和十駿馬

　　活躍於北方草原的飛禽走獸，也是西洋家畫家描繪的重要題材，這些繪畫作品充滿了大自然的生氣。《資治通鑑》記載，佳鶴是唐太宗心愛的寵物。在郎世寧繪畫作品裡，有許多名犬是乾隆皇帝的寵物或坐騎。乾隆皇帝喜歡以各種靈禽或勇猛的動物為自己的寵物或坐騎命名。郎世寧等人所畫的許多名犬及駿馬，除了標明漢文名字外，還標出滿文、蒙文的名字，這些滿、蒙、漢各體名字是乾隆皇帝所選定的名字。滿洲、蒙古草原社會的命名，沿襲了他們的傳統習俗，他們喜歡以自然界的飛禽走獸為子女命名。如攝政王多爾袞是滿文 "dorgon" 的漢字音譯，意思是「獾」。蒙古鑲白旗人阿爾薩郎是滿文 "arsalan" 的漢字音譯，意即「獅子」，探討名犬及駿馬的命名由來，不能忽視草原社會的命名習俗。為了便於說明，先將郎世寧畫十駿犬名稱列表如下。

郎世寧畫十駿犬滿漢名稱對照表

序號	漢字名稱	滿文名稱	羅馬拼音	名稱釋義
1	霜花鷂		silmetu	燕隼、鷂子
2	睒星狼		niohetu	狼
3	金翅獫		yolotu	狗頭雕、狗鷲、藏狗
4	蒼水虬		šolomtu	虬
5	墨玉螭		muhūltu	螭
6	茹黃豹		yargatu	豹
7	雪爪盧		sebertu	銀蹄毛色
8	驀空鵲		saksahatu	喜鵲
9	斑錦彪		junggintu	錦
10	蒼猊		kara arsalan	黑獅子

資料來源：《郎世寧作品專輯》，臺北，國立故宮博物院，民國七十二年。

　　如前列簡表，單看漢字名稱，或滿文名稱，確實不容易與名犬聯繫起來。表中所列名稱，如鶻、狼、獫、虬、螭、豹、盧、鵲、彪、猊、雕、獅等，非鳥即獸。探討清朝宮廷繪畫，不能忽視畫中的標題名稱。郎世寧所畫十駿犬是奉乾隆皇帝旨意繪畫的作品，內務府造辦處各作成做活計清檔有幾則記載，如意館記載乾隆十二年（1747）十月二十三日，太監胡世傑傳旨：「著郎世寧畫十俊大狗十張，欽此。」句中「俊」，通駿。乾隆十三年（1748）三月二十八日，太監胡世傑交宣紙二十張傳旨著郎世寧將十駿馬圖並十駿狗俱收小用宣紙畫冊頁二冊，樹石著周昆畫，花卉著余省畫。十駿狗，就是十駿犬，冊頁中的十駿犬，是按照原畫十駿大狗收小畫得的，畫中的樹石，由周昆繪畫，花卉則由余省繪畫。

　　乾隆二十一年（1756）六月初二日，太監胡世傑傳旨，著郎世寧照庫理狗的坐像畫畫一張。同日，員外郎郎正培將起得庫理狗紙樣一張交太監胡世傑呈覽。奉旨著郎世寧畫油畫一張，畫得時將畫用背板糊做陳設。「庫理狗」，又作黎狗，是滿文 "kuri indahūn" 的音譯。"kuri"，意即有斑紋的，有斑毛的，有花紋的，花花綠綠的，庫理狗就是有斑紋的黎花狗，或虎斑狗。同年六月初六日，太監胡世傑交十駿犬圖七幅，傳旨著郎世寧照庫理狗油畫配畫十幅，畫得時用背板糊做陳設。

　　除了郎世寧所畫十駿犬外，還有張為邦所畫的十駿犬。乾隆二十一年（1756）六月十五日，太監胡世傑傳旨，張為邦現畫十駿犬圖，俱著兩面畫，中間用楠木，底面想法安穩。

　　郎世寧所畫十駿犬軸，俱絹本，設色。各畫軸雖以漢、滿、蒙三體標題，惟其名稱詞義，頗有出入，探討中西文化交流，不能忽視滿文、蒙文的非漢文化。其中霜花鷂為科爾沁四等台吉丹達里遜（dandarsion）所進，縱 247.2 公分，橫 163.9 公分。滿文

標題讀如"silmetu"。滿文"silmen"，意即燕隼，或鷂子。
"tu"，或作「有」解，或作「人」、「物」解，如"argatu"，意
即有謀略的人。漢字「公獐」，滿文亦讀如"argatu"。"silmen"
脫落"n"，結合"tu"，就是"silmetu"這個結合詞，並無「霜
花」字樣的涵義，「霜花」字樣是漢字的命名。睒星狼亦為丹達里
遜所進，縱246.6公分，橫163.8公分，滿文標題讀如"niohetu"，
"niohe"，意即狼，並無「睒星」字樣的念義。金翅獫為科爾沁
四等台吉丹巴林親（dambarincin）所進，縱247.3公分，橫163.6
公分，滿文標題讀如"yolotu"，"yolo"，意即狗頭雕，或一種
嘴尾粗，唇垂耳大的藏狗，並無「金翅」字樣的涵義。

　　蒼水虬為大學士忠勇公傅恆（fuheng）所進，縱246.8公分，
橫164公分。滿文標題讀如"šolomtu"，又作"šolontu"，意即
虬，是頭上有兩角的小龍，並無「蒼水」字樣的涵義。墨玉螭為
侍衛班領廣華（guwang hūwa）所進，縱247.5公分，橫164.4公
分。滿文標題讀如"muhūltu"，"muhūlu"，意即螭，是無角的
龍，並無「墨玉」字樣的涵義。茹黃豹為侍郎三和（sanhe）所進，
縱247.5公分，橫163.7公分。滿文標題讀如"yargatu"，
"yarga"，又讀如"yarha"，意即豹，並無「茹黃」字樣的涵義。

　　雪爪盧為準噶爾台吉噶爾丹策楞（g'aldan cering）所進，縱
246.7公分，橫163.2公分，滿文標題讀如"sebertu"，"seber"
又作"seberi"，意即銀蹄毛色。漢字「盧」，亦作「獹」，是一種
田犬，雪爪盧即因四爪毛色銀白而得名，但「盧」字並未譯出滿
文。驀空鵲為和碩康親王巴爾圖（bartu）所進，縱247.2公分，
橫164公分，滿文標題讀如"saksahatu"，"saksaha"，意即喜
鵲，並無「驀空」字樣的涵義。斑錦彪為大學士忠勇公傅恆（fuheng）
所進，縱247.6公分，橫164公分。漢字「彪」，滿文讀如"targan"，

標題中滿文讀如 "junggin"，意即各色錦緞，表示這隻名犬是斑錦般的寵物，但滿文標題中並無「彪」的獸名。

《石渠寶笈三編》記載郎世寧畫蒼猊犬一軸，縱八尺四寸五分（268 公分），橫六尺一寸（193.7 公分），絹本，設色，以滿、蒙、漢三體書標題，旁注駐藏副都統傅清（fucing）所進。傅清從乾隆九年（1744）至十二年（1747）充任駐藏辦事大臣。乾隆皇帝為郎世寧所畫西藏名犬取名，漢字標為「蒼猊」，滿文標題讀如 "kara arsalan"，蒙文讀如 "hara arslan"，意思就是黑獅子，圖文相合。

由前列簡表，可知郎世寧所畫十駿犬各畫軸中，滿、蒙、漢三體標題，其詞義頗有出入。討論中西文化交流，不能忽視漢文化以外的邊疆文化養分。郎世寧所畫十駿犬軸，蘊含西方繪畫的技巧，也蘊含東方文化的特色。乾隆皇帝喜歡以象徵吉祥、勇猛的飛禽走獸為自己的愛犬命名，包括鶺、鵲、雕、狼、獫、虯、螭、豹、獅子等等，草原文化的氣息十分濃厚，乾隆皇帝如何透視郎世寧所畫十駿犬，是值得探討的課題。

海峽兩岸現藏十駿馬圖包括：郎世寧十駿圖，十軸；王致誠十駿圖冊，十幅；郎世寧、艾啟蒙十駿圖，十軸。據《石渠寶笈・初編》記載，郎世寧十駿圖，原貯御書房，素絹本，著色畫，每軸款識云：「乾隆癸亥孟春海西臣郎世寧恭畫」等字樣。乾隆八年（1743），歲次癸亥，郎世寧獨力繪成的十駿圖，可以稱為前十駿圖。《內務府造辦處各作成做活計清檔・如意館》記載，乾隆八年（1743）三月初三日，司庫郎正培面奉上諭：「著郎世寧畫十駿大畫十副，不必布景，起稿呈覽，欽此。」同年五月二十日，太監張明傳旨：「著郎世寧畫十駿手卷一卷，佈景著唐岱畫，欽此。」郎世寧遵旨繪畫十駿馬圖，包括沒有布景的十駿馬大畫共十幅和

唐岱佈景的十駿馬手卷一卷。

　　除了前十駿馬圖外，還有由郎世寧和艾啟蒙合畫而成的後十
駿馬圖，其中紅玉座、如意驄、大宛騮三匹駿馬出自郎世寧之手；
馴吉騮、錦雲駿、踣鐵騮、佶閑騮、勝吉驄、寶吉騮、良吉黃等
七匹駿馬則出自艾啟蒙之手。《石渠寶笈・初編》所記載的郎世寧
畫前十駿馬圖，共十軸，每軸詳載其漢字標題及注記。第一軸左
上方漢字隸書署「萬吉騮」三字，下注「喀爾喀郡王多爾濟札爾
進」等字樣。第二軸右方上漢字隸書署「閬虎騍」三字，下注「喀
爾喀郡王澄文札布進」等字樣。第三軸右方上漢字隸書署「獅子
玉」三字，下注「喀爾喀折布尊丹巴呼圖克圖進」等字樣。第四
軸左方上漢字隸書署「霹靂驤」三字，下注「喀爾喀親王古倫額
駙策楞進」等字樣。第五軸右方上漢字隸書署「雪點鵰」三字，
下注「科爾沁郡王諾們額爾和圖進」等字樣。第六軸右方上漢字
隸書署「自在驕」三字，下注「和拖輝特貝勒誠溫札布進」等字
樣。第七軸右方上漢字隸書署「奔霄驄」三字，下注「翁牛特貝
勒彭蘇克進」等字樣。第八軸左方上漢字隸書署「赤花鷹」三字，
下注「喀爾喀親王德欽札布進」等字樣。第九軸左方上漢字隸書
署「英驥子」三字，下注「和拖輝特貝勒誠溫札布進」等字樣。
第十軸左方上漢字隸書署「籋雲駛」三字，下注「科爾沁公達爾
馬達杜進」等字樣。臺北國立故宮博物院典藏的郎世寧十駿馬圖
是其中第四軸霹靂驤、第五軸雪點鵰、第七軸奔霄驄、第八軸赤
花鷹、第十軸籋雲駛等五軸，圖版說明，詳見《郎世寧作品專輯》。
十駿馬圖是以北亞草原的駿馬為題材，分別由喀爾喀、科爾沁、
和拖輝特、翁牛特等部所進，所署駿馬名稱，除漢字外，還兼書
滿文、蒙文。對照滿、蒙文字，有助於了解乾隆皇帝為駿馬命名
的意義。譬如第四軸霹靂驤，滿文標題讀如 "hūdun giyahūn

fulgiyan suru"，蒙文標題讀如 "hurdun qarčayai siryol"，意即快速如鷹的紅白馬。第五軸雪點雕，滿文標題讀如 "saksaha daimin cabdara alha"，蒙文標題讀如 "čayčayai bürgüd čabidar alqa"，意即接白雕銀鬃花馬。第七軸奔霄驄，滿文標題讀如 "akdun arsalan fulan"，蒙文標題讀如 "batu arslan boro" 意即結實如獅子的青馬。第八軸赤花鷹，滿文標題讀如 "cakiri giyahūn keire alha"，蒙文標題讀如 "tarlang qarčayai keger alqa"，意即虎斑鷂棗騮花馬。滿文標題和蒙文標題的詞義是符合一致的，都和漢文標題頗有出入，滿文、蒙文名稱淺顯易解，如雪點鷂並非如張照贊語所云「般般麟若，點點雪裝」而得名。所謂馬背有雪點點云云，只是漢文標題的望文生義。「接白鷂」，滿文讀如 "saksaha daimin"，又作 "saksaha damin"，意思是上半黑下半白生後一、二年的鷂，這匹駿馬的毛色與滿文、蒙文的詞義相合。康熙皇帝閱讀西洋書籍，看到西洋畫片天使帶翅膀，頗不以為然。乾隆皇帝要郎世寧畫駿馬奔馳如飛，不用帶翅膀，而以高飛的「神鷂」命名，頗能傳神。又如第十軸籋雲駛，漢字名稱引《漢書‧禮樂志》「志俶儻，精權奇，籋浮雲，晻上馳」等語而命名，表示天馬上躡浮雲，意蘊深奧。滿文、蒙文名稱淺顯易懂。探討中西文化交流或清代宮廷繪畫，不能忽略非漢文化的成分。

　　聶崇正撰〈清代的宮廷繪畫和畫家〉一文已指出，清代宮廷中的花鳥走獸畫，一部分受到惲壽平、蔣廷錫等人的影響，畫風比較工整寫實，設色鮮麗明淨。除去惲壽平、蔣廷錫的傳派外，一些歐洲傳教士畫家採用西洋繪畫的技法也繪製了不少花鳥走獸畫。他們的作品講究動物的解剖結構，注重表現立體感。郎世寧、王致誠、艾啟蒙、賀清泰等人都有這類題材的作品傳世。其中郎世寧和王致誠畫的馬，在清朝畫壇上獨樹一幟。他們擅長用細密

短小的線條表現馬匹的皮毛，馬匹的造型十分精確，甚至馬匹皮下凸起的血管筋腱、關節處的縐折等，都能細緻入微地描畫出來，如郎世寧的百駿圖卷、八駿圖卷、十駿圖大橫軸、王致誠的十駿馬圖冊等。郎世寧等歐洲畫家所畫的駿馬和鹿、象、犬、鷹等動物，其中有許多是邊境地區的少數民族首領進獻給清朝皇帝的，所以畫上有以滿、蒙、漢三體文字書寫的動物名號、尺寸及進獻者的姓名和所屬的部落。這些花鳥走獸不僅僅具有裝飾宮廷的觀賞價值，對於我們了解當時中央政權和邊遠地區的聯繫，各民族之間的交往，以及某些珍貴動植物的產地等問題也具有很重要的價值。從某種意義上說，郎世寧、王致誠等十駿馬圖，都不應和一般裝飾觀賞的鳥獸畫等同看待，當喀爾喀、科爾沁、翁牛特諸部蒙古民族成員觀賞到本部族王公貝勒進獻的駿馬出現在自己的眼前，畫軸上方書寫著本部族的語言文字，其親切感，必然油然而生，而更加促進蒙古族人對朝廷的向心力。

　　法國人王致誠（1702-1768）的父親是一位畫家，他從幼年起就受到藝術的薰陶，擅長畫人物肖像及動物，現存王致誠十駿馬圖冊中所畫的駿馬，也是由各少數民族部落首領進獻的，都是乾隆皇帝的坐騎。王致誠十駿馬圖冊和郎世寧十駿馬圖軸有何異同？有何特色？為了便於說明，先列簡表如下。

王致誠十駿馬圖名稱

序　號	漢字名稱	滿文名稱	羅馬拼音	名稱釋義
第一幅	萬吉霜		tumen beleku	萬吉
第二幅	闞虎駵		bar batur	勇虎
第三幅	獅子玉		has arsalan	玉獅
第四幅	霹靂驤		hūrdun harcagai	快速鷹
第五幅	雪點鵰		cakcahai burgut	接白鵰
第六幅	自在驈		tumen jirgal	萬福
第七幅	奔霄驄		batu arsalan	結實獅子
第八幅	赤花鷹		tarlang harcagai	蘆花鷹
第九幅	英驥子		idegeltu ider nacin	可信賴、強壯的隼
第十幅	蕑雲駛		hūrutu burgut	虎斑鵰

資料來源：《清代宮廷繪畫》，北京，故宮博物院，文物出版社，1995
　　年4月。

　　由前列簡表可知王致誠十駿馬圖冊中駿馬漢字名稱，與郎世寧十駿馬圖相同，是同樣由喀爾喀、科爾沁、翁牛特諸部王公員勒所進獻的十匹駿馬，神態十分相似，圖冊中馬匹刻劃準確細緻，皮毛質感極強，是王致誠的手筆，而其背景的樹木坡石當為中國畫家補繪的。值得重視的是十駿馬圖滿文、蒙文的命名特色。林士鉉撰〈乾隆時代的貢馬與滿洲政治文化〉一文已指出，王致誠十駿馬圖冊內駿馬名字的書寫方法，與郎世寧、艾啟蒙的前、後十駿圖不同，前、後十駿圖以滿、蒙、漢三體文字書寫其名，而王致誠的畫冊只單寫一種，是以滿文字母音寫的蒙文。此種音寫蒙文的表現方法十分特殊，寫的是滿文，詞義是蒙古語，而且只保留蒙文命名的形容詞部分。這些音寫蒙文應是根據滿洲的語言習慣而拼寫的蒙文，也成為新創的滿文詞彙。滿文詞彙中，有頗多借詞，或新創的詞彙，從十駿馬圖冊中滿文音寫蒙文的十駿馬名字，一方面可以說明王致誠十駿馬圖冊與郎世寧十駿馬圖軸的不同，一方面也可以反映王致誠奉命畫十駿馬的創新。滿文是一種拼音文字，是由蒙文脫胎而來。明神宗萬曆二十七年（1599），清太祖努爾哈齊以老蒙文字母拼寫女真語，發明了老滿文。一百五十年後，乾隆皇帝以新滿文拼寫蒙古語的創意，頗具時代意義。

　　十駿馬圖內第一圖萬吉霜，滿文音寫蒙語讀如 "tumen belektu"，句中 "tu"，作「有」解，素示人或物，"tumen belektu"，意即萬吉，並無「驦」字樣的涵義。老虎，蒙文讀如 "bars" 滿文音寫讀如 "bar"；勇士或英雄，蒙文讀如 "bayatur"，滿文音寫讀如 "batur"。第二圖闞虎驦，滿文音寫讀如 "bar batur"，意即勇虎，並無「驦」字樣的涵義。漢字「玉」，滿文讀如 "gu"，蒙文意譯讀如 "qas"；漢字「獅子」，滿文讀如 "arsalan"，蒙文讀如 "arslan"，滿文音寫 "has arsalan"，

蒼猊

進

駐藏副都統傳清

意即玉獅。第三圖漢字作「獅子玉」，與滿文音寫詞義相近。第四圖霹靂驤，郎世寧十駿馬圖滿文、蒙文譯為「快速如鷹的紅白馬」，王致誠十駿馬圖滿文音寫讀如 "hūrdun harcagai"，意即快速鷹。第五圖雪點鵰，郎世寧十駿馬圖滿文、蒙文譯為「接白鵰銀鬃花馬」，王致誠十駿馬圖滿文音寫讀如 "cakcahai burgut"，意即接白鵰，與漢字名稱相合。第六圖自在驦，驦，是白腹的馬。滿文音寫讀如 "tumen jirgal"，意即萬福，並無「驦」字樣的涵義。第七圖奔霄驄，驄，是毛色青白夾雜的馬，郎世寧十駿馬圖滿文、蒙文譯為「結實如獅子的青馬」，王致誠十駿馬圖滿文音寫讀如 "batu arsalan"，意即結實獅子，並無「驄」字樣的涵義。第八圖赤花鷹，郎世寧十駿馬圖滿文、蒙文譯為「蘆花鷹棗騮花馬」，王致誠十駿馬圖滿文音寫讀如 "tarlang harcagai"，意即蘆花鷹，與漢字名稱相近。第九圖英驥子，驥為千里馬，驥子即良馬，語出《文選・蜀都賦》。英驥子，滿文音寫讀如 "idegeltu ider nacin"，意即可信賴、強壯的隼。第十圖籋雲駛，郎世寧十駿馬圖滿文、蒙文意譯為「虎斑鵰棗騮花馬」，王致誠十駿馬圖滿文音寫讀如 "hūrutu burgut"，意即虎斑鵰，與漢字名稱頗有出入。以滿文音寫蒙文，不諳蒙文的滿族多不解其詞義；不諳滿文的蒙古

族多能讀出其字音，並略能了解其詞義，滿文音寫蒙文，也可以視為新創滿文詞彙。滿、蒙一體，長期以來，清朝文化通過接觸、同化以及高度的選擇與改造，對清朝文化的向前發展產生了極大的作用。

王言如絲 ——
清代上諭檔的史料價值

一、前　言

　　國立故宮博物院現存清代檔案，除宮中檔奏摺與辦理軍機處摺包的數量較多外，其次則為各種檔冊。在各類檔冊中，又以上諭檔為數較多。宮中檔除部分廷臣的摺件外，主要為外任官員定期繳回宮中的奏摺原件。辦理軍機處的摺包，除部分咨文、知會、稟文、略節、揭帖等外，主要為宮中檔奏摺的錄副及其附件[1]。奏摺原件與錄副，都含有非常豐富價值極高的地方史料，但奏摺與題本不同，就康熙年間而言，奏摺並非正式的公文。自秦漢至清朝的中國傳統政治，始終保持皇室與政府即內朝與外朝的劃分。清初諸帝以內外臣工為其股肱耳目，臣工於循常例行公務以外，尚須私下替皇室內朝効力，摺奏事件就是臣工於公務之餘替內朝服務的私事，奏摺祇是君臣私下秘密通訊的信函[2]，所以臣工具摺時應親手書寫，在密室繕摺。奏摺封固拜發後，令親信家丁或千把齎遞，自備腳力，不能擾累驛站，擅動驛馬，致防公務。奏摺

1　拙撰「清高宗乾隆朝軍機處月摺包的史料價值」，「故宮季刊」第十一卷，第三期，頁 29-37，民國六十六年春季。
2　拙撰「清世宗與奏摺制度的發展」，國立臺灣師範大學歷史學報，第四期，頁 209-218，民國六十五年四月。

到京時，須交內廷奏事人員接收，不得逕至公門或通政司轉呈。
君主亦親手批諭，不能假手於人。摺奏固然不可據為定案，君主
批諭，亦無法理上的地位。臣工奉到批諭後，若欲付諸施行，仍
應另行具本題達，經部院大臣議覆請旨後，君主始能正式頒旨飭
行。就康熙、雍正年間而言，本章是外朝政府處理全國政務時公
開合法的制度，而奏摺祇是內朝君主預聞事務時秘密權宜的工
具。因此，姑且不論清世宗是否為獨裁專制君主，但據硃批諭旨
而推斷清世宗為獨裁專制君主的說法，在方法上仍待商榷，乾隆
年間以降，奏摺日益公開化與制度化，逐漸取得法理上的地位，
而成為臣工辦理公務的正式文書。至於辦理軍機處的組織也逐漸
擴大，章程更加周密，職責範圍益趨廣泛，不限於密辦軍需，事
實上已成為國家的重要統治機構。嘉慶十四年（1809）十二月，
戶部議奏摺內將辦理軍機處抬寫，固屬不合體制[3]，惟辦理軍機處
的地位與部院衙門無異，甚至凌駕其上，則是事實。清代辦理軍
機處及內閣等衙門所鈔錄的各類上諭檔。就是了解廷議及君主決
策的重要史料。清代上諭檔，依其性質而言，可分為明發上諭檔、
譯漢上諭檔、兼載各類諭旨的上諭檔及記載特降諭旨的上諭簿
等；依上諭簿冊的形式而言，有長本上諭檔，內含大長本與小長
本上諭檔，有方本上諭檔，內含大方本與小方本上諭檔等。本文
係就上諭檔冊種類，略述各類上諭檔的內容、性質及其史料價值，
俾有助於清史的探討。

二、方本上諭檔

　　方本上諭檔的種類因形式與性質而異，其中兼載各類上諭的

---

3 梁章鉅纂輯「樞垣記略」，卷一，頁17，嘉慶十四年十二月初六日上諭。

方本上諭檔是辦理軍機處的重要檔冊之一，其簿冊寬約二八分分，長約三○公分，在外形看起來，接近方形，為使用檔冊的方便，習稱之為方本上諭檔。國立故宮博物院現存方本上諭檔，自乾隆四十一年（1776）至光緒二十七年（1901）間，其數量各朝不相等。乾隆年間，每季一冊或二冊。嘉慶六年（1801）起，增為每月一冊，全年十二冊，或十三冊。道光二年（1822）起，每月一冊或二冊，全年十二冊至二十六冊不等。據《欽定大清會典》所載，諭旨「凡特降者為諭，因所奏請而降者為旨，其或因所奏請而即以宣示中外者亦為諭。其式，諭曰內閣奉上諭，旨曰奉旨，各載其所奉之年月日。」[4]「樞垣記略」亦云「特降者曰內閣奉上諭，因所奏請而降者曰奉旨，其或因所奏請而即以宣示中外者，亦曰內閣奉上諭，各載其所奉之年月於前，述旨發下後即交內閣傳鈔，謂之明發，其諭令軍機大臣行，不由內閣傳鈔者謂之寄信。」[5]所謂寄信，即寄信上諭。方本上諭檔抄錄了寄信上諭、內閣奉上諭、奉旨等事件。君主特降的上諭多冠以「內閣奉上諭」字樣，【圖版壹】例如光緒元年正月初一日：「內閣奉上諭，英桂著以吏部尚書協辦大學士，欽此。」是年七月二十一日，因崇實具奏搜捕盜賊大東溝地方肅清，請將出力員弁獎勵一摺，因事奏請，惟應宣示中外，因此冠以「內閣奉上諭」字樣。此道上諭內所賞名號，漢滿文並書，例如副都統色楞額賞給訥恩登額（nendengge）巴圖魯名號。訥恩登額意即首先，巴圖魯即勇。同吉賞給業普肯（yebken）巴圖魯名號，業普肯意即聰明果斷的人。君主特降的上諭，間亦不冠「內閣奉上諭」，而僅書「奉上諭」字樣。例如光緒元年七月二十八日：「奉上諭，著派李鴻章、丁日昌將馬嘉理一

4　《欽定大清會典》卷三，頁 2，光緒二十五年刻本，臺灣中文書局。
5　《樞垣記略》卷一三，頁 12。

案，與英國駐京大臣威妥瑪就近在津妥為會商。欽此。」附書「發
交李鴻章等，不發鈔。」因不發鈔，故未冠以「內閣奉上諭」字
樣。至於「奉旨」事件，則是內閣或各部院因事具奏請旨而頒降
的旨意。例如光緒元年正月初六日記載「奉旨知道了，欽此。」
附書「內閣摺」。光緒六年正月初九日記載「奉旨知道了，欽此。」
附書「禮部片」，所謂「片」，即奏片，其格式較正式奏摺為簡略。
奉旨事件，雖交內閣，但不一定發鈔。例如光緒六年正月二十九
日，因總理各國事務衙門奏籌海防事宜等，奉旨飭廷臣會議覆奏，
末書「交內閣，不發鈔，另鈔封交總理各國事務衙門」。乾隆年間
以後，擬寫諭旨成為辦理軍機處的重要職責，不僅寄信上諭由軍
機大臣撰擬，即「內閣奉上諭」、「奉旨」或明發上諭事件，亦由
軍機大臣擬寫。乾隆五十年正月初六日，軍機大臣等奏稱「臣等
遵旨擬寫周煌致仕及紀昀等補授左都御史等缺諭旨進呈，俟明日
周煌奏請開缺回籍摺遞到再行頒發，謹奏。」是日軍機大臣擬上
諭進呈。次日，周煌奏請開缺，即頒發上諭，其全文如下：「乾隆
五十年正月初七日，內閣奉上諭，左都御史周煌奉職有年，小心
勤慎。茲周煌年力就衰，病體未能痊癒，奏請開缺回籍，周煌著
加恩以兵部尚書致仕，並加太子少傅銜，用昭優眷。左都御史員
缺著紀昀補授，李綬著補兵部侍郎，所遺湖北巡撫員缺，著吳垣
調補，其廣西巡撫員缺，著孫永清補授，欽此。」[6]

　　在辦理軍機處方本上諭檔內抄錄了頗多的試題。例如乾隆五
十一年四月二十一日，辦理軍機處以是年鄉試屆期，所有試差人
員考試日期，奏請欽定，並將前三屆考試題目，抄錄呈覽。其中
乾隆四十四年三月內考差欽命題目為：根也慾，焉得剛；晉平公

---

6 方本上諭檔，乾隆五十年正月初七日，內閣奉上諭。

之於亥唐也；賦得山夜聞鐘，得張字。其他歷屆考差欽命試題，
皆以書詩命題，由君主欽命。其應行開例的試差人員，是進士出
身人員。乾隆五十一年四月二十六日，在正大光明殿舉行試差人
員考試，是月二十八日，由吏部帶領引見。君主巡幸時，間亦召
試，例如乾隆二十八年高宗巡幸天津召試題目為：大德不德下德
不失德；賦得春水船如天上坐，七言八韻，得時字。乾隆五十三
年二月十八日，高宗自圓明園啟鑾，巡幸天津[7]。是月下旬，直隸
及各省士子進獻詩冊，並應召試，其士子共五十三名，取入一等
試卷，在拆閱彌封後，交軍機大臣會同監看本生覈對文理筆跡。
滿洲定鼎中原以後，即沿襲前明舊制，開科取士，三年大比，試
諸生於直省，稱為鄉試，中式者為舉人，定於子午卯酉年舉行。
舉人試於京師，稱為會試，中式者稱為貢士。君主親試貢士於廷，
稱為殿試，中式者分一二三甲，一甲三人，即狀元、榜眼、探花，
賜進士及第。二甲若干人，賜進士出身，三甲賜同進士出身，俱
定於辰戌丑未年舉行。辦理軍機處月摺包內存有不少的鄉試題
目，而方本上諭檔內所抄錄的試題，主要為宗室鄉會試及順天鄉
試的欽命試題，其命題範圍，包括四書題及詩題。例如嘉慶十八
年癸酉科宗室鄉試欽命題目為：孝弟也者其為仁之本與；賦得成
名由積善，得成五言八韻。是年順天鄉試題目為：才難不其然乎，
唐虞之際於斯為盛；修道以仁；有大人者正己而物正者也；賦得
大田多稼，得多字五言八韻。中式舉人仍須覆試，例如道光二十
四年甲辰恩科順天鄉試覆試欽命題目為：無處而餽之是貨之也，
焉有君子而可以貨取乎；賦得滿山寒葉雨聲來，得秋字五言八韻。
直省鄉試與宗室鄉試及覆試不同，在順治年間，直省鄉試三場，

---

7 《清高宗純皇帝實錄》卷一二九九，頁2。

初場考四書三題，五經各四題，士子各占一經。二場考試一道，判五道，詔誥表內科一道，三場考經史時務策五道[8]。乾隆二十一年十一月，高宗降旨，鄉試第一場僅試以書題三道，將五經改入第二場，試以經文四道，第三場試以策五道，其論表判概行刪省。乾隆二十二年四月，從御史袁芳松疏請直省鄉試自己卯科為始，第二場除經文外，加試五言八韻唐律一道。方本上諭檔亦載各省舉人到京覆試情形，例如光緒二十四年三月，禮部知照辦理軍機處各省續到中式舉人應於三月二十一日在保和殿補行覆試，軍機大臣即奏請欽命四書題一道，詩題一道，於是日清晨發下交監試王大臣傳示。會試題目則由禮部堂官於三月初八日詣宮門前一同祗領，交知貢舉轉送內簾。欽命會試題目為四書題三道，詩題一道。宗室會試欽命試題為四書題及詩題各一道【圖版貳】。方本上諭檔抄錄歷屆會試題目，例如光緒十八年壬辰科欽命題目為：子曰君子矜而不爭，群而不黨；子曰君子不以言舉人，不以人廢言，斯禮也，達乎諸侯大夫及士庶人；井九百畝，其中為公田，八家皆私百畝，同養公田。賦得柳拂旌旗露未乾，得春字，五言八韻。宗室會試欽命四書題為：以能問於不能，以多問於寡，有若無，實若虛。詩題為：賦得名山為輔佐，得名字，五言八韻。此外考試散館庶吉士，大考翰詹，考試廕生，考試二品以下京堂等試題，多見於方本上諭檔，俱為探討清代科舉考試制度的重要史料。

供詞是當事人親口所述的口供。在辦理軍機處方本上諭檔中抄錄了很多重要供詞。地方督撫將軍查辦案件，或在戰役中俘獲敵方人員等，訊問口供時，多將供詞繕單附入奏摺內進呈御覽。因此，在奏摺原件及抄件內附有頗多供單。要犯解京後，由軍機

---

8 章中和著《清代考試制度資料》，頁5，民國五十七年七月，文海出版社。

大臣或軍機大臣會同刑部堂官審訊時，其所錄供詞則多見於方本上諭檔。例加康熙六十年四月，朱一貴、吳外等自稱明裔，以反清復明為號召，豎旗起事。五月初一日，焚燬臺灣府城，總兵歐陽凱等倉皇戰歿，刑部等衙門具題。乾隆五十一年十二月分，方本上諭檔抄錄了刑部題本內容，並將隆科多等審訊朱一貴的供詞抄錄呈覽。據朱一貴供稱「我係漳州府長泰縣人，康熙五十三年，我到臺灣道衙門當夜不收。後我告退，在大目丁地方種地度日。去年知府王珍攝理鳳山縣事，他不曾去，令伊次子收糧，每石要折銀七錢二分，百姓含怨。續因海水泛漲，百姓合夥謝神唱戲。伊子說眾百姓無故拜把，拏了四十餘人監禁，將給錢的放了，不給錢的責四十板，又勒派騷擾不已。因此，今年三月內，有李勇等尋我去說，如今地方官種種騷擾，眾心離異，我既姓朱，聲揚我是明朝後代，順我者必眾，以後就得了千數餘人，要打搶臺灣倉庫，臺灣府發官兵四五百與我們打仗，被我們殺敗。傍晚時，游擊周應龍帶領兵丁番子前來，周應龍懸賞殺賊，番子就殺了良民四人。因此，百姓們懼怕，投順我的有二萬餘人，殺散周應龍的兵丁。後總兵歐陽凱、副將李雲、游擊游崇功等帶兵來戰，我們數萬人將總兵殺死，兵丁俱各潰散，進了臺灣府，佔了道衙門并倉庫。我手下李勇出來向眾人說，我姓朱，係明朝後代，稱為義王，與我黃袍穿了，國為大明，年號永和，將手下洪鎮封為軍師，王進才為太師，王玉全為國師，李勇、吳外、陳印、翁飛虎等封為將軍，張阿三等為都留，即派兵三千看守鹿耳門。六月十六日，大兵來攻鹿耳門，礮臺礮炸，大兵殺進，取了安平寨。我差翁飛虎等與大兵對敵，互相放炮。二十二日早，大兵駕坐三板船，分三路從沼亭等處上岸來攻，我們就敗了，各自奔散。我逃到下加冬地方，同李勇、吳外等到楊旭家去，楊旭等將我們誘拏

出首等語。」[9]《明清史料》亦刊印朱一貴供詞，但脫漏殘闕之處甚多，例如朱一貴稱「義王」，「國為大明」，「年號永和」，知府王珍「攝理鳳山縣事」及朱一貴所封將帥姓名等，「明清史料」俱脫漏不載[10]。林爽文起事後，福康安、李侍堯等奏參柴大紀劣跡，查明地方官兵聲名狼藉，查辦天地會各案，軍機大臣遵旨訊問閩浙督撫等。方本上諭檔中不僅抄錄供詞的內容，同時也將訊問的事由逐款開列。乾隆五十三年四月二十七日，軍機大臣訊問各款中，如：「問富勒渾、雅德，你兩人身為督撫，在福建多年，屬員孫景燧、董啟埏、唐鑑等在臺灣任所貪黷營私，豈竟毫無聞見，乃一味容隱，並不及時參辦，以致激成事端。又外洋地方盜刦時聞，並不嚴飭弁員，隨時拏辦，以致刦盜縱橫，毫無忌憚，所司何事呢？」「又問富勒渾、雅德，你兩人於柴大紀在臺灣時將派往戍兵賣放私回內地貿易，惟留延建等兵在營當差，而漳泉兵丁聽其在外營生，開賭窩娼，販賣私鹽，令其按月繳錢，並格外勒索餽送。又到南北兩路巡查時，需索夫價，自六百圓至四百圓不等，及得受兵丁劉欽、林長春、甘興隆等番銀謝禮，拔補外委，又將番銀借給糖行黃姓，二分起息等事，如此貪婪不法，你兩人安坐省城，豈竟毫無聞見，乃通同狥隱，並不據實參奏，以致營伍廢弛，匪徒等得以乘機倡亂，你們當得何罪呢？」「又問富勒渾、雅德，四十九年有漳州人嚴煙在臺灣溪底阿密里莊傳授天地會，你並不及早查拏，嚴行辦理，以致會匪日多，輾轉蔓延。及查拏楊光勳、楊媽世等一案時，將天地會改作添弟會，明有化大為小之見，又不能嚴飭弁員約束兵丁，以致搜拏會匪時，燒燬民間房屋，

9　方本上諭檔，乾隆五十一年十二月初一日，刑部題本。
10　《明清史料》戊編，第一本，頁21，國立中央研究院歷史語言研究所；《臺灣省通志稿》卷九，頁90，朱一貴供詞。

激成事端，你兩人所司何事？據實供來。」[11]從軍機大臣訊問閩
浙督撫各項事由及其供詞，有助於了解林爽文起事的背景、原因，
進而探討清代綠營廢弛及天地會的活動情形。漳泉戍兵，與本地
居民多屬同鄉，言語相通，故多在外經營生理，或在街市售賣檳
榔、糕餅，或編織草鞋出售。其汀州兵丁由於擅長製造皮箱、皮
毯，多在皮貨舖戶中幫做手藝。各兵丁日逐微利，閒散自由，而
憚於差操拘束，每月出錢三百文至六百文不等，雇請同營兵丁替
代防汛，稱為包差。各處兵房營汛傾圮殆盡，多數兵丁藉口無可
棲身，而留居娼戶，相習成風，置操防於不顧[12]。乾隆年間，地
方吏治固然腐敗，其營伍廢弛，武員貪黷，較之文職尤甚，以致
地方械鬥案件，層出不窮，無所畏憚，倡立會名，糾眾起事，終
於釀成巨案[13]。

　　方本上諭檔附錄了各種的清單，例如光緒二年正月初二日軍
機大臣遵旨開列的「王大臣年歲生日單」，其中惇親王，年四十六
歲，六月十五日生日；恭親王，年四十五歲，十一月二十一日生
日；大學士李鴻章，年五十三歲，正月初五日生日，其餘王大臣
人數甚多，俱開列年歲生日。「緣事遣戍文武各員案由單」，開列
各員姓名年歲，獲罪緣由。例如嘉慶二十四年二月二十九日，方
本上諭檔中開列各員案由，其中原任西寧辦事大臣納爾松阿「因
代陳啟文陳奏事件，擅發驛遞，發往烏魯木齊。嗣又因率給蒙古
印票，聽其搬移內地，在配所枷號一年，現年七十二歲。」「文武
職廢員緣事案由單」，開列獲罪處分各項，列如道光元年正月十六

11　方本上諭檔，乾隆五十三年田鉬二十七日，富勒渾等供詞。
12　拙撰「清初天地會與林爽文之役」，《大陸雜誌》第四十一卷，十二期，
　　頁13，民國五十九年十二月。
13　《清高宗純皇帝實錄》卷一二九五，頁9，乾隆五十二年十二月庚戌，
　　上諭。

日軍機大臣所繕廢員清單，其中「岳凝，原任義州城守尉，因軍政卓異到京，未經引見，率行遞摺請安，降三級調用。」京外文武各職公私罪獲咎革職降調人員，軍機大臣亦繕單呈覽。光緒二年十二月二十日，方本上諭檔附錄京外私罪情節重大降革不准捐復廢員單，例如：薛煥，前工部右侍郎，經原任通政使司通政使王拯奏參，將侍郎量加裁抑，乃該侍郎奏參王拯吸食鴉片煙，顯係意存報復，於同治三年四月十六日奉上諭著實降五級調用，私罪。「斬絞各犯清單」亦開列罪情，道光三十年三月二十八日，方本上諭檔抄錄絞犯名單，例如：方開甲，係已革三等侍衛，因患胃氣病症，聞鴉片煙可以醫治，向王大買得煙土吸食，旋被獲，案除售賣煙土罪應擬絞之王大緝獲另結外，將該犯依吸食鴉片煙例絞候緩決一次，似應准寬免。以上各類清單，俱為珍貴的傳記資料，足供參考。乾隆年間纂修四庫全書的經過，方本上諭檔記錄甚詳，其中包括各種清單，如閱看書籍名單、記過處分名單等。乾隆五十二年五月十九日，寄信諭旨著在京阿哥們及各部院閱看文淵閣等書籍，看書人員約二百六十人，每人每日看書約三匣，預計兩個月校改竣事。方本上諭檔中也開列禁燬書籍清單。四庫全書內應行銷燬各書，均經軍機大臣交原辦提調等詳細檢查。乾隆五十三年十月二十四日，軍機大臣又具奏將文淵閣撤出各書開具清單，並於各書面頁粘簽送進銷燬。據其清單所載：「諸史異同錄，此書係李清撰，因書內妄稱世祖章皇帝有與明崇禎相同四事，悖誕不經。續辦三分書繕進之一分內未照底本刪去，當蒙指示前經奉旨將全書銷燬，並將李清所撰各書概行查燬。此係文淵閣繕進之本，其悖妄語句已經原辦之總校刪去，全書應燬；南北史合注，此書係李清撰，應燬；南唐書合注，此書係李清撰，應燬；列代不知姓名錄，此書係李清撰，應燬；書畫記，此書係吳其貞

撰，因書內所載春宵秘戲圖，語涉猥褻，奏明應燬；閩小記，此
書係周亮工撰，應燬；讀書錄，此書係周亮工撰，因詩內有人皆
漢魏，上花亦義熙餘，語涉違碍，經文淵閣詳檢簽出，奏請銷燬，
並將周亮工所撰各書一概查燬，此書係文淵閣原辦之總校挖改，
全書應燬；印人傳，此書係周亮工撰，應燬；國史考異，此書不
著撰人姓名，內多引用錢謙益辨證，查明應燬。」[14]在禁燬書籍
清單內不僅開列書名及撰人，亦敘明應行禁燬的原因，對於清代
禁燬書籍的研究，足供參考。有清一代，御賜地名或廟宇名稱甚
多，查閱方本上諭檔時可知其名稱是由軍機大臣大學士等所擬
寫，進呈御覽，奉硃筆圈出。例如乾隆五十二年十一月初一日，
方本上諭檔記載賞給臺灣義民的匾額是：廣東，褒忠；泉州，旌
義。廣東是指廣東莊，泉州是指泉州莊。清軍平定林爽文之亂，
義民盡力頗多。但所謂義民，實係在分類械鬥中與林爽文敵對的
團體。是月初三日，清高宗頒諭，將諸羅縣改為嘉義縣[15]。方本
上諭檔記載是月初二日軍機大臣遵旨更定諸羅縣名，擬寫嘉忠、
懷義、靖海、安順四名呈覽，並奏請硃筆點出，以便寫入諭旨。
清高宗就「嘉忠」與「懷義」二名各取一字，而定名為「嘉義」[16]。
其他清單種類繁多，例如直省各屬戶口民數清單、查辦教案人犯
物件清單、河工漫口次數單、稅銀數目清單、養廉銀數清單、舉
人覆試等第單【圖版參】、引見人員名單、科甲出身侍郎以下三品
卿以上銜名清單、正四品京堂進士出身人員名單、歷次戰役陣亡
文武員弁名單等不勝枚舉，俱為重要史料。

14　方本上諭檔，乾隆五十三年十月二十四日，禁燬書清單。
15　《清高宗約皇帝實錄》卷一二九二，頁 10，乾隆五十二年十一月初三日
　　丙寅，上諭。
16　方本上諭檔，乾隆五十二年十一月初二日，更定諸羅縣擬寫縣名清單。

　　方本上諭檔所抄錄的文書種類甚多，除明發與寄信以外，另有特諭。此類諭旨亦為君主因事特降，其原件多為硃筆書寫，末書「特諭」字樣，亦有冠以「奉特諭」者，習稱「硃筆特諭」，部分硃筆特諭為清實錄所不載。清季恭親王奕訢受封的經過，史家說法不一。《清代通史》謂「道光朝實錄亦明載立奕訢為皇太子，與封奕訢為恭親王硃諭，同藏於儲位緘名金匣中，時道光二十六年六月十六日。」[17]《晚清宮廷實紀》亦稱「親王封爵，出自道光硃筆，命之曰恭，一字欽承，涵意實極深遠。」[18]金承藝據《東華續錄》、《清史稿》宣宗本紀內道光三十年正月十四日「皇四子立為皇太子」、「奉硃諭皇六子奕訢封為親王」等條諭旨，而指出「道光帝在密建儲位的遺詔上，立奕詝為皇太子同時封奕訢為親王；可是，只是『親王』而已，並沒有封奕訢為『恭親王』的話。奕訢得到親王中的『恭親王』封號是在道光三十年十月十七日，已經在奕詝登基以後。」[19]對照方本上諭檔後證明金承藝的說法是可以採信的，道光三十年正月十四日，方本上諭檔抄錄硃筆特諭云；「奉上硃諭，皇四子（御名）著立為皇太子，爾王大臣等何待朕言，其同心贊輔，總以國計民生為重，無恤其他，特諭。」「硃，皇六子奕訢封為親王。硃，皇四子（御名）立為皇太子。」是年正月十七日內閣奉上諭云「朕弟奕訢著封為恭親王，奕譞著封為醇郡王，奕詥著封為鍾郡王，奕譓著封為孚郡王。百日釋服後，俱加恩准其戴用紅絨結頂冠朝服蟒袍，俱准用金黃色，欽此。」

17　蕭一山著《清代通史》第二篇，卷下，頁 404。民國五十二年二月，臺灣商務印書館。

18　吳相湘著《晚清宮廷實紀》，頁 98。

19　金承藝撰「奕訢受封恭親王始末」，《中央研究院近代史研究所集刊》，第一期，頁 349，民國五十八年八月。

[20]由上各諭可知恭親王的「恭」字並非欽承於宣宗。頒發外藩的諭旨稱為勅諭，乾隆年間以降，勅諭多由軍機大臣擬寫呈覽。例如方本上諭檔乾隆五十三年九月初五日記載軍機大臣擬寫頒給緬甸國長勅諭一道進呈御覽發下後交繕書房繙譯滿文，並譯出緬文呈覽，然後繕寫用寶，交禮部照例頒發。勅諭繙譯呈覽後，是由內閣繕寫用印，然後再行一併發往。除勅諭外，另有檄諭。其發往屬邦的檄諭多由督撫等擬稿，經軍機大臣改定呈覽後寄交督撫頒發，間亦由軍機大臣代擬，仍以督撫名義頒發。例如乾隆五十一年暹羅國長鄭華遣使進貢請封，並稟請在廣東置辦銅甲二千，以防禦緬甸軍隊。兩廣總督孫士毅具摺奏聞，並將所擬檄稿呈覽。清高宗令軍機大臣將檄稿添改發下，由孫士毅頒發。督撫檄諭各屬邦鎮將等時，多冠以「傳諭」字樣。「照會」是一種常見的外交文書，意即外交機構對各國公使，或各省督撫對各國領事所用的文書，在文書上冠以「為照會事」字樣。清季中外交涉益繁，照會事件更多，方本上諭檔也抄錄了不少的照會稿。「國書」為一國元首代表本國政府致送於他國元首的文書，用於國交涉時，由特派專使遞送，用於公使赴任卸任時，則由駐紮使臣覲見駐在國元首時呈遞。方本上檔間亦抄錄國書原文，例如光緒元年正月間英國繙譯官馬嘉理在滇省邊境被戕，清廷為表示惋惜，特簡欽差大臣郭嵩燾齎國書前往英國代達「衷曲」。光緒二年九月十一日，方本上諭檔抄錄致英國國書全文。原文開端稱「大清國大皇帝問大英國大君主五印度大后帝好」，並敘入馬嘉理持有護照，由緬甸入滇途中遇害情節[21]。「詔」與「制」俱為綸音，凡遇國家大典，君主宣示百僚，或有重大政事，須布告臣民時則頒詔，例如同治元

---

20 方本上諭檔，道光三十年工月十七日，內閣奉上諭。
21 方上上諭檔，光緒二年九月十一日，致英國國書。

年「恭上皇太后徽號恩詔」，開列恩詔條款。至於冊封外藩國長特
頒朝命，以詔示臣民時，亦頒詔，並冠以「奉天承運皇帝詔曰」
字樣，清實錄間亦改書「制曰」字樣[22]。各平行機關往來文書，
稱為咨文，有咨呈與平咨的分別，咨呈是對於可以用咨而職官較
高的衙門大臣所使用的文書，軍機大臣致督撫將軍則使用平咨。
例如乾隆五十年正月初八日，方本上諭檔抄錄辦理軍機處咨文，
其全文如下；「為咨覆事，據貴將軍咨稱，史堂名下應追軍需銀二
千二百餘兩，據史堂寄信伊堂兄原任兵部侍郎史奕昂催繳，請轉
咨江蘇巡撫飭交等因前來。查原任兵部侍郎史奕昂現在來京恭預
千叟宴盛典，堂將史堂原信交給，並取有該侍郎親筆覆信一件，
相應咨覆貴將軍轉飭史堂收存可也，須至咨者外侍郎史奕昂覆信
一件，右咨黑龍江將軍，初八日。」[23]咨文中間亦有標明「辦理
軍機處為咨行事」字樣者[24]。國與國之間除用照會外，間亦使用
咨文。道光三十年十二月十七日，方本上諭檔抄錄理藩院致俄國
咨文云「大清國理藩院為咨行事，現接貴國薩納特衙門來咨，內
稱遵照前次咨覆選派重任大員於明春起程前赴伊犁，會同該將軍
大臣等公議於伊犁塔爾巴哈臺二處添貿易章程等語（中略）。總
之，通商一事，惟圖彼此兩便，庶商民均霑利益，而我大清國與
貴國二百年和好之誼，亦可永久不渝矣，為此咨覆。」本件咨文
末附書「道光三十年十二月十七日，由滿屋遞」字樣。「滿屋」，
即滿本房。原咨文，清實錄不載。「知會」為各部院衙門彼此行知
或移文會辦的文書，其封面多書明「知會」字樣【圖版肆】，首行

---

22 《清高宗純皇帝實錄》卷一二七一，頁4，乾隆五十一年十二月戊午，
　冊封鄭華詔。
23 方本上諭檔，乾隆五十年正月初八日，咨文。
24 方本上諭檔，光緒元年七月二十五日，咨文。

事由亦書明「某部為知會事」為各部院衙門彼此行知或移文會辦
的文書，其封面多書明「知會」字樣【圖版肆】，首行事由亦書明
「某部為知會事」[25]。例如乾隆五十一年十月初一日，方本上諭
檔抄錄知會一件，其原文如下；「辦理軍機處為知會事，本日湖南
省奏到鄉試題名錄內將四書文承題起講限用夫蓋嘗思等字樣，一
併錄入冊內進呈。奉旨，嗣後各省鄉試題名錄祇應照常繕寫，無
庸將此等照例限用字樣一併錄入，欽此，相應知會貴撫遵照一體
辦理，不必專摺具奏，為此知會。十月初一日。」[26]知會與咨文
性質相近而形式略簡，例如乾隆五十二年二月初六日辦理軍機處
奉旨將藏文經一本交四川總督轉遞大喇嘛廟存貯誦習，辦理軍機
處隨即知會四川總督辦理，但在知會末行書寫「須至咨者」字樣。
「箚」或「箚付」為上對下行文時所使用的文書。辦理軍機處行
文督撫將軍以下總兵或道員等微員時，俱使用箚文【圖版伍】。例
如乾隆五十年三月初六日，方本上諭檔中抄錄箚文如下；「辦理軍
機處為箚知事，所有熱河道庫呈請撥銀一事，本處於三月初六日
具奏，業經奉有諭旨，相應抄錄知照該道遵辦可也，須至箚者，
右箚熱河道當保。」「啟」是一種官信，即官方往來的函札【圖版
陸】。軍機大臣面奉諭旨後常以函札發下，方本上諭檔抄錄極多此
類函札。例如乾隆五十年六月初六日所錄啟文云「啟者本日面奉
諭旨，凡清漢合璧諸書，漢字應照清字自左而右，方合體制。今
四庫全書內御製三合切音清文鑑提要，仍照漢字自右而左書寫，
則開首第一頁轉係提要末篇，從來無比寫法，殊屬錯誤，著交武
英殿四庫館改正，並查明文津閣內似此者一體更正。其薈要二分

25　拙撰「清高宗乾隆朝軍機處月摺包的史料價值」，「故宮季刊」第十一卷，
　　第三期，圖版六「吏部知會」，民國六十六年春季。
26　方本上諭檔，乾隆五十一年十月初一日，辦理軍機處知會。

及文淵、文源、文溯三閣所貯四庫並現辦三分書，亦著一體更改，以歸畫一，欽此，專泐佈達，並候近祺、紀、曹、陸、和等同拜具，六月初八日。」所謂「清字」即指滿文。乾隆年間纂修四庫全書，軍機大臣與四庫全書館之間，多以函札傳旨，令其辦理。「略節」是約略敘。事件的大意或要點而以書面提出的文書。例如雍正四年六月十五日陝西固原提督路振揚條奏外官納賄營私開其自首之路，將與受過諸人分別寬免治罪等事，乾隆五十一年六月初七日，軍機大臣遵旨將路振揚原奏及議准各本摘敘略節呈覽。略簡間亦作節略，例如乾隆五十年四月廣東布政使陳用敷將南海縣邵葉氏呈控陳通照欠揭銀兩一案詳報兩廣總督富勒渾，乾隆五十一年五月二十八日，軍機大臣將富勒渾咨送陳通照原案摘敘略節呈覽，但方本諭檔將略節寫作節略。在方本上諭檔中抄錄頗多奏片，此類文書為軍機大臣遵旨議奏及查奏的摺片【圖版柒】，其格式較奏摺略簡。例如乾隆五十一年二月辦理軍機處遵旨將逃犯燕起於何時可以拏獲之處，令吉夢熊占課。二月初五日巳時，吉夢熊占得藏匿深林，應令東北方之人向西擒拏【圖版捌】。從方本上諭檔中所包含文書種類的繁多，可以看出乾隆年間以降辦理軍機處職責範圍的廣泛。

三、小方本上諭檔

　　小方本上諭檔的簿冊，寬約二四公分，長約二五公分，因其形式接近方形，習稱方本上諭檔。例如咸豐十一年正月分內所附簽條即書明「咸豐方本上諭」字樣。因其簿冊規格較辦理軍機處的方本上諭檔略小，故又稱為小方本上諭檔。其現存數量主要見於道咸以降，每月一冊，閏月增一冊，全年十二冊或十三冊。所

載上諭多為明發上諭內閣奉上諭，奉旨及奉硃筆事件，間亦冠以
「內閣抄出奉上諭」、「內閣抄出奉硃筆」字樣。例如咸豐十一年
正月十七日所載上諭云「內閣抄出奉上諭，蘇州織造英綬奏報接
任摺件，兩封一樣，實屬疏忽，著交內務府察議具奏，欽此。」
至於寄信上諭則屬罕見，例如道光三十年二月初四日，小方本上
諭檔記載云「本日無上諭」。但對照辦理軍機處方本上諭檔，是日
有寄信上諭一道，其原文如下；「軍機大臣字寄總兵德，道光三十
年二月初四日奉上諭，朕憶大行皇帝前於祗謁西陵時，曾將硃筆
存記一匣，留貯龍泉峪正殿，交該總兵敬謹看守，歸入交代。茲
朕亟思展視，著德春將此匣妥慎封固，即日派委妥員恭齎送京，
交軍機處呈覽，將此諭令知之，欽此，遵旨寄信前來。」[27]清文
宗實錄亦載此道寄信上諭[28]。因此，小方本上諭檔所云「本日無
上諭」，即指無明發上諭而言。易言之，小方本上諭檔並非屬於辦
理軍機處的檔冊。小方本上諭檔除抄錄諭旨外，其他記事尚多。
例如道光三十年二月初一日除「奉旨順天府現辦籌賑事例著即停
此，欽此。」另外記載：崔光笏謝授江西九江府知府恩；希凌阿
謝補進圓明園班恩；莊親王由東陵致祭回京請安；恭理喪儀王大
臣奏唪經期內供獻應用暈〔葷〕素一摺，旨著素供；理藩院奏西
藏唪經頒賞，旨依議；遞月摺一件；倉場奏稅課盈餘銀兩，旨知
道了；召見軍機，定郡王、莊親王、德誠、朱嶟、崔光笏、奕毓、
聯順、怡親王、鄭親王、僧王；皇上明日用膳後出乾清門、景運
門、東華門、地安門、跪送大行皇帝梓宮後乘輿出德勝門，由土
道進綺春園宮門迎暉殿几筵前奠祭行禮畢，由內還園東書房辦
事，召見大臣候梓宮到出入賢良門東檻木外跪迎梓宮引進出入賢

27　方本上諭檔，道光三十年二月初四日，寄信上諭。
28　《清文宗顯皇帝實錄》卷三，頁5，道光三十年二月丁卯，寄信上諭。

良門正大光明安奉奠祭畢，還飛雲軒，卯初二刻預備[29]。諭旨全錄，題奏事件則摘錄事由。所奏多為臣工因病等請假續假賞假事宜，同時也記載奏事處傳旨事件。例如同治十三年六月二十二日，內奏事處口傳奉旨皇后千秋自六月二十九日起穿蟒袍三日，欽此。

小方本上諭檔每月分之末附錄選缺名單，例如道光三十年正月分的月選單內，知州，雲南，昆陽，瑞昌，正白官學生；知縣，河南，尉氏，姚榮光，浙江監；江蘇，鎮洋，劉文麟，奉天甲；甘肅，鎮原，李敦厚，四川貢等等。其餘包括按經、巡檢、典史等。正月分缺單內包括知州、知縣、巡檢等，俱開列省縣名稱，人名，並註明降革丁憂事故等。月選等官除地方府州縣各職外，也包括京中部院員外郎、中書、小京官、主事、郎中等職。小方本上諭檔詳載各部帶領引見名數，例如道光三十年二月十六日，刑部、都察院、大理寺、正紅旗值日吏部引見八名，都察院引見八名。又如二月十八日記載內務府、國子監、鑲紅旗值日內務府引見十四名，國子監引見三名，奉宸苑引見二名，鑲紅旗引見九名等。

小方本上諭檔對君主的活動記載頗詳，例如道光三十年二月初二日記載云「皇上於巳刻到園召見軍機。」二月初七日，「皇上現換白袖頭」。二十二日，「皇上明日辦事後卯正出福園門，由石路進綺春園宮門大行皇太后梓宮前行禮畢，由內還飛雲軒用膳後辰初至大行皇帝几筵前行禮畢，東書房引見，勤政殿引見。」又如光緒二十四年八月戊戌政變後，小方本上諭檔對清德宗的活動，仍照常記載。是月初六日記載云「皇上明日寅正至社稷壇行禮畢，還海辦事，召見大臣。」初七日：「皇上明日卯初二刻升中

---

29 小方本上諭檔，道光三十年二月初一日，諭摺記事。

和殿，看版畢還海，午刻至勤政殿行禮，申初二刻至夕月壇行禮畢還海。」初八日：「皇上明日卯初二刻至奉先壽皇殿行禮畢還海。」初八日，行太后臨朝訓政禮，德宗被幽禁於南海瀛台[30]。自八月初九日以後，對德宗的活動，則略而不載。因此，研究君主的起居，小方本上諭檔仍不失為珍貴的資料。

在小方本上諭檔中也記載了部分的清單，例如同治十三年正月初九日，奏事處口傳奏准派出十三日宗親宴名單：東邊，惇王、孚王、劻貝勒一桌；澂貝勒、漪貝勒、載瀾一桌，拿酒；西邊，恭王、惠王、治貝勒一桌。溥公、濂公一桌。正月二十七日，奏事處口傳派出二月初一日吃肉王大臣名單，內含惇王等三十六人。至於聽戲王大臣名單，亦見於小方本上諭檔。

在小方本上諭檔中含有「覆校上諭登記檔」，例如嘉慶八年閏二月至十三年二月分上諭登記檔一冊，逐日摘記所奉諭旨事由，書明領旨及校閱人員姓氏。例如嘉慶九年二月初九日記載「兵部筆帖式佛爾洪阿送正月二十四日奉旨兵部議處吳淞內洋連竊商船將疏防之提鎮各員請革職由。」末書「本日該員領去，武恭校。」筆帖式等姓氏及上諭摘由，間亦以滿文書寫。例如嘉慶九年九月初九日記載兵部送校請上諭云 "ishun aniya dele mukden de genere turgunde, monggo wang gung sa morin jafara jalin." 意即「為來年上詣盛京蒙古王公等進馬由。」【圖版玖】由上舉各例可知上諭登記檔實為上諭目錄，便於查檢。

四、譯漢上諭檔與明發上諭檔

譯漢上諭又稱上諭譯漢，其簿冊寬約二四公分，長約二五分

分，接近方本。所記為滿文譯漢諭旨，或為補授官職，或係議處
失職人員，或賞給假期，或令休致等事件，其中多屬八旗武職、
內務府及皇室事務。乾隆二十二年，軍機大臣奏准各衙門奉清漢
上諭譯漢繙清，俱送辦理軍機處繙譯。現存譯漢上諭檔冊，始自
乾隆年間，每年一冊。譯漢上諭間亦交內閣抄錄，例如咸豐四年
九月二十八日奉旨華山太因病奏賞假一摺，著照所謂，華山太著
賞假十五日調理，欽此。文末附書「將此交內閣，應抄寫之處，
令其抄寫外，仍繕寫一分裝入印筒併華山太摺奏一併交內。」

　　譯漢上諭檔間亦註明繙譯人員姓氏，譯出漢文後仍派有校閱
人員。部分譯漢上諭檔抄錄滿文上諭，然後譯出漢文，滿漢並書。
例如道光二十七年正月十三日抄錄滿文上諭：juwan ilan de hese
wasimbuhangge, kuren de tefi baita icihiyata amban delekdorji tušan
i bade amasi marire de jugūn goro kesi isibume giyamun ula šangnafi
yalubukini sehe.其譯漢原文如下：「十三日奉上諭，庫倫辦事大臣
德勒克多爾濟回任道路尚覺較遠，著加恩由江跕行（賞驛傳食），
欽此。」文末附書「必須交繕書房查明 giyamun ula 漢語方妥。」
案滿文 giyamun 即驛或驛站，ula 即江，譯漢上諭原稿作江跕，校
閱人員改為「賞驛傳食」。又如道光二十七年三月初四日奉滿文上
諭云：ice duin de hese wasimbuhangge, buyantai onggolo ili i
jiyanggiyūn i tušan de jafaha kulan morin i saiburu sain mini beye
yalure de umesi hebengge, ere morin de haksan boconggo kulan colo
šangnaraci tulgiyen, kesi isibume buyantai de gecuheri sijigiyan i
mutun emke amba defelinggu ulai suri i sijigiyan kurume i mutun
juwe yuhi šangna sehe.其譯漢原文如下：「初四日奉上諭，布彥泰
前在伊犁任內呈進黑綜黃馬小走，朕乘騎甚好，著賞給黃絢黑名
號，加恩賞給布彥泰蟒袍料二套，大捲江綢袍掛料一套，欽此。」

文末附書「黃絢黑馬名號必須斟酌要緊。」對照滿文上諭後可以看出譯漢原稿甚簡略，例如「布彥泰前在伊犁任內」，應作「布彥泰前在伊犁將軍任內」。「呈進黑綜黃馬小走，朕乘騎甚好」，應譯作「呈進黑鬃黃馬，小走良好，朕騎甚平穩。」大江綢袍褂料二套，滿文上諭內將「套」字誤書為 yuhi，應作 yohi。

在譯漢上諭檔內，間亦抄錄譯漢摺件。例如道光二年四月十六日，穆蘭岱奏謝調補甘肅西寧總兵員缺一摺，為一謝恩摺，內附簽條一紙，上書「此條清文」字樣，意即原件為滿文奏摺，譯出漢文後抄錄於譯漢上諭檔內。在譯漢上諭檔內抄錄頗多清單，例如咸豐四年正月初二日記載「在京未兼文職副都統名單」，開列德全等二十四人，文末附書「以上並無廂藍旗人」字樣。其他名單尚多，例如「未兼領別項差使副都統等名單」，「未兼都統之尚書名單」，「未兼都統之左都御史名單」，「在京未兼文職之前鋒統領護軍統領副都統名單」等，俱見於譯漢上諭檔，有助於了解武職旗員在各部院任職的情形，為研究八旗制度與清代政治結構的重要資料。

明發上諭簡稱明發，其簿冊寬長約二五公分，是方形本的檔冊。其內容主要為內閣傳抄宣示的諭旨，其所記多為內閣奉上諭、奉旨及奉硃筆等事件。現存明發上諭檔，始自乾隆年間，全年一冊，惟現存數量較少。咸豐二年三月二十四日，譯漢上諭檔記載「慕陵碑文」，附書「此係明發漢諭，查出添入，不可妄譯。」[31] 明發上諭與譯漢上諭，名稱雖異，但性質相近，清代繕檔時，常混合裝訂。例如道光二年分譯漢上諭檔與明發上諭檔合訂一冊，其中正月至六月分為譯漢上諭，七月至十二月分為明發上諭。又

---

31 譯漢上諭檔，咸豐二年三月二十四日，慕陵碑文。

如道光二十四年分，外封面書明「譯漢上諭」，其內封面則書寫「明發」字樣。明發上諭檔內間亦書明繕譯人員姓名，例如道光二十一年分明發上諭檔封面右上角註明「德廣、克實訥譯」。道光二十二年分繕譯人員為崇恩、崇齡。道光二十三年分繕譯人員為奎恒、舒慧。此類上諭，實即譯漢明發上諭。

　　就文字種類而言，明發上諭檔內所見文字除滿漢文外，亦包括蒙文、藏文資料。例如光緒三年正月初四日奉滿文上諭一道，漢文註明「此件係松溎奏濟嚨呼圖克圖掌辦商上事務一年期滿洵堪勝任懇請賞給敕書一摺，著照所請，濟嚨呼圖克圖准其掌辦商上事務，並加恩賞給達善名號，俟前輩達賴喇嘛送布彥時再行發給敕書。」又書「此單係正月初四日大人們見帶下照硃圈填寫諭旨」。明發上諭檔原擬所賞名號為達善（hafu sain）、信敏（akdun ulhisu）、智慧（mergen sure），硃圈達善，明發上諭即遵照硃圈賞給濟嚨呼圖克圖達善名號。在明發上諭檔內又抄錄滿文、蒙文、藏文及漢文敕書全文【圖版壹壹】。在漢文敕書末附註「此係頒給濟嚨呼圖克圖等清漢敕書底，於正月初九日大人們見面時隨奏片一併帶上帶下，由本屋將奏片併清文敕書底交蒙古堂領去。」文中「本屋」即「滿屋」或「繕書房」，敕書底即敕書稿。

　　在明發上諭檔內亦抄錄各類清單，例如「奏事處圓明園等處郎中名單」、「補班內大臣人員名單」、「應放內大臣之貝勒名單」、「應放將軍名單」、「應管理健銳營大臣人員名單」、「應放理藩院額外侍郎之蒙古貝勒貝子公名單」、「內外扎薩克帶領引見蒙古貝勒貝子公台吉名單」等，對於探討清代八旗制度等頗有參考的價值。

五、長本上諭檔

　　《欽定大清會典事例》記載綸音云：「凡紀載綸音，分為三冊：每日發科本章，滿漢票籤處當直中書摘記事由，詳錄聖旨為一冊，曰絲綸簿；特降諭旨特別為一冊，曰上諭簿；中外臣工奏摺，奉旨允行，及交部議覆者別為一冊，曰外紀簿，以備參考。」[32]長本上諭檔含小長本與大長本二種。其小長本上諭簿冊寬約一九公分，長約二八公分。現存小長本上諭檔，始自乾隆初年，全年一冊。嘉慶年間，增為每季一冊。咸豐中葉以降，增為每月一冊，閏月增一冊。小長本上諭檔內間註明繕校人員姓名，以光緒二十年分為例，其正月分是由楊伴琴繕寫，趙亦煒、房紹勳、魯承緒、李紹興初校，李鍾瓚覆校；二月分是由吳叔元繕寫，郭祖蔭、魯麐光初校，劉啟瑞覆校。其餘月分亦書明繕校人員姓名，逐日抄繕，按月裝訂。所記內容多為內閣奉上諭、奉旨、奉硃諭等事件。例如咸豐十年七月二十二日亥刻，清文宗籌謀抵禦英法聯軍方略，而手書硃諭，縷晰對策。清文宗實錄將此道硃諭改繫於七月二十三日，內容雖同，惟將硃諭內「蠢茲逆夷」改作「重洋遠國」，將「戰撫兩難」改作「戰和兩難」，改「巴酋」為「巴氏」，改「逆酋驚吠狂噪」為「該員桀驚狂妄」，改「黑夷」為「黑人」[33]，避免使用夷狄字樣。所奉諭旨，間亦冠以「奉硃批」字樣，例如光緒二十年八月初六日：「奉硃批，六品廕生姚春魁，著以通判用，欽此。」亦有冠以「奉御筆」者，例如道光三十年二月十二日：「奉御筆仁壽等著罰俸六個月，准其抵銷，陳孚恩著降三級留任，准

32　《欽定大清會典事例》，卷一五，頁 6，紀載綸音。
33　《清文宗實錄》卷三二六，頁 11，咸豐十年七月二十三日乙卯，硃諭。

其抵銷，欽此。」至於奉旨，則為臣工具奏請旨事件，例如光緒二十年二月初四日，因吏部遵議山東知縣錢鑅處分具奏請旨，是日奉旨：「著不准抵銷」。在清朝末葉的小長本上諭檔內常見軍機大臣面奉諭旨事件，例如咸豐十年六月十五日記載「軍機大臣面奉諭旨，福濟未到任之前，工部左侍郎仍著清安署理，欽此。」軍機大臣面奉諭旨事件，間有冠以所交衙門名稱者，例如咸豐十年七月二十三日記載：「交兵部，本日軍機大臣面奉諭旨，署戶部侍郎內閣學士袁希祖著即日馳驛前撫〔赴〕天津查辦團練，所有應給勘合著兵部即日給付，毋稍遲悞，欽此，相應傳知貴部欽遵迅速辦理，即日封送戶部交署右侍郎袁希祖接收可也，此交。七月二十三日，單發馬。」此類文書，即為辦理軍機處傳旨飭行事件。寄信上諭即字寄與傳諭亦見於長本上諭檔，間亦書明馬遞里數。因此，小長本上諭檔並非票籤處所抄的上諭簿。

在小長本上諭檔內間亦抄錄臣工的經歷事蹟，例如同治十三年六月分內開列曾國荃、蔣益灃、楊岳斌、賈洪詔、張凱嵩、閻敬銘、郭嵩燾、鮑超、趙德轍、丁日昌等人的事蹟。以曾國荃為例，其記載如下：「同治二年三月十九日，補浙江巡撫。三年九月初四日，因病奏請開缺，奉旨准其開缺，賞人蔘六兩，候病痊來京陛見。四年二月二十六日，奉旨著來京。六月十六日，補山西巡撫。八月十一日，因病奏請開缺，奉旨毋庸開缺，賞假六個月，在籍調理。五年正月二十六日，補湖北巡撫。六年十月十六日，因病奏請開缺，奉旨准其開缺。」[34]《清史稿》載曾國荃於同治四年起授山西巡撫，辭不就，調湖北巡撫，命幫辦軍務[35]。曾國荃於同治四年六月十六日補授山西巡撫，次年正月二十六日調補

---

34 長本上諭檔，同治十三年六月分，事蹟單。
35 《清史稿》列傳二百，曾國荃，頁 3。

湖北巡撫,「辭不就」的記載,似不足採信,至於補放月日,列傳俱刪略不載。因此,長本上諭檔所錄臣工經歷事蹟單,不失為重要的傳記資料。在小長本上諭檔內亦抄錄部分清單,例如「交部議處察議王大臣名單」、「罰俸王大臣名單」、「降級、革職留任處分名單」等。小長本上諭檔內間有初繕本與增繕本,例如咸豐十年閏三月分共計二本,一為初繕本,一為增繕本,惟兩本所載各道上諭前後次序不同,內容詳略亦異,或載或不載。以閏三月初六日為例,初繕本上諭計四道,增繕本上諭計五道,其中相同者二道,增繕本另有三道上諭為初繕本所不載,見於實錄者僅二道。易言之,小長本上諭檔所載雖多為明發諭旨,惟因實錄等官書並未全錄,仍有其價值。

　　在長本上諭檔中含有大長本上諭檔,其簿冊寬約二九公分,長約三八公分,現存大長本上諭檔,始自清世宗朝,自雍正元年至九年止,僅一冊,俱為怡親王胤祥而特頒的諭旨。嘉慶年間以降,全年一冊或二冊,但現存數量不多。據嘉慶二年分所附簽條的記載,大長本上諭檔的數量,計嘉慶二年一本,六年正月至六月一本,十四年一本,十七年一本,二十年正月至三月一本,二十二年一本,合計共六本,其他各朝數量亦甚少。嘉慶二年分大長本上諭檔外封面左上角書明「上諭」字樣,內封面先書「外紀」二字,後又塗抹改書「上諭」二字。外紀簿為內閣漢票籤處的重要檔冊,因其所記多為外省臣工摺奏事件,故稱為外紀簿。嘉慶二年分大長本上諭檔內封面既誤書「外紀」字樣,則大長本上諭檔應為漢票籤處的檔冊。所記為內閣奉上諭、奉旨及奉敕旨事件,其中多不見於實錄。例如嘉慶二年正月初二日癸卯,大長本上諭檔抄錄內閣奉上諭四道,其中戶部侍郎台布暫署江西巡撫印務一道,清仁宗實錄改繫於正月初五日丙午,其餘二道上諭,實錄合

併為二條，且文字簡略。正月初四日乙巳，馮光熊具奏壽民婁奎年逾百齡，奉上諭賞給六品頂戴，清仁宗實錄不載此道上諭。其餘諭旨，實錄多未載。部分諭旨雖見於實錄，但刪略頗多，例如嘉慶二年九月初二日，大長本諭檔奉上諭云「勒保奏連日痛勦賊匪洞洒、當丈兩處，擒獲首逆王囊仙、韋七絡鬚一摺，覽奏欣慰。勒保自攻克安有山梁之後，於八月初九至十四等日督率官兵，奮勇擊勦，攻克張奇下蝦扎箐及長沖上扎箐二龍口等處山梁，殺賊三千七百餘名，生擒三百七十餘名，並殲擒賊日岑朝英等二十餘人，即于十五日分兵八路，同時進勦。賊匪於洞洒、當丈兩處堅築城垣，屯聚守險，抵死拒抗，官兵悉力奮攻，殲賊無數，賊人放火自焚，經都司王宏信、千總保洪玉、把總楊國仁等將首逆王囊仙、韋七絡鬚即韋朝元從火中擒出，所有洞洒、當丈賊巢全行洗蕩，除打仗殲斃外，共燒斃一二萬人，生擒男婦大小二千六百餘口，並無一名漏網。此次勒保連日乘勝進勦，分別攻擊，將士等俱各奮躍爭先，並無片刻停留。勒保督率弁兵擒渠掃穴，調度有方，深可嘉尚，著格外加恩封為侯爵，用昭懋賞，所有八路領兵出力之文武將領等官俱著查明咨部從優議敘。此內原任總兵永寧、知府慶倈，於進攻洞洒時將外城墻垣挖開，始能擁進多人，乘勢拆毀，尤為奮勇可嘉。永寧前於雲南永昌鎮內辦理猓黑事宜，未能妥協，曾經革職，著加恩即以副將補用，慶倈著加恩以道員陞補。至都司王宏信於賊匪窮蹙之時跳上賊樓，將王囊仙於火中拖出，千總保洪玉、把總楊國仁、兵丁張啟祥亦首先撲火而入，將七絡鬚擒住，實為奮勇出力。王宏信著以尤吉〔遊擊〕即用，保洪玉著以守備即用，楊國仁著以千總即用，張啟祥著以把總即用。至此次打仗官兵鄉勇土練人等，著勒保查明首入賊巢並分外出力者，著加恩各賞給兩月錢糧口糧，其餘著各賞給一月錢糧口

糧，以示獎勵，摺併發，欽此。」[36]清仁宗實錄亦載此諭，其文
如下：「勒保奏報，攻克洞洒、當丈苗寨，生擒首逆王囊仙、韋七
絡鬚，殺賊千餘，燒斃賊眾萬餘，生擒男婦千六百名口。得旨嘉
獎，晉封勒保三等候爵。并諭軍機大臣等，此時首逆既擒，其附
和苗寨，自必望風震懾，官兵乘勝直前，永豐冊亨之圍，自可不
攻而解。但王抱羊一犯，與王囊仙俱係起事首逆，必當一併擒獲。
勒保應趁此兵威，曉諭降苗，令其搜捕縛獻，以淨根株。其餘被
脅悔罪苗民，妥為駕馭安撫，俾安生業，將此諭令知之。」實錄
又載「以生擒王囊仙等功，已革總兵官永寧以副將用，知府慶俠
以道員用，都司王宏信以遊擊用。餘出力員弁，下部議敘，賞兵
丁兩月錢糧。」[37]將清實錄與大長本上諭互相對照後，得知實錄
所載上諭是將內閣奉上諭與寄信上諭合併摘敘，並將內閣奉上諭
分載兩處。大長本上諭檔摘錄勒保原奏甚詳，實錄所載上諭經刪
略潤飾後，語焉不詳。

　　勅旨是皇帝諭告臣工的一種文書。嘉慶初年，在大長本上諭
檔內所錄勅旨是太上皇帝清高宗特降的諭旨。例如嘉慶二年二月
初七日因皇后崩逝，清高宗特降勅旨。清仁宗實錄記載勅旨原文
云「諭內閣，本日皇后薨逝，一切典禮，仰蒙皇父太上皇帝特降
勅旨，加恩照皇后例舉行（下略）。」大長本上諭檔於勅旨全文前
標書「乾隆六十二年二月初七日奉勅旨」字樣。清高宗踐阼之初，
曾焚香禱天，若得在位六十年，即當傳位嗣子，不敢上同聖祖紀
元六十一載之數。乾隆六十年九月，清高宗在位已屆周甲，冊立
皇十五子嘉親王為皇太子。嘉慶元年正月元旦，舉行內禪大典，
歸政之後，大權仍然不移，仁宗徒擁虛位而已。仁宗即位後雖改

36　大長本上諭檔，嘉慶二年九月初二日，上諭。
37　《清仁宗睿皇室實錄》卷二二，頁 1-3。

元嘉慶，但高宗仍以乾隆年號頒降諭旨。例如嘉慶二年正月十七日，大長本上諭檔記載云「乾隆六十二年正月十七日，內閣奉勅旨，著皇帝於二月初二日御經筵，所有應行典禮，該衙門照例預備，欽此。」是月二十七日，亦載云「乾隆六十二年正月二十七日，內閣奉勅旨，朕於三月初四日吉同皇帝啟鑾巡幸盤山，所有一切事宜，著各該衙門照例預備，欽此。」大長本上諭檔抄錄高宗退位後所頒佈的諭旨，為數不少，不失為重要的史料。

　　除大長本上檔以外，另有小長本上諭摘由簿，寬約一六公分，長約二三分。例如嘉慶元年至二十三年正月止，左上書「上諭」字樣，其內容為上諭的摘要，以人物為主，記載各員調補、加銜、議敘、降級、革職、議處、休致、開缺等事件。以嘉慶二年分為例，正月二十二日：甘肅布政使著楊揆補授，防禦西林泰著賞戴藍翎。二十四日：著派福長安揀撰。二十七日：雲南按察使著孫藩補等等，都是據明發等諭旨按月日摘記而成的事蹟冊。此類上諭摘由簿實即國史館為纂修列傳而摘抄上諭的簿冊。例如乾隆二十七年分小長本上諭簿，左上角書寫「上諭」字樣，其首頁則為「蘇楞額傳稿」。蘇楞額姓那位氏，內務府正白旗滿洲人，乾隆二十七年六月，由官學生補授筆帖式。小長本上諭簿所載傳稿，即始自乾隆二十七年，而止於乾隆五十九年十二月補授兩淮鹽政止。自嘉慶元年以下則抄錄有關蘇楞額調補陞遷的各道上諭，至道光七年四月二十四日病故止。乾隆、嘉慶兩朝含有分卷刊行的木刻本上諭簿，內分載有關軍政、兵律、職制、郵驛、廄牧等項的諭旨，似為上諭館所刊刻的簿冊。光緒朝末葉另增鉛字排印本的上諭簿，係據邸報等剪貼而成者，內含宮門鈔、上諭、交旨、交片、電報等項文書。

六、寄信上諭檔

　　寄信上諭檔簡稱寄信檔，是清代辦理軍機處專載寄信上諭的重要檔冊。其簿冊寬約一八公分，長約二九公分。現存寄信上諭檔，始自乾隆初年，全年一冊至三冊不等，乾隆末年以降，增為每季一冊，全年四冊，寄信上諭習稱廷寄，其名沿用已久，但就檔案記載而言，則從嘉慶十一年以後始正式改書廷寄檔。自道光朝以降，或每季一冊，或每月一冊。清代廷寄制度究竟始於何時？異說紛紜，莫衷一是。《簷暴雜記》謂辦理軍機處廷寄諭旨始自雍正年間，其格式為張廷玉所奏定[38]。但在雍正七年軍需房正式設立以前，上諭已有以寄信方式發下的例子。雍元年，川陝總督年羹堯用兵青海期間，世宗屢降諭旨，指授兵略，其中「字諭年羹堯」的硃筆特諭[39]，就是以寄信方式封發。康熙年間行在總管字寄王以誠的文書[40]，其格式與辦理軍機設立以後的字寄已極相近。而且在康熙、雍正年間，寄信諭旨或寄自內閣，或寄自親信廷臣，不必一定寄自軍機大臣[41]。易言之，廷寄制度不僅先於辦理軍機處的設置而存在，就是在辦理軍機處設立以後，廷寄也不是限於軍機大臣所專用的文書[42]。終世宗一朝，廷寄格式並未畫一，或稱「寄字」【圖版壹貳】，或稱「字寄」。其出名寄信的大臣，

38　趙翼著《簷暴雜記》，卷一，頁3，壽春白鹿堂重刊本，中華書局。
39　《年羹堯奏摺專輯》中冊，頁749，民國六十年十一月，國立故宮博物院。
40　《掌故叢編》，聖祖諭旨，頁10。民國五十年五月，國風出版社。
41　拙撰「清代廷寄制度沿革考」，《幼獅月刊》第四十一卷，第七期，頁68，民國六十四年七月。
42　傅宗懋著《清代軍機處組織及職掌之研究》，頁347，民國五十六年十月，嘉新水泥公司文化基金會。

或詳列官銜姓名，或但書姓氏。至於廷寄的封發，並非全由兵部
火票馳遞，或由赴任大員攜帶，或由齎摺家人捧回，或隨督撫奏
事之便封入報匣寄出，乾隆年間，辦理軍機處的組織逐漸擴大，
職權日重，章程益詳，軍機大臣面奉諭旨事件更多，廷寄制度漸
趨畫一。因寄信對象官職的高低，而有字寄與傳諭的分別。《樞垣
記略》云「寄信，外間謂之廷寄。其式，行經略大將軍、欽差大
臣、將軍、參贊大臣、都統、副都統、辦事大臣、領隊大臣、總
督、巡撫、學政，曰軍機大臣字寄；其行鹽政、關差、藩臬，曰
軍機大臣傳諭，亦皆載所奉之年月日，逕由軍機處封交兵部捷報
處遞往，視事之緩急，或馬上飛遞，或四百里，或五百里，或六
百里加緊，皆於封函上註明。其封函之式，字寄者右書辦理軍機
處封寄，左書某處官開拆；傳諭者居中大書辦理軍機處封，左邊
下半書傳諭某處官開拆，皆於封口及年月日處鈐用辦理軍機處
印。」[43]但字寄與傳諭的分別，是乾隆以來的制度。在雍正年間，
所有寄信上諭，俱稱字寄或寄字，尚無傳諭與字寄的畫分。傳諭
格式，首先書明奉上諭日期，次書上諭內容，文末書明「軍機大
臣遵旨傳諭某官某人」字樣，傳諭對象姓名例應全具。其寄信對
象，非常廣泛，並不限於外任大員。廷寄制度普遍採行後，無論
密諭或一般諭旨，多以寄信方式封發。明發與寄信的主要分別，
已不在諭旨的機密與否，凡應交內閣發抄的諭旨，即屬明發上諭，
凡無需發抄或僅諭令一二人知道或辦理事件，即以寄信方式發
出。臣工摺奏，除循常例行公事批諭發還外，凡奉硃批「即有旨」，
或「另有旨」的摺件，俱交軍機大臣閱看，並擬寫寄信上諭，進
呈御覽，經述旨後封入紙函，鈐蓋辦理軍機處銀印，交兵部加封，

43　《樞垣記略》卷一三，頁 12-13。

由驛馳遞。部分寄信上諭檔，附有籤條，註明封寄日期等項。例如乾隆十三年三月二十八日大學士伯張廷玉等奉上諭字寄浙江巡撫方觀成，在寄信上諭檔內附書「前件，三月二十九日兵部加封寄，四月初一日保定府奉到，本月初二日奉覆，兵部火票，詳督院代繳。」[44]其餘或註明「摺匣內寄」，或書明「信匣寄」，或由「兵部加封寄」，俱註明封寄及奉到月日。嘉慶以降，廷寄又分成一般性的字寄與奉密諭的密寄二類。道光三十年十一月，軍機大臣遵旨酌擬辦理軍機處補充章程九款，分別懸掛於隆宗門內，圓明園如意門內軍機堂及滿漢章京直房，其中對寄信上諭的規定如下：字寄中遇有機密查辦事件，軍機大臣承旨後，派章京一二員即在堂上繕寫密封呈遞發下後，仍由堂上用印封交兵部領去，將底稿押封封記，俟查辦事竣後再行撤封登檔，如有漏洩，即由軍機大臣查明繕寫章京嚴參。其尋常寄信草稿，由堂改定後，仍令繕稿章京上堂領取分繕；逐日改定寄信草稿俱責成每日值班章京與領班章京公同檢齊焚銷；每日明發諭旨同奏摺交內閣發鈔，寄信印封夾板交兵部，驛遞速議事件，傳知各中書司員等至軍機章京直房承領，其未至傳領時間，不得進入軍機直房[45]。

　　從寄信上諭檔的記錄中可以了解軍機大臣擬寫諭旨的過程，例如乾隆三十四年七月分內載軍機大臣的奏片云「查湖廣解滇馬匹疲瘦，寄信吳達善、揆義、方世儁明白廻奏諭旨一道於六月二十二日隨經略報寄去，今據方世儁覆奏摺內有會同督臣吳達善之語，而湖北有督撫尚未奏到，臣等擬寫詢問吳達善諭旨進呈，謹奏。」軍機大臣所擬寫呈覽的寄信上諭原稿如下：「大學士劉字寄湖廣總督吳，乾隆三十四年七月二十一日奉上諭，前以湖北湖南

---

44 《乾隆廷寄》（一），頁 3。民國六十三年六月，廣文書局。
45 方上上諭檔，道光三十年十一月初九日，辦理軍機處增訂章程。

解滇馬匹俱有疲瘦，因降旨該督撫令期明白迴奏。今據方世携將湖南辦理不善緣由覆奏，且摺內已有會同總督吳達善之語。湖北距京較湖南為近，吳達善何以轉未奏到，著再傳旨詢問，令將馬匹疲乏之故，即行查明據實覆奏，竝將因何遲延緣由一併奏聞，欽此，遵旨寄信前來。」[46]軍機大臣所擬寫的諭旨，不限於寄信上諭，明發上諭亦由其擬寫。寄信檔乾隆四十六年正月二十九日記載云「奏事太監傳旨通永道員缺著劉錫嘏補授，欽此。但查劉錫嘏係直隸通州人，理合請旨，另行簡放，謹奏。」軍機大臣又奏云「查李調元係四川人，謹擬寫補放通永道諭旨進呈，謹奏。」是日頒發明發上諭云「乾隆四十六年正月二十九日，內閣奉上諭，直隸通永直員缺，著李調元補授，欽此。」是年五月內軍機大臣奏云「臣等擬寫寄信陳輝祖、楊魁、富綱諭旨一道進呈，並擬寫富綱來京陛見明發諭旨一道，發下時應存記，伏陳輝祖等覆奏到日再行發抄，謹奏。」寄信檔內記載五月二十二日明發上諭與寄信上諭各一道。軍機大臣每因擬旨欠當而受嚴斥。例如乾隆四十七年二月初五日尚書和珅字寄欽差大學士公阿桂等籌辦河工事宜一道，奉硃筆增改，在寄信上諭原稿附書云「此旨所書太不成章，故改抹者多，即寄去時南紅門駐蹕行圍後御筆。」具題本章及部議事件，寄信上諭例不敘入。乾十二年九月初五日，雲南巡撫圖炳阿奏稱「為謹遵聖訓事，乾隆十二年七月二十八日，臣齎摺家人回滇，接到大學士張，尚書傅封寄，內開字寄各省督撫提督，乾隆十二年五月二十二日，奉上諭，朕命軍機大臣等寄信傳諭之旨云云，欽此，遵旨寄信前來等因，封寄到臣，竊惟直省事務蒙我皇上睿鑒精詳，更荷體念群臣，俾易遵循辦理，特令軍機大臣

---

46 寄信檔，乾隆三十四年秋季檔，寄信上諭。

等寄傳諭旨，告誡訓誨，間有降旨詢問，及令督撫等商酌辦理，臣工欽奉之後，自尚倍加謹密，若於該部議之案及具題本章，竟以恭敘宣露，殊非慎重機宜。今蒙聖訓詳明，臣惟有恪遵辦理。嗣後奉到寄信欽傳諭旨，除無庸部議之案，敬謹敘入外，其凡應部議及具題本章，概不恭敘，另將寄信之處具摺奏明（下略）。」[47]

　　在寄信上諭檔內附錄文書，種類繁多。例如咸豐八年夏季檔內附錄「查開准駁各夷條款」，共開列二十七款，其前三款原文如下：一哦夷請准報事人由旱路行走恰克圖，並代備器械等語，已令仍由海道行走，鎗礮等件，毋須代為豫備；一哦夷請增添口岸已允照各國一體在五口通商，其黑龍江查勘地界，仍由該處理；一哦夷請進京駐紮等語，道光年間各夷和約內並無進京一條，此次哦夷創議與體制不合。其餘各款所載中外交涉事項，俱為探討清季外交的重要史料[48]。寄信上諭檔內亦含有「知會」，例如嘉慶九年十月十五日軍機大臣奉上諭寄信予告大學士王杰，並在寄信上諭末附書「知會」一件云：「辦理軍機處為知會事，本日寄信予告大學士王，酌量今冬明春來京諭旨印封一件，並賞匣一個，貴撫接奉後，即由驛飛遞至韓城轉交可也，為此知會。」寄信上諭檔內亦抄錄傳旨事件，例如咸豐八年春季檔載「交工部，本日軍機大臣面奉諭旨，現在察哈爾都統西凌阿帶領鳥槍兵一千名，由密雲一帶前往山海關，所有應用鉛丸火藥，著工部迅速籌撥，寬為預備，照例解往，欽此，相應知照貴部欽遵辦理可也。此交。三月初七日。」軍機大臣遇毋庸寄信傳諭事件，即以函札告知。例如寄信檔乾隆四十六年二月二十七日抄錄啟文云「啟者本日面

47 軍機處檔月摺包，第二七七二箱，第一〇包，一二六七號，乾隆十二年九月初五日，圖爾炳阿奏摺錄副。
48 廷寄，咸豐八年夏季分，四月十七日，「查開准駁各九條款」。

奉諭旨前令富勒渾押解王燧來京，今富勒渾已放河南巡撫，著即
馳赴河南接印後，即至五臺行在請訓。至押解王燧，該省自有恖
員，並有沿途接送員弁，且王燧曾任道員，一路自應知法，可毋
庸富勒渾親身押解，此旨不值傳諭，爾等札知富勒渾可也，欽此。
大人接奉此諭，即當遵照辦理，不必形諸章奏，專此不一。董、
和、福、梁、福，全具。」[49]此外亦抄錄供詞、清單等，俱為珍
貴資料。在寄信上諭檔中含有譯漢寄信檔，是由滿文諭旨譯成漢
文。例如道光十六、七年分譯漢寄信檔，註明「祥泰、增保譯」。
其格式與漢文寄信上諭相近。例如道光十七年九月二十日寄信上
諭全文為：「軍機大臣字寄察哈爾都統賽，道光十七年九月二十
日，奉旨，賽尚阿奉因腿生疙瘩（瘡）疆坐駝轎出口查演官兵技
藝一摺，著信知賽尚阿令伊安緩行走，善為調養，將官兵技藝據
實查演，欽此，欽遵，為此寄信。」[50]咸豐八年分譯漢寄信檔抄
錄四月十七日軍機大臣字寄理藩院諭旨一道，於年月日後書寫「奉
旨」字樣，並於文末書寫「為此字寄」字樣，與一般字寄格式略
異。漢文上諭中「奉上諭」與「奉旨」事件不同，但就滿文而言，
並無區別，俱作：hese wasimbuhangge。道光朝以降，另有勦捕
廷寄檔，或每季一冊，或每月一冊。清末電報採用後，又有電寄
檔。俱為清代記載諭旨的重要檔冊。

七、結　語

　　清初承明舊制，以內閣總理政務，承宣綸音。清世宗雍正七
年，因用兵西北，經戶部設立軍需房，以密辦軍需，雍正十年，

---

49 寄信檔，乾隆四十六年二月二十七日，啟。
50 譯漢寄信檔，道光十七年九月二十日，字寄。

辦理軍機事務印信頒行後，因使用日久，遂改稱辦理軍機處[51]。
雍正十三年十月，清高宗御極後，裁撤辦理軍機處，其軍機事務，
改由總理事務王大臣兼理。乾隆二年十一月，復設軍機大臣，辦
理軍機處恢復建置。其組織日漸擴大，職權益重，範圍廣泛，一
切承旨書諭，不論寄信或明發諭旨，以及各項文移，莫不總攬，
辦理軍機處的職掌，已不限於掌理戎略或運籌決勝，事實上已成
為清代中央政府的執政機構。軍機大臣綜理軍國機務，日直禁庭，
以待召見。內外臣工摺奏，面奉指示，擬寫諭旨；翰林院所擬祭
文及內閣所擬敕旨，亦下辦理軍機處審定[52]。同光初年，每日摺
奏批旨，俱由軍機大臣代書。因此，軍機大臣所任最為嚴密，亦
最繁鉅。清代上諭檔，除記載各類諭旨外，並附錄種種文書，其
中多由軍機大臣承辦。因此，上諭檔冊，實為研究清代中央政治
結構的重要資料；探討辦理軍機處的職掌及其發展，上諭檔冊，
尤為珍貴史料，本文所述，僅就其犖犖大者，舉例說明，俾於清
代檔案的使用稍有裨益。

---

51 拙撰〈清世宗與辦理軍機處的設立〉，《食貨月刊》第六卷十二期，頁 23，
　　民國六十六年三月。
52 張德澤撰〈軍機處及其檔案〉，《文獻論叢》論述二，頁 60，民國五十六
　　年十月，台聯國風出版社。

上諭京師地安門外舊有明成化年間所建

文昌帝君廟宇久經傾圮碑記尚存特命敬謹重

修現已落成規模聿煥朕本日虔申展謁因思

文昌帝君主持文運靈蹟最著海內崇奉與

福國佑民崇正敎闢邪說

關聖大帝相同允宜列入祀典用光文治著交禮

部太常寺將每歲應於何時致祭及一切儀文仿

春秋之典

行九叩禮敬

照

關帝廟定制詳查妥議具奏欽此

圖版壹　內閣奉上諭　嘉慶六年五月初九日

嘉慶六年五月初九日內閣奉

欽命四書題詩題

達巷黨人曰大哉孔子

子曰道不遠人人之為道而遠人不可以為道

詩云伐柯伐柯其則不遠執柯以伐柯睨而

視之猶以為遠故君子以人治人改而止忠

恕違道不遠

慶以地

欽命四書題詩題

光緒二十一年乙未科宗室會試

賦得雨洗亭皋千畝綠得衆字五言八韻

居敬而行簡以臨其民

欽命四書題詩題

光緒二十一年乙未科會試

賦得君臣一氣中得親字五言八韻

主忠信 上論語

優優大哉禮儀三百

居天下之廣居立天下之正位 行天下之大道

得志與民由之

圖版貳　會試題目　光緒二十一年

一甲進士三名

○夏同龢　貴州人　年□□歲　一甲一名進士　朝考一等二十九名　覆試一等一名

○宗室文斌　正藍旗人　年十九歲　一甲二名進士　朝考一等三名　覆試一等五名

○俞陛雲　浙江人　年三十歲　一甲三名進士　朝考一等二十六名　覆試一等二十八名

二甲進士三名

○宗室壽福　鑲藍旗人　年二十四歲　二甲八名進士　朝考一等四十九名　覆試一等二名

○宗室舒榮　鑲紅旗人　年二十六歲　二甲一百二十名進士　朝考二等三十九名　覆試一等一名

滿洲進士六名

○蔭桓　滿洲人　年二十五歲　二甲十七名進士　朝考二等四十四名　覆試二等三名

○阿聯　滿洲人　年十六歲　二甲七十名進士　朝考二等三名　覆試三等八十六名

○志琮　滿洲人　年二十五歲　二甲七十二名進士　朝考二等四十三名　覆試二等四十六名

圖版參　進士等第單　光緒二十四年

辦理軍機處為知會事所有查審塗改刑部公
文一案經本處會同步軍統領明　於五月十
八日具奏奉
旨依議欽此相應將原奏一件並塗改刑部原文一
件一併封寄
貴將軍
貴侍郎查照辦理為此知會
　　　五月十八日

辦理軍機處為劄覆事昨有賫到職貢圖一卷
四庫書一本本處于初六日業經收訖俟辦理
完竣再行寄交該總管各歸原處安設可也須
至劄者
乾隆五十四年正月初八日
　　　右劄熱河總管准此

左圖：**圖版肆**　知會　嘉慶六年五月十八日
右圖：**圖版伍**　劄文　乾隆五十四年正月初八日

敬啟者奉
旨令津等傳知
聖躬右臂微痛初一初二兩日手指微腫運用不能
自如外省奏摺俱奉
旨令藩灝代批初三日已照常
批摺初四日更覺平復本年順天鄉試密封各本正
副考官俱係
御筆書寫籤內其同考官十八員因字數稍多恐致
過勞於開列各單內將同考官及彈壓副都統
監試御史外簾官俱用
硃筆圈點分別
派出此本到閣時奉
旨令密行拆封不可宣露即令內閣學士照向例批
寫再行齎赴
午門前宣讀特此佈
聞順請
台安
　　　戴批盧
　　　全頓啟
　　　八月初四日

圖版陸　書啟　嘉慶二十四年八月初四日

本日總理各國事務衙門奏代遞主事康有為

條陳摺又康有為奏進呈

孔子改制考摺並書一函奉

旨留尚書許應騤奏遵

旨明白回奏摺奉明發

諭旨一道侍讀學士徐致靖奏請廢八股摺又奏嗣

後因人行政一切外洋交涉事件請

明詔宣示户均奉

旨存謹將原摺序恭呈

慈覽謹

奏

五月初四日

圖版柒　奏片　光緒二十四年五月初四日

丙午二月初五日巳時占逃賊

天丑巳

后丑巳

龍未丑　元六元應寅　邓　辰　巳尚

合酉邓　邓酉邓　后丑　元常

武元　貴子　未青

邓酉　振亥戌酉申勾　午空

朱六

支上酉為旬空其陰神為邓元武加之元武為

賊邓為林木賊應在多樹木之處占逃亡骨遊

都巳日以丑為遊都天后加丑疑為陰人所庇

丑之陰神為未巳日以未為魯都青龍

以青龍貴神冲天后宜可擒獲惟酉係旬空元

武邓遠坐鄉或此賊巳伏冥誅如果尚藏㵮

林家之地則須填實旬空或集酉日酉月擒獲

也擒賊要勾陳得力勾陳加申臨於富寅傑東

北方元武邓臨於酉酉為西方應令東北方之

人向西擒賊也

臣吉夢熊謹占

圖版捌　卜辭　乾隆五十一年二月初五日

九月初五日史部等帖式海承阿送
上諭德楞泰奏到官兵各設截劉戮匪

明
萃枝

奉旨謀勇領去

嘉慶九年九月十一日奉
上諭正監指汴軍印發章京慶音印發
又九年七月三十日奉
旨肅遲報陶河清理臺慶遠
著用
多恭校
李諒六領去

九年九月初九日兵部送披清

上諭一道

明恭校
十二日兵部筆帖式圖尊
史部筆帖式錫林體

嘉慶九年八月二十五日奉
旨遵所奏大道橋監正實暨嘉英著交部議處由
伊
萃枝

圖版玖　上諭登記檔　嘉慶九年九月初九日

十三日奉　必須交尚書房查明發出汗語方妥
上諭庫倫辦事大臣德勒克多爾濟回任道路尚覺
較遠著加恩由驛馳馹行欽此

圖版壹零　譯漢上諭　道光二十七年正月十三日

此單係正月初四日大人們見
帶下照　硃圈填寫　諭旨

智慧
信敏
達善

此件係松溎奏濟嚨呼圖克圖掌辦商上事
務一年期滿溎堪勝任懇請

賞給
敕書一摺著照所請濟嚨呼圖克圖准其掌辦簡
上事務並加

恩賞給達善名號俟削革達賴喇嘛送布彥時再
行發給

敕書

圖版壹壹　滿蒙藏漢文敕書　光緒三年正月初四日

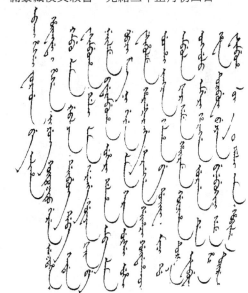

此件係鐵祺調補正紅旗漢軍副都統所遺正白
旗蒙古副都統鍾泰補授鍾泰所署正黃旗漢
軍副都統戴慶署理

圖版壹壹 B　滿蒙藏漢文敕書　光緒三年正月初四日

圖版壹壹 C　滿蒙藏漢文敕書　光緒三年正月初四日

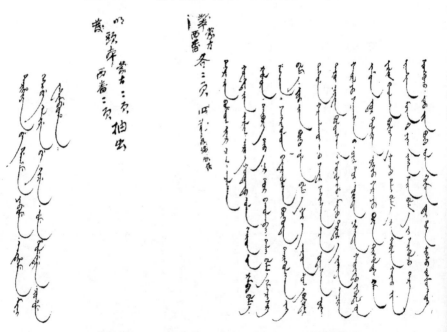

圖版壹壹 D　滿蒙藏漢文敕書　光緒三年正月初四日

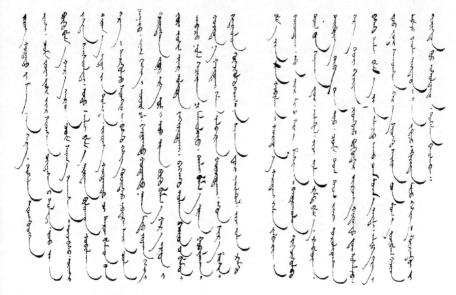

圖版壹壹 E　滿蒙藏漢文敕書　光緒三年正月初四日

圖版壹壹 F　滿蒙藏漢文敕書　光緒三年正月初四日

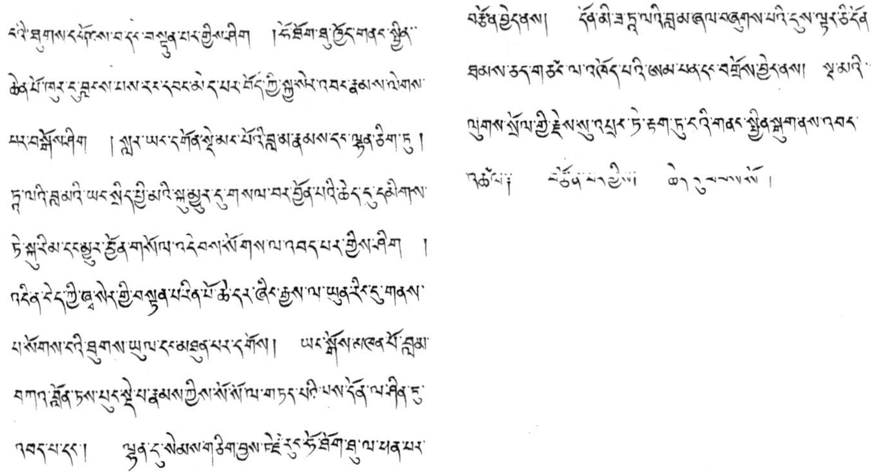
ངའི་ཐུགས་དགོངས་པ་དང་བསྟུན་པར་གྱིས་ཤིག །ཧོ་ཐོག་ཐུ་ཆེད་གནང་སྦྱིན་
ཆེན་པོ་ཁུར་དུ་བླངས་པས་རང་དབང་མེད་པར་བོད་ཀྱི་སྐྱེ་བོ་འབར་རྣམས་ལ་ཁེགས་
པར་བསྒོས་པ་ཤིག །སླར་ཡང་དགོན་སྡེ་མང་པོའི་བླ་མ་རྣམས་དང་ལྷན་ཅིག་ཏུ །
ཏཱ་ལའི་བླ་མའི་ཡང་སྲིད་ཀྱི་མའི་སྐུ་སྐྱུར་དུ་ཀ་སལ་བར་བྱོན་པའི་ཆེད་དུ་དམིགས་
ཏེ་སྐུ་རིམ་དང་སྒྱུར་རྫོན་གསོལ་འདེབས་སོགས་ལ་འབད་པར་གྱིས་ཤིག །
འདིན་རེད་ཀྱི་ཞུ་ལེར་གྱི་བསྟན་པ་རིན་པོ་ཆེ་དང་ཞིང་རྒྱས་ལ་ཡུན་རིང་དུ་གནས་
པ་སོགས་དའི་ཐུགས་ཡུལ་དང་མཐུན་པར་དགོས། ཡང་སློབ་མཁན་པོ་བླམ་
བཀའ་བློན་ཇས་པུར་སྡེ་པ་རྣམས་ཀྱིས་སོ་སོ་ལ་གཏད་པའི་ལས་དོན་ལ་ཤིན་ཏུ་
འབད་པ་དང་། ལྷན་དུ་སེམས་གཅིག་བྱས་ཧེ་རུ་རྡོ་ཐོག་ཐུ་ལ་ཕན་པར་
བརྩོན་བྱེད་ནས། དོན་མི་ཟ་ཏཱ་ལའི་བླ་མ་ཞལ་བཞུགས་པའི་དུས་ལྟར་ཅི་དོན་
ཐམས་ཅད་གཅིག་ལ་འཛིན་པའི་ཨེམ་པན་དང་བསྒྲུས་བྱེད་ནས། ལྷ་མའི་
ལུགས་སྲོལ་གྱི་རྗེས་སུ་འབྲང་ཏེ་རྟག་ཏུ་དའི་གནང་སྦྱིན་སྐུ་གནས་འབད་
འཚོལ། [illegible]

圖版壹壹 G　滿蒙藏漢文敕書　光緒三年正月初四日

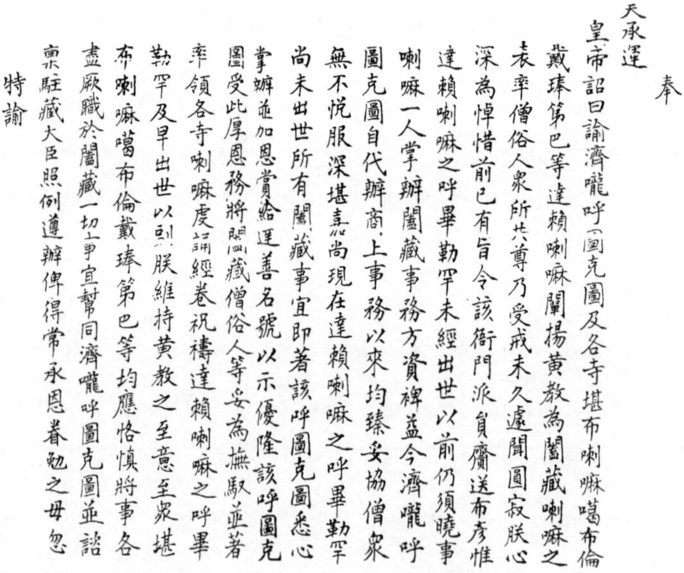
奉
天承運
皇帝詔曰諭濟嚨呼圖克圖及各寺堪布喇嘛噶布倫
戴琫第巴等達賴喇嘛闡揚黃教為闔藏喇嘛之
表率僧俗人衆所共尊乃受戒未久遽聞圓寂朕心
深為悼惜前已有旨令該衙門派員齎送布彥惟
達賴喇嘛之呼畢勒罕未經出世以前仍須曉事
喇嘛一人掌辦闔藏事務方資裨益今濟嚨呼
圖克圖自代辦商上事務以來均臻妥協僧衆
無不悅服深堪嘉尚現在達賴喇嘛之呼畢勒罕
尚未出世所有闔藏事宜即著該呼圖克圖悉心
掌辦並加恩賞給運善名號以示優隆該呼圖克
圖受此厚恩務將闔藏僧俗人等妥為撫馭並著
率領各寺喇嘛虔誦經卷祝禱達賴喇嘛之呼畢
勒罕及早出世以副朕維持黃教之至意至衆堪
布喇嘛噶布倫戴琫第巴等均應恪慎將事各
盡厥職於闔藏一切事宜幫同濟嚨呼圖克圖並諮
稟駐藏大臣照例遵辦俾得常承恩眷勉之毋忽
特諭
此係 須給濟嚨呼圖克圖等清漢
教書底於正月初九日 大人們見
面時隨奏片一併帶上帶下東
屋將奏片併清文 教書底交
蒙古堂領去

圖版壹壹 H　滿蒙藏漢文敕書　光緒三年正月初四日

軍機大臣　六十寄

湖廣總督裕　廣西巡撫鄭　貴州巡撫喬

廣西提督閔　道光三十年二月二十七日奉

上諭〔昨摘文起〕本日據鄭祖琛閏正鳳馳奏楚匪竄擾戕害備

弁逃回楚境仍飭兵勇追勦並將搶獲要犯先行〔所辦深屬可嘉〕

正法一摺覽奏已悉湖南逆匪滋事疊次竄往廣

西龍勝等處均經該省文武督率兵勇奮力攻擊

屢有斬捦離將備弁兵間有傷亡究係認真堵禦

迫險立功乃湖南省並未勦捕曼經裕泰馳奏未

據弊敘殲捦若干是湖南將弁之不能調度兵勇〔不過畢其大概情形鋪張聲勢一奏塞責〕

之不用命已可概見現在賊匪業已竄至湖南通

道縣屬該處路通貴州若不亟籌堵勦深恐勾結

圖版壹貳　寄信上諭　道光三十年二月二十七日

苗猺蔓延日甚裕泰業已馳至武岡州著仍遵前

旨散其黨羽激勵紳勇認真搜捕務將首要各犯

迅就殲捦儻再遷延觀望任聽庸劣將弁畏蒽不

前貽誤事機試思統轄兩省責無旁貸其能當此

重咎否耶至匪蹤逃逸靡定並著鄭祖琛審用遷

閏正鳳著遵前旨多派弁兵分投截拏尤在杜其〔摘文止〕

勾結庶可剋日殲戕除諒該撫等必能不失機宜也

其廣西省紳戕被戕之署慶達協都司事守備鄧

宗武署提標中營守備千總蘇秉華署提標右

營千總事把總周榮奮勇捐軀均堪憫惜著加恩

均照各署衔賜卹傷亡兵勇並著查明〔摘文止〕洛部議卹

餘著照所擬辦理將此由四百里各諭令知之欽

此遵

旨寄信前來

遵上

御筆派改發下並　發下

御筆條另行鈔錄呈覽另繕再述

留添改一件　發下另繕之件

並遵

御筆添改發去

御筆添改發去

堂諭照原底再繕

任賢擢材 ——
咸豐皇帝其人其事

　　清文宗咸豐皇帝奕詝（1831～1861）是宣宗道光皇帝（1782
～1850）第四子。道光十一年六月初九日（1831.07.17），奕詝生
於圓明園湛靜齋。生母是原任乾清門二等侍衛世襲二等男追封承
恩公頤齡之女全貴妃鈕祜祿氏。道光十六年（1836），皇四子奕詝
六歲，開始就傅。是年四月初三日（1836.05.17），命皇四子奕詝
與皇五子奕誴（1831～1889）入學讀書，以杜受田為皇四子師傅，
徐士芬為皇五子師傅。

　　道光二十六年六月十六日（1646.08.07），道光皇帝遵照儲位
密建法，以硃筆滿漢文親書「皇四子奕詝立為皇太子」（duici age
i ju hūwag taidz de ilibu），以漢字硃書「皇六子奕訢封為親王」。
道光三十年正月十四日（1850.02.25），道光皇帝居圓明園慎德
堂，召宗人府宗令載銓、御前大臣載垣、端華、僧格林沁、軍機
大臣穆彰阿、賽尚阿、何汝霖、陳孚恩、季芝昌、內務府大臣文
慶，宣示密建儲貳滿漢硃諭，立皇四子奕詝為皇太子。同日，道
光皇帝賓天。正月二十六日（1850.03.09），皇四子奕詝即皇帝位
於太和殿，以明年為咸豐元年。

　　皇位繼承人的選擇，是經過深思熟慮後決定的。儲位密建法
是雍正初年以來的祖宗家法，皇帝以硃筆滿漢兼書。道光皇帝將

立皇太子硃諭和封親王硃諭一同放置建儲匣中，曾被史家解讀為舉旗不定的建儲之舉。一匣二諭，是道光皇帝的創舉，然而是否能反映立儲過程中的矛盾心情，仍有待商確。

　　歷史小說對咸豐皇帝的嗣統，頗多著墨。傳說道光十二年（1832），靜貴妃博爾濟吉特氏生皇六子奕訢（1832～1898），漸長，頗英異，道光皇帝愛之，欲立為皇太子，以奕詝居長，無失德，故逡巡不決。全貴妃隱知其意，謀酖奕詝，以絕後患。奕訢不忍，陰告之，得不死。又傳說道光皇帝生病期間，曾召奕詝、奕訢入對，奕詝、奕訢各請命於其師。奕訢師傅卓秉恬教以皇上垂詢，當知無不言，言無不盡。奕詝師傅杜受田則云條陳時務，阿哥知識萬不及六爺，惟有一策，皇上若自言老病，將不久於此位，阿哥惟伏地流涕，以表孺慕之誠而已。果如其言，皇上大悅，以皇四子仁孝，儲位遂定。奕詝十六歲，奕訢十五歲，又同得父愛，建儲確實頗費躊躇。然而小說歸小說，歷史歸歷史，傳聞之詞，文獻無徵，不足以採信。

　　《清史稿》記載奕詝自六歲入學，杜受田朝夕納誨，必以正道，歷十餘年。至宣宗晚年，以文宗長且賢，欲付大業，猶未決。會校獵南苑，諸皇子皆從，恭親王奕訢獲擒最多，文宗未發一矢。問之，對曰：「時方春，鳥獸孳育，不忍傷生以干天和。」宣宗大悅，曰：「此真帝者之言！」儲位遂定。檢查《實錄》、《起居注冊》，道光二十六年三月初八日（1846.04.03），道光皇帝由圓明園啟鑾。三月十二日（1846.04.07），祗謁西陵。三月十五日（1846.04.10），駐蹕南苑，此時草木繁茂，牲獸尚多。三月十七日（1846.04.12），行圍。《起居注冊》記載：「今日行圍，御鳥槍伊昌阿槍獲一兔，著加恩賞穿黃馬褂。」並無諸皇子參加行圍捕獲鳥獸的記載。諸皇子皆受良好教育，奕詝書法尤佳，生性仁孝，

並無失德。朝鮮《哲宗實錄》記載：「聞新皇性仁厚，民亦愛戴云矣。」立奕詝為皇太子是道光皇帝慎重的選擇。

訓誡因循

　　崇儉勤政，勵精圖治，固然是對人君的基本要求，大小臣工尤應兢兢業業，以國計民生為重。咸豐皇帝即位之初，為整頓吏治，挽救內政危機，曾屢頒特諭，訓誡臣工，摒除因循積習。「內外文武諸臣，抒忠宣力，視國如家者，固不乏人，然泄泄沓沓，因循不振，祿位之念重，實國事於不問者，正復不少。朕雖非賢主，斷不忍諉咎於諸臣。」咸豐皇帝不敢以賢主自居，然而大小臣工，因循不振，積習已深，置國計民生於不問者，確實比比皆是。咸豐皇帝有鑒於此，於是要求大小臣工「自今日始，仍有不改積習，置此諭於不顧者，朕必執法從嚴懲辦，斷不姑容，猛以濟寬，正今日之急務也。」道咸年間，吏治敗壞，社會動蕩，民遭塗炭，改革因循積習，必須猛以濟寬。

　　咸豐皇帝即位後，江寧布政使楊文定奉召入京陛見，先後召見六次，訓勉他力戒因循。咸豐元年正月初八日（1851.02.08），楊文定具摺奏報回任日期，原摺奏陳藩司有考察屬員之責，黜陟宜出以公正，而江寧為財賦最要之區，稽核必求其實，用人毋涉於瞻徇，力戒因循。原摺奉硃批：「知道了，爾之才具，斷不致因循廢事。但屬員之因循蒙混，尤應認真察劾，不患不明，惟患不公，朕期汝事事須一誠字，一當字。」因循廢事，是天下通病，所以必須上下認真，力戒因循蒙混。

　　咸豐元年九月二十二日（1851.11.14），寧夏將軍宗室成凱接奉滿文硃諭：「知道了，一切事務，務須留心辦理，凡清語步騎射

等項妥為訓練，勿忘滿洲習俗。」同年十一月初九日（1851.12.30），宗室成凱奏陳騎射技藝勤加訓練，矢慎矢勤，留心辦事，不敢自圖安逸。原摺奉硃批：「知道了，操演日期既添，尤應認真訓練，庶可名實相副，斷不准奉有硃諭一奏塞責，過此仍怠忽也。是時天下之通病，因循不振，大可恨，大可懼。朕知汝非糊塗不曉事者，然此等積習，斷非官話數語所可挽回。」因循積習，由來已久，不易挽回，咸豐皇帝仍諄諄告誡臣工力戒因循，以期整飭吏治。

咸豐二年七月二十九日（1852.09.12），河東河道總督慧成具摺奏報到任接印日期，並奏陳「再肩重任，悚懼交深，惟有摩厲精神，實心實力，事事妥慎經理，不敢稍避怨嫌。」原摺奉硃批：「知道了，事事實心經理，不准因循，河員習氣固深，有犯必懲，勿稍寬假。若無事時，斷不可自負清高，常加詬詈，既不能得其力，又不能服其心，徒於事無益，亦於汝無益也，誌之。」咸豐皇帝訓勉臣工，實心辦事，不可因循。

咸豐三年六月二十六日（1853.07.31），因兵差過境，三河縣候補知縣劉鎧辦理不善，刑部尚書翁心存等具摺奏請交部議處。原摺奉硃批：「現今畿輔兵差何等緊要，地方官相率因循，任聽家丁延擱不辦，惡習殊堪痛恨，劉鎧著即行革職，該部知道。」因循惡習，將緊要事件，延擱不辦，殊堪痛恨。

咸豐十年十一月初九日（1860.12.20），掌江南道監察御史徐啟文條陳整頓大局以飭吏治一摺指出，「儻宸衷偶有一念之逸樂，則臣下之逸樂，必至十倍；微有一念之因循，則臣下之因循，亦必至十倍，甚至託逸樂以逢迎，假因循為容悅，其弊且不可勝言。」咸豐皇帝批諭稱：「懲逸樂，戒因循，固不外上行下效，然徒託空言，上下相蒙，朕不為也。」人君因循，上行下效，臣工十倍因循，以致上下相蒙，咸豐皇帝對因循積習，深惡痛絕，所以屢屢

訓飭臣工不可因循廢事。

任賢去邪

　　咸豐皇帝即位之初，首戒因循，罷斥穆彰阿、耆英，任賢去邪，展現了早年英明果斷的作風。穆彰阿（1782～1856），郭佳氏，滿洲鑲藍旗人。嘉慶十年（1805）進士，歷禮部、兵部、刑部、工部、戶部侍郎。道光初年，充內務府大臣，擢左都御史、理藩院尚書。道光八年（1828），授軍機大臣，直南書房，歷兵部、戶部尚書。十六年（1836），充上書房總師傅，拜武英殿大學士，管理工部。十八年（1838），晉文華殿大學士。宗室耆英（？～1858），隸正藍旗，嘉慶間（1796～1820），以廕生授宗人府主事，遷理事官。累擢內閣學士，兼副都統、護軍統領。道光五年（1825），授內務府大臣。九年（1829），擢禮部尚書，歷工部、戶部尚書。十八年（1838），授盛京將軍。二十二年（1842），調廣州將軍，授欽差大臣。

　　穆彰阿當國，中英鴉片之役，力主和議，道光皇帝既厭戰，遂從其策，罷林則徐，以琦善代之，終道光一朝，穆彰阿恩眷不衰。《清史稿》記載自嘉慶以來，穆彰阿典鄉試三次，典會試五次。凡覆試、殿試、朝考，教習庶吉士散館考差，大考翰詹，無歲不與衡文之役。國史、玉牒、實錄諸館，皆為總裁。門生故吏遍於中外，知名之士，多被援引，一時號曰「穆黨」。咸豐皇帝在潛邸時已深惡穆彰阿。耆英任廣東欽差大臣期間，五口通商交涉，耆英一意遷就，其章奏多掩飾不實，咸豐皇帝深惡其人。咸豐皇帝即位後於道光三十年十月二十八日（1850.12.01）頒降特諭，揭示穆彰阿及耆英罪狀，略謂：

穆彰阿身任大學士，受累朝知遇之恩，不思其難其慎，同
德同心，乃保位貪榮，妨賢病國。小忠小信，陰柔以售其
奸；偽學偽才，揣摩以逢主意。從前夷務之興，穆彰阿傾
排異己，深堪痛恨，如達洪阿、姚瑩之盡忠盡力，有礙於
己，必欲陷之。耆英之無恥喪良，同惡相濟，盡力全之。
似此之固寵竊權者，不可枚舉。我皇考大公至正，惟知以
誠心待人，穆彰阿得以肆行無忌，若使聖明早燭其奸，則
必立寘重典，斷不姑容。穆彰阿恃恩益縱，始冬不悛，自
本年正月朕親政之初，遇事模稜，緘口不言。迨數月後，
則漸施其伎倆，如嘆夷船至天津，伊猶欲引耆英為腹心，
以遂其謀，欲使天下群黎復遭荼毒。其心陰險，實不可問。
潘世恩等保林則徐，則伊屢言林則徐柔弱病軀，不堪錄用。
及朕派林則徐馳往粵西剿辦土匪，穆彰阿又屢言林則徐未
知能去否？偽言熒惑，使朕不知外事，其罪實在於此。

　　穆彰阿把持朝政，排除異己，偽言熒惑。《清史稿》論穆彰阿
曰：「宣宗初政，一倚曹振鏞，兢兢文法，及穆彰阿柄用，和戰游
移，遂成外患，一代安危，斯其關鍵已。」穆彰阿和戰游移，為
當時所詬病。

　　咸豐皇帝在所頒特諭中又指出，「耆英之自外生成，畏葸無
能，殊堪詫異。伊前在廣東時，惟抑民以奉夷，罔顧國家，如進
城之說，非明驗乎？上乖天道，下逆人情，幾至變生不測，賴我
皇考炯悉其偽，速令來京，然不即予罷斥，亦必有待也。今年耆
英於召對時數言及嘆夷如何可畏，如何必應事周旋，欺朕不知其
奸，欲常保祿位，是其喪盡天良，愈辯愈彰，直同狂吠，尤不足
惜。穆彰阿暗而難知，耆英顯而易著，然貽害國家，厥罪維均。」
中英鴉片之役，朝廷舉措失當，穆彰阿、耆英二人難辭蒙蔽之咎。

《清史稿》論耆英曰：「罷戰言和，始發於琦善。去備媚敵，致敗之由，伊里布有忍辱負重之心，無安危定傾之略，且廟謨未定，廷議紛紜。至江寧城下之盟，乃與耆英結束和議，損威喪權，貽害莫挽。耆英獨任善後，留廣州入城之隙，兵釁再開，寖致庚申之禍。三人者同受惡名，而耆英不保其身命，宜哉！」因穆彰阿是三朝舊臣，降旨從寬革職，永不敘用。耆英從寬降為五品頂戴，以六部員外郎候補。

任賢去邪，是人君首務。咸豐皇帝御極之初，深慨於「方今天下因循廢墮，可謂極矣。吏治日壞，人心日澆，是朕之過。然獻替可否，匡朕不逮，則二、三大臣之職也。」身為大臣，輔弼人君，理當恪盡厥職。咸豐皇帝罷斥穆彰阿、耆英後，期勉內外臣工，整飭吏治，不可因循廢事。「嗣後京外大小文武各官，務當激發天良，公忠體國，俾平素因循取巧之積習，一旦悚然改悔，毋畏難，毋苟安，凡有益於國計民生諸大端者，直陳勿隱。」罷斥穆彰阿、耆英諭旨反映了咸豐皇帝對內外臣工因循不振的深惡痛絕及其整頓內政外交的決心。

君臣互動

臣工奏摺進呈御覽後，皇帝以硃筆批示諭旨，稱為硃批諭旨。臣工奏摺所奉硃批，或批於奏摺尾幅，或批於字裡行間，一字不假手於人。咸豐皇帝親書硃批，並不起稿，得力於良好的書法基礎。他常藉奏摺批諭諄諄訓誨內外臣工君臣一體，同德同心，下情上達，凝聚共識，期盼在政治上形成生命共同體。

咸豐元年十二月初三日（1852.01.230，湖廣總督程矞采密陳湖北、湖南兩省文武大員考語。原摺奉硃批：「知道了，單留中，

卿留心吏治，考語無絲毫不實不盡之處，洵屬可嘉。朕用卿封疆重任，原欲代朕治人，俾下情得以下達，方不負古大臣之風，卿若能永保茲念，不惟渥承恩眷，亦可格上天之佑護也。」督撫大臣代皇帝治人，君臣一體。

咸豐元年十二月二十六日（1852.02.15），甘肅西寧鎮總兵雙銳奏報接印任事日期一摺奉硃批：「知道了，認真操練，不可沾染習氣。邊陲要地，文武尤須和衷，汝之才具雖非出人者，若悉心講究，成就有餘，慎勿自暴自棄也。」咸豐皇帝訓勉總兵官雙銳悉心講究，不可自暴自棄，是肺腑之言。

咸豐二年二月初六日（1852.03.26），欽差大臣賽尚阿具摺奏明進兵情形。原摺奉硃批：「雖連次獲勝，而該逆仍負隅不出，覽奏曷勝憤悶，卿奉命出師，將及一載，朕不得屢不次嚴催，卿斷不可過為焦急，致傷身體，朕之苦心，諒卿亦必知之。」關懷臣工的健康，所以訓勉臣工不可過於焦急。

咸豐三年五月十七日（1853.06.23），命哈芬補授山西巡撫。同年五月二十五日（1853.07.01），哈芬繕摺謝恩。原摺奉硃批：「知道了，朕聞汝至晉省，操守甚好，若能終始如一，地方何患不治，屬員亦斷不能挾制，時加砥礪，勉為之。」封疆大吏操守不廉潔，往往為屬下所挾制。操守廉潔，始能整頓吏治。咸豐皇帝勉勵山西巡撫哈芬時加砥礪，始終如一，地方何患不治。

咸豐五年六月十六日（1855.07.29），命文格補授湖南布政使。同年七月初七日（1855.08.19），文格具摺謝恩。原摺奉硃批：「知道了，汝才長心細，朕知汝實堪勝任。惟事事劼實，不染習氣，以副朕恩。」才長心細，可以勝任，但不可沾染因循習氣。是年七月初六日（1855.08.18），命張國樑補授福建漳州鎮總兵官。同年八月初二日（1855.09.12），張國樑具摺謝恩。原摺奉硃

批：「知道了，朕聞汝在軍營甚屬奮勇，實堪嘉獎，汝其竭誠報効，於勇猛之中加以慎重，以副朕恩。」武職人員必須於勇猛之中加以慎重，咸豐皇帝的訓勉，可謂至理名言。

　　不能恪盡厥職的大小臣工，咸豐皇帝必嚴旨斥責，以免因循廢事。咸豐元年二月初六日（1851.03.08），山西巡撫兆那蘇圖因辦理清查錢糧未能通盤籌畫，奉上諭交部議處。二月初十日（1851.03.12），奉旨降二級留任。二月二十一日（1851.03.23），兆那蘇圖具摺謝恩。原摺奉硃批：「多慧係爾所明保之人，朕以汝平日尚屬認真，故從寬僅予降留，乃不知倍加感激，於摺內仍照例數語，昧良負恩，莫此為甚，朕尚可欺，天豈可欺乎？嗣後爾若能盡改前愆，庶可仍邀眷遇，若自甘暴棄，復蹈故轍，則革職逮問矣！朕近聞汝好與朝臣交往，甚屬卑鄙，有則改之，無則加勉，此係朕所聞，特諭汝知，非罪汝也，正愛汝也。」臣工昧良負恩，是可忍，熟不可忍。外任官員與朝臣交往頻繁，必有他圖，行為卑鄙，咸豐皇帝頗不以為然。

　　咸豐三年九月初二日（1853.10.04），裕瑞奉到吏部咨文，補授四川總督。九月初六日（1853.10.08），裕瑞具摺謝恩。原摺奉硃批：「知道了，朕聞汝在川，於地方一切事情，未免涉於寬緩，殊少果斷，併有二語謂汝嚴明不如琦善，廉介不如徐澤醇。朕料汝未必真敢過於因循，第朕聞若是，特諭汝知，嗣後倍加感激，有則速改，無則加勉，懍之。」四川地處邊陲，界連陝楚，政務殷繁，既須嚴明，更應廉介，咸豐皇帝對邊臣疆吏的要求，更加嚴格。同年十月二十三日（1853.11.23），江西巡張芾具摺奏陳奉撥協解滇黔兵餉及銅鉛本銀酌留暫借以濟江西軍需。原摺奉硃批：「戶部速議具奏，屢次嚴催，不准截留，何不知緩急？置全局於不顧，實堪痛恨。汝自抵任以來，只知有一江西，款項則任意

截留，保奏則太覺冗濫，一籌莫展，專以奉迎大紳衿為務，昧良喪心，至於此極。朕自愧用汝之庸愚大使，實覺厚顏，但不知汝能汗流浹背否？」因江西巡撫張芾一籌莫展，截留款項，不顧全局，以致咸豐皇帝雷霆震怒。

咸豐四年六月十六日（1854.07.10），因武昌省城失守，湖廣總督台湧職任兼圻，毫無布置，一味因循，貽誤大局，奉旨革職。六月二十五日（1854.07.19），台湧具摺謝恩。原摺硃批：「覽汝之孤〔辜〕恩溺職至矣盡矣，此次寄諭並未看明，亦未令舒倫保來京，昏憒若是，無怪乎昧機失宜，以後如果能力刷精神，奮勉出力，尚不難再承恩眷，若一味擁兵自衛，從旁掣肘時，是真一老廢物也，朕必將汝軍法從事，無待于楊霈參劾。汝曾歷戎行，効力多年，若末路不能自保，如博勒恭武之貽笑天下，朕甚為汝惜。」武昌失守，昧機失宜，貽誤大局，台湧不能辭其咎。因此，咸豐皇帝批諭時，嚴詞斥責，視同「老廢物」，毫不留餘地。從硃批諭旨的內容，有助於了解咸豐皇帝恩威並施整飭吏治的決心。

指授方略

咸豐朝的社會，充滿了動蕩性，髮捻起事，與咸豐朝的歷史相終始。太平軍發難金田，憑一腔熱血，以寡擊眾，攻無不陷，戰無不克，乘勝入湖南，渡洞庭，破岳州，陷武昌，沿江而下，長驅江寧，奠都不京，握長江險要，戰將如雲，震撼了大清帝國。太平天國起事問題，引起中外史家的爭論，對太平天國的革命性質及評價，湘淮軍的功過，異說紛紜，並無交集。

捻軍初起，早於太平軍。清軍既困於太平軍，不遑兼顧捻軍，以致蔓延於豫楚江皖之間，歷十餘年，對清軍形成牽制作用。朝

廷雖命勝保、袁甲三、僧格林沁進剿，終不能大創捻軍。太平天
國覆亡後，捻軍聲勢仍盛。此外，新疆、青海、陝甘、雲南的回
亂，貴州苗人的抗稅，內地各省的會黨，民變頻仍，蔓延既廣，
更加擴大了社會的動亂。咸豐皇帝為了挽救危機，除了頒降寄信
上諭，還藉奏摺硃批揹授方略。

咸豐三年九月初三日（1853.10.05），勝保具摺奏明統籌全局
督兵剿捻情形。原摺奉硃批：「知道了，已屢次有寄諭催汝前進，
汝雖轉折紆遠，行走尚速，或可繞出賊前，恩華、托明阿，仍應
嚴催。現今賊已竄至趙州，正定無兵，焦急之至，專賴汝之趕到
也。續探由順德東竄，或即是此股，抑係分股，著探明具奏，天
下安危，關係甚重，我君臣誓必凜承天命，盡滅此賊，餘無復言。」
天下安危，君臣誓滅髮捻，咸豐皇帝多能掌握軍情，並非狀況之
外。

咸豐三年九月十二日（1853.10.14），科爾沁親王僧格林沁具
摺奏陳髮捻竄擾情形。原摺奉硃批：「所見是極，雖續有廷寄，汝
亦可斟酌進止隨時，軍情豈能拘於諭旨，朕派汝出去，專賴汝屏
障京師，左右狐疑，必無定見，汝之辦事，豈肯出此，著暫駐涿
州，以為北路聲勢。賊未至慎莫輕出，賊既來，必不更返。朕見
到如此，料汝之見，亦如此，僧格林沁原摺併硃批著惠親王等全
看。」僧格林沁駐軍涿州，髮捻北竄，正可迎剿。咸豐皇帝與陣
前將領談論軍情，反映他對戰略的分析，仍有可取。

咸豐三年九月二十五日（1853.10.27），湖南巡撫駱秉章奏陳
太平軍兵船上竄派兵防剿情形。原摺奉硃批：「知道了，楚南防堵
情形，尚可稍緩，前已有旨，令湖南撥兵勇協濟湖北，若湖北賊
匪殲滅，湖南自可無虞，務須不分畛域，統籌大局，不可衹顧一
省。」不分畛域，方能統籌大局，咸豐皇帝屢飭督撫不可只顧一

省。同年十一月初四日（1853.12.04），琦善等奏陳瓜洲太平軍守將尹謙吉告急情形。原摺奉硃批：「觀此情形，更不可不急攻揚州。尤可慮者，尹逆豈肯坐以待斃，思竄無疑。設南路援應賊至，猶不可顧此失彼。朕日夜盼捷音之速至也。」兵連禍結，黎民受害，咸豐皇帝日夜盼望捷音。咸豐皇帝指授方略，反映他對軍情的掌握及分析研判能力，是可以肯定的。

英法聯軍

英國和法國為迫使清朝中央政府接受修約等項要求，而採取軍事行動，西林教案和亞羅號事件就是英法聯軍的導火線。咸豐六年正月二十四日（1856.02.29），法國傳教士馬賴（Auguste Chapdelaine,1814-1856）神父在廣西西林為知縣張鳴鳳所殺。同年八月二十八日（1856.09.26），中國划艇亞羅（Arrow）號在香港註冊期滿。同年九月初十日（1856.10.08），廣東水師千總梁國定搜查私運鴉片的亞羅划艇，拘捕內地水手李明太等十二人，拔去艇上所掛英國國旗。英領事巴夏禮（Sir Harry Smith Parkes,1828-1885）抗議，要求釋放水手。九月十四日（1856.10.12），巴夏禮再向兩廣總督葉名琛抗議，除了釋放水手外，並要求交還划艇，尊重英旗，向英國道歉。九月二十四日（1856.10.22），葉名琛釋放水手十二名，不允道歉。九月二十五日（1856.10.23），英國海軍進攻廣州。咸豐七年四月十六日（1857.05.09），法國外部訓令法使葛羅（Baron Jean Baptiste Louis Gros,1793-1870）向清朝政府要求解決西林教案，修改條約，北京駐使等等。

咸豐八年四月初五日（1858.05.17），清朝政府拒絕英法賠

款、增開口岸、派使入京、內地傳教遊歷等項要求。四月初六日
（1858.05.18）英法專使決定以武力解決，派軍占領大沽礮臺。
咸豐九年二月二十五日（1859.03.29），清廷允許英法使臣在北京
換約。同年五月二十四日（18559.06.24），英使卜魯斯（Sir Frederick
William Adolphus Bruce,1814-1867）到天津，不遵原約，闖入大
沽口內，毀壞防禦工事。咸豐十年五月初八日（1860.06.26），英
法政府通告歐美各邦對清宣戰。英法聯軍攻陷天津，直驅京師。
八月二十二日（1860.10.06），英法聯軍進逼德勝門，擊敗科爾沁
親王僧格林沁軍隊，法軍進占圓明園，大肆搶掠，焚毀殿座，總
管內府大臣文豐自盡，恭親王奕訢等走萬壽山。八月二十三日
（1860.10.07），英軍進入圓明園，加入搶掠，清漪園等處陳設，
多遭英法軍隊及匪徒洗劫掠奪，恭親王奕訢自萬壽寺走蘆溝橋。
八月二十四日（1860.10.08），英軍和法軍搶掠靜明園。八月二十
八日（1860.10.12），恭親王奕訢照會英法使臣抗議搶掠圓明園。

　　圓明園被英法軍隊大肆搶掠焚毀，僧格林沁未能救護，奉旨
革職。九月初三日（1860.10.16），英使額爾金（Earl of Elgin and
Kincardine James Bruce Elgin,1811-1863）及英軍統領克蘭忒
（General Sir James Hope Grant,1808-1857）下令拆毀圓明園宮
殿。九月初五日（1860.10.18），英軍第一師奉額爾金之命，焚燒
圓明園。清漪、靜明、靜宜三園大火，三日始熄。《翁同龢日記》
記載，園林之火徒行十里始得免。圓明園在熊熊烈火下，化為灰
燼。

　　《翁同龢日記》記載咸豐十年八月二十二日（1860.10.06），
淀園已被英軍和法軍蹂躪。八月二十六日（1860.10.10），海淀、
老虎洞、掛甲潭等處房屋被焚，英軍和法軍向大宮門開兩礮。九
月初五日（1860.10.18），「夷人忽以監斃六人為詞，於二百萬外

又索十萬，宣言若不先償此費，即拔毀宮觀園林，並合城百姓不免傷害等語，限七日回文。」九月初六日（1860.10.19），「煙焰未熄，乃三山宮殿及高明寺被毀也。」九月初五日（1860.10.18），法使照會五件，其中一件云：「奉欽差大將軍克諭，須燒毀圓明園。照會甫到，而三山火起矣。」三山即萬壽山、玉泉山、香山。《翁同龢日記》九月十八日（1860.10.31）條記載，法國通事見恭邸，執禮甚恭，定於此兩日內退兵。英國則無退兵日期。凡圓明園的書畫寶器及批摺冊檔，盡為英國所有。郭廷以編著《近代中國史事日誌》記載，英軍統領克蘭忒將軍在圓明園搶掠物品拍賣，售價及搶掠現金約九萬三千金元，以三分之二歸士兵，三分之一歸將領。

　　清漪園等處殿宇房間陳設被焚搶後，總理衙門大臣侍郎寶鋆等曾親往查看，並派內務府郎中文炤、綸增會同清漪園郎中文明等前往各園按照內務府印冊詳細清查。咸豐十年十月二十五日（1860.12.07），寶鋆具摺奏報清查陳設數目。原摺指出，清漪園等處原存陳設八萬七千七百八十一件內，失去陳設七萬五千六百九十二件，現存完整陳設九千五百九十六件，破壞不全陳設二千四百九十三件。其中銅陳設並未含銅佛、銅供器等項，三園殿宇陳設文物，大量損失，文物浩劫，令人遺憾。

木蘭巡幸

　　咸豐十年七月初十日（1860.08.26），因英法使臣態度強硬，決定採取軍事行動，科爾沁親王僧格林沁奏請咸豐皇帝巡幸木蘭。是年七月二十三日（1860.09.08），英軍統領克蘭忒照會桂良定於翌日統軍進向通州。七月二十四日（1860.09.09），僧格林沁

又以密摺奏請咸豐皇帝巡幸木蘭，奉硃批將親率六軍駐蹕通州，命軍機大臣、御前大臣等會議。軍機大臣、御前大臣等遵旨議覆，略謂澶淵之功難恃，土木之變堪虞，是以諫阻親征，奏請車駕還宮，以堅眾志。但因京城兵力不足，毫無可守，惟有巡幸一途。

咸豐十年八月初八日（1860.09.22），咸豐皇帝自圓明園北走，巡幸木蘭，命皇長子等隨駕，吉林、黑龍江兵奉命折往熱河護駕。是日，駐蹕南石槽行宮。初九日（1860.09.23），駐蹕密雲縣行宮。初十日（1860.09.24），駐蹕要亭行宮。十一日（1860.09.25），駐蹕巴克什營行宮。十二日（1860.09.26），駐蹕兩間房行宮。十三日（1860.09.27），駐蹕常山峪行宮。十四、十五日（1860.09.28），駐蹕喀拉河屯行宮。十六日（1860.09.30），抵達熱河行宮避暑山莊。

避暑山莊是清朝的第二個政治中心，康熙年間以來，皇帝駐蹕熱河行宮期間，依舊日理萬幾，勤於政務。咸豐皇帝巡幸木蘭後，雖然有傳北京戲班的傳聞，或花唱，或清唱，幾於二、三日即演戲一次，每次戲目腳色，均由硃筆決定，清歌妙舞，縱情聲色，樂不思蜀，缺乏憂患意識。其實，咸豐皇帝巡幸木蘭期間，也是勤理政務，披覽奏摺，從不假手於人。臺北故宮博物院現藏咸豐朝《宮中檔》硃批奏摺共計一萬七千餘件，其中元年、二年、九年、十年、十一年分較齊全。自咸豐十年（1860）九月至十一年（1861）六月止，包括硃批奏摺、奏片及清單，共計二千八百餘件，平均每天約須批閱奏摺九件至十件，臣工奏摺所奉硃批頗詳盡。

咸豐十年九月初四日（1860.10.17），和碩豫親王義道奏摺奉硃批：「朕視滿蒙臣僕原無二致，何必妄自分別。況此次夷務失礮臺者僧格林沁，非瑞麟也。又非終身廢棄，更何必代為乞恩，此

摺若係汝一人之見不過識見未充，情尚可恕。若係與留京守城諸
人商酌具奏，借乞他人之恩掩己之畏葸之罪，更屬非是。」僧格
林沁、瑞麟被革職後，和碩豫親王義道，以瑞麟身握重兵，節節
退避，畏葸無能，僧格林沁屢著戰功，所以請求咸豐皇帝格外施
恩，賞還僧格林沁的爵職。

　　咸豐十年九月二十五日（1860.11.07），因節屆立冬，正當收
養貧民之際，工部尚書張祥河等具摺奏請賞給米石以資接濟。原
摺奉硃批：「今歲近畿百姓猝遭兵燹，深堪憫惻，若仍照向章收養，
難免煢獨無告者仍喪於溝瀆之中，朕心甚為廑念，著總理行營王
大臣速行酌議，應加賞米石若干，並五城粥廠應提早開放之處，
一併迅籌具奏。」提早開放粥廠，加賞米石，收養貧苦無依老人，
都是人君解民倒懸的重要措施，原摺批諭反映了咸豐皇帝對黎民
的關懷。

　　咸豐十年十一月初八日（1860.12.19），僧格林沁奏報督帶馬
步官兵相機攻剿捻軍情形。原摺奉硃批：「另有旨，現在夷務雖平，
而捻逆各匪意圖北犯，實在意中，儻汝軍深入捻巢，漸次掃除，
亦非一戰即可成功，若曠日持久，致該逆偵知我無後勁，繞路北
竄，彼時汝軍反為賊所隔，欲回無路可繞，即使能繞出賊前，亦
恐將為強弩之末，不能貫魯縞，豈不有關天下全局，誠非淺鮮。
現在返〔反〕覆熟思，汝仍應遵前旨坐鎮山東以杜其窺伺之心，
斷難輕於一試，致誤全局。」孤軍深入，既無後援，成為強弩之
末，輕於一試，必誤全局。咸豐皇帝以天下全局為重，從戰略分
析，洞見癥結，其指授方略，都是經過反覆熟思後批示的旨意。

　　咸豐十一年二月十一日（1861.03.21），前任內閣學士兼禮部
侍郎銜龐鍾璐奏陳江蘇辦理團練情形。原摺奉硃批：「蘇省黎民皆
吾赤子，淪陷於賊，已非一日，現在集團進剿，其憤積於衷，早

思自奮者，自不乏人，著設法令被脅難民咸知德意，有能殺一逆
首，並能內外夾攻者，優加獎勵，以期廓清有日。」太平軍控制
江蘇等省後，各省辦理團練，對進剿太平軍提供了不容忽視的武
力，咸豐皇帝硃批諭旨反映結合被脅難民的重要作用。

　　中外交涉的原則，咸豐皇帝主張堅守和約，態度強硬，不可
稍涉通融。咸豐十一年五月初一日（1861.06.08），倉場侍郎成琦、
吉林將軍景淳奏報由吉林省城啟程前赴興凱湖與俄羅斯專使會勘
分界日期。原摺奉硃批：「知道了，事事總宜堅守和約，勿得稍涉
通融，此次駁飭尚屬得體。細閱該國照會，文義雖不明晰，但恐
該國先至興凱湖，任意侵佔在汝等未到之前，返〔反〕以首路艱
難為體恤見好地步，無論如何梗阻，汝等必應至該處，以期兩國
無爭，以後不至別生枝節。」俄羅斯任意先行侵佔清朝疆土，鯨
吞蠶食。從咸豐皇帝的硃批旨意，有助於了解中俄交涉的決策過
程。咸豐皇帝披覽奏摺，或諄諄訓誨，或指授方略，親手批諭，
一字不假手於人，就是勤政的表現，雖然北巡避暑山莊，依舊日
理萬幾。現存咸豐朝最後一件硃批奏摺是咸豐十一年七月十四日
（1861.08.19）宗人府令和碩怡親王載垣等奏摺。原摺以新放開
原城守尉宗室賡瑞呈請將其子文煥二人帶往任所，載垣等具摺請
旨。原摺奉硃批：「准其帶往。」帝躬瀕危，仍然親書硃批諭旨。

　　清朝政府與英、法等國簽訂《北京條約》後，臣工紛紛奏請
咸豐皇帝回京，但未被接受。咸豐十年十月初一日（1860.11.13），
給恭親王奕訢的寄信上諭，對暫緩回鑾的原因，作了說明，這道
上諭的內容如下：

　　　本日據恭親王奕訢等合詞籲請迴鑾一摺，覽奏具見悃忱，
　　　業經明降諭旨宣示矣。惟此次夷人稱兵犯順，恭親王等與
　　　之議撫，雖已換約，此次萬不得已允其所請。然退兵後而

各國夷酋尚有駐京著，且親遞國書一節，既未與該夷言明，難保不因朕迴鑾，再來饒舌。諸事既未妥協，設使朕率爾迴鑾，夷人又來挾制，朕必將去而復返，頻數往來，於事體殊多不協。且恐京師人心震動，有甚於八月初八日（1860.09.22）之舉。該王大臣等奏請迴鑾，固係為定人心起見，然反復籌思，只顧目前之虛名，而貽無窮之後患，且木蘭巡幸，係循祖宗舊典，其地距京師尚不甚遠，與在京無異，足資控制。朕意本年暫緩迴鑾，俟夷務大定後，再將迴鑾一切事宜辦理，所有各衙門引見人員及一切應辦事件，均查照木蘭舊例遵行辦理。至前派應行前赴行在者，著即飭前來。其各衙門辦事之堂司各官，均著趕緊清理積壓諸事，勿少稽延。再本年迴鑾之舉，該王大臣等不准再行瀆請，將此由六百里諭令知之。

中外交涉雖已換約，咸豐皇帝認為諸事多未妥協，故暫緩回鑾，後世史家以其畏見駐京洋人為主要原因。然而洋務告一段落後，諸事既已大定，咸豐皇帝降旨於咸豐十一年二月十三日（1861.03.23）回鑾。不料因聖躬偶抱微疴，於二月初十日（1861.03.20）頒諭旨改於二月二十五日（1861.04.04）啟鑾。二月二十二日（1861.04.01），又以聖躬尚未大安，王大臣奏請暫停回鑾。蕭一山《清代通史》一書指出，奕詝體質素弱，病咯血之症，日飲鹿血以療之，咸豐十一年（1861）六月中旬，病情轉劇。七月十五日（1861.08.20），病又加增。七月十六日（1861.08.21），晚膳後，忽然暈厥，至晚甦轉。召見載垣等王大臣立大阿哥載淳為皇太子。七月十七日（1861.08.220，病情惡化，膳房侍候上傳冰糖燕窩，但未及進用，是日寅刻崩於避暑山莊煙波致爽殿。據御醫所記脈案，咸豐皇帝實患虛癆，以致賓天。《清史稿‧文宗本

紀》論曰：「文宗遭陽九之運，躬明夷之會。外強要盟，內孽競作，奄忽一紀，遂無一日之安。而能任賢擢材，洞觀肆應。賦民首杜煩苛，治軍慎持馭索。輔弼充位，悉出廟算。嚮使假年御宇，安有後來之伏患哉？」咸豐皇帝任賢擢材，政治、軍事決策，悉出廟算，同治中興名臣就是在咸豐年間淬礪出來的人才。咸豐皇帝雖遭陽九之運，但終能轉危為安，倘若能假年御宇，安有後來的辛酉政變，或垂簾聽政？

百折不撓 ──
故宮典藏辛亥革命檔案簡介

　　一部中國現代史，其實就是一部國民革命史，發掘檔案，整理史料，則是了解革命運動的基本工作。國立故宮博物院現藏清代檔案，包括：宮中檔、軍機處檔、內閣部院檔、國史館暨清史館檔等，含有頗多辛亥革命史料。

喚醒迷夢　救亡圖存

　　清朝末年，有志之士，為挽救國家民族的危亡，紛紛提出各種方案，國民革命就是救亡圖存的重要方案。國父孫中山先生倡導革命之初，國內風氣未開，又缺乏武力，在清朝政府鎮壓之下，革命工作，非常艱苦。在興中會時期，進行革命的步驟，在海外方面是聯絡華僑，以籌措革命經費；在軍事實力方面，革命黨所倚賴的則是國內的會黨。孫中山先生直接領導的歷次革命戰役，會黨志士響應革命號召，慷慨赴義的表現，就是反映「國人之迷夢，已有漸醒之兆，有志之士，多起救國之思。」

　　一部中國現代史，其實就是一部國民革命史，發掘檔案，整理史料，則是了解革命運動的基本工作。國立故宮博物院現藏清代檔案，包括：宮中檔、軍機處檔、內閣部院檔、國史館暨清史館檔等，含有頗多辛亥革命史料。各類檔案的內容，主要是清朝官方文書，督撫查辦革命活動，其遣詞用字，頗多貶抑之詞，或誣衊革命黨為「逆黨」，或竄改孫文為「孫汶」，雖屬不敬，其實，

國立故宮博物院正館地下一樓大廳國父孫文
銅像像座浮雕「震聾發瞶」　　郎度斯基作
　　　　　　　　　　　　　謝明松攝

口舌相譏，並無損於聖德。

安慶之役　巡撫殞命

　　徐錫麟（1872-1907），浙江紹興山陰人，由副貢遊歷日本。歸國後在上海加入光復會，倡言革命。光緒三十一年（1905），徐錫麟在紹興創辦體育會及大通師範學校，時常開會演說，主張民權。光緒三十三年（1907）二月，安徽巡撫恩銘委派徐錫麟充任巡警學堂會辦。

　　民國十四年（1925），故宮博物院成立後，文獻館同仁曾於軍機處檔案內檢得徐錫麟親筆供詞、照片等件。又在電報檔內蒐得兩江總督端方奏報拿獲徐錫麟弟徐偉等電文。後來又購得端方密電稿五百餘冊，《文獻叢編》選印其中電稿二百餘件。光緒三十三年，安慶巡警學堂甲班學生畢業典禮，原訂於五月二十八日舉行，並由恩銘親自到校主持。徐錫麟等密謀刺殺恩銘，然後佔領軍械所、電報局、製造局、督練公所，直取南京。是日，上午九點鐘，恩銘及司道等員到校，徐錫麟以手鎗猛向恩銘連續射擊，恩銘身中八鎗殞命，徐錫麟率

徐錫麟親筆供詞《文獻叢編》

領學生及夫役進取軍械所，被防營兵役圍捕拿獲，是為安慶之役。徐錫麟在遇害前親書供詞，承認蓄志排滿。其供詞略謂：「為排滿事，蓄志十幾年，多方籌畫，為我漢人復仇，故殺死滿人恩銘後，欲殺端方、鐵良、良弼等滿賊，別無他故，滅盡滿人為宗旨。」供詞末親書「光漢子徐錫麟」字樣。

紹興之役　女俠遇害

秋瑾（1875-1907），字璿卿，更字競雄，號鑑湖女俠，浙江紹興山陰人，與徐錫麟為表兄妹，嫻詞令，工詩文，性喜任俠，蓄志革命。年十八歲，嫁湖南湘潭人王廷鈞，因意見不合，於光緒二十九年（1903）仳離。次年，秋瑾赴日留學。光緒三十一年，加入同盟會。歸國後，曾在上海開設女報館，又任紹興明道女學校長。光緒三十二年（1906）十二月，進入大通學堂督辦，組成光復軍，策畫革命。

女俠秋瑾烈士像

清末推行新政。派載澤等五大臣出洋考察憲政。桐城人吳樾擲彈炸五大臣，不中自斃。秋瑾在弔吳樾詩中有「我今痛哭為招魂，前仆後繼人應在」等句，反映了秋瑾的革命決心與抱負，徐錫麟刺殺安徽巡撫恩銘被捕後，清吏搜獲秋瑾信函。光緒三十三年六月初四日，秋瑾被捕，此案即所謂紹興之役。一般現代史著作，多謂秋瑾被捕後，嚴訊無供，但書「秋風秋雨愁煞人」

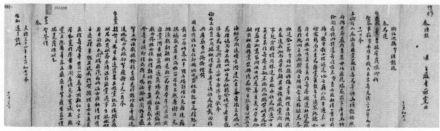

浙江巡撫增韞奏聞安葬秋瑾烈士摺錄副　光緒三十四年十一月二十一日
國立故宮博物院藏

惠州之役史堅如炸廣東巡撫衙署德壽奏片　光緒二十六年十二月二十一日
國立故宮博物院藏

七字，惟故宮博物院所藏秋瑾紹興之役全案，包括：電傳諭旨、
電奏稿、函電、告示、電稟、印稟、電咨、口供、告國人書等，
件數頗多，其中「秋瑾口供」，敍述革命活動頗詳。其告國人書中
指出，革命是順應時勢的救國途徑，喚醒漢人，以推翻「異族」
政權為職志，可以說是一篇生動的革命宣言。

　　秋瑾被害後，暴屍道旁，其友徐寄塵即徐自華等人收其遺骸，
葬於杭州西湖。院藏軍機處檔月摺包內存有浙江巡撫增韞奏摺錄
副，對於徐寄塵等人搬運秋瑾屍棺經過，奏報頗詳。

　　秋瑾遇害後，革命志士在上海租界舉行追悼會，並在杭州西
湖秋瑾墓旁添立紀念碑。原任浙江巡撫張曾敭具摺奏聞，有留學
生王熙普、謝日光等人排演戲劇，以女俠秋瑾事蹟為題材，引起
清廷的重視。光緒三十四年（1908）六月，革命志士在杭州拱宸

橋通商場的天仙茶園編排戲曲，黏貼「女俠秋瑾招單」。秋瑾紹興之役，事雖未成，而其壯烈犧牲的精神，影響民心士氣，頗有助於革命運動的向前發展。

惠州之役　會黨響應

乙未廣州之役以後，孫中山先生命陳少白在香港創辦《中國日報》，以鼓吹革命；命鄭士良設立總機關，以聯絡會黨志士。院藏宮中檔含有廣東巡撫兼署兩廣總督德壽奏摺。原摺指出，革命黨設在香港租界的總機關稱為「同義興松柏公司」，其任務是購備洋鎗、鉛藥、馬匹、乾糧、旗幟、號衣，並招集各路會黨志士，約期舉事。惠州之役選定廣東歸善縣與新安縣交界的三洲田作為大本營。三洲田向為廣東會當活躍地區，又逼近九龍租界，便於接濟。

光緒二十六年（1900），歲次庚子，是年閏八月十三日，革命志士頭纏紅巾，身穿白布鑲紅號褂，以鄭士良等人充軍師統率數百人猛攻新安沙灣墟。次日，乘勝追擊，直逼新安縣城。清軍水師提督何長清新舊靖勇及各軍礮勇一千五百名馳抵深圳墟，革命志士乃回攻橫岡，進佔龍岡，轉圖惠州府城。

為策應惠州的軍事行動，乃有史堅如謀炸巡撫德壽之舉。廣州撫轅後方空地，向有紅黑門樓之分，原屬官荒，後經民人繳租，建屋居住，漸成村落。史堅如代宋少東夫婦所租房屋即位於撫轅園後牆外曲巷後樓房內，所購外洋炸藥，由溫玉山乘肩輿暗運入屋。光緒二十六年九月初五日夜間掘通地道。次日黎明，宋少東夫婦先行離去，隨後炸藥轟發，屋瓦震飛，衙署後牆被衝塌二丈餘，屋基深陷成坑。兩旁民房，震倒八間，壓斃大小男女六人，

受傷五人，而德壽卻安然無恙，但於睡夢中自床墮地，跌出數尺
以外。九月初七日，統領介字營總兵馬維騏督率勇綫在省港輪船
碼頭將史堅如捕獲，從他身上搜出德文炸藥配製清單一紙。院藏
宮中檔德壽奏片，史堅如作「史經如」。史堅如供認「為孫汶黨羽，
創設興中會，伊充廣東省城偽總統，宋子昌即宋少東為頭目，歸
伊節制。炸藥係由澳門運來，令宋少東埋放屋內，冀成大事。宋
少東裝就火引先行逃避。」九月十八日，史堅如遇害。

　　庚子惠州之役，革命志士與清軍激戰凡十餘仗，歷經一個月，
以寡擊眾，屢獲大捷。當革命軍於閏八月二十三日進攻永湖時，
沿途秋毫無犯，各處鄉民燃放爆竹歡迎，爭相以酒食慰勞。惠州
之役，革命軍的失敗，是由於補給不足。然而經過此役，革命黨
的志節與精神，已為國人所景仰，有識之士，多起救國之思。

《軍機處檔‧月摺包》兩廣總督張人駿奏摺錄副
光緒三十四年十二月二十三日　國立故宮博物院藏

防城諸役　西南震動

光緒三十二年七月二十四日，革命黨人王和順等人率領革命志士於欽州起義。同年十月二十六日，黨人黃明堂率眾進攻鎮南關。光緒三十四年二月二十五日，黃興率領中華國民軍從廣西邊境攻入欽廉上思一帶，轉戰各地，屢挫清軍。院藏軍機處檔月摺包內含有兩廣總督張人駿奏報防城等戰役的奏摺錄副。原摺指出，革命軍先後兩撲欽州，一攻東興，一圍靈山，一陷防城，如火燎原，人心大震，廣東、廣西同時戒嚴。雖經統帶郭人漳、標統趙聲等分統精銳攻克三那，奪回防城，解靈山之圍，但革命志士股數不一，首要眾多，以致清軍防剿，疲於奔命。張人駿又稱，革命黨所用鎗枝，灼有「革命軍」字樣。革命志士屢敗清軍，與兩廣地理背景有密切關係。張人駿指出，廉欽二屬周遭二千餘里，北接廣西，南鄰越南，中皆亂山叢箐。革命軍選在欽廉起義，就是因為此地進可牽動廣東、廣西兩省，退則可以越南為大本營。

光緒三十四年三月二十九日，黃興率領志士攻佔雲南河口，同年四月初四日，革命軍克新街，分兵進攻蒙自等地。四月十二日，黃興路過老街時，法國警察疑為日本人，被拘留河內。革命志士因群龍無首，河口遂告不守。院藏軍機處檔月摺包內含有雲貴總督錫良奏摺錄副。錫良指出，革命軍攻守兼善，突入雲南，攻克河口，其中路老范寨，最稱善守，西路田房一役，最為惡戰。

院藏軍機處檔月摺包內所含文書種類，名目繁多，除奏摺錄副、供詞外，還有執照等文書。宣統二年（1910）正月二十日，湖廣總督兼管湖北巡撫事務陳夔龍咨呈內稱，湖北在籍前山西巡撫胡聘之於光緒二十五年（1899）冬罷官歸里，閉門養疴，不預

外事。宣統二年正月十五日胡聘之忽接日本東京郵寄一函，拆視函件，是「孫汶」所填執照，陳夔龍即將執照及函封咨呈軍機處。其執照內容如下：

> 中華國民軍大總統孫　為委任事。照得川鄂督運長胡聘之歷年勤苦，頗著忠貞，殊堪嘉尚，著賞給將軍銜，駐紮天門，兼理川鄂湘三省糧餉事物，須至委任者。右給胡聘之收執。天運己酉年正月十八日給。

前引執照，實即委任狀。天運己酉年，相當於宣統元年，孫中山先生已稱「中華國民軍大總統」。除委任狀外，其函封書明「清國胡北天門縣城南關呈胡大人篆蘄笙勛啟，日本東京府下大久保百人町山本次郎方寄」字樣。執照或委任狀，都是不可忽視的革命史料。

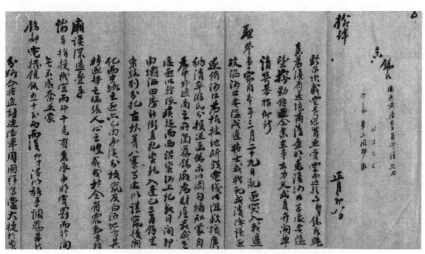

《軍機處檔‧月摺包》雲貴總督錫良奏摺錄副
宣統元年正月初八日　國立故宮博物院藏

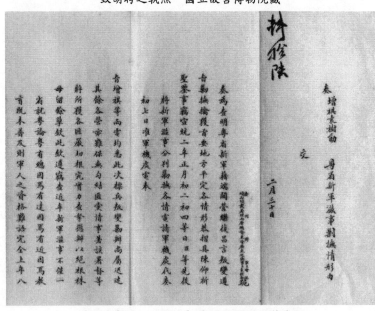

致胡聘之執照　國立故宮博物院藏

《軍機處檔・月摺包》廣州將軍增祺等奏摺
宣統元年二月三十日　國立故宮博物院藏

廣州之役　新軍革命

　　清末新軍接受革命思想，有利於國民革命的向前發展。革命黨幹部朱執信、鄒魯等人奉孫中山先生之命，潛入廣州，聯絡新軍，宣揚革命思想，至宣統元年（1909）冬，廣州新軍加入同盟會者，已多達三千多人。因此，革命黨策動新軍起義，已指日可待。宣統元年十一月，新軍標營統領在營房內拾獲票紙一張，票面刊有「同盟會」、「天運年號」等字樣。署理兩廣總督袁樹勛將形跡可疑的新軍陸續開除多名，新軍內部人心不安。袁樹勛又訪聞革命黨人倡言革命，聯絡港澳三點會，計畫起事，營中弁員防範新軍更加嚴密。同年十二月三十日除夕，因兵警衝突而釀成廣州新軍之役。院藏軍機處檔月摺包內含有署理兩廣總督袁樹勛、廣州將軍增祺奏摺錄副，奏報廣州兵警衝突經過頗詳。廣州新軍步隊二標二營兵士吳英元在城內刻字鋪定刻名戳名片，託同營兵士華宸衷代取，因爭論價錢，彼此齟齬，老城第一分局警兵上前干涉，新軍兵士不服，遂因兵警衝突而擴大為新軍之役。袁樹勛等奏摺錄副指出，革命黨聯絡各界，「尤以各省軍界為最多」，並謂「新軍為革命出力」，而非為朝廷效力。朱執信、鄒魯等人策動新軍，已獲得新軍的響應。

觀賞飛機　將軍被刺

　　院藏軍機處檔案中含有電報類的檔冊，包括電寄檔、收電檔、發電檔及各省電稿等，其中含有頗多革命史料。宣統三年（1911），歲次辛亥，廣州將軍增祺奉召入京，副都統孚琦署理廣州將軍。

同年三月初十日，比利時人在廣州城近郊燕塘試演飛機，孚琦藉勘察燕塘地勢，乘便親往參觀，於回途中被溫生才鎗殺。三月十五日，院藏收電檔錄有溫生才供詞，略謂：

> 溫生才供，年四十二歲，實係嘉應州丙村人。前供名生財，順德縣人，均係混供。素充長隨，後因出洋學習工藝，投入孫汶革黨，回華後，專持暗殺主義。本月初十日，在燕塘看演飛機，聞將軍亦到觀看，獨自一人在東門外道旁拔槍向轎連轟四響，不知中傷何處？跑逃被獲不諱。詰以革黨內容，據稱孫汶革命如何佈置？伊實茫無所知。惟自在南洋聞其演說革命宗旨，甚為信服，情願犧牲性命，並非與將軍挾有私仇，亦非有人主使，及另有知情同謀之人。

廣東嘉應州人溫生才信服孫中山先生的革命宗旨，並投入革命行列，所以情願犧牲性命。

革命烈士溫生才鎗殺署理廣州將軍孚琦後，廣東各地紛紛傳說革命黨即將大規模起事。宣統三年三月二十九日申初，即下午三點鐘，署巡警道王秉恩拿獲革命黨九人。同日下午五時三十分，黃興率所部一百七十餘人猛攻兩廣總督衙門，總督張鳴岐聞警逃遁，水師提督李準督率大隊圍捕黨人，革

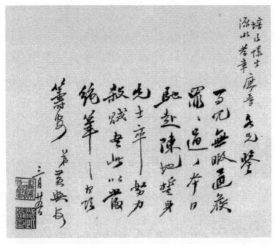

黃花岡之役黃興絕筆書　引自《史畫史話》

命志士戰歿及被捕遇害者，叢葬於黃花岡，此役就是黃花岡之役。
清廷接獲代辦駐日公使電文指出，黃花岡之役，與留日學生的國
民軍有密切關係，其軍火「皆精利無匹」。院藏兩廣總督張鳴岐電
文指出，「黃興又名勁武」，是革命黨著名首領之一，原議於四月
初間起事，因信息洩漏，而提前於三月二十九日發難。黃花岡之
役，雖然起事失敗，但是軍紀良好，秋毫無犯，革命運動，風起
雲湧，磅礡全國，武昌一役，各省響應，清帝退位。欣逢中華民
國建國百年，披覽革命文獻，往事歷歷，國步艱難，緬懷忠烈，
百折不撓，仰止彌深。

上圖：收電檔　溫生才供詞宣統三年三月十五日
立故宮博物院藏

下圖：黃花岡之役內閣奉上諭　宣統三年四月初九日丁丑
《宣統政紀》草本
國立故宮博物院藏

祥龍獻瑞 ——
龍圖騰崇拜的文化意義

龍圖騰崇拜的氏族，相信他們的始祖是因龍感孕而來，與龍
有血緣關係，龍子龍孫都是龍的傳人。從龍氏族的起源，祀
龍祈雨的信仰，龍圖騰崇拜與君權象徵的合流，以及圖騰地
域化，龍街、龍場的由來，可以說明龍圖騰崇拜確實蘊藏著
深遠的文化意義。今歲龍集壬辰，特邀清史專家撰成本文，
配以本院典藏歷代龍圖騰典範之作，為新年賀歲。 —— 編者

圖騰感孕　龍的傳人

圖騰（totem）一詞，原是美洲印第安人的一種方言，意思是
「他的親族」，是初民社會用作氏族、部落象徵的自然物或標誌。
圖騰崇拜的特點，就是相信人們的血緣團體和某一種類的動植物
之間，存在著血緣關係。龍圖騰崇拜的氏族、部落，相信他們的
祖先因龍感孕而來。古籍記載，有蟜氏任姒遊華陽，因神龍感孕
而生炎帝。附寶感龍懷孕而生黃帝，日角龍顏。冒意遇黑龍感孕
而生顓頊，有紋如龍。古人相信彩虹是龍的化身，握登見大虹感
孕而生舜，龍顏大口。夏后氏也是崇拜龍的氏族，傳說大禹治水
時，有神龍相助，他常乘兩龍巡行各地。止於夏帝庭的二神龍，

宋　緙絲花間行龍（局部）
國立故宮博物院藏

則是褒國的兩位先君。《史記‧周本紀》記載，古公長子太伯、二子虞仲知古公欲立季歷以傳昌，於是二人奔荊蠻，紋身斷髮，以讓季歷。太伯、虞仲紋身斷髮，以象徵龍子，與龍有血緣關係，就是龍圖騰崇拜的氏族。

雲南白族對龍圖騰的崇拜，產生較早，在大理出土的東漢墓葬中就有雙龍盤柱器物的發現。《後漢書》記載：「哀牢夷者，其先有婦人名沙壹，居于牢山。嘗捕魚水中，觸沈木若有感，因懷妊，十月，產子男十人。後沈木化為龍，出水上。沙壹忽聞龍語曰：『若為我生子，今悉何在？』九子見龍驚走，獨小子不能去，背龍而坐，龍因舐之。其母鳥語，謂背為九，謂坐為隆，因名子曰九隆。及後長大，諸兄以九隆能為所舐而點，遂共推為王。後牢山下有一夫一婦，復生十女子，九隆兄弟皆娶以為妻，後漸相滋長。種人皆刻畫其身，象龍文，衣皆著尾。」沈木是龍的化身，哀牢婦人沙壹，觸沈木感孕生子，九隆諸兄弟都是以龍為父。背龍而坐，就是陪龍而坐。龍舐九隆，九隆為父所舐，因而點慧。刻畫其身，象龍文，就是把龍紋刻畫在身上，作為龍圖騰的符號。牢山上以龍為圖騰的哀牢龍族，實行族外婚，娶牢山下的女子為妻，其後裔都是龍圖騰崇拜的氏族。

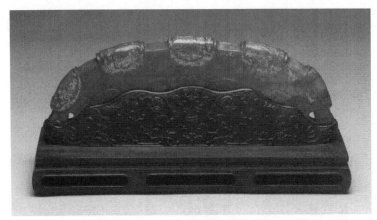

新石器時代晚期　玉雙龍首璜　國立故宮博物院藏

　　布依族相信婦女接觸龍的象徵物，就能因圖騰感孕而生育子女。貴州苗族認為龍與人有血緣關係，是人們的保護神。匈奴先祖為夏后氏苗裔，亦以龍為圖騰。《史記・匈奴列傳》記載：「**五月，大會蘢城，祭其先、天地、鬼神。**」蘢城，《漢書》作「龍城」，《後漢書》作「龍祠」。匈奴所祭的「先」，就是龍圖騰祖先。

　　雲南彌勒縣巡檢司核桃寨的彝族每年必須舉行祭龍儀式，否則全村人丁不旺。從氏族圖騰能夠保護氏族成員的觀念出發，便產生了本氏族圖騰的各種禁忌，崇拜龍圖騰的氏族禁止吃龍肉。僮族流傳一則創世神話，相傳遠古時候，天上掉下一條青龍，重傷不能動彈，人們割食龍肉。有一戶善良人家，不忍搶割龍肉。一個夜裡，夫妻同時夢見有一位青鬚老人對他們說：「我是青龍的父親，你們趕快砍倒大樟木做成獨木舟，帶領子女逃離村寨。不久，連續下起一百天的大雨，洪水沖走了全村人，只有善良人家的兄妹二人存活下來。妹妹用樹枝沾著藍靛把自己的臉部和身體刺成青藍龍紋圖案，兄妹結婚後生下一塊大肉團，一陣大風吹來，肉塊飛到各地，化成了男男女女，世上才有各族人類。

因生賜姓　龍子龍孫

　　翻閱古籍，以龍命名，帶有「龍」字的姓氏，可謂不計其數。《左傳‧昭公十七年》記載，太皥部落為龍師，就是以龍圖騰為名稱的部落，包括十一個龍氏族，即：飛龍氏、潛龍氏、居龍氏、降龍氏、土龍氏、水龍氏、青龍氏、赤龍氏、白龍氏、黑龍氏、黃龍氏。《漢書‧百官公卿表》記載，宓羲以龍師名官，亦即以龍紀其官，春官為青龍，夏官為赤龍，秋官為白龍，冬官為黑龍，中官為黃龍。

　　在雲南彝族的心目中，龍是最早的氏族圖騰。史詩《英雄支格阿龍》敘述一位美麗的姑娘蒲莫列衣有一天在院中走動時，龍神的使者神鷹滴下三滴血，落在蒲莫列衣身上，她從此因龍圖騰感孕，在龍年龍月龍日龍時生下支格阿龍。在英雄支格阿龍的系譜中首先出現的是：天上龍生兒，地上住龍子。地上龍生兒，江中住龍子，金魚龍前戲，大魚為龍伴，小魚供龍食。江中龍生兒，岩上住龍子，蜂群伴龍舞，蜂兒供龍食。岩上龍生兒，杉林住龍子，麂鹿陪龍游，獐子供龍食。杉木龍生兒，滇濮梭洛住龍子，遨遊深湖中，水草常為食。龍把兒來生，生出一美女。支格阿龍的系譜，是龍的繁衍史，以龍的繁衍過程來象徵初民社會的進化過程。

商代晚期　龍冠鳳紋玉飾
國立故宮博物院藏

　　雲貴地區的苗族相傳龍是跟著他們

走的，也和苗家住在一起，守護著苗家。苗族每逢年成豐收，添福加壽，生子抱孫的喜慶佳節，都要舉行隆重的接龍儀式。《永寧州志》記載，貴州永寧州龍家，衣尚青，女髻方巾，以青布圍之，就是青龍圖騰的後裔。雲南祿勸、武定等地區古老彝文譜系中，其龍氏族第一代祖先的名字，多冠以龍圖騰名稱，把龍作為自己

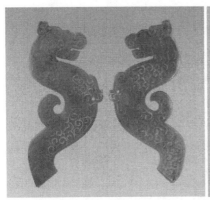

春秋　玉龍紋珮
國立故宮博物院藏

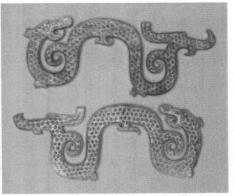

戰國　玉龍　一對
國立故宮博物院藏

遼　玉龍紋盤　國立故宮博物院藏

的祖先圖騰。龍圖騰崇拜的氏族，相傳他們自己的始祖是吃龍奶長大的。《蘇州府志》記載，梁武帝天監元年（502），有村姥居山之東，感孕而生白龍，三日後，龍來就乳。

《晉書・四夷傳》記載，晉武帝太康年間（280-290），焉耆王龍安遣子入侍。焉耆國王龍安，就是以龍圖騰為姓，

就是所謂因生賜姓。史籍記載，焉耆國王龍安以下的世系是：龍安、龍會、龍熙、龍泥流、龍鳩尸卑、龍突騎支、龍栗婆准、龍婆阿那支、龍先那准、龍婆伽利、龍嫩突、龍如林等十二代，都以龍為姓，就是龍氏族，也是龍部落，龍子龍孫，都是龍的傳人。

祀龍祈雨　五穀豐登

子不語怪力亂神，然而雲從龍，視龍為雨神，由來已久。晉葛洪撰《抱朴子內篇‧登涉》記載：「辰日稱雨師者，龍也。」相傳黃帝時代，每逢旱災便祀龍祈雨，稱雨神為應龍。夏禹的雨神，也是應龍。雲南《呈貢縣志》記載：「龍場有灰龍起，盤旋直上。每見，必雨，甚驗。」甲骨文「🜚」（虹），象虹霓之形，兩端作龍首，身作弓形。周朝視虹為龍的化身。雨後天晴，龍化虹吸水。宋沈括撰《夢溪筆談‧異事》記載：「世傳虹能入溪澗飲水，信然。熙寧中，予使契丹，至其極北黑水境水安山下卓帳。是時新雨霽，見虹下帳前澗中，予與同職扣澗觀之，虹兩頭皆垂澗中。」沈括相信虹有兩頭，能垂澗中飲水。

明　宣德款　剔紅雲龍圓盒
國立故宮博物院藏

鄂倫春族相傳下雨是由於龍神下來池子裡用龍鱗蓄水上天後形成的。他們相信天上有一條龍，牠的身上有數不盡的鱗片，每片龍鱗都盛有各一百擔的水，下雨就是從鱗片灑下來的水滴。雲

貴地區的侗族、傈僳族相傳天空出現彩虹時，不許用手指，也不許外出挑水，以免影響龍神飲水。

古代杭州錢塘江一帶地方崇奉黑龍，傳說黑龍是由一個名叫喜兒的十二歲小女孩吞了龍珠變的。黑龍平日住在大海裡，每年清明節前後都要到家鄉來行雨，家家戶戶都要在竈洞裡焚燒一捆柴草，從煙囪裡冒出一股黑煙上昇，讓黑龍認得那裡就是牠自己的家鄉。《明史·禮志》記載一則大小青龍的故事，相傳高僧釋盧，住在西山，有二童子來侍奉。因久旱不雨，童子即進入潭裡，化為二青龍，於是得雨。後來朝廷賜高僧釋盧感應禪師封號，建寺塑像，在潭上另建龍祠。明宣宗宣德年間（1426-1435），擴建為圓通寺，加大小二青龍封號，春秋祭祀。

雲南納西族社會裡頗多描述龍神的古籍，如《龍王的出處與來歷》、《迎接龍王》、《向龍王求雨》、《向龍王求五穀豐登》、《向龍王求壽》、《向龍王贖罪》等等，其內容主要是人們虔誠祭祀龍神祈求雨水、五穀豐登的神話故事。《思茅廳志》引董仲舒撰《春秋繁露》所載求雨的內容，定為當地祈雨儀式，以竹紮成龍形，取潔土填實其中，春旱祈雨，選在甲乙日，用青紙糊製大蒼龍一條，小蒼龍七條，安於東方，選小童八人穿青衣而舞，由里老穿青衣祝禱求雨。夏旱祈雨，選在丙丁日，用紅紙糊製大赤龍一條，小赤龍六條，安於南方，選壯者七人穿紅衣而舞，由里老穿紅衣祝禱祈雨。六月祈雨，選在戊己日，用黃紙糊製大黃龍一條，小黃龍四條，安於中央，選壯夫五人穿黃衣而舞，由里老穿黃衣祝禱祈雨。秋旱祈雨，選在庚辛日，用白紙糊製大白龍一條，小白龍八條，安於西方，舞者九人，祝禱者一人，俱穿白衣。冬旱祈雨，選在壬癸日，用黑紙糊製大黑龍一條，小黑龍五條，安於北方，舞者六人，祝禱者一人，俱穿黑衣。祭祀五方龍神，祝禱祈

雨，都是祈求農村四季雨水充足，五穀豐登，六畜興旺，以解除自然災害。

　　雲南峨山彝族在每年二月的第一個牛日祭祀龍神，從村子近郊密林中挑選兩棵大樹，作為龍神，一雄一雌，祭祀雌雄龍神，以祈求豐收。彌勒縣西山的少數民族在每年三月舉行祭活動，以祈求池塘和堤壩的水源充足。景東縣的彝族在每年二月初八日從森林中挑選一棵巨樹當作龍神來祭祀，當地彝族相信樹林茂密，保持良好水土，農作物必然豐收，祭龍求雨，假神道設教，反映了龍騰崇拜的文化意義。

龍顏龍衰　君權神授

　　《說文解字》云：「龍，鱗蟲之長，能幽能明，能細能巨，能短能長，春分而登天，秋分而潛淵。」龍是一種吉祥神獸，小大無常，傳統史書多以神龍的特徵來塑造帝王的形象。《史記・集解》云：「龍，君之象。」歷代帝生，遂以龍為瑞應。《漢書》記載，漢高帝召幸後宮薄姬。薄姬言：「昨夢龍據妾胸。」夢中的龍，是青龍。古人重視夢兆，相信夢兆足以徵於人事。薄姬生子劉恆，他就是漢文帝。他仁慈恭儉，以德化民，天下大治。

　　黃龍是古代真龍天子的象徵，西元前四十九年，因有黃龍出現，被視為吉兆，所以漢宣帝劉詢改元黃龍。王莽篡漢後，以「新」為國號。《後漢書》記載，漢高帝九世孫劉秀起兵後，曾夢見自己乘赤龍上天。諸將議上尊號，奉劉秀即帝位，他就是中興漢室的東漢光武帝。東漢建武元年（25），蜀郡太守公孫述因龍出現在他的府殿中，夜有光耀，視為符瑞，遂自立為帝，建元龍興。三國魏明帝太和三年（229），因夏口、武昌先後出現黃龍，所以吳王

清聖祖康熙皇帝滿文諭旨封面
國立故宮博物院藏

孫權自稱吳大帝，改元黃龍。西元二三三年，因青龍屢見，魏明帝改元青龍，代替太和年號。

東晉孝武帝司馬曜是簡文帝司馬昱之子，孝武帝之母李太后原為織坊宮人，簡文帝召幸李宮人。李宮人屢次夢見兩龍枕膝，日月入懷，後來就生下孝武帝。《南齊書》記載，齊高帝蕭道成，體有龍鱗，斑駁成紋。他在十七歲時曾夢見自己乘著青龍西行逐日。齊武帝蕭頤是齊高帝長子，他在出生前的一個夜間，陳李后、劉昭后一同夢見「龍據屋上」，所以齊武帝又名「龍兒」，就是青龍之子。《北史・魏本紀》記載，北魏宣武帝之母高夫人，夢見自己為日所逐，避於床下，日化為龍，而繞高夫人數匝，寤而驚悸，因而感孕，生宣武帝於平城宮。他就是北魏孝文帝的第二子。高夫人為日影所逐，日影化為龍，高夫人因龍繞身感孕而生宣帝，就是龍圖騰感孕的傳說。

唐高宗顯慶六年（661），因龍出現，以為祥瑞，改元龍朔。武則天稱帝的第十三個年號就是神龍。神龍三年（707），唐中宗李哲改元景龍。後梁末帝貞明三年（917），劉巖稱帝，國號大越，建都廣州，年號乾亨，乾亨二年（918），改國號為「漢」。

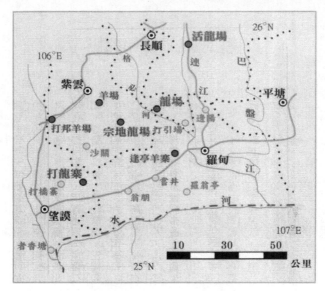

貴州龍場示意圖　林加豐繪

乾亨九年（925），因白龍見於南宮三清殿，所以改元白龍。劉巖
更名劉龑，以應龍見之祥。劉龑又取《周易》「飛龍在天」之義，
改「巖」為「龑」，音「儼」。龍是吉祥神和保護神，歷代帝王以
龍為年號，就是祈求龍神的保佑。

　　龍，特別是黃龍，被視為皇帝和皇權的象徵。龍的崇拜，充
分反映了君權神授，歷代以來，龍圖騰崇拜與君權神授，逐漸合
流。從身上刻畫龍紋至皇帝身上穿著龍紋的朝服，反映龍圖騰的
文化元素，並未消失。龍成為帝王的象徵之後，龍紋為帝王獨佔，
成為帝王個人的私有標誌。皇帝是龍，龍即皇帝。皇帝的容貌，
稱為龍顏，皇帝的身體，稱為龍體。繡有龍紋的朝服，稱為龍袞，
皇帝的床，稱為龍床，皇帝的儀態，稱為龍行虎步。龍紋只有皇
帝一人能使用，百姓不允許使用龍紋，不准穿著繡有龍紋的服飾，
其目的就是要維護帝王和龍的神聖性。

龍日集市　龍街龍場

　　雲貴地區，龍是分佈最廣的圖騰神獸。在納西族東巴古籍中的龍和龍王，多達六百六十個，無論是山林、深谷、高原、河海，都分佈著龍和龍王，以主司其地。在《祭龍王》的經典中敘述納西族的龍王，除了水龍王之外，還有崖龍王、山龍王、樹龍王。傳說住在紅山崖下的龍女庶美納，就是所謂的崖龍王。龍圖騰地域化後，多形成帶有「龍」字的名勝古蹟。雲南大理府北九十里的上關，習稱龍首關；大理府南三十里的下關，習稱龍尾關。《雲南府志》記載，雲南府境內帶有「龍」字的常見地名，包括：白龍潭、黃龍潭、黑龍潭、烏龍潭、白草龍潭、黑菁龍潭、大龍潭、小龍潭、火龍潭、九龍池、大龍泉、小龍泉、對龍泉、盤龍江、大龍洞、盤龍河、龍巨江、玉龍河、玉龍山、臥龍山、盤龍山、龍翔山、龍寶山、龍馬山、九龍山、龍泉山、黃龍山等，不勝枚舉。

　　雲南省城沙浪里有一大池，習稱龍湫。《雲南府志》記載一則「賈龍的故事」，相傳龍王出湫遊玩，化身人形，脫下鱗甲，置放石間。有賈人憩息石上，看見鱗甲，把它穿在身上，忽然腥風大作，湫中水族迎他入宮。真龍因遺失鱗甲，被水族阻擋，不能入宮，賈人成了湫龍。故事反映了人與龍可以交替。納西族東巴經《孰龍的來歷》所敘述的龍和人原是同父異母的兩兄弟。在遠古時候，克都精思和克都木思是同父異母兄弟，後來克都精思成了人類祖先，克都木思成了龍類祖先，彼此和睦相處，風調雨順。故事的內容，強調人與自然相互依存，約束人們的濫捕濫殺，以維持自然生態的均衡關係。

　　古代雲貴地的少數民族，只用十二屬相紀年、紀日，不用干

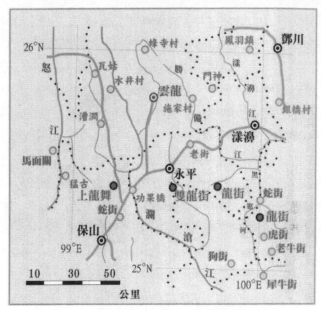

雲南龍場示意圖　林加豐繪

支紀年歲。只說去年屬兔，今年屬龍。我屬龍，你屬蛇。他們計
算日子，不說昨天初一日，今天初二日。也不以甲子、乙丑等干
支紀日，只說昨天兔日，今日龍日。古代市集，或名墟，或名街，
或名場。《雲南府志》記載：「日中為市，率名曰街，以十二支所
屬，分為各處街期。」雲南少數民族的集市，多稱為街，其交易
是以十二屬相為日期，龍日的集市，稱為龍街，逢龍日集市，日
中而聚，日夕而罷。街期各處錯雜，以便貿遷。交易多用貝幣，
俗名肥子。祿勸州龍街，位於大緝麻。元謀縣二相街，就是龍狗
街，在縣城北門外河灘，因逢龍日、狗日二屬相集市，所以稱為
二相街。呈貢縣的龍街、狗街，志書俱作龍場、狗場。龍場在縣
城南一里，每逢龍日為市。狗場在縣城北，逢狗日為市。光緒六
年（1880），廢狗場，合併於龍場，仍以龍日、狗日為市。鎮沅縣

位於瀾滄江支流巴景河東岸，景東縣在鎮沅縣北。居民除漢族外，主要為彝族、白族、哈尼族、傜族等。在景東縣西北有兩個龍街，以龍、狗等日集市。楚雄府大姚縣東南有龍街，為大姚、牟定、元謀、姚安四縣交界地區農副產品集散地。在姚安縣之北，楊梅西麓有龍街，特產以草蓆、竹器、麻線著名。永平縣位於瀾滄江之東，縣城東南的龍街，為核桃、板栗、桃、梨、大蒜等集散地。貴州的集市，稱為場。明武宗正德元年（1506）冬，兵部主事王守仁被謫放貴州龍場，就是永寧州的一個集市。在織金縣東有龍場，市墟繁盛，是少數民族重要集鎮。貞豐縣西北鄰興仁縣有龍場，是貞豐縣境內第二大集鎮。龍街、龍場原來都是農村少數民族在龍日舉行的市集，後來由於集市的日期和地點，逐漸固定下來，久而久之，龍街、龍場就成了地名，都是龍圖騰地域化的地名。

　　龍圖騰崇拜的氏族、部落相信他們的始祖是因龍圖騰感孕而來的，他們與龍有血緣關係，龍是他們的保護神。因生賜姓，龍圖騰崇拜的後裔，即以龍為姓，既是龍氏族，也是龍部落。龍圖騰地域他後，也形成了以龍命名的地名，雲貴等地區，無論是山林、深谷，或是高原、河海，帶有「龍」字的地名如龍潭、龍門、龍首、龍泉、龍街、龍場等等，不勝枚舉。龍圖騰崇拜的故事內容，所強調的是人與自然界相互依存的關係。自古以來相信雲從龍，龍是雨神，樹林茂密，保護水土，生態均衡，龍能致雨，祀龍祈雨，甘霖普降，農作物自然豐收。從龍氏族的起源，祀龍祈雨的信仰，龍圖騰崇拜與君權象徵的合流，以及圖騰地域化，龍街、龍場的由來，可以說明龍圖騰崇拜確實蘊藏著深遠的文化意義。

以古鑑今 ——

評陳捷先教授著《不剃頭與兩國論》

鄭氏父子與清廷的對峙，歷時三十餘年，其間和和打打，邊談邊打，而在和談期間，他們始終堅持明清的對等地位，並提出「不剃頭」的「兩國論」。其實，鄭氏父子並不是要自外於中國，而是想反清復明，光復河山。

歷史不重演，但是有巧合。清朝初年的「兩國論」，與今天臺灣的「兩國論」，也不是歷史重演，而是類似的巧合。清朝入關，定鼎北京，明室南渡，江左遺臣迎立福王，即位於南京，年號弘光，統系未絕，可比於宋室南渡。唐王隆武帝、桂王永曆帝，承襲先世封號，其事蹟與宋帝昰、帝昺播遷無異，都是合法政權。

清人所繪的鄭成功圖像。崇禎皇帝自縊後，鄭成功宣示不與清政府妥協，並帶領一群子弟兵來到臺灣，趕跑荷蘭人，建立所謂的「反攻基地」。

清初也有「兩國論」

　　順治三年（1646），鄭成功號召忠義之士，起兵反清復明，永曆十五年，即順治十八年，緬人執獻桂王，南明覆亡。延平郡王鄭成功奉永曆正朔，延續明室統系，以臺灣為根據地，建設臺灣。他病逝後，其子孫繼續抗清，清朝政府也認為鄭成功受封明室，不同於僭竊。永曆三十七年，即康熙二十二年（1683），鄭克塽降清，臺灣歸入清朝版圖，鄭氏祖孫三代延長明祚達二十二年之久。

　　連橫撰寫《臺灣通史》，是以中國歷代傳統正史紀、志、表、傳的體例，即以國別史來修臺灣史，把鄭氏事蹟納入〈建國紀〉，稱臺灣歸清為亡國，原書確實是把臺灣當作一「國」來看待的。這是連橫別具匠心的設計，連橫要寫的「國」，是明室覆亡以後，漢民族在臺灣堅持二十二年之久的「國」，就是永曆在臺灣的「國」。清朝初年，永曆在臺灣，與今天中華民國在臺灣，絕不是歷史的重演，只是類似的巧合。

　　鄭成功從順治三年起兵反清以來，到嫡孫鄭克塽降清，歷時三十餘年，其間和和打打，邊談邊打，在和談期間，明清「兩國論」的主張，已經搬上了檯面。陳捷先教授著《不剃頭與兩國論》（遠流出版）一書，將清朝初年的「兩國論」，與今天臺海的「一國兩制」、「兩國論」，進行比較，撰寫成書，文字生動，可讀性很高。陳教授專攻明清史，著作等身，馳名中外，《不剃頭與兩國論》一書，分為〈史事篇〉和〈解析篇〉，就明清變天、清鄭和談、堅持不剃頭、「兩國論」主張，以及歷史的教訓，從歷史的巧合，進行分析比較，符合歷史事實，關心時事的讀者，無不先睹為快。

「薙髮」引起的戰爭

　　在《不剃頭與兩國論》一書中，作者指出明末清初海峽兩岸發生的和戰問題，與今天海峽兩岸「一國兩制」、「兩國論」的不妥協紛爭，頗有雷同之處。順治年間，清廷與鄭成功的和談，前後陸續進行了將近十年之久，雙方動作頻繁。清朝盡了最大的努力，賜封鄭成功爵位、允許割讓土地，付出了優厚的代價，可是鄭成功始終堅持明清對等地位，即不剃髮的「兩國論」；為了忠於明朝，為了國家民族的大義，他絕不讓步。

　　鄭成功的反清勢力存在一天，清朝中央政府當然就不能安枕無憂。清廷採取海禁等策略，斷絕鄭成功的軍需糧餉來源，同時又採用離間誘降鄭成功部屬的政策，命沿海督撫廣出榜文，顯官厚賞、破格升擢等方式，分化其內部人事，此外也向鄭成功進行統戰宣傳，進行文攻武嚇。可是鄭成功威武不能曲、富貴不能淫，清鄭和談，終無成就。

　　順治十八年，順治皇帝因患天花不治崩殂，年僅二十四歲。康熙元年（1662），鄭成功與世長辭，享年三十九歲。順治皇帝、鄭成功相繼離開人世，臺海兩岸卻仍繼續對峙，最大的癥結所在，即鄭經對清朝陽和陰違，堅持不

法國人所繪的書攤賣書情形。圖中小販剃髮留辮，典型的清人裝扮。由於清朝為滿洲人所建立的國家，而滿人裝束與漢人最明顯不同的地方，便是薙髮留辮，於是薙不薙髮，就成為歸降不歸降清朝的依據之一。

法國人所繪剃頭師傅挑剃頭擔做生意的情形。漢人有所謂「身體髮膚，受之父母，不敢毀傷」的觀念，故當時抗拒薙髮者為數甚多。

薙髮，因此雙方始終得不到共識。

康熙皇帝親政以後，一心想統一國家，臺灣問題的談判又搬上了檯面。鄭經此時仍堅持不薙髮，世守臺灣。

頭何以如此重要？其實，鄭成功與許多明室遺老一樣，當明朝覆亡後，在內心悲痛之餘，又要屈就「夷俗」，披髮左衽，那是忠義之士無論如何都不能接受的。清廷和鄭經雙方固然希望以和議解決爭端，但這不過是一種策略的運用，缺乏誠意。雙方都在運用形勢，對自己有利時即發動戰爭，不利時即以和為手段，藉以取得緩兵、籌餉、通商等等實利。

清鄭對峙最後的勝負，因素很多，但經濟問題必然是其中很重要的一項。福建沿海厲行禁海令後，對鄭氏商業活動打擊極大，經濟日益困窘。反觀清朝社會經濟日趨繁榮，清廷採取各種獎勵政策來振興農業、發展商業，清朝國力蒸蒸日上，無論是人口、耕地、財力、兵力，清朝都比臺灣高出很多，在對峙的最終角力結果，清方征服臺灣，統一全國，成為最後的勝利者，是可以預期的。康熙二十二年，施琅率軍攻下澎湖，鄭克塽降清，下令兵民全體薙髮，三十多年的薙髮不薙髮之爭，從此畫下了句點。

誰才是中國的「主」

　　《不剃頭與兩國論》指出鄭成功是傑出的政治領導人，他所提出不薙髮的明清「兩國論」，在本質上並不是要自外於中國。他用不薙髮為條件作為和談的手段之一，顯然是從事「分裂祖國的運動」，在當時明朝遺臣及儒家知識分子的心目中，清朝入主中原是篡奪了明朝的江山，鄭成功堅持不薙髮，就是堅持要反清復明，光復河山。

　　在清鄭對峙期間，雙方都聯絡過外國，借用外力。鄭成功父子有日本、英國相助，在人員、兵器上得到過支援，外人則從臺灣得到通商貿易方面的利益，但外力介入的程度不深。鄭成功東征復臺之時，他曾對荷蘭人說，臺灣早為中國人所經營，是中國人的土地，鄭成功在臺灣使用永曆年號，仿照明朝制度，建設地方、保存故國衣冠於海隅，顯見他並無自外於中國之意。順治皇帝和康熙皇帝在處理對鄭氏和談的理念上、原則上、步驟上，都相當正確，他們不同意鄭氏不薙髮，做外國之人。

　　清朝初年和今天臺海兩岸的「兩國論」、「一國兩制」，都是在政權分立後由政治目的不同的人物所提出來的政治主張：一邊不接受「一個中國」，或「一國兩制」的主張；一邊則反對分裂領土和主權，或搞臺灣獨立的活動，彼此歧見很大。《不剃頭與兩國論》一書有感於臺海兩岸的歧見日深，而痛下針砭，以古鑑今，頗能發人深省。瀏覽《不剃頭與兩國論》一書，我們可以從中獲取經驗和教訓，政治人物尤應調整心態，放棄功名心，多為人民設想。

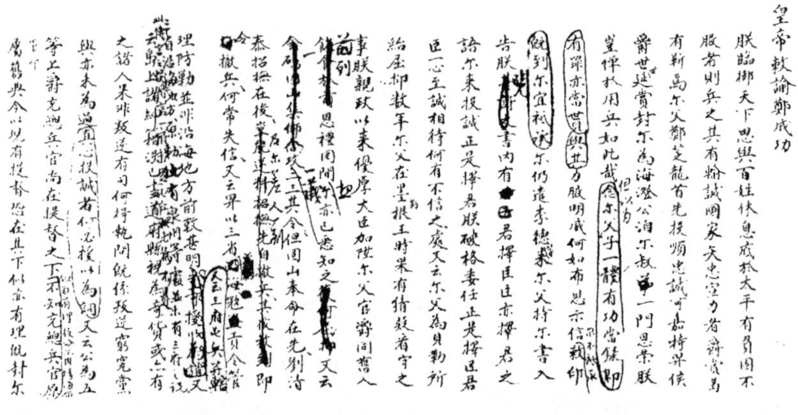

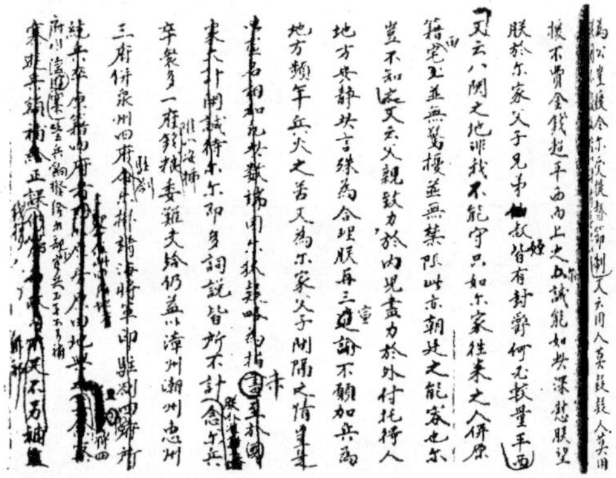

順治年間皇帝予鄭成功的敕諭草稿。事實上，清政府與鄭成功之間時打時談，大家都以武力為後盾，擺出高姿態來談條件。

永不閉館的皇家書室 ——
向斯先生著《書香故宮》導讀

　　中國歷代文物的收藏，由於各地方缺乏類似現代博物館性質的組織，而集中於宮廷。以金屬製成的金匱，以及石造的石室，都是古代宮廷收藏圖書檔案之所。

秦漢至隋唐的宮廷藏書

　　早在秦代，宮廷裡就已經有保存文物古籍的金匱石室。西漢繼承了秦代的宮廷藏書，建立了石渠閣、天祿閣、麒麟閣等收藏典籍之所。其中石渠閣在未央宮殿北，為蕭何所造，以藏入關所得秦朝圖籍。石渠閣之下，礱石為渠，藉以導水，因以為閣名。此外，蕭何又造天祿閣、麒麟閣，以藏祕書，處賢才，劉向、揚雄曾先後校書於此。東漢禁中的著名藏書之所是蘭臺、東觀。其中蘭臺所藏宮中圖書，由御史中丞掌管。東漢建都洛陽，其宮城分為南宮、北宮兩個部分，東觀位於南宮，是東漢宮廷的重要藏書之所，也是大臣們奉旨修書的文化中心。漢初的宮廷藏書，主要是諸子之說，尤以兵、刑、法、儒各家著述和律令、禮制方面的書籍最為豐富。

　　隋朝宮廷藏書之所，以祕閣、觀文殿和嘉則殿最為著名。隋

煬帝曾命儒臣將祕閣中的珍本各抄寫五十部副本，由宮中裝幀完成後再入藏祕閣。位於洛陽宮中的觀文殿，於東西廂房設立書庫，分藏各類的典籍。位於長安的嘉則殿，藏書豐富，隋煬帝曾命儒臣分類整理藏書，刪除重複，精加校對，最後得精品古籍計三萬七千卷。

唐朝初年，接收了隋代宮廷舊藏，建立了唐朝宮廷藏書。始設於唐中葉的集賢殿書院是從隋代掌管圖集的祕書之職發展而來，形成了唐宮最重要的皇室藏書處之一。開元五年（717），唐玄宗命儒臣在乾元殿東廂繕寫宮中所藏經、史、子、集四部類書籍，以充實內府藏書。開元六年，改乾元殿為麗正修書院。開元十二年，在東都明福門外設麗正書院。開元十三年，改麗正書院為集賢殿書院。到開元十九年，集賢殿書院藏書已多達八萬九千卷，絕大部分都是精校的宮廷善本，並按經、史、子、集四部分藏四庫。其中含有頗多宋、齊、梁、陳、周、隋的宮廷舊藏，以及貞觀、永徽、乾封、咸亨舊本。

從崇文院到奎章閣

宋太祖在位期間（960-975），前朝皇家書室的珍本古籍，都成了宋朝宮廷藏書的基礎，其後在接收五代十國的宮廷藏書，並廣徵天下遺書後，藏書數量猛增。宋初的宮廷藏書，集中在原舊宮三館。宋太宗御極之初，別建新三館於左升龍門東北舊車輅書院原址上，太平興國三年（978），正式賜名為崇文院。在崇文院之東為昭文書庫，南為集賢書庫，西為史館書庫。其中史館書庫又細分為經、史、子、集四庫。昭文、集賢與史館四庫合稱為崇文六庫，六庫中所藏珍本古籍，合計正副本共八萬餘卷。

　　位於元朝皇宮興聖宮大殿興聖殿西廡的奎章閣，是元代著名的皇家書室，它始建於元文宗天曆二年（1329）。當時設立奎章閣的目的在讓儒臣進經史諸書，講論學問，以明帝王之道。奎章閣收藏了豐富的書畫圖籍，此外，崇文閣也是元朝重要的皇家藏書之所。

文淵閣與《四庫全書》

　　明代的宮廷藏書，是承自宋、遼、金、元的宮廷藏書。明太祖定都南京，營建紫禁城時，即建立了文淵閣，接收了元代奎章閣、崇文閣等皇家書室的藏書。明成祖遷都北京，營建北京紫禁城後，便在東華門內重建文淵閣，收藏來自南京文淵閣舊藏的珍本古籍。明成祖命儒臣利用宮廷藏書，編纂一部大型類書，初名《文獻大成》，後更廣採各類圖書七、八千種，永樂六年（1408），歷時五載，重輯成書，改稱《永樂大典》。全書正文兩萬兩千八百七十七卷，凡例和目錄六十卷，共兩萬兩千九百三十七卷，裝成一萬一千零九十五冊，字數共三億七千萬左右。全書包括經、史、子、集、天文、地理、陰陽、醫卜、僧、道、技藝等方面，宋、元以來的佚文祕典蒐集頗多，嘉靖、隆慶年間，另摹副本一份，原本存南京，正本藏於文淵閣，副本藏於皇史宬。

　　清朝入主中原後，全盤接收了明朝宮廷的藏書，也是歷代皇宮藏書的繼承者。清朝內府藏書，原先分別庋置於昭仁、養心諸殿，景福、乾清諸宮，以及文淵諸閣，摛藻堂、皇史宬等處。清朝乾隆年間，為了入藏即將問世的《四庫全書》，而在文華殿後原明代聖濟殿舊址，仿浙江范氏天一閣建造了文淵閣。

　　乾隆四十七年（1782），《四庫全書》告成，以繕正的第一部，

貯於文淵閣，計經部十類，六百九十五部；史部十五類，百百六十三部；子部十四類，九百三十部；集部五類，一千二百八十二部，共三千四百七十部，七萬九千餘卷，裝成三萬六千餘冊。全書底本，藏於翰林院。又另抄六部，分貯於圓明園之文源閣，盛京之文溯閣，熱河之文津閣，鎮江金山之文宗閣，揚州大觀堂之文匯閣，以及杭州西湖之文瀾閣。

愛書惜書的禁宮帝后

皇史宬始設於明嘉靖十三年（1534），是收藏歷朝實錄及玉牒之所。清朝入關後，將皇史宬金匱中的明代歷朝實錄、玉牒、《永樂大典》副本等移送內閣書籍庫收存，而將清室實錄、寶訓、玉牒等各一部收藏於皇史宬裡。位於毓慶宮後殿西次室的宛委別藏，也是清宮重要的一處皇家書室，這裡收藏的珍本古籍多達一百七十二種，計七百八十冊，都按經、史、子、集四部排列，分別以綠、紅、青、白四種不同顏色加以區別。

在紫禁城裡，凡是皇帝、后妃起居活動的各大小宮室中，幾乎都擺放著各種書籍，譬如昭仁殿、位育齋收藏宋元善本，懋勤殿收藏武英殿刻本，景福宮除武英殿刻本外，還收貯極為珍貴的內府聚珍本和佛道經書。乾清宮正殿收藏的《古今圖書集成》，是一套宮廷精雕細印的殿版書，印製精良，可以稱得上是版本極佳的殿本。

版本的演變與流傳

中國歷代宮廷藏書，是數千年文明積累的產物，包括經、史、

子、集四大部類，版本多樣。「版」原來是指古代書寫文字時所用的木片，「本」則是古代對書籍的一種稱謂，宋代以降，「版」和「本」合稱為版本。初期是指雕版印刷而成的刻本，後來將所有典籍也稱為版本。

漢代的書籍，都是手寫的抄本，叫做善書，不稱善本。宋代由於活字印刷術的發明和應用，刻本相繼問世，有眼力的收藏家，開始收藏精美版本，並將刻印精良，校勘極佳的版本，稱為善本，精加讎校的本子就成為認定善本的標準。推崇善本的宋人，他們所看重的不是紙質與字體是否完美，而是校勘，凡是精抄、精刻、精校的本子，就是爭相收藏的善本，而且因為宋本書品、紙張、行款、字體別樹一幟，於是以版本產生的年代作為評斷版本好壞的傾向，逐漸出現，也因此使宋元舊抄、舊刻的舊本就成為善本的代稱。

秦漢以前的古籍，是簡策類的古書，卷軸書籍，基本上是隋唐至北宋之間的卷子裝經書，宋元時期，許多圖書都採用蝴蝶裝。南宋末年以後，包背裝開始流行。從明代以降，線裝形式的書籍開始出現，直到清末，線裝幾乎取代了其他書籍的裝幀形式。後世透過外型直觀法及版本考證法，可以對歷代宮廷藏書進行鑑別。明清以後，由於流傳下來的宋元本越來越少，以致凡是宋元舊刻，明版精品，傳世孤本，都成了後人眼中的善本。

民國十四年，北京故宮博物院成立，設立故宮圖書館，全面接收清宮藏書，包括歷代宮廷收藏的善本古籍，內府寫本，內府刻本、抄本等等，共約五十萬餘冊，這些善本古籍，從書品、紙張到裝幀等等，多具有鮮明的宮廷特色。

向斯先生著《書香故宮：中國宮廷善本》一書，對中國歷代宮廷藏書的特徵，宮廷善本的標準，收存珍籍的皇家書室，宮廷

善本的收藏與流失，內府珍本圖書，皇宮祕藏孤本等問題，都作了詳盡深入的論述，對宮廷善本的鑑別及古書辨偽方法，也有深入淺出的探討。誠然，中國歷代宮廷藏書，就是中華民族智慧和創造力的結晶。